高等院校市场营销系列教材

Customer Relationship Management

Towards Business Digital Transformation

客户关系管理

面向商业数字化转型

齐佳音 吴联仁◎编著

机械工业出版社
CHINA MACHINE PRESS

图书在版编目（CIP）数据

客户关系管理：面向商业数字化转型 / 齐佳音，吴联仁编著．-- 北京：机械工业出版社，2022.5（2023.11 重印）
（高等院校市场营销系列教材）
ISBN 978-7-111-70565-9

I. ①客… II. ①齐… ②吴… III. ①企业管理 - 供销管理 - 高等学校 - 教材 IV. ① F274

中国版本图书馆 CIP 数据核字（2022）第 062359 号

大数据、云计算、区块链、人工智能等新一代数字技术给客户关系管理带来了极大的变革。但是，目前高校教学使用的客户关系管理教材中大都是传统的教学内容，对新技术环境下的新型客户关系管理涉及很少。为此，本书将重点研究在数字新技术环境下的客户关系管理。

本书可作为高等院校市场营销、信息管理与信息系统等相关专业本科生、研究生的“客户关系管理”课程教材。

出版发行：机械工业出版社（北京市西城区百万庄大街 22 号　邮政编码：100037）

责任编辑：李晓敏　　　　责任校对：马荣敏

印　刷：北京建宏印刷有限公司　　　　版　次：2023 年 11 月第 1 版第 3 次印刷

开　本：185mm×260mm　1/16　　　　印　张：20.25

书　号：ISBN 978-7-111-70565-9　　　　定　价：55.00 元

客服电话：（010）88361066　68326294

作者简介

ABOUT THE AUTHORS

齐佳音

上海对外经贸大学人工智能与变革管理研究院院长、教授、博士生导师。国务院特殊津贴专家、入选“国家百千万人才工程”、上海市领军人才、教育部新世纪优秀人才。围绕大数据、人工智能与管理创新，主持完成国家重大/重点科研项目。

齐佳音教授积极推动新型商科人才培养，荣获“全国高校人工智能与大数据人物创新奖”，是上海高校本科重点教学改革项目“商科类院校新课程体系建设”负责人，主编国内第一本新商科的教学研究专著《新时代高等商科教育变革的探索与实践》，主编普通高等教育“十一五”国家级规划教材《客户关系管理》。

吴联仁

上海对外经贸大学工商管理学院讲师、硕士生导师，上海市人文社科重点研究基地“数据科学与管理决策”重点实验室副主任。2013年毕业于北京邮电大学管理科学与工程专业，获工学博士学位。围绕复杂网络与大数据分析、企业数字化与智能管理，在国内外学术期刊上发表论文30余篇。出版专著2部，主编教材1本，主持完成国家自然科学基金和上海市人文社科基金项目等。作为研究骨干参与国家社科基金重大项目、国家自然科学基金重点项目和国家自然科学基金专项等多项国家课题。

前 言

PREFACE

渐进思想是创新的最大敌人。

——尼古拉·尼葛洛庞帝《数字化生存》

新编

客户关系管理（Customer Relationship Management，CRM）从兴起至今已有30余年的时间，本书编者从事客户关系管理的教学科研工作也有近20年。这期间，编者的研究团队承担了客户关系管理方面的国家自然科学基金项目3项（编号：70701005，70371056，70471036），其他省部级课题3项，企业咨询课题30余项；出版客户关系管理方面的中文学术专著3本，与国际学者合作共同撰写英文学术专著1本，发表该领域的学术论文100余篇。与此同时，编者的研究团队承担了本科生的客户关系管理教学1 000余课时，工商管理硕士（MBA）的客户关系管理教学400余课时，研究生（普通硕士生、博士生）客户管理前沿的教学数百课时。可以说，这些研究工作和教学工作为本教材的编写奠定了理论知识基础和教学实践基础。

本书编者在2009年出版了普通高等教育“十一五”国家级规划教材《客户关系管理》。尽管2009年版的《客户关系管理》教材编写历时三年，耗费了大量心血，但是该教材刚刚问世就不得不面对因技术进步等导致的教材跟不上时代发展的问题。2009年以后，社交媒体在全球迅速发展。2010年被称为中国的微博元年，借助微博横空出世的网络大V⊖一时间坐拥千万粉丝，拥有了

⊖ 大V是指在微博平台上获得个人认证，拥有众多粉丝的微博用户。

几乎可以与传统媒体匹敌的影响力。众多商家纷纷开通各自的官方微博，通过在社交媒体上安营扎寨来实现与消费者更加密切的互动。2011 年，腾讯公司的微信正式对外发布，之后微信用户快速增长，目前已经成为全球华人社区最广泛使用的社交工具。除了作为日常生活中必不可少的手机应用之外，微信也推出了企业版，并广泛地应用于企业的客户关系管理之中。2014 年，阿里巴巴发布了其针对企业开发的沟通协同平台——钉钉，其中就包含客户关系管理的模块。借助阿里巴巴强大的市场推广力，钉钉很快就成为新型的客户关系管理利器。2016 年，国际咨询公司高德纳（Gartner）的 CRM 市场分析报告指出“分析、机器学习和人工智能是 CRM 未来发展方向”，认为这些将在未来三年内彻底改变 CRM。之后，总部位于美国加利福尼亚州的开发智能销售助理软件的 Conversica 公司在业务上取得极大发展，目前全球有超过 1 000 家公司正在使用 Conversica 的智能销售助理软件。在国内，纷享销客、销售易、爱客钉钉、红圈营销等集成了人工智能、社交应用的 CRM 产品也层出不穷。2020 年春天，一场席卷全球的新型冠状病毒肺炎疫情，不仅打乱了人们正常的生活秩序，也干扰了企业正常的商务活动，商务活动被迫从线下快速转移到线上，企业的数字化转型被迫加速，在这种情况下，人工智能等新技术被加速应用到客户关系管理中。

2009 ～ 2020 年这十多年来，企业客户关系管理实践不断发展，使得我们 2009 年出版的《客户关系管理》教材已经远远落后于时代的发展，急需对教材进行改编，以顺应时代的发展变化，提供新时期所需的知识，为数字经济时代的新商科建设提供符合时代发展趋势的教材。基于这一迫切的需求，编者决定重新编写《客户关系管理》教材，并将其定位为面向商业数字化转型的《客户关系管理》教材。

编写原则

本教材的定位是服务于新商科建设的新商科教材，遵循如下编写原则。

精简理论知识。客户关系管理课程涉及诸多交叉性学科的知识，如营销学、计算机科学、软件工程等，因此也涉及诸多领域的基础知识，如果没有合理的知识边界设定，将使得客户关系管理课程教材变得十分臃肿，难以让授课教师在有限的学时中完成授课，不仅与其他课程的教学内容产生不必要的重复，也会弱化客户关系管理领域本身独有的核心教学内容。因此，在这一版的教材中，我们仅仅将顾客价值、客户价值、客户风险三个客户关系管理的核心管理理论知识点作为本教材的核心理论知识点，删除了2009年版本中客户服务、数据仓库、数据挖掘、系统集成等多达五章的内容。

体现学科进展。从20世纪90年代至今，客户关系管理经历了基于数据库的CRM、基于电子商务的CRM、移动CRM、泛在CRM、社会化CRM等诸多阶段，并不断向智能化CRM和数字化CRM演进。技术的不断演进，要求客户关系管理教材知识体系不断更新，反映当下最新进展。在本教材的编写过程中，我们广泛搜集学术研究人员、管理咨询商、系统开发商以及企业应用方面的最新进展信息，并在教材的内容组织中最大程度地予以体现。

问题驱动教学。新商科人才培养的一个重要特点是问题驱动的主动学习。我们可以将传统的基于数据库的CRM和基于电子商务的CRM看作CRM 1.0时代，将移动CRM、泛在CRM、社会化CRM等看作CRM 2.0时代，将智能化CRM、数字化CRM等看作CRM 3.0时代。目前客户关系管理正处于CRM 2.0向CRM 3.0过渡的阶段，但大体上还应该是CRM 2.0阶段，即主要以社会化客户关系管理的应用为主，CRM 3.0的知识体系尚在构建中。从CRM 1.0到CRM 2.0，再到CRM 3.0，企业客户关系管理中三个亘古不变的问题就是：企业如何为客户创造更优的顾客价值？企业如何从客户关系中获得更多的价值回报？企业如何更有效地化解客户关系风险？因此，本书的教学内容主要围绕这三个客户关系管理中的核心问题来撰写。

科研反哺教学。本书的编者已经在客户关系管理领域持续研究近20年，其间主持了几十项国家级、省部级以及企业横向课题。编者将自己多年的研究成果以及其他学者的研究成果融合体现在本书的内容编写中。本书第4章关于客户价值管理的内容，主体采用了编者的研究成果；第5章关于客户风险管理的内容，是编者指导研究生完成的研究工作，这一部分工作非常重要，但是很少有客户关系管理教材对其进行系统阐述；第10章关于社会化客户关系管理四个案例的分析，都是编者团队在过去社会化客户关系管理研究中积累的研究成果。对于本书中其他各章，编者都做了充分的文献综述，力争将代表性学者的研究成果充分地体现在教材中。

平台赋能教学。本书介绍了一些CRM软件应用，这些软件应用目前都有面向非商业用途的免费试用版，教师可在教学中指导学生使用。

章节组织

全书共包括12章，分为4个层次，如图0-1所示。

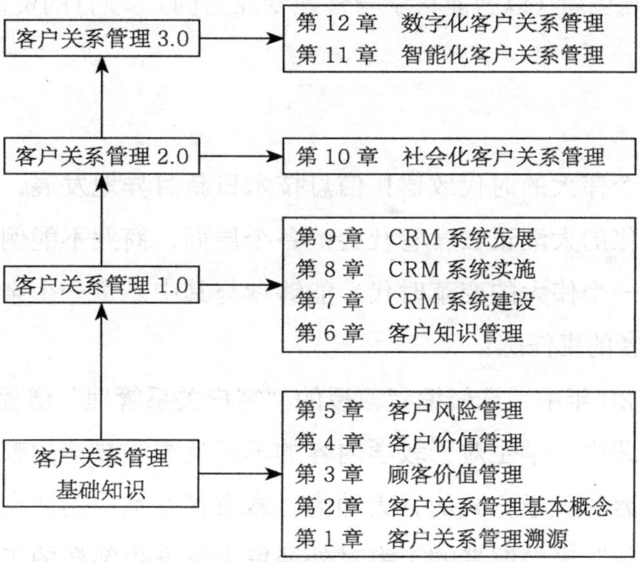

图0-1　本书的章节组织结构

层次1：客户关系管理基础知识，包括第1章～第5章。第1章介绍客户关系管理的历史；第2章阐述客户关系管理基本概念；第3章～第5章是核心基础内容，分别讲述客户关系管理中的3个重要知识点：顾客价值、客户价值以及客户风险管理。

层次2：客户关系管理1.0，包括第6章～第9章。第6章的客户知识管理是基础；第7章～第9章是客户关系管理系统层面的知识体系。

层次3：客户关系管理2.0，包括第10章。第10章是社会化客户关系管理的理论知识基础，提出了社会化客户关系管理的4个典型管理问题；教材配套资料针对第10章提出的4个典型管理问题，分别提供了4个开放式的教学案例，以及社会化客户关系管理中经常使用的复杂网络分析方法。

层次4：客户关系管理3.0，包括第11章和第12章，分别介绍智能化客户关系管理与数字化客户关系管理。

读者对象

本教材主要面向本科生和研究生，其他读者也可参考。

基金资助

本教材受教育部科技发展中心产学研创新基金——“智融兴教”基金“云计算驱动教育变革与创新（以智能科学与管理专业为例）”项目的资助。

致谢

首先要向这个伟大的时代致谢！信息技术日新月异地发展，推动时代的潮流奔涌向前，数字化的大潮正在席卷社会的各个层面，商业不能例外，教育也不能例外。身处这样一个伟大的变革时代，能够参与其中是每一个亲历者的幸运，也激发着教育工作者的责任感！

感谢过去近 20 年中，选修编者教授的“客户关系管理”课程的学生。在上千个学时的教学实践中，学生对于教学内容的不断反馈和热情的教学参与，是编者持续改进教学内容和教学方式的强大动力。本书第 9 章中的“大数据环境下消费者隐私保护的挑战”来自编者的上海对外经贸大学学生邹杨的工商管理硕士研究生学位论文中的素材；本书配套资料中的“ SCRM 中的客户互动案例”来自编者的本科学生、上海对外经贸大学工商管理学院 2017 级本科生徐乐沁的“社交媒体与客户管理”的课程期末报告；本书配套资料中的“数字化转型背景下 S 企业零散客户管理”案例来自编者的上海对外经贸大学学生牛轶的工商管理硕士研究生学位论文中的素材。

2017 年，上海对外经贸大学成立了人工智能与变革管理研究院。研究院在筹备期间，就将新商科卓越人才培养这一目标写入了主要工作中。在此后的新商科建设推进中，研究院的张国锋副院长做了大量的开拓性工作，他的真知灼见也深深地影响了编者，让编者对于新商科的理解更深一步。在此，编者要深深地感谢张国锋副院长在新商科领域不遗余力的推动。

上海对外经贸大学人工智能与变革管理研究院是一个年轻的研究院，成立已满三周年。年轻的研究院中有一群意气风发的年轻人，一起围绕前沿技术与管理变革开展科学研究和教学创新的工作。良好的团队合作氛围也是促使这本教材能够以较高的效率完稿的重要原因。这里要特别感谢研究院张钰歆老师在书稿编辑中给予的协助！

编者还要特别感谢两位学生，她们是上海对外经贸大学工商管理学院的屠文怡和张亚。屠文怡是编者的本科学生，协助整理了本书第 11 章的素材；张亚是编者的硕士研究生，协助整理了本书第 12 章的素材。编者也要感谢多年来跟随编者一起进行客户关系管理研究的团队老师和学生，他们分别是北京邮电大学软件学院的吴国仕教授、傅湘玲副教授，已经毕业的北京邮电大学研究生谭静、肖丽妍、蔡瑞、赵萌、刘海川、史双、刘荣、谭琨、张一文、彭蕾、朱超、吴垠、马君等，这本教材中的内容也有他们的贡献和付出！

编者要深深感谢客户关系管理研究领域的诸多学者以及业界从业人员，正是他们的努力促进了客户关系管理研究的进步和产业繁荣，也为本教材积累了丰富的素材。编者在书中尽可能做到文献引用标注明确，但是由于文献众多、编写过程较长，造成文献引用校对较为困难，难免存在文献引用未标注的纰漏。在此，编者对所有为本教材提供素材的同人表示最诚挚的感谢，也欢迎文献引用有纰漏的作者直接与编者联系，编者将在再版中予以完善和更新。

编者要向广大的读者致以由衷的感谢！欢迎各位读者积极反馈宝贵的意见，希望在读者的严格要求下教材质量能够不断提高。

最后，再次感谢教育部科技发展中心产学研创新基金——“智融兴教”基金对本教材的资助！

编者

2022 年 2 月于上海

目 录
CONTENTS

第 1 章
CHAPTER1

客户关系管理溯源

◇ 课前导读

客户关系管理（Customer Relationship Management，CRM）的产生过程与商业社会的变革和发展过程具有很强的相关性。外部市场环境的巨大改变对企业的管理和营销观念提出了新的要求，企业在对内部营销管理系统进行调整的同时，也需要对企业外部的客户进行管理，而近年来，信息通信技术的发展也为企业整合外部客户提供了必要条件，推动了客户关系管理的产生。本章内容组织结构如图 1-1 所示。

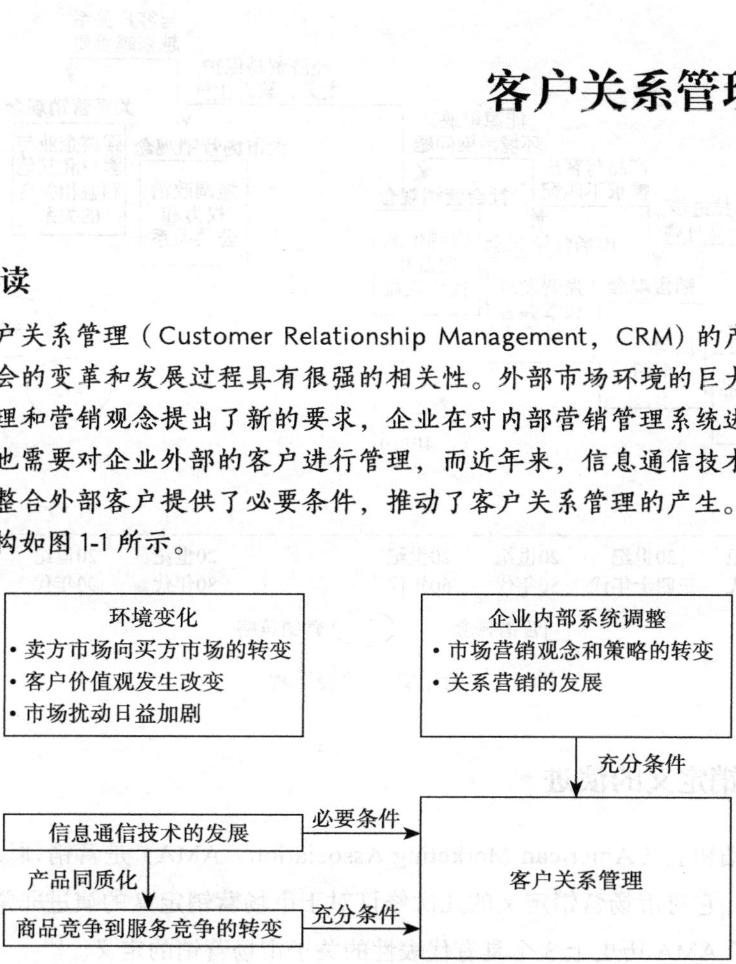

图 1-1　本章内容组织结构图

◇ 学习目标

- 了解客户关系管理的产生过程
- 了解客户关系管理与关系营销的关系
- 能够概括客户关系管理产生的原因

1.1 营销管理发展历程

企业外部环境的变化迫使企业必须对自身的管理和营销观念做出调整。营销管理的发展历程主要经历了7个阶段：生产观念、产品观念、销售观念、市场营销观念、社会营销观念、大市场营销观念和其他营销观念（以关系营销观念为代表），如图1-2所示。

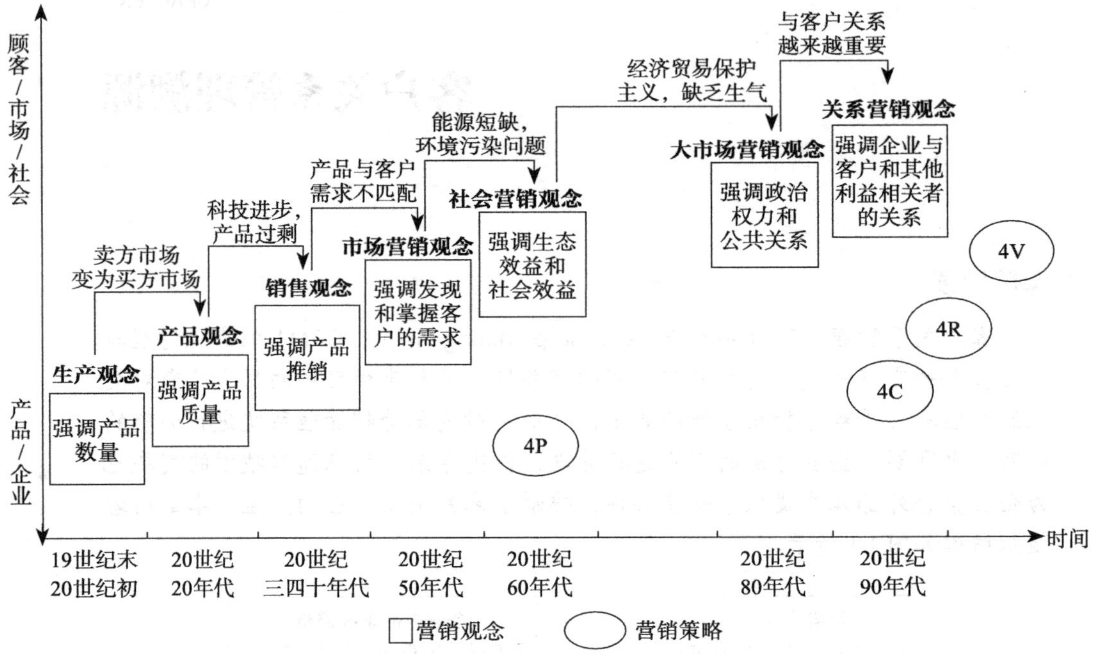

图1-2 营销管理发展历程

1.1.1 市场营销定义的演进

美国市场营销协会（American Marketing Association，AMA）是营销领域久负盛名的营销专业机构，它对市场营销定义的几次修订对于市场营销定义的演进非常具有代表性。表1-1列举了AMA历史上3个具有代表性的关于市场营销的定义。[1]

表1-1 市场营销的相关定义

时间	定义	关键词
1960年	市场营销是引导产品或劳务从生产者流向消费者的企业营销活动	商业行为
1985年	市场营销是为了创造达到个人和机构目标的交换，而规划和实施理念、产品和服务的构思、定价、促销和渠道的过程	交换、过程
2004年	市场营销既是一种组织职能，也是为了组织自身及利益相关者的利益而创造、传播、传递客户价值，管理客户关系的一系列过程	管理客户关系

AMA关于市场营销定义的演进是在不同的发展环境下对市场营销认识逐步深入的

结果。相比 1960 年的定义，1985 年的定义中扩展了产品的概念，不仅包括产品或劳务，还包括理念和服务。同时，明确了市场营销的主要职能体系——产品、定价、促销和渠道，突出了市场营销计划的控制与实施。相比 1985 年的定义，2004 年的定义不仅适合营利组织，同时也适合非营利组织。从对市场营销的理解上讲，强调了市场营销的目的是获得“组织自身及利益相关者的利益”，为达到这一目的就要“创造、传播、传递客户价值”，其核心内容是“管理客户关系”。可以看出，市场营销的概念历经时代的变迁，在当前的市场环境下，客户关系管理已经成为市场营销的核心内容。

1.1.2　市场营销观念的演进

在市场营销学界，市场营销观念分为传统营销观念（生产观念、产品观念、销售观念）和现代营销观念（市场营销观念、社会营销观念、大市场营销观念），并且沿着这条主线陆续发展了其他市场营销观念。

生产观念（Production Concept）流行于 19 世纪末 20 世纪初，当时大多数国家处于工业化初期，社会生产力水平相对落后，商品市场正处于生产者占主导地位的卖方市场阶段，物资短缺，产品供不应求，组织的营销工作重点在于提高生产率。到 20 世纪 20 年代，西方资本主义国家开始由卖方市场向买方市场过渡，客户对产品结构提出了更高的要求，在这样的环境下产生了产品观念（Product Concept），企业开始把主要注意力放在产品的质量上，而不太关注市场的需求和变化。20 世纪三四十年代，随着科技的进步、管理方式的变革和大规模生产的推广，组织的产能迅速增加，出现了产品过剩的局面，组织之间的竞争也日益激烈，销售观念（Selling Concept）开始盛行。销售观念也叫推销观念，更加注重把生产出来的产品销售出去，而不太关注应该生产什么样的产品。

市场营销观念（Marketing Concept）又称为以客户为中心的营销观念，形成于 20 世纪 50 年代，这种营销观念以客户为中心，把营销管理的重点放在了发现和掌握客户的需求，并以比竞争对手更为有效的方式去提供满足这些需求和欲望的产品上。但由于一些组织单纯地强调满足市场需求，缺乏对自身条件和市场环境的分析，到 20 世纪 60 年代，西方资本主义国家持续出现了能源短缺、环境污染等一系列问题，在这样的背景下，产生了强调社会责任，以社会效益为中心的社会营销观念（Societal Marketing Concept）。20 世纪 80 年代以后，世界经济进入了一个发展迟缓、缺乏生气的时期，新的贸易保护主义开始抬头，在这种情况下，菲利普·科特勒提出了大市场营销观念，开始关心如何在全球市场进行营销，如何有效地调配资源，强调用政治权力和公共关系等力量来促进全球经济贸易的发展。20 世纪 90 年代，随着全球政治格局的大调整以及互联网技术的大发展，影响经济全球化发展的壁垒大大降低，区域市场正在快速地融入全球市场，消费者能够在全球范围内进行“货比三家”的选择，企业的潜在客户群扩大到了全球范围，企业的市场营销挑战与机遇并存，为了最大化企业及其利益相关者的收益，关系营销（Relationship Marketing）出现了。关系营销的核心思想是维持企业与客户之间的长期关系，它首次强调了保持长期稳定的客户关系在企业战略和营销中的地位与作用。关系营销的具体内容将在1.2节中进行详细介绍。

1.1.3 市场营销策略的演进

在100多年的市场营销发展历程中，市场营销组合策略也在不断地演化、发展。

20世纪60年代，麦卡锡提出了4P组合理论，即产品（Product）、价格（Price）、渠道（Place）和促销（Promotion），其根本目标是扩大市场份额，基本前提是市场份额的扩大必须伴随着利润的提高。随着工业的飞速发展，世界进入到“需求中心”时代，企业发现客户占有率比市场占有率更能为企业带来较高的利润。1990年，美国学者劳特朋提出了与其相对应的一种全新的4C营销理论，即消费者的需求与欲望（Consumer Needs and Wants）、成本（Cost）、便利（Convenience）、沟通（Communication）。了解消费者的需求与欲望，分析其愿意付出的成本，思考如何让消费者购买时更方便、快捷、安全，加强与消费者在信息和情感上的沟通，这是市场营销在4P之外的新的职能体系。依据消费者的需求与欲望来设计产品，依据消费者愿意支付的成本来进行定价，根据消费者偏好的方式来设计渠道，根据消费者喜欢的沟通方式来设计促销形式，在4C理论的基础上综合运用4P理论才能取得更好的效果。20世纪90年代，信息技术的高速发展，使产品生命周期缩短，技术创新不断加快，单位产品的生产成本大幅下降，人们的消费理念和消费行为日益感性化和个性化，此时出现了新的营销组合4R理论，即关联（Relevant）、反应（Reaction）、关系（Relation）、回报（Return）。时刻关注客户的需求及变化，与客户建立关联，并建立快速反应机制，在客户的需求变化时甚至是变化前做出适当的反应，建立与客户间的长期稳定关系，以为客户及股东创造价值为目的，这是4R理论的核心内容。4V理论是比较新的营销组合理论，包括差异化（Variation）、功能化（Versatility）、附加价值（Value）、共鸣（Vibration）。企业凭借自身的技术优势和管理优势，生产出有特色的、创新的、满足客户需求的产品，与客户产生共鸣，从而维持企业与客户间的长期互利关系。

4P、4C、4R、4V理论四者是完善、发展的关系。4C、4R、4V理论不能取代4P理论，它们是对4P理论在新形势下的创新与发展，不可把四者割裂开来甚至对立起来。从其发展过程看，企业与客户间的关系在企业的营销策略中占据越来越重要的地位，这与买方市场的形成和企业营销观念的发展是分不开的，特别是随着关系营销的出现，客户成为企业关注的焦点。[2]

1.2 关系营销的出现

1.2.1 关系营销的定义

关系营销（Relationship Marketing）一词是伦纳德·贝瑞于 1983 年首先提出的，1985 年巴巴拉·布恩德·杰克逊强调了关系营销的重要性，使这一概念受到了广泛关注。[3] 对关系营销的研究大都围绕着解释关系营销的概念展开，具有代表性的观点如表 1-2 所示。

表 1-2 关系营销的定义

时间	提出者	定 义
1985	B.B. Jackson	关系营销就是指获得、建立和维护与产业用户的长期关系 [3]
1994	E. Gummesson	关系营销就是把营销看作关系、网络和互动 [4]
1994	R.M. Morgan，S.D. Hunt	关系营销是旨在建立、发展和维持成功交换关系的所有营销活动 [5]
1996	A. Ravald，C. Grönroos	关系营销是为了满足企业和利益相关者的目标而进行的识别、建立、维持、促进同消费者的关系，并在必要时终止关系的过程，这只有通过交换和承诺才能实现 [6]
2003	王桂林，文启湘	关系营销是企业为实现自身目标和增进社会福利而与相关市场建立和维持互利合作关系的过程 [7]

虽然对关系营销的定义各有不同，但是可以达成一致的是关系营销是由许多管理“关系”的一系列活动构成的一个社会性过程，包括不断识别、建立、维护和巩固企业与客户及其他利益相关者（分销商、经销商、供应商等）的关系的活动。正确处理企业与这些个人和组织的关系是企业营销的核心，不断追求客户满意是企业成功的关键，是真正的“一切以客户为中心”的营销观念。

1.2.2 关系营销的营销组合策略

关系营销扩展了营销组合要素。在关系营销思想的指导下，企业的营销组合要素不仅包括 4P 理论原有的产品、价格、渠道和促销，还增加了员工（People）、业务流程（Process）和客户服务（Customer Service）3 个新要素。关系营销指出，4P 营销组合只适合无差异的客户或提供相当简单的产品的市场情况（如日用消费品市场），而当客户需求差异较大、市场复杂多变时，4P 营销组合便难以适应。员工会对企业的营销任务和客户的联系产生重要影响，无论是对与客户经常接触的销售人员、服务人员，还是对与客户接触不多的产品研制、开发、运输等部门的人员，都应重视并进行有效的管理。业务流程是指为客户创造价值的方法和过程，它包括制定任务、制订计划、运用方法技巧、进行具体活动等内容。把业务流程明确界定为营销组合的一个单独要素，有助于改进产品和服务的质量，提高整个营销组合策略的运行效率。客户服务在维系和巩固客户关系的过程中发挥着极其重要的作用。客户是在以忠诚换取他们希望获得的相应价值，这种价值不单单指产品本身所拥有的有形价值，还包括种种与客户服务质量有关的相对无形的价值。关系营销的营销策略已经把客户放在了十分重要的位置上。

1.2.3 关系营销的原理

随着卖方市场向买方市场的转变以及感性消费和个性消费时代的到来，传统营销方式已基本让位于强调“合作”的关系营销，关系营销已成为许多企业的营销策略。

托尔斯滕归纳出，关系营销的原理主要包括六个方面：建立独特关系的意愿（Intention）、客户交流（Interaction）、客户的整合（Integration）、客户信息（Information）、对客户投资（Investment）、个性化定制（Individuality），这些原理称为关系营销的 6I，如图 1-3 所示。[8]

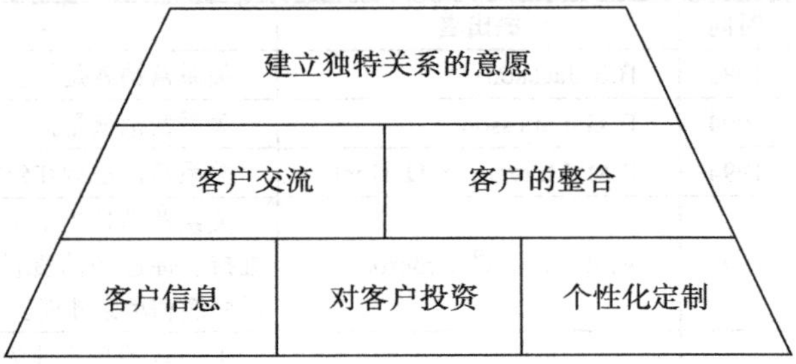

图 1-3 关系营销的原理

建立独特关系的意愿：主动建立与客户的独特商业关系是一个企业区别于其他竞争者的特征。

客户交流：与客户的系统化交流能够促进双方互相了解，建立良好的感情基础。

客户的整合：将客户整合以进行价值创造，建立密切的商业关系。

客户信息：企业必须努力获得关于客户的可靠信息，并建立用于在关系基础上处理客户问题的客户数据库。

对客户投资：必须选择那些值得投资的客户。细分客户是很有必要的。20% 的客户带来了 80% 的利润，因此有必要给某些客户一定的优先权。这时，客户价值的计算至关重要。

个性化定制：企业根据个性化特征定制给客户的产品和服务，这里所谓的定制就是既能实现个性化，又能使成本最低。

关系营销是现代市场营销的重要创新和发展，从关系营销的 6I 原理中可以看出，与传统营销相比，关系营销更强调保持老客户而不是开发新市场，并且高度重视对老客户的服务、对客户的承诺和联系。在外部市场环境发生巨大变化的情况下，企业必须转变思维观念，积极发展与客户长期的互利关系，以客户为中心来经营企业，缓冲市场变动的影响，最大限度地降低经营风险。

1.2.4 关系营销的核心——客户关系管理

关系营销要求企业与客户、分销商、经销商、供应商等建立并保持某种较为紧密的合作关系，并不断加强这种关系。在传统的交易营销中，企业以交易为焦点，追求的是短期交易利润最大化，强调的是产品的特征，所以除了企业的产品和市场形象外，企业没有其他的措施与客户保持持久的关系。而关系营销则以留住客户为工作焦点，追求与客户等各方的最大程度的长期互利。它强调客户的忠诚度，重视对客户的承诺、对话和接触，并与客户保持长期的关系。

在关系营销中，企业与各方建立并保持长期友好合作的关系，对企业在应对内外部环境的变化，保持长期、稳定的发展方面十分有利。在企业的关系管理中，与客户的长期良好关系是现代企业关系营销成功的基本保证。按照帕累托的 20/80 法则：企业 80% 的销售业绩来自 20% 的客户的重复购买，开发一个新的客户的费用是保持一个老客户的 4 ～ 6 倍。可见，企业与客户之间建立长期的互相依赖的合作关系，以及提高和保持客户的忠诚度是企业生存的基础。[9] 客户关系管理这一概念正是在这个基础上提出来的，并且集中体现了关系营销的核心思想。

1.3 市场扰动日益加剧

社会化大生产使得社会物质财富极大丰富，市场逐步从卖方市场向买方市场转变，消费者在购买商品时，不再只关注产品的价格，而是更加看重产品的质量，同时也开始关注产品的形象、设计、品牌和服务等，希望购买到物美价廉的产品，更重要的是希望获得心理上的满意。企业所面对的外部市场和客户价值观都在发生巨大的变化。

市场的复杂多变已经成为当今企业生存的外部环境特点。在这样的市场环境中，客户需求的不确定性增加，多元化趋势增强，变化加剧。这样一来，企业传统的“为产品找客户”、以产品为中心的经营理念将面临极大的风险，因为产品开发一旦失败，企业面临的将是灭顶之灾。[9] 在这样的市场环境中，如何缓冲市场扰动造成的冲击、降低经营风险，就成了企业必须面对的难题。企业要转变思维观念，“为客户找产品”，积极发展与客户的长期互利关系，以客户为中心来经营企业，缓冲市场扰动的影响，最大限度地降低经营风险。[10] 客户关系管理的风险缓冲作用如图 1-4 所示。

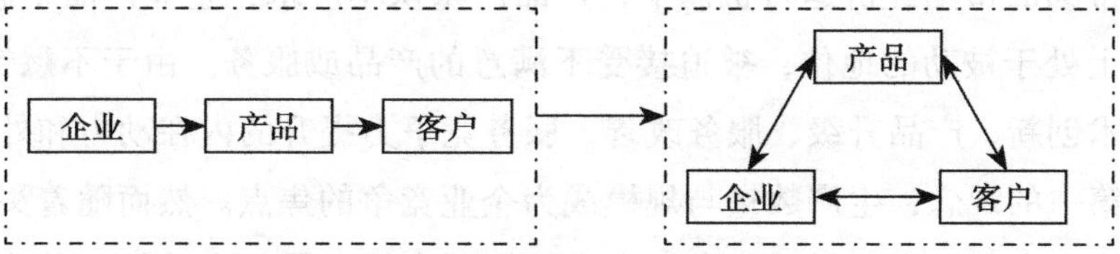

图 1-4 客户关系管理的风险缓冲作用

1.4 信息和通信技术的发展

早在 20 世纪 80 年代末就已经有学者开始对市场扰动和客户关系理念进行研究，但是对这些理念的实践却是到了20世纪90年代才刚刚开始的。因为要建立企业与客户之间的长期互利关系，双方之间双向的及时沟通是先决条件，而正是沟通成本阻碍了这些理念的实践。在信息和通信技术还不够发达的情况下，这种双向的及时沟通需要企业付出高昂的成本，而如果这一成本高于企业预期的客户价值，企业必然会拒绝进行投资。20世纪90年代以后，信息和通信技术有了很大的发展，互联网的普及使得这个瓶颈问题得到了迅速的解决。[11]

家门口的小吃店的老板会努力记住某位顾客喜欢吃辣这种信息，当一位顾客要一份炒面时，他会根据以往的经验为这位顾客提供正好合顾客口味的炒面，而不必有太多的询问。但如果这位顾客到一家大型的快餐店时，就不会得到这种待遇了，即使他每天都去一次。为什么呢？最重要的原因是，如果要识别每位顾客，快餐店要搜集和处理的信息量是小吃店的几十倍甚至上百倍，超出了快餐店员工的信息搜集和处理能力，而信息技术的发展使得这种信息应用成为可能。

信息技术革命极大地改变了商业模式。信息化和电子商务对企业与客户的互动关系产生了巨大的影响。客户可以方便地从媒体和互联网上获取信息并参与商业过程，他们处于信息劣势的状况大为改观。有了先进的信息和通信技术，企业能够深入了解客户需求，及时将客户意见反馈到产品和服务的研发、设计中，为客户提供更加个性化、多样化和深入化的服务，这成为企业竞争成功的关键。然而，信息和通信技术的飞速发展也带来了很多问题，信息和通信技术的使用使得企业间的差异逐渐缩小甚至消失，产品的技术创新可以很快地被其他企业模仿，产品的生命周期也越来越短，越来越多的替代品的出现使得客户与产品的联系日益弱化。服务的差异化成为企业维系与客户间持久关系的关键手段，信息和通信技术的发展迫使企业以前所未有的热情来关注自己的客户，并把服务提到了战略高度。

1.5 服务竞争战略

在卖方市场的市场经济运行机制下，产品严重供不应求，企业产品不愁没有销路，客户在市场上处于被动的地位，被迫接受不满意的产品或服务。由于不愁销路和利润，企业没有技术创新、产品升级、服务改善、服务竞争力提升的内在动力和外在压力。企业坚持生产第一的观念，生产数量与规模成为企业竞争的焦点。然而随着买方市场的到来，情况发生了变化。产品供过于求，客户掌握了市场交易的主动权，其消费选择直接关系到企业的产品价值能否实现。因而，同行业内的竞争归结于对客户的争夺。服务于客户、保持客户的忠诚成为企业新的竞争焦点。

新的营销理念是把服务划归为企业产品的一部分，即无形产品。“以人为本”的经营管理理念就是一切围绕人而展开，并把服务问题提到了战略高度，通过掌握服务精髓，提升服务品位，创新服务特色，从完美的细节和良好的客户体验来维系和发展独一无二的客户关系，从而获得持久的竞争优势。

服务竞争体现着以市场需求为导向的经营理念和发展战略，体现着企业的“诚信”“人性”和市场经济伦理道德，体现着企业盈利和服务客户的双重目标。[12] 从营销的产品竞争到服务竞争，企业满足客户个性化需求的能力越来越强。个性化服务要求企业充分了解客户的需求，保持与客户的个性化沟通，维系与客户之间良好的合作关系，从而为双方带来利益。服务在企业竞争中已经占据了越来越重要的地位，用关系营销的营销观念对客户进行管理是企业适应环境变化的必要手段。服务竞争是以提高客户对产品的满意度为目的的市场竞争。服务竞争的实质是服务理念的竞争，是以服务客户为导向的企业文化的集中反映。要提高客户对产品的满意度就意味着一切要从客户的需要出发，即在产品的设计、制造、销售到使用的全过程中满足客户的消费需求，既要把客户想到的想到、做到，又要把客户未想到的想到、做到，既要考虑到客户现在的利益，又要考虑到客户未来的利益。

服务是无形的、个性化的、不可储存的。因此，企业为了做好客户服务就必须要有大量的关于客户的知识，以支持企业为客户提供周到的、个性化的、超出期望的、按需提供的服务。要做到这一点，企业必须对客户关系的全过程进行系统的管理。

1.6　客户关系管理的出现

通过之前的分析，不难得到如下结论。

- 客户关系管理的出现有其历史必然性。客户关系管理是现代市场营销发展到关系营销必然出现的营销方式，集中体现了营销策略的最新发展趋势，是关系营销的核心。
- 客户关系管理是现代企业在多边的竞争环境中规避市场风险，最大化企业盈利的合理选择。
- 信息和通信技术的飞速发展为客户关系管理提供了重要的技术手段支撑，是驱动客户关系管理从管理理念到实践应用的重要技术。
- 从产品竞争到服务竞争的经营理念的转变，使得客户关系管理越来越成为企业提高经营绩效的重要选择。

在这种情况下，20 世纪 80 年代初产生了“接触管理”的概念，强调专门收集整理客户与公司联系的所有信息，到 20 世纪 90 年代初期演变成为包括电话服务中心与客户资料分析的客户服务（Customer Care）。[13] 在 1993 年前后，高德纳公司提出了客户关系

管理的概念。客户关系管理在经历了30多年的发展后，不断演变并趋向成熟，最终形成了一套完整的管理理论体系，并成为指导现代企业提高经营业绩的重要管理理念，在全球企业中得到了极大的普及。

案例

泰国的东方饭店堪称亚洲饭店之最，几乎天天客满，不提前一个月预订是很难有机会入住的，客人大都来自西方发达国家。泰国在亚洲算不上特别发达，但为什么会有如此诱人的饭店呢？泰国是一个旅游国家，而且又有独特的人妖表演，大家往往猜测是不是东方饭店在这方面下了功夫。其实不然，东方饭店靠的是真功夫，是非同寻常的客户服务，也就是现在经常提到的客户关系管理。[13]

于先生因公务经常到泰国出差，并下榻东方饭店，第一次入住时，良好的饭店环境和服务就给他留下了深刻的印象。当他第二次入住时，几个细节更使他对东方饭店的好感迅速升级。

那天早上，在他走出房门，准备去餐厅的时候，楼层服务生恭敬地问道："于先生是要用早餐吗？"于先生很奇怪，反问："你怎么知道我姓于？"服务生说："我们饭店规定，晚上要背熟所有客人的姓名。"这令于先生大吃一惊，因为他频繁往返于世界各地，入住过无数高级酒店，但这种情况还是第一次碰到。

于先生高兴地乘电梯下到餐厅所在的楼层，刚刚走出电梯门，餐厅的服务生就说："于先生，里面请。"于先生更加疑惑，因为服务生并没有看到他的房卡，就问："你知道我姓于？"服务生答："上面的电话刚刚下来，说您已经下楼了。"如此高的效率让于先生再次大吃一惊。

于先生刚走进餐厅，服务小姐微笑着问："于先生还要老位置吗？"于先生的惊讶再次升级，心想，尽管我不是第一次在这里吃饭，但离最近的一次也有一年多了，难道这里的服务小姐记忆力那么好？看到于先生惊讶的目光，服务小姐主动解释说："我刚刚查过电脑记录，您在去年6月8日在靠近第二个窗口的位置上用过早餐。"于先生听后兴奋地说："老位置！老位置！"服务小姐接着问："老菜单？一个三明治、一杯咖啡、一个鸡蛋？"现在于先生已经不再惊讶了。"老菜单，就要老菜单！"于先生已经兴奋到了极点。

上餐时，餐厅赠送了于先生一碟小菜，由于这种小菜于先生是第一次看到，所以就问："这是什么？"服务生后退两步说："这是我们特有的××小菜。"服务生为什么要先后退两步呢？他是怕自己说话时口水不小心落在客人的食物上。这种细致的服务不要说在一般的酒店，就是在美国最好的饭店里于先生都没有见过。这一次早餐给于先生留下了难忘的印象。

后来，由于业务调整，于先生有三年的时间没有再到泰国去。于先生在生日的时候，突然收到了一张东方饭店发来的生日贺卡，里面还附了一封短信，内容是：亲爱的于先生，您已经有三年没有来过我们这里了，我们全体人员都非常想念您，希望能再次见到您。今天是您的生日，祝您生日愉快！于先生当时激动得热泪盈眶，发誓如果再去泰国，绝对不会到任何其他的饭店，一定要住在东方饭店，而且要说服所有的朋友也像他一样选择。于先生看了一下信封，上面贴着一枚六块钱的邮票。六块钱就这样买到了一颗心，这就是客户关系管理的魔力。

东方饭店非常重视培养忠实的客人，并且建立了一套完善的客户关系管理体系，使客人入住后可以享受到无微不至的人性化服务。迄今为止，世界各国约有 20 万人曾经入住过那里。用东方饭店的话说，只要每年有十分之一的老客户光顾饭店，饭店就会永远客满。客户服务就是东方饭店成功的秘诀。

本章小结

本章追溯了客户关系管理产生的背景和过程、外部市场的扰动、企业内部营销观念及管理的演进。关系营销的发展以及越来越激烈的服务竞争是客户关系管理产生的内因，而信息和通信技术的高速发展为客户关系管理的产生提供了必要的技术条件。

思考题

请举出实际的企业案例或者行业案例来阐述客户关系管理产生的必然性以及信息和通信技术的必要性及重要性。

参考资料

[1] 康俊 . AMA 新时期的市场营销定义 [J]. 营销学苑，2005（6）：64-66.

[2] 张娣杰 . 对关系营销思想的认识 [J]. 科技情报开发与经济，2006，16（16）：138-139.

[3] JACKSON B B.Building customer relationships that last [J]. Harvard Business Review，1985，63（6）：120-128.

[4] GUMMESSON E.Making relationship marketing operational [J]. International Journal of Service Industry Management，1995，5（5）：5-20.

[5] MORGAN R M，HUNT S D.The commitment-trust theory of relationship marketing [J]. Journal of Marketing，1994，58（3）：20-38.

[6] RAVALD A，GRÖNROOS C.The value concept and relationship marketing [J]. European Journal of Marketing，1996，30（2）：19-30.

[7] 王桂林，文启湘 . 关于企业培育顾客信任关系途径的探讨 [J]. 财贸研究，2003，（4）：112-114.

[8] THORSTEN H T，URSULA H. 关系营销 [M]. 罗磊，译 . 广州：广东经济出版社，2003.

[9] 贠雅萍 . 客户关系管理 : 关系营销的核心 [J]. 湖北广播电视大学学报，2005，22（1）：81-83.

[10] 齐佳音，万映红 . 客户关系管理理论与方法 [M]. 北京：知识产权出版社，2006.

[11] 桑晓靖 . 论企业的服务竞争 [J]. 经济论坛，2004（5）：68-69.

[12] 安树宝 . 浅谈客户关系管理（CRM）[J]. 现代情报，2005，9（9）：177-178.

[13] 王保新 . 顶级服务是啥样：泰国东方饭店成功宝典 [J]. 人力资源，2003（12）：45.

第 2 章
CHAPTER2

客户关系管理基本概念

◇ 课前导读

本章将对客户关系管理概念所涉及的“客户”“关系”“客户关系”和“管理”等术语的内涵进行界定，最后给出客户关系管理（CRM）的定义，并介绍本书中的 CRM 知识体系。本章内容组织结构如图 2-1 所示。

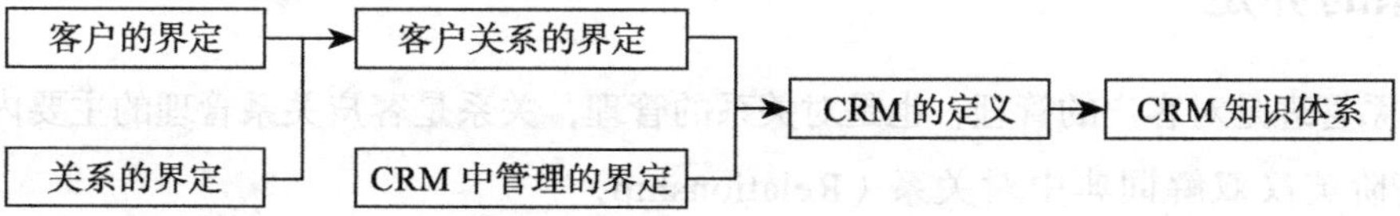

图 2-1　本章内容组织结构图

◇ 学习目标

- 掌握客户关系管理的基本概念
- 理解客户关系管理的内涵
- 了解客户关系管理知识体系

2.1　客户的界定

客户关系管理是企业对客户的管理，客户是 CRM 的直接管理对象，企业要识别目标客户，满足目标客户需求，保持并留住最有价值的客户，必须首先对客户进行界定，了解谁可能会成为自己的客户。对于一个核心企业，它处于供应商、分销商、零售商以及最终消费者的链条上，它的客户不光是最终消费者，还包括它的分销商和零售商。以是否直接消费为分类依据，核心企业的客户可以分为两大类：最终客户（End User）和中间客户（Reseller）。[1]

最终客户：取得企业产品或服务的所有权，并且以直接消费或利用为目的，是企业产品或服务的最终购买者。最终客户可以是个人消费者或企业组织。

中间客户：取得企业产品或服务的所有权，但不直接消费或利用，而是以再次出售为目的，是企业产品或服务的中间购买者。中间客户在购入企业的产品之后，再将其出售给下级客户。中间客户是营销渠道中的中间商的一部分，不包括那些尚未取得产品所有权的制造商代表、代理中间商和辅助机构。对于消费品市场，典型的中间客户是批发商和零售商；对于工业品市场，中间客户主要是工业品经销商。

在本书中，客户关系管理中的客户既包括企业的最终客户，也包括中间客户。

在对客户进行界定的同时，有必要对与客户相近的两个概念“消费者”和“顾客”予以探讨。根据本书的定义，客户是通过交易行为获得企业产品或服务的所有权的个人或组织购买者，无论其购买的目的是直接消费还是再次出售。根据王新山的界定，消费者是指企业产品或服务的最终使用者和受益者，而顾客则是指与企业直接进行商业交往的人或群体。⊖可以看出，客户、消费者、顾客三者的概念还是有一些区别的，不过目前在使用中，大多没有做细致的区分。

2.2　关系的界定

客户关系管理是对客户的管理，也是对关系的管理，关系是客户关系管理的主要内容。

牛津高阶英汉双解词典中对关系（Relationship）的定义是：关系是两个人之间或两组人之间发生的行为和主观感觉，如图 2-2 所示。

图 2-2　关系

由此可以看出关系，具有以下几个特点。[2]

- 关系发生在人与人之间。人与机器或其他事物之间不能形成关系。例如，你喜欢一件衣服，但不能说你和这件衣服有关系。
- 一个关系同时具有行为和感觉两种特性，如果只有某种行为而没有感觉或只有感觉而没有适当行为，那么这是一种“欠缺关系”。例如，两个人谈恋爱，不仅要在行为上表现出两个人是情侣关系，还应该彼此喜欢对方，在心理上也体现出情侣关系。
- 关系本身是中性的，在关系的定义中并没有确定某一个关系一定是重要的或不重要的、好的或不好的，这些都要由发生关系的双方自己去定义。
- 关系对关系双方有约束，这使得想脱离关系的一方要付出某种程度的“逃离代价”。

⊖　陈建勋，于姝．消费者、顾客与客户的区分及其营销意义 [J]. 兰州学刊，2007（11）：61-62.

2.3 客户关系的界定

2.3.1 客户关系的内涵

客户关系管理中的客户关系指的是企业与客户之间发生的各种关系。由于企业组织本身是由人组成的，因此，企业与客户之间的关系根本上还是人与人之间的关系。企业与客户之间的关系还有以下几个特点。

- 企业与客户的行为和感觉是相互的，双方不存在谁大谁小、谁重谁轻的区别。
- 客户对企业有好的感觉便更有可能触发相应的购买行为。客户与企业相互强化和促进之后便可以产生良好的客户关系。
- 如果客户有购买行为，但对企业有很坏的感觉，那么就有可能停止未来的购买行为，从而导致关系破裂或关系消失。只有在供不应求的情况下，客户与企业才有可能维系“无奈的关系”。
- 如果一个潜在客户对企业有很好的感觉，但从没有向企业购买过什么东西，那么这个客户和这个企业之间的关系还没有真正建立起来。

企业在经营过程中，应针对自己产品的特色和客户的定位来决定与客户建立什么样的客户关系。客户关系一般可以概括为表 2-1 中的几种类型。

表 2-1　客户关系的类型

类型	特　征
基本型	销售人员把产品销售出去以后就不再与客户接触
被动型	销售人员把产品销售出去以后，同意或鼓励客户在遇到问题或有意见时联系企业
负责型	销售完成后，企业及时联系客户，询问产品是否符合客户的要求，有何缺陷或不足，有何意见或建议，以帮助企业不断改进产品，使之更加符合客户的要求
能动型	销售完成后，企业不断联系客户，提供有关改进产品的建议和新产品的信息
伙伴型	企业不断努力与客户协同，帮助客户解决问题，支持客户的成功，实现共同发展

这五种客户关系类型之间并没有优劣顺序，因为企业所采用的客户关系类型取决于企业生产的产品的特色和对客户的定位。不同的企业，甚至是同一家企业，对待不同的客户可能会选择不同的客户关系类型。企业与客户关系的类型也不总是一成不变的，可以根据产品不同的生命周期以及客户满意度等，对客户关系类型进行调整，以使企业获得最大的利润。

2.3.2 CRM 中客户关系的特征

从关系的定义中可知，关系包括行为和感觉两个方面，行为是显性的，比较容易记录和整理，但感觉是高级情感，像空气一样捉摸不定。客户关系也包括行为和感觉两个方面，只有将行为和感觉结合在一起，才是真正的客户关系。CRM 中的客户关系具有以下特征。

- 客户关系具有生命周期特征。客户关系的生命周期包括关系识别期、关系发展期、关系稳定期和关系衰退期。
- 客户关系具有行为特征和感觉特征。企业在加强客户关系的同时，不要只关注客户关系的行为特征（物质因素），也要考虑到客户关系的另一个特征，即客户的感觉等其他非物质的情感因素。后者不易控制和记录，但竞争对手也很难对其进行控制和记录。
- 客户关系具有动态特征。客户关系有时间跨度，客户好的感受需要慢慢积累，因此企业要有足够的耐心对客户进行培养。
- 大多数情况下，在客户关系中企业与客户具有非对称地位特征。在客户关系建立阶段，作为“追求方”的企业，即要求建立客户关系的一方，付出的资源比较多。在客户关系稳固之后，企业才开始获得回报。不过在这个阶段，企业最容易懈怠，以为大功告成，从而忽视了对客户关系的维持。在买方市场中，作为“被追求方”的客户一般是比较挑剔的，只要有一次感觉不好，都有可能导致企业的努力前功尽弃。

2.4 管理的界定

客户关系管理的本质是管理，CRM 中的管理也具有管理的一般特征。法约尔（1998）指出管理活动就是计划、组织、指挥、协调、控制。[3]之后，众多学者在法约尔定义的基础上，将管理的定义发展为：在特定的环境下，管理者为了实现一定的目标，对其所能支配的各种资源开展有效的计划、组织、领导和控制等一系列活动的过程。

从上述定义中可以看到管理包括以下几个要点：

- 管理是什么？管理是一系列活动的过程。
- 由谁来管？管理的主体是管理者。
- 管理什么？管理的客体是各种资源，如人、财、物、信息、时间等。
- 为何而管？管理的目的是实现一定的目标。
- 怎样管？管理的职能是计划、组织、领导和控制。
- 在什么情况下管？在特定环境下进行管理。

CRM 中的管理与一般的管理一样，也包含以上几个要点：

- 管理是什么？CRM 中的管理是一系列介入和控制活动。
- 由谁来管？CRM 中的管理的主体是企业。
- 管理什么？CRM 中的管理的客体是企业与客户之间的关系。
- 为何而管？CRM 中的管理的目标是最大程度地帮助企业实现其经营目标。
- 怎样管？一方面，企业要积极地管理客户关系，没有关系时要想办法“找”关系，有关系时要努力培养和发展这种关系，使企业与客户建立起良好的互利关系，并使关系永久化；另一方面，企业要利用最多的资源去发展和维持最重要的客户关系，即要区别对待具有不同潜在回报率的客户。
- 在什么情况下管？在特定环境下进行管理。

2.5 客户关系管理的定义

2.5.1 客户关系管理的相关定义

在 1993 年前后，高德纳公司最先提出了关于客户关系管理的概念，它给出的定义是：客户关系管理是企业的一项商业策略，它按照客户的细分情况有效地组织企业资源，培养以客户为中心的经营行为习惯并实施以客户为中心的业务流程，以此为手段来提高企业的获利能力、收入以及客户满意度。其他客户关系管理学者也对客户关系管理的内涵进行了界定，如表 2-2 所示。

表 2-2　CRM 的相关定义

时间	提出者	定义	角度
1999	P. Don，R. Martha	客户关系管理就是一对一营销，也可以称为关系营销 [4]	企业战略
2000	L. Handen	CRM 是一种获取、保持和发展有价值客户的过程。它需要密切关注能为客户带来价值并使客户忠诚的服务属性。CRM 包括战略、细分、技术、流程和组织五个方面 [5]	商业哲学
2001	T. H. Davenport	CRM 是一种技术战略，是一个测量、搜集能为组织的客户关系带来最大回报和影响的组织资源的过程 [6]	企业战略
2002	C. Day，D. B. Van	CRM 是一种多功能的方法，它通过与客户接触，维持与客户的对话，并为有价值的客户提供个性化服务，以增强客户保持力以及市场营销活动的效力 [7]	商业哲学
2002	H. Gebert，M. Geib，L. Kolbe，G. Riempp	CRM 是一种交互式的过程，它使得企业投资与客户需求的满意达到最佳平衡，并使企业利益最大化 [8]	企业战略
2003	J. Kim，E. Suh，H. Hwang	CRM 是一种管理企业与客户间商业交易的管理手段，它结合商业过程和商业技术来掌握企业客户的结构和关系 [9]	系统开发
2004	A. Lawson-Body，M. Limayem	CRM 是帮助企业以更为组织化的方式管理客户关系的工具和方法的集合 [10]	系统开发

目前对客户关系管理的定义还没有形成一致的结论，综上所述，对客户关系管理的定义主要包括以下三种观点：

从商业哲学的角度，认为客户关系管理是把客户置于决策出发点的一种商业哲学，它使企业与客户的关系更加紧密。

从企业策略的角度，认为客户关系管理是通过企业对客户关系的引导，达到企业最大化盈利的企业战略。

从系统开发的角度，侧重从技术角度来定义客户关系管理，认为客户关系管理是一个过程，企业通过这个过程最大限度地掌握和利用客户信息，以提高客户的忠诚度，实现客户的终生挽留，是帮助企业以一定的组织方式来管理客户的互联网软件系统。

客户关系管理理念是促成客户关系管理策略形成的思想基础。客户关系管理系统是在互联网环境下，辅助客户关系管理策略得以实现的有力工具。

2.5.2 本书中客户关系管理的定义

对于客户关系管理概念的界定，争论的焦点是客户关系管理到底是纯粹的管理策略，还是单纯的技术，或者技术是否应该成为客户关系管理的一个不可分割的组成部分。问题的关键在于理解客户关系管理的本质是什么，只有明确这个问题，才能给出一个恰当的定义。本书对客户关系管理的本质做如下理解：

1. 客户关系管理的核心是客户价值

在对客户的识别、保留和发展的整个生命周期里，对客户价值的评判始终是贯穿其中的核心问题。这种价值评判包括两个方面：一是企业对客户提供的价值（Customer Perceived Value）的评价，国内学者一般称这种价值为“顾客价值”；二是客户对企业的价值贡献（Enterprise Perceived Value）的评价，国内学者一般称这种价值为“客户价值”。客户关系管理的实施过程是一个使客户关系价值增值的管理过程。企业只有为客户提供优于竞争对手的价值，才能获得该客户的货币投票；客户只有为企业带来利润，企业才会为其提供与之相称的产品和服务。

2. 对客户终生价值的关注是客户关系管理的重要特点

客户关系管理强调的是企业与客户长期的价值互动关系，强调最大化长期价值互动关系的效用，实现企业与客户的双赢。对企业而言，客户终生价值的重要性在于：客户关系持续时间越长，客户价值就越高；客户保持率增长 5% 可以使企业利润成倍增长；发展新客户的成本是保留老客户成本的 5 ～ 8 倍；客户关系持续时间越长，客户的转移成本就越高，因此可以提高后期的保持率，进而带来企业收益的增长。对客户而言，客户关系持续时间越长，企业对客户需求的学习程度就越高，从而更易于提供高价值的问题解决方案。

3. 客户关系管理是集中于价值客户的获取、保留和发展的动态管理

由于客户关系管理关注的是终生价值关系，因此，对客户的选择显得尤为关键。客户关系管理并不是对所有客户不加区别地对待，而是不断为价值客户提供优质的价值服务，并从价值客户那里得到卓越回报的一种有选择性的价值交换战略。

4. 客户关系管理实质上是对企业客户资产的增值管理

要让客户成为企业的“无形资产”，必须具备两个条件：一是企业与客户之间有事实关系存在；二是企业有数据和文件记录来保证双方之间的双向沟通。

5. 客户关系管理强调对客户的全生命周期管理

客户关系管理所倡导的关系型营销与以产品为中心的交易型营销相比，其重要特点就在于更加关注客户长期价值，而不仅仅是短期利益。客户全生命周期管理的目的就是实现终生价值最优，客户全生命周期管理的核心就是客户全生命周期价值管理。

根据以上对客户关系本质的分析，本书将客户关系管理定义为一种商业管理策略，它通过使企业组织、工作流程、技术支持和客户服务都以客户为中心来协调和统一与客户的交互行动，达到保留有价值客户，挖掘潜在客户，赢得客户忠诚，并最终获得客户长期价值的目的。

2.6　客户关系管理知识体系

客户关系管理知识体系随着时代的发展而不断变化，不同的教材也给出了不尽相同的知识体系。为了体现更为精简的主干知识以及更具时代性的发展演变，本书将客户关系管理知识体系划分为四个层次：基础知识层、客户关系管理 1.0、客户关系管理 2.0 以及客户关系管理 3.0，如图 2-3 所示。

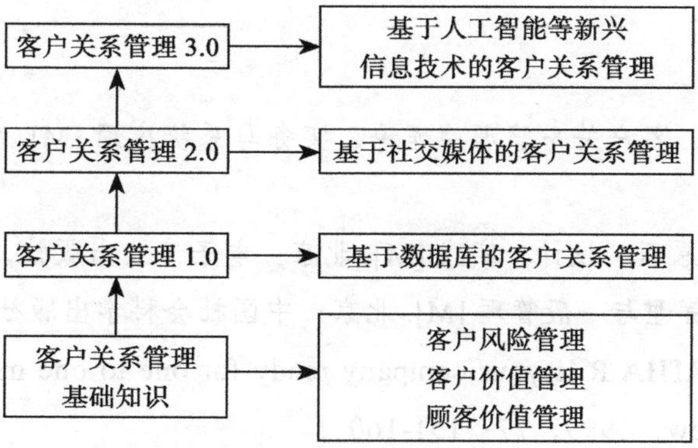

图 2-3　客户关系管理知识体系

客户关系管理基础知识：客户关系管理基础知识层的范畴比较广泛，但是最为核心的就是三个知识点：顾客价值管理、客户价值管理和客户风险管理。无论是客户关系管理1.0，还是客户关系管理2.0、客户关系管理3.0，这三个知识点始终都是客户关系管理最为核心的知识要点，只不过由于信息技术的发展，产生了不同的管理手段和管理评估方法。本书的第3章、第4章、第5章将分别对这三个知识点进行详细介绍。

客户关系管理1.0：客户关系管理1.0主要是指在Web2.0技术出现之前的客户关系管理。这时的客户关系管理技术主要是通过基于传统企业数据库的各种数据分析技术来支撑企业客户关系管理。本书的第6章、第7章、第8章、第9章将对客户关系管理1.0的主体内容进行介绍。

客户关系管理2.0：客户关系管理2.0主要是指在Web2.0技术条件下的客户关系管理。最典型的就是基于社交媒体的社会化客户关系管理（Social Customer Relationship Management，SCRM）。本书的第10章将对这一部分的知识以开放的探索方式进行介绍。

客户关系管理3.0：随着近几年数字化和智能化的发展，客户关系管理进入到3.0时代。客户关系管理3.0以智能化客户关系管理为起始，其形态还在持续形成中。本书的第11章、第12章分别介绍了智能化客户关系管理、数字化客户关系管理。

本章小结

本章作为基础理论部分，介绍了客户关系管理中所涉及的相关基础概念以及知识体系，并对本书后续各个章节的逻辑结构做了简要介绍。

思考题

请以“客户关系管理”为关键词，在国内外的学术数据库以及产业应用数据库中进行检索，试着综述客户关系管理的发展演进历史。

参考资料

[1] 彭志忠，李蕴.客户关系管理：理论、实务与系统应用[M].济南：山东大学出版社，2005.

[2] 何荣勤.CRM原理、设计、实践[M].北京：电子工业出版社，2006.

[3] 法约尔.工业管理与一般管理[M].北京：中国社会科学出版社，1998.

[4] DON P，MARTHA R.Is your company ready for one to one marketing [J]. Harvard Business Review，1999，77：151-160.

[5] HANDEN L.Customer relationship management：a strategic imperative in the world of e-business[M].New Jersey：John Wiley & Sons，2002:227-407.

[6] DAVENPORT T H，HARRIS J G，KOHLI A K.How do they know their customers so well? [J]. MIT Sloan Management Review，2001，42（2）：63-73.

[7] DAY C，VAN D B.Superiority in customer relationship management：consequences for competitive advantage and performance[A]. 2003.

[8] GEBERT H，GEIB M，KOLBE L，BRENNER W.Knowledge-enabled customer relationship management：integrating customer relationship management and knowledge management concepts [J].Journal of Knowledge Management，2003，7（5）：107-123.

[9] KIM J，SHU E，HWANG H.A model for evaluating the effectiveness of CRM using the balanced scorecard [J]. Journal of Interactive Marketing，2003，17（2）：5-19.

[10] LAWSON-BODY A，LIMAYEM M.The impact of customer relationship management on customer loyalty：the moderating role of web site characteristics[J]. Journal of Computer-Mediated Communication，2004，9（4）.

第3章
CHAPTER3

顾客价值管理

◇ 课前导读

本章的主要内容涵盖了顾客价值的内涵、驱动因素、评测方法以及顾客价值和顾客满意、顾客忠诚之间的关系。本章内容组织结构如图3-1所示。

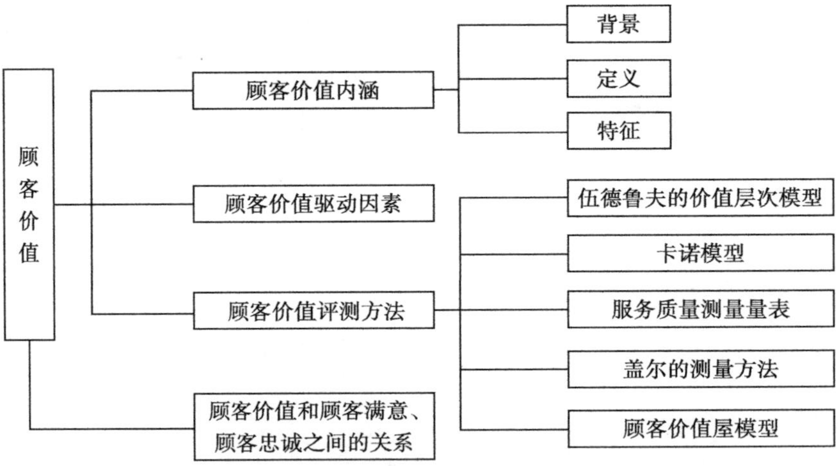

图3-1　本章内容组织结构图

◇ 学习目标

- 了解顾客价值理论提出的背景
- 掌握顾客价值的定义及驱动因素
- 掌握顾客价值的评测方法/模型
- 掌握顾客满意和顾客忠诚的概念
- 掌握顾客满意度指数模型
- 了解顾客价值、顾客满意、顾客忠诚之间的关系

3.1 顾客价值的内涵

3.1.1 顾客价值理论提出的背景

20 世纪 80 年代，哈佛大学商学院的波特教授在他的《竞争优势》一书中谈到了企业如何建立和维持竞争优势。他在书中指出，竞争优势归根结底来源于企业为顾客创造的超过其成本的价值，价值是顾客愿意为企业提供给他们的产品支付的价格。波特对价值理论进行了深入的研究，提出了价值链理论。该理论把企业看作一系列价值创造活动的组合，这一组合包括 5 项基础活动（Primary Activities）和 4 项辅助活动（Support Activities）。这些价值活动是企业创造对顾客有价值的产品的基石，企业可以通过有效管理价值链的每一项活动来创造竞争优势。在波特的思想的影响下，越来越多的学者开始着眼于企业内部活动与结构的研究，以寻求可持续的竞争优势。这一时期很多管理思想得到了广泛普及，如质量管理、组织重组、核心竞争力等。

这些卓越的内部管理思想和方法一度给企业带来了竞争优势。然而随着经济环境的发展变化，企业在使用这些管理手段为顾客提供产品或服务的竞争优势在逐渐减弱。随着企业产品质量优势逐渐减弱，为了争夺有限的顾客资源，许多企业加大广告投入、急速扩张渠道网络、不断推出新的促销活动，导致企业运营成本增加，却没有带来企业利润的期望增加。为了解决这些问题，管理学者研究发现应当树立以顾客为中心的经营观念，提高顾客满意度，促使顾客忠诚，进而发现顾客价值。

盖尔（1994）对顾客价值理论研究的思想变迁过程的描述如图 3-2 所示。这一思想变迁得到了广泛的认同（Woodruff，1997）。

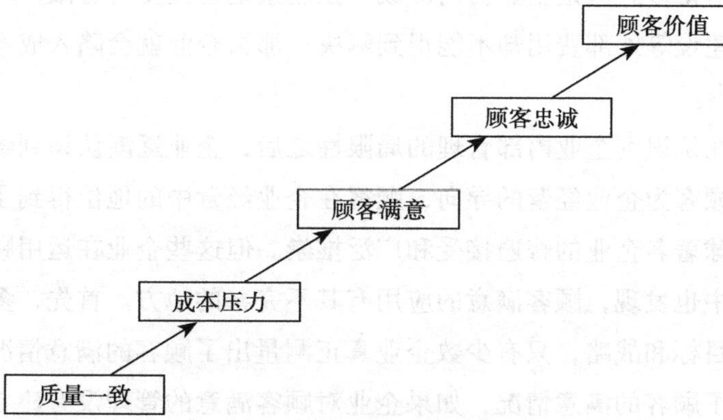

图 3-2　顾客价值理论研究的思想变迁过程[1]

质量一致。20 世纪 70 年代，内部质量管理首先在日本兴起，这一管理方法及手段的应用使得一些日本企业得以在市场上战胜美国企业，并引起了管理学者对质量改进的重视。这个时期质量管理学家将精力集中于制造环节，提倡通过对制造过程的持续改良来提高经营绩效，焦点是克服产品的主要缺陷，降低次品比率。由摩托罗拉和通用电气倡导的六西格玛质量管理理念和日本企业提出的全面质量管理理念开始在企业中迅速推广，企业的业绩得到了较大的提高。然而随着时间的推移，企业逐渐开始面临一个产品质量水平很高的竞争环境，越来越多的企业发现质量管理并不能避免一部分对企业提供的产品感到满意的客户的流失。

资料 3-1

AT&T 公司发现，虽然客户普遍认为公司产品的质量高于其他公司的产品质量，但还是有一部分这样认为的客户流失了。于是 AT&T 公司的管理者意识到仅仅做到公司内部的质量完善是不够的，要留住客户，就必须制造客户想要的产品。AT&T 开始将目光转向公司外部，"倾听客户的呼声"，致力于发现"客户想要什么"，将客户的要求带进公司内部，以客户定义的标准指导公司的质量改进。

成本压力。随着企业产品质量优势逐渐减弱，一些经营理念没有转变的企业的经营环境开始恶化。为了扭转局面，许多企业加大了销售方面的投入，但是这种决策直接导致了企业和消费者双方的损失：对企业而言，运营成本的增加必然减少企业的利润；对消费者而言，企业成本的增加必然会增加消费者的购买成本。企业虽然苦于外部成本的提高但束手无策，因此要对企业的内部管理进行成本控制。对企业而言，进行内部管理要比外部控制容易得多。但是企业的内部成本控制余地已经变得有限，真正导致成本增加的广告、渠道建设等外部费用却不能得到解决，那么企业就会陷入成本不断增加的恶性竞争的泥潭之中。

顾客满意。在认识到企业内部管理的局限性之后，企业逐渐认识到经营理念应当面向企业外部，以顾客为企业经营的导向，顾客在企业经营中的地位得到了提升。顾客满意理论受到了全球著名企业的普遍接受和广泛推崇。但这些企业在运用顾客满意来指导企业经营的过程中也发现，顾客满意的应用有其不完善的地方。首先，多数企业只是建立起顾客满意的目标和战略，只有少数企业真正测量出了顾客的满意情况；其次，即便有些企业测量出了顾客的满意情况，如果企业对顾客满意的管理没有建立在深入了解顾客价值和相关问题之上，顾客满意也不能为企业提供足够的反馈来引导经营者做出反应；最后，随着企业运用顾客满意的经验不断丰富，企业逐渐发现，有些时候顾客满意度的数据反馈和企业的表现之间并不存在很高的相关性。有时顾客表示对企业的产品或服务满意，但他们没有继续购买企业的产品或服务，而是转向了企业的竞争者，这说明竞争者能够提供让顾客更加满意的产品或服务。

顾客忠诚。通过大量的市场调研，营销专家格里芬（1998）得出：一个企业获得顾客高度的满意必然会导致重复购买的行为，只有顾客忠诚才能带来预期顾客重复购买行为。[2] 同时他给出了顾客忠诚的概念：顾客会抗拒竞争者提供的折扣而经常性地购买本企业的产品或服务，甚至会向朋友或同辈推荐。他的实证研究揭示了顾客满意度与顾客忠诚度在一定的范围内并不存在强相关性，顾客忠诚行为比顾客满意度能更有效地作为一种营销手段加以实施。[1] 于是，管理研究学者和企业的管理者开始寻求更好地反映顾客需求的工具，致力于发现顾客忠诚的根源。20 世纪 80 年代末期至 90 年代初期，泽丝曼尔（1988）和盖尔等人提出了顾客价值（Customer Value）㊀的概念。他们指出，顾客并不是因为满意才购买，而是要将可选择范围内的产品（或品牌）的价值进行对比，最终选择他们认为能为其提供最大价值的产品（或品牌）。因此，顾客忠诚的根源在于顾客价值，顾客价值是倾听顾客心声的最有效的工具。于是，顾客价值的相关研究逐渐成为学术界的焦点，并被积极地运用到企业实践中，成为新的竞争优势的来源。

3.1.2　顾客价值的定义

对价值的研究是许多学科领域所关注的，价值一词被广泛应用于社会学、心理学、经济学、营销学与哲学研究中。在营销领域中，价值问题常常与顾客联系在一起。自 20 世纪 80 年代以来，西方一些营销学者开始提出顾客价值的概念，并对其内涵进行了阐述。表 3-1 是国内外学者对顾客价值概念研究的一个概述。

表 3-1　顾客价值概念研究

年份	学者	顾客价值概念	观点
1988	V.A.Zeithaml	顾客价值是顾客基于其所感知到的利益和所付出的成本进行认知权衡后，对产品或服务做出的整体效用的评价 [3]	感知价值
1996	H.E.Butz，L.D.Goodstein	顾客价值是指当顾客使用完企业的优质的产品或服务，并发现其提供了一种附加价值时，建立在顾客和企业之间的情感纽带 [4]	关系
1996	M.B.Holbrook	顾客价值就是一种相互影响的相对偏好的体验 [5]	关系
1997	R.B.Woodruff	顾客价值是顾客在一定的使用情境中对产品属性、产品功效以及使用结果达成（或阻碍）其目的和意图的感知的偏好和评价 [6]	感知价值，期望价值
1997	G.Christian	顾客价值是指顾客在与企业的互动关系中，对产品、服务、信息、互动、体验、关系和其他要素的整体自我感知 [7]	感知价值，关系
1998	J.C.Anderson，J. A.Narus	顾客价值是顾客从购买的产品中所获得的价值与所要付出的全部成本的"净利益" [8]	感知价值

㊀ Customer Value 根据评价主体、客体的不同，其翻译也有所区别。如果站在企业的角度，即评价客户带给企业的价值贡献，那么价值评价的主体是企业，价值评价的客体是客户，企业是主动的，客户是被动的，这种类型的 Customer Value 通常翻译为"客户价值"，见第 4 章。为了进行区分，本章将站在客户的角度来评价企业为客户带来的价值贡献，价值评价的主体是客户，价值评价的客体是企业，客户是主动的，企业是被动的，这种类型的 Customer Value 被翻译为"顾客价值"。

（续）

年份	学者	顾客价值概念	观点
2000	C.Grönroos，S.J.Grove，J.John	价值过程是关系营销的起点和终点。关系营销应该为顾客和其他各方创造出比单纯交易营销更大的价值。关系范畴中的顾客感知价值可以表述为下面两个公式： 顾客感知价值（CPV）=（核心产品 + 附加服务）/（价格 + 关系成本） 顾客感知价值（CPV）= 核心价值 + 附加价值 [9]	感知价值，关系
2005	张明立，樊华，于秋红	在特定情境中，顾客基于竞争对手或自己的期望，对产品属性、产品功效以及帮助自己实现目标的使用结果与相应付出的全部代价的感知、权衡和评价 [10]	感知价值，期望价值
2007	成海清，李敏强	在与企业及其产品的整个接触互动的过程中，顾客对企业及其产品的存在、作用和变化与顾客需要相一致程度的感知和评价 [11]	感知价值，期望价值，关系

综上所述，学者对顾客价值概念的研究主要是沿着三个观点进行的，即感知价值（Perceived Value）、期望价值（Desired Value）和关系（Relationship）的观点。

综合考虑学者对于顾客价值在感知价值、期望价值、关系、相对性等方面的认识，本书对顾客价值的定义归纳总结如下：顾客价值即在顾客与企业的互动关系中，相对于竞争对手和自身对产品属性的期望，顾客对从企业提供的产品或服务中得到的价值与相应付出的全部成本的感知、权衡和评价。这一定义综合了期望价值和感知价值，并强调了价值来源于顾客学习的感知、偏好和评估。同时，它将关系、竞争等影响顾客价值的重要因素融入进来。

3.1.3　顾客价值的特征

主观性。顾客价值具有强烈的主观性。泽丝曼尔在顾客价值概念中提到，“价值是我想从产品中获得的利益”。[3] 一些顾客把从产品中得到的利益看作最重要的价值因素。这个价值定义实际上与经济学关于效用的定义是一样的，是对消费过程所带来的效用或需求满足的主观衡量。顾客价值不是产品或服务本身所固有的属性，也不是由企业所能决定的，而是由顾客主观感知的，是顾客心中对产品或服务感知的偏好和评价。

层次性。根据马斯洛的层次需求论，美国学者恩甘德在图书馆实证研究中将顾客价值划分为四个层次：基本的价值、期望的价值、需求的价值和未预期的价值，[12] 如图 3-3 所示。

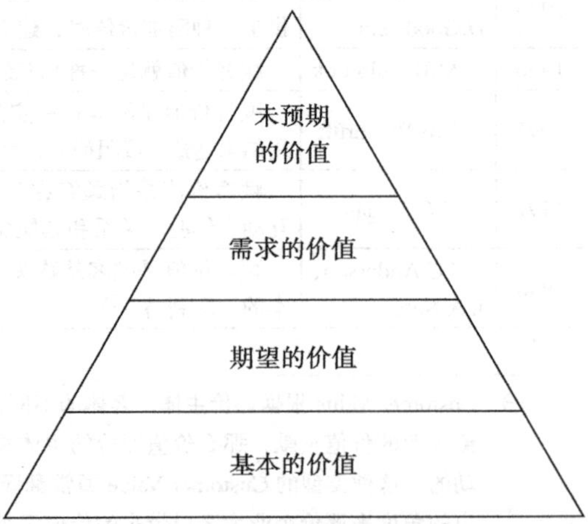

图 3-3　顾客价值的层次

对顾客价值层次性的另一个代表性研究是伍德鲁夫基于信息处理的认知逻辑提出的

顾客价值层次模型。[6]

动态性。关于顾客价值的另一个重要发现是顾客价值的动态性。泽丝曼尔（1988）认为顾客对某一产品的期望价值不仅在不同的顾客之间会不同，而且同一顾客在不同时间的期望价值也会不同。[3] 卡迪尔等人（1994）的研究也表明：顾客在购买产品的过程中对价值的感知与使用过程中或使用之后的截然不同。[13] 例如，感知利得可能因顾客而异，有的可能要高质量，有的却要高服务；感知利失也可能有所不同，一些客户只关心所付出的金钱，一些客户则关心所付出的时间和精力。另外，顾客价值有较强的情境依赖性，如果产品或服务的使用情境发生变化，那么产品属性、结果和目标都会发生相应的变化。

相对性。顾客价值的相对性不仅包括因个体和情境差异而形成的价值相对性，还强调由于竞争的存在而导致的相互比较的相对性。一种产品或服务的价值需要通过同一顾客去比较另一种产品或服务的价值作为参考。也就是说，真实的价值包括了特定的个体对不同物品的相对偏好。典型的价值是通过与竞争对手的比较来体现的。竞争对手是影响顾客价值感知的一个很重要的因素，有些学者在感知价值的基础上提出了相对价值的概念以求全面理解顾客价值。在相对竞争对手权衡得失的观点下，顾客价值的提升可以通过增加顾客相对于竞争对手的感知利得或减少感知利失来实现。从这个角度来讲，顾客价值是具有相对性的。

3.1.4　顾客价值理论

顾客价值理论是市场营销理论的核心，满足顾客的需求是企业生产经营的根本目的。但是顾客的需求究竟是什么？顾客所追寻的价值究竟体现在哪里？这些问题的答案在营销理论的研究中经历了一个逐步发现、丰富和完善的过程，不同的学者有不同的阐述和研究途径，但他们的核心研究理论是一致的，总结如表 3-2 所示。

表 3-2　顾客价值理论的主要内容

	顾客价值理论
理论的核心内容	顾客价值理论的核心是站在顾客的角度看待产品和服务的价值，这种价值不是由企业决定的，而是由顾客决定的。企业在设计、生产和提供产品与服务时，以顾客为导向，在顾客与企业之间维持一种互动双赢的利益关系
对营销活动的理解	顾客价值理论认为营销就是传递与创造顾客价值，给予顾客想要的东西，即根据不同类型的顾客需求的个性特征，进行产品（服务）开发、设计、配置、提供，从而增强产品（服务）价值的适应性，满足和适应顾客要求，进而为顾客创造更大的价值
对顾客所处地位的认知	顾客的地位是主动的，顾客的需求既受市场驱动，又驱动市场
对顾客行为的认知	顾客想要什么，或者顾客一开始并不知道自己想要什么，顾客认知学习的过程，即“顾客从供应厂商处获得什么，能实现自己期望价值”的认知学习过程，要通过与供应厂商建立供需关系，通过有效的营销活动来影响顾客学习认知过程。最后，企业在发现顾客的显性需求和激发顾客的隐性需求的基础上，提供产品和服务

3.2 顾客价值的驱动因素

3.2.1 驱动因素

顾客价值的驱动因素是指企业通过价值活动，对进行顾客价值创造和传递产生影响的因素。国外学者普遍认为，顾客价值的驱动因素就是顾客价值的来源或构成顾客价值的要素。企业可以通过降低成本、改善品牌形象、提高质量等来驱动顾客价值，此时成本因素、品牌因素和质量因素就是顾客价值的驱动因素。

帕拉苏拉曼（1997）提出，顾客价值的驱动因素是由产品质量、服务质量和价格因素构成的。[14]类似地，沃尔夫冈等人（2001）对帕拉苏拉曼的研究进行了发展和补充，通过实证研究把顾客价值的驱动因素分为三类：产品相关特性、服务相关特性和促销相关特性。[15]一些学者随后对之进行了补充，提出品牌权益、系统的组织学习或知识集成也是增加顾客价值的重要因素。另外，技术的改进也是创造价值、驱动顾客价值的重要因素。国内学者张明立总结了学者对顾客价值理论的研究，将顾客价值的驱动因素分为五种：产品/服务因素、品牌因素、知识因素、关系因素和技术因素，如图 3-4 所示。

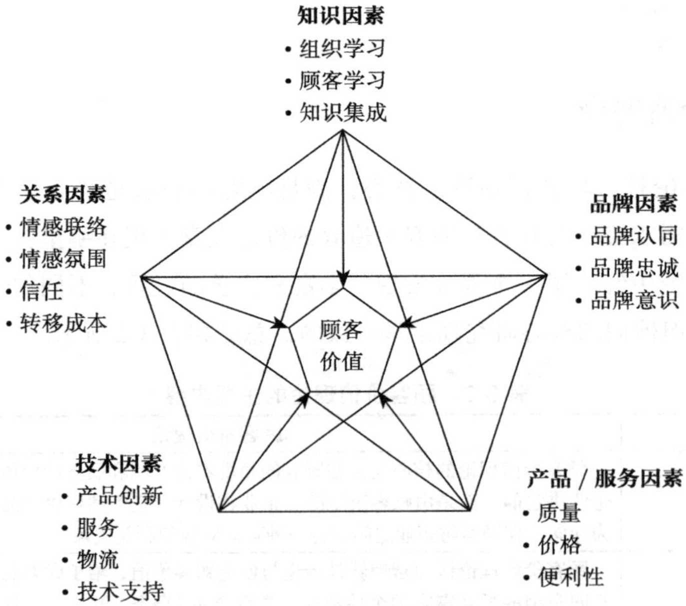

图 3-4 顾客价值的驱动因素模型[10]

在这个顾客价值的驱动因素模型中，每个顾客价值驱动因素不是孤立的，它们之间存在着一定的关联性，会相互影响。同时，每个驱动因素还可以分解为更加具体的因素，如知识因素可能由组织学习、顾客学习、知识集成等因素构成。

3.2.2　识别方法

顾客价值的驱动因素的实证研究大多采用市场调查法与人员访谈法相结合的方法。

首先，确定要研究的细分市场或行业部门，选择相关行业的企业客户代表和供应商的管理者代表进行详细的面对面访谈。访谈的内容涉及供应商感知价值和顾客感知价值的差异、顾客价值来源，能为客户提供更多价值的方法、竞争产品或服务以及顾客的需求和期望等。在进行深度访谈或广泛调研以后，研究人员要初步识别影响顾客价值的若干驱动因素。随后研究人员对所识别的驱动因素进行内容效度的检验，通过理论、实证及文献分析来确保各因素变量的重要性及完整性，再通过目标顾客预调查来修正调查问卷，以保证它们符合效度原则。

其次，在目标市场上随机选取顾客进行问卷调查，问卷一般采用 7 分制量表，即顾客对价值的感知态度被分为：非常不好、很不好、不好、一般、好、很好和非常好 7 个级别，不同级别的感知被赋予不同的分数（1 ～ 7 分）。

最后，在问卷回收后对有效样本的数据进行效度（Validity）和信度（Reliability）检验，根据不同的研究目的可采用不同的统计方法，如侧重于与竞争对手比较的可采用平均值法，而侧重于计算本企业自身驱动因素权重的则可采用拟合度检验（如计算拟合度指数、比较拟合度、一致性系数和指标方差），最后评选出对顾客影响较大的因素。

国内学者周洁如（2006）提出了一个顾客价值驱动因素的一般评估步骤，[15] 如图 3-5 所示。

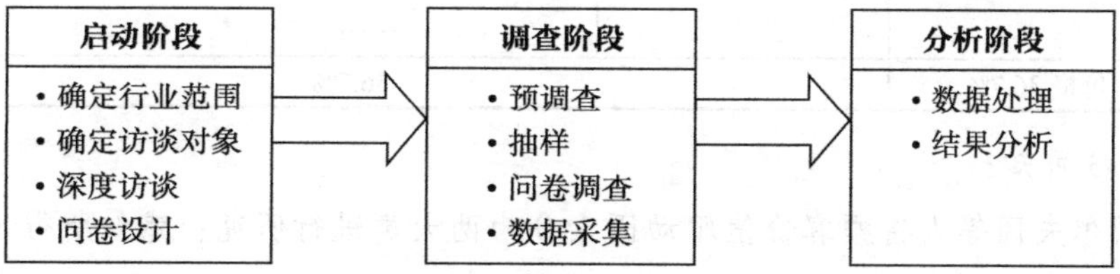

图 3-5　顾客价值驱动因素评估步骤

第一阶段是启动阶段。主要是从供应商的角度来识别和分析顾客感知价值的驱动因素。第二阶段是调查阶段。调查对象是顾客群体，主要从顾客的角度对已识别的驱动因素进行评估，是整个评估过程的重要步骤。第三阶段则主要是处理和分析调查所得数据的分析阶段。

案例 3-1

德国流体食品制造产品的顾客价值主要驱动因素评估 [16]

根据帕拉苏拉曼的顾客价值驱动因素构成思想，沃尔夫冈（2001）等人对德国流体食品制造产品的顾客价值主要驱动因素进行了研究。[16] 根据调研情况和调查数据处理情况给出了该行业产品顾客价值的主要驱动因素及其重要性，其结果如表 3-3 所示。

表 3-3 德国流体食品制造产品的顾客价值主要驱动因素评估

<table>
<tr><td rowspan="6">从供应商角度来看
100%</td><td colspan="2">主要驱动因素</td><td rowspan="4">其中主导因素：
技术特征 20%
产品范围 14%
技术支持 13%
快速服务与响应 10%
交货的速度与可靠性 8%
……</td></tr>
<tr><td rowspan="4">质量 50%
其中：</td><td>产品相关因素 51%</td></tr>
<tr><td>服务相关因素 34%</td></tr>
<tr><td>促销相关因素 15%</td></tr>
<tr><td colspan="2">总计 50% [（51%+34%+15%）×50%]</td></tr>
<tr><td>价格 50%</td><td colspan="2">50%</td></tr>
<tr><td rowspan="4">从顾客角度来看
100%</td><td rowspan="3">质量
63.3%</td><td>产品相关因素 50%</td><td>其中：产品一致性 19.8%
产品的技术特征 18.4%
使用方便性 4.9%
产品范围 3.0%
……</td></tr>
<tr><td>服务相关因素 30%</td><td>其中：交货的速度与可靠性 7.8%
技术支持与应用 6.8%
快速服务与响应 6.5%
产品创新 3.7%
技术信息提供 2.3%
……</td></tr>
<tr><td>促销相关因素 20%</td><td>其中：公司的可靠性 6.9%
个人关系 4.1%
ISO 9001 认证 2.9%
……</td></tr>
<tr><td>价格 36.7%</td><td colspan="2">36.7%</td></tr>
</table>

由表 3-3 可知：

（1）沃尔夫冈等人将顾客价值驱动因素分为两大类进行研究：感知所得（质量）、感知所失（价格）。在质量中又将其驱动因素分成三类：一是产品相关因素，如产品一致性、技术特征、产品范围、使用方便性；二是服务相关因素，如交货的速度与可靠性、技术支持与应用、快速服务与响应、产品创新、技术信息提供；三是促销相关因素，如形象、个人关系、公司的可靠性、公共关系等。

（2）供应商和顾客对感知价值的认知不同，在顾客感知所得和感知所失上，从供应商的角度来看，其产品质量（所得）与价格（所失）的比重各占 50%，而从顾客的角度来看，前者占 63.3%，后者占 36.7%，其他次一级指标也不相同。

（3）影响顾客价值的因素有很多，各个因素对顾客价值的重要性不大相同，从供应商的角度来看，主导因素有：技术特征（20%）、产品范围（14%）、技术支持（13%）、快速服务与响应（10%）、交货的速度与可靠性（8%）等。从顾客的角度来看，主要驱动因素为：产品相关因素中的产品一致性（19.8%）、产品的技术特征（18.4%），服务相关因素中的交货的速度与可靠性（7.8%）、技术支持与应用（6.8%）、快速服务与响应（6.5%），促销相关因素中的公司的可靠性（6.9%）。

沃尔夫冈等人对德国流体食品制造产品的顾客价值主要驱动因素进行的评估，可以使德国流体食品制造企业更加深入地了解行业顾客价值驱动因素的构成及权重，有利于企业了解自身情况及其与竞争对手的差异，有利于企业在行业内展开差异化竞争，促进行业健康发展。

3.3　顾客价值的评测方法

顾客价值相关的评测方法有很多，本节将介绍 5 种典型的顾客价值评测方法：伍德鲁夫的顾客价值层次模型、卡诺（KANO）模型、服务质量测量量表（SERVQUAL）、盖尔的顾客价值测量方法和董大海的顾客价值屋模型。在介绍以上模型的基础之上，本节的最后将根据各种模型的适用情况、评测效果等对以上几种模型进行比较并做出评价。

3.3.1　顾客价值层次模型

伍德鲁夫（1997）认为顾客价值的定义应当包含期望价值和感知价值，并重点强调来自顾客感知、偏好和评价的那些价值。他认为顾客价值将处于使用情境下的产品或服务与相关的目标导向的顾客期望结果联系在一起，并基于信息处理的认知逻辑提出了基于“手段 – 目的”（Means-end）模式的顾客价值层次模型（Customer Value Hierarchy Model），如图 3-6 所示。

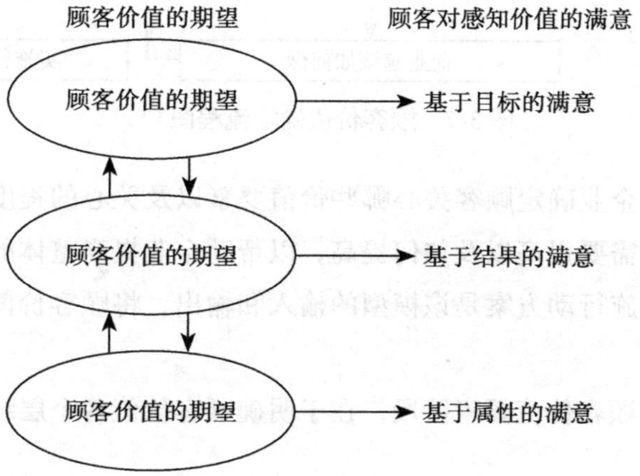

图 3-6　顾客价值层次模型 [6]

伍德鲁夫的顾客价值层次模型认为，顾客用“手段 – 目的”模式形成期望价值。该模型从下向上看：一开始顾客对产品或服务的认知是基于一系列产品或服务的属性以及对这些属性的评价而形成的；当已经购买并开始使用这些产品或服务的时候，顾客对产品或服务的评价开始基于使用情境下产品或服务的属性所达到结果的评价，具体体现为实用价值和拥有价值；最终，顾客期望产品或服务实现的某些结果能够满足顾客购买和使用产品或服务的目标。

该模型从上向下看：顾客根据意图和目标来认识重要的结果；重要的结果引导顾客认识重要的产品属性及属性表现。

顾客价值层次模型也很好地解释了感知价值。顾客使用相同的期望属性、结果、目标对产品或服务进行评价。进一步，顾客的使用情境对顾客期望起到了相当重要的作用。如果使用情境发生了变化，那么与之相联系的产品或服务的属性、结果、目标也相应地发生了变化。例如，在工作中使用互联网和在娱乐时使用互联网给顾客带来的感知是完全不同的。

基于以上对顾客价值的认识，伍德鲁夫提出了一种探察和分析顾客价值的方法，即顾客价值确定流程（Customer Value Determination Process），又叫顾客价值确定（CVD）模型，如图 3-7 所示。

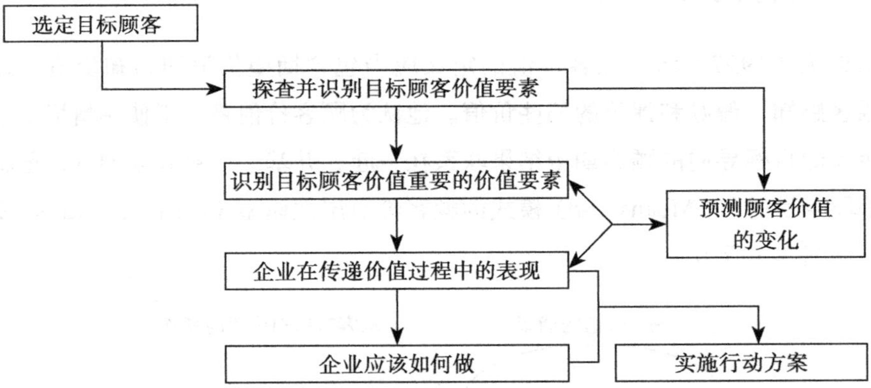

图 3-7　顾客价值确定流程图 [6]

该模型可以帮助企业确定顾客关心哪些价值要素以及关心的程度，从而指导企业确定哪些顾客价值要素需要提高以及如何提高，以帮助企业提高整体的顾客价值。在模型中选定目标顾客，实施行动方案是该模型的输入和输出，将顾客价值探察和分析过程分为 5 个阶段：

（1）探察并识别顾客价值要素阶段，在于明确顾客价值各个层级结构中包括哪些价值要素；

（2）确定具有战略意义的价值要素阶段，主要测定各个价值要素对顾客的重要性，发现那些对本企业具有重要战略意义的顾客价值要素；

（3）测定价值交付中的顾客满意阶段，侧重于搜集关于顾客在各个价值要素上对本企业和竞争对手的产品或服务的满意状况的数据；

（4）预测顾客价值的变化阶段对前面阶段所做的分析做出判断；

（5）探察价值交付问题的成因阶段，则要对前面所获得的顾客价值要素进一步分析，决定哪些顾客价值要素需要改进以及如何改进。

顾客价值维度探查和测量方法

伍德鲁夫等人提出的顾客价值维度探查和测量方法可以分为两个阶段：

第一阶段的目标是按照顾客价值构成的层级结构，揭示顾客价值的构成要素。采用“剥洋葱”的方法，由顾客常会自然谈及的产品属性层开始，利用阶梯访谈法一层层追问下去，最后便可得到顾客关心的属性层、结果层和目标层中的各个价值要素，对得到的所有顾客价值要素进行定性归并和整理。

第二阶段的目标是测量顾客对企业在价值要素上绩效的感知。将得到的经过整理的顾客价值要素形成问卷中的条款，利用顾客满意测量方法进行问卷测试，让顾客对企业在各个顾客价值要素上的绩效表现进行评价，然后通过回归分析或判别分析得到各价值维度的权重。

案例 3-2

针对大学生群体的顾客价值层次模型的建立与应用[17]

随着人们生活水平的提高以及手机作为一种通信沟通工具的方便性的增强，大学生已经成为手机用户中的一个重要组成部分。《2004中国大学生消费与生活形态研究报告》调查显示，在当前的大学生群体中，60%的大学生拥有手机，而且拥有手机的大学生的比例呈不断上升趋势。在某些大学，大学生的手机拥有率更是高达93.432%，可见手机在大学生群体中的普遍程度。

选取某省会城市高校大学生群体作为实证分析的对象。

1. 问卷设计与样本描述

问卷包括两部分内容：第一部分是针对大学生用户的基本信息部分；第二部分是需要了解大学生群体关心的属性层、结果层和目的层的问题和可能的答案。问卷设计过程中需要注意的一点是应结合该地区高校大学生的特点来设计问题，并且要有开放式的问题项，以更多地了解一些答案中没有的信息。

此次问卷调查以某省会城市在校大学生为调查对象，一共发出有效问卷700份，返回问卷690份，问卷回收率约为98.57%。回收率比较高主要是因为此次调查采取了由学生亲自到学生宿舍发放问卷，再统一回收问卷的方式。690个问卷调查对象主要涉及某高校大一到大四的学生，男女比例约为1.6：1，样本当中高年级的学生比较多，涉及的专业较广，包括管理学院、人文社会科学学院、生命科学与技术学院、经济与金融学院、医学院、会计学院、电子与信息工程学院、电气工程学院、外语学院、工业学院 10 个院系。

2. 数据分析过程

（1）聚类分析。

对 433 份有效问卷进行聚类分析，采用 SPSS 软件中的 K- 均值聚类法对数据进行快速聚类，得到四类用户：第一类用户对随意沟通很看重，但是对信息、商务、个性定制都不怎么看重，特别是时尚娱乐的重要性最低，几乎所有的用户都认为它的重要等级最低；第二类用户相当看重随意沟通，除此以外，对信息获取也很看重，对商务和娱乐的重视程度一般，对个性定制的重视程度最低；第三类用户对随意沟通相当看重，对另外四个方面也同样很重视；第四类用户则对沟通的重视程度较低，对商务的感兴趣程度较高，对其他三个方面的重视程度一般。可见，随意沟通是大学生使用手机的根本目的，在此前提下，内心目的的不同又会有不同的体现。

（2）分析结果层和属性层数据。

在对大学生用户分类的基础上，分析针对各类用户结果层和属性层问题的数据，了解各类用户对它们的重视程度，得到表 3-4。

表 3-4　分析数据

	（平均数）（标准方差）（众数）			
	Cluster 1 *n*=141	Cluster 2 *n*=114	Cluster 3 *n*=77	Cluster 4 *n*=101
1 ～ 5 共 5 个重要性等级，1 表示最重要，5 表示最不重要				
301.1 比较运营商信息	（1.77）（1.051）（1）	（1.86）（1.063）（1）	（1.58）（0.894）	（2.26）（1.119）
301.2 了解周围满意评价	（2.13）（1.041）（2）	（2.11）（1.002）（2）	（1.79）（0.964）	（2.66）（1.061）
301.3 查阅相关信息资料	（3.38）（1.234）（3）	（2.83）（1.144）（2）	（2.14）（1.055）	（2.94）（2.039）
303.1 打折的预付费充值卡	（2.29）（1.381）（1）	（2.36）（1.235）（2）	（2.12）（1.235）	（2.65）（1.212）
303.2 现金后付费	（3.06）（1.303）（3）	（2.78）（1.246）（3）	（2.55）（1.153）	（2.86）（0.954）
303.3 缴费卡后付费	（2.94）（1.275）（3）	（2.46）（0.970）（2）	（2.17）（0.905）	（2.79）（0.898）
303.4 银行转账后付费	（3.26）（1.471）（5）	（2.91）（1.259）（3）	（2.66）（1.334）	（2.99）（1.063）
304.1 网络及信号的稳定性	（1.68）（1.203）（1）	（1.59）（0.839）（1）	（1.95）（1.191）	（2.49）（1.262）
304.2 信号覆盖率	（1.88）（1.295）（1）	（1.84）（1.057）（1）	（1.79）（1.080）	（2.53）（1.167）
304.3 业务资费标准	（1.70）（1.206）（1）	（1.66）（0.939）（1）	（1.79）（1.068）	（2.45）（1.229）
304.4 针对学生的娱乐业务	（3.34）（1.472）（5）	（2.72）（1.230）（2）	（2.00）（1.064）	（2.91）（1.296）
304.5 服务人员素质	（2.57）（1.278）（2）	（2.28）（1.125）（2）	（2.06）（1.080）	（2.60）（1.114）
304.6 业务个性化	（3.13）（1.341）（3）	（2.59）（1.151）（2）	（2.00）（1.000）	（2.91）（0.991）
304.7 投诉方便 / 及时解决	（2.16）（1.261）（1）	（2.11）（1.054）（1）	（1.86）（1.085）	（2.61）（1.208）
304.8 话费查询的方便程度	（2.05）（1.332）（1）	（2.08）（1.176）（1）	（1.84）（1.077）	（2.58）（1.165）
305.1 业务资费标准	（2.00）（1.793）（1）	（1.87）（1.411）（1）	（1.69）（1.238）	（2.18）（1.499）
305.2 业务服务独具特色	（2.74）（1.873）（5）	（2.11）（1.397）（2）	（1.95）（1.327）	（2.54）（1.493）
305.3 受周围人群影响	（2.54）（1.850）（5）	（2.27）（1.519）（2）	（2.23）（1.423）	（2.58）（1.485）
305.4 通信质量 / 口碑影响	（2.13）（1.768）（1）	（1.96）（1.454）（1）	（1.92）（1.421）	（2.60）（1.530）

由表3-4可以看出，对第一类用户而言，他们很看重网络及信号的稳定性、信号覆盖率、业务资费标准。这三项的均值都很高，分别为1.68、1.88、1.70。他们在选择运营商时，也倾向于对运营商的资费、套餐情况等进行比较，重视程度均值为1.77。此外，他们也比较看重购买打折的预付费充值卡、话费查询的方便程度、向周围人群了解满意评价、服务人员素质，重视程度均值分别为2.29、2.05、2.13、2.57。相对而言，他们对业务个性化、娱乐业务、现金后付费方式都不太感兴趣，重视程度比较低，分别为3.13、3.34、3.06。通过对类似问题的同样分析，可以得到这一类用户的顾客价值层次如下。

目的层：经济实惠、随意沟通。

结果层：打电话便宜、通话质量好、沟通方便／快捷、话费查询方便、投诉解决满意。

属性层：打折的预付费充值卡、比较运营商价格信息、业务资费、向周围人群了解满意评价、网络及信号稳定性、信号覆盖率、能随时接通电话、不掉线／没有时延、能随时查询话费、能查询实时话费、话费支出清晰、投诉方式种类、投诉点的数量、投诉解决时限。

根据上面的分析，可以构建第一类用户的顾客价值层次图，如图3-8所示。

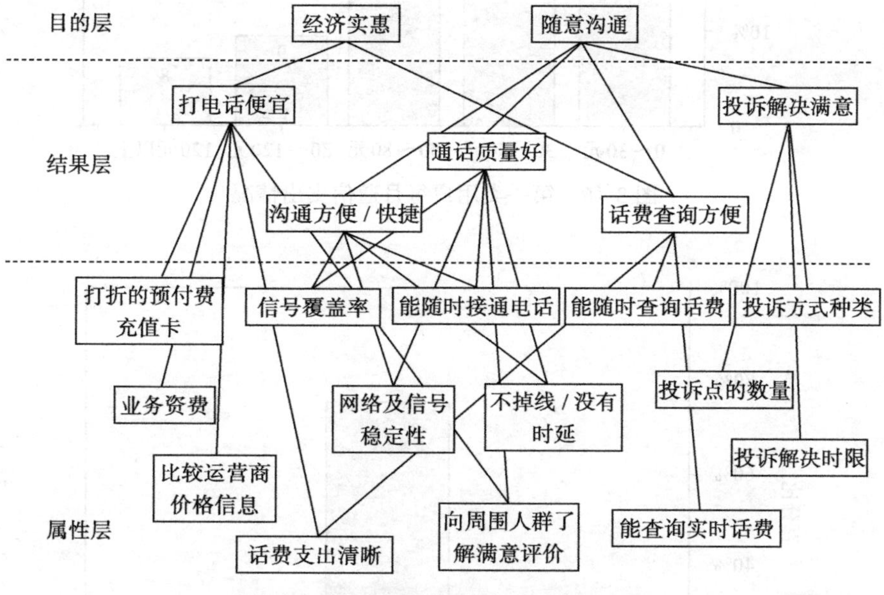

图3-8　第一类用户的顾客价值层次图

3. 分析特征数据

分析第一类用户的基本信息数据，可以得到图3-9～图3-14。

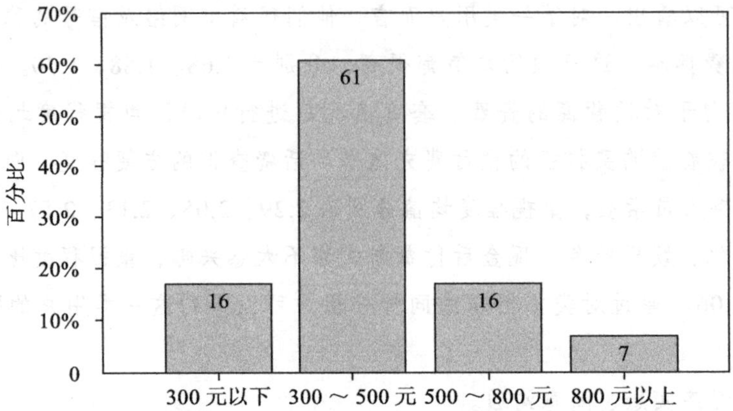

图 3-9　第一类用户每月生活费情况

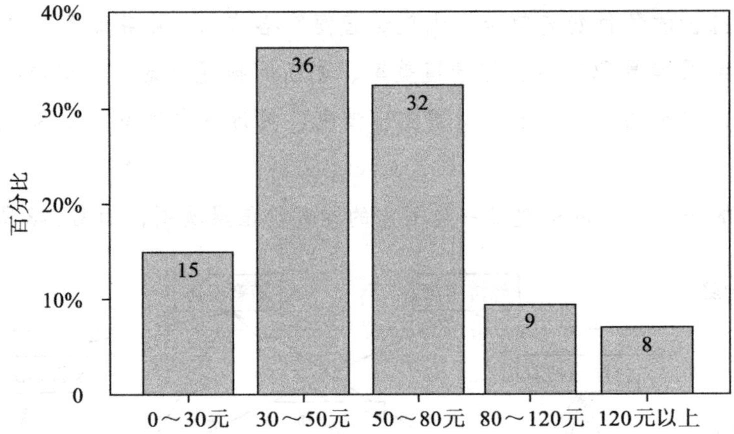

图 3-10　第一类用户每月通信支出情况

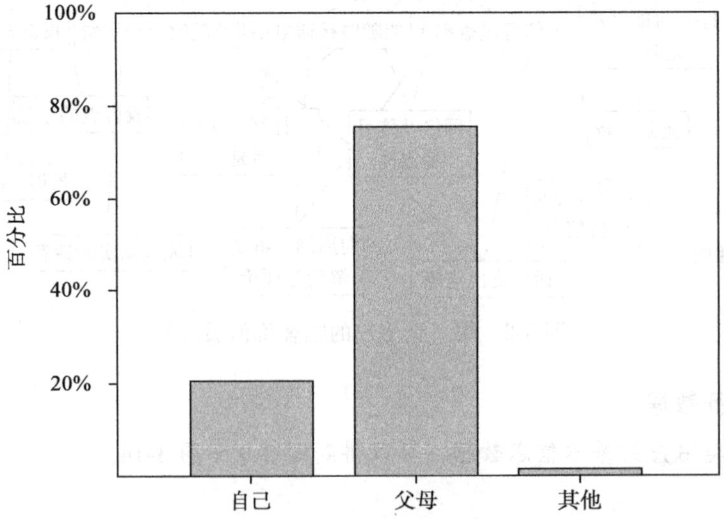

图 3-11　第一类用户通信费来源情况

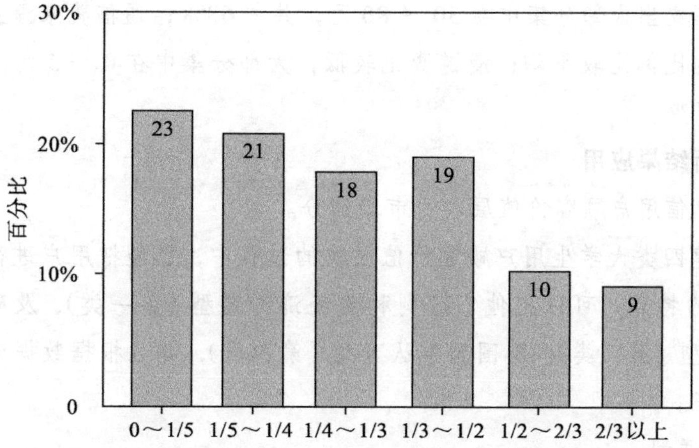

图 3-12　第一类用户短信支出比例情况

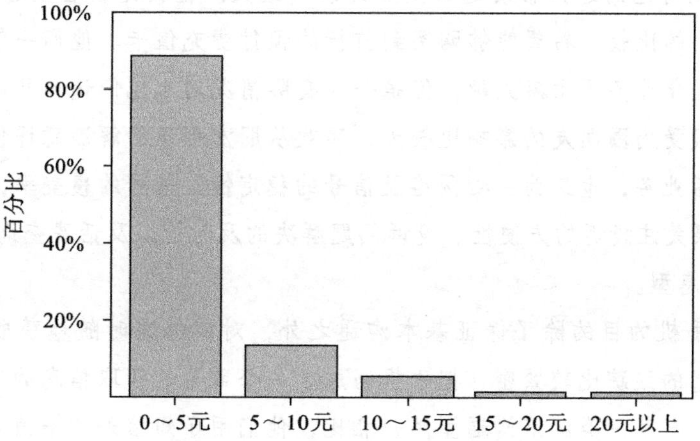

图 3-13　第一类用户漫游费情况

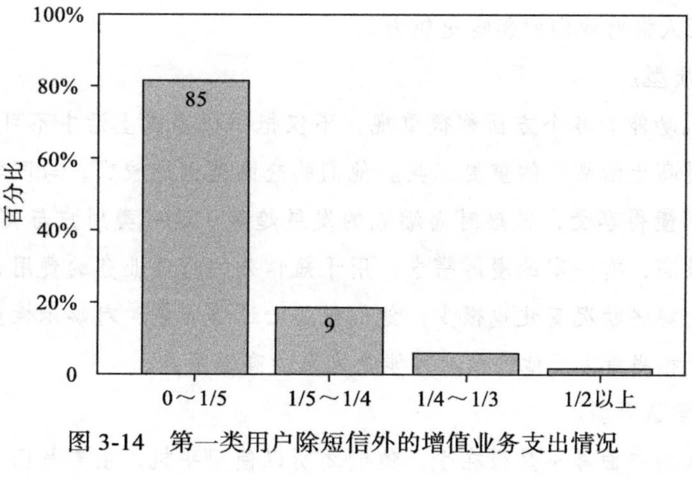

图 3-14　第一类用户除短信外的增值业务支出情况

由上述分析图可知，第一类用户每月可支配生活费大部分集中在300～500元，占

61%；每月通信支出大部分集中在 30 ～ 80 元，共占 68%；通信费来源主要是父母；短信占通信费用的比例比较平均；漫游费比较低，大部分集中在 0 ～ 5 元；除短信外的增值业务支出也很少。

4. 数据分析结果应用

（1）基于电信用户顾客价值层次的市场细分。

在上述构建四类大学生用户顾客价值层次的过程中，已经把用户进行了分类。根据他们各自不同的特点，可以把他们分别称为经济沟通型（第一类）、及时信息型（第二类）、生活品质型（第三类）、周围同学认可型（第四类），并且根据数据分析的结果，描述了他们的特征。

1）经济沟通型。

他们使用手机业务的初衷是满足自己随时随地与别人沟通的需求，而且对资费比较敏感，经济状况对他们选择移动运营企业的影响最大。他们比较看重各运营商的价格、资费、套餐之间的比较，希望能够购买到打折的预付费充值卡。他们一般对娱乐性、时尚流行性、个性化业务不太感兴趣，但是个人交际情况对于他们选择移动业务的影响比较大。他们一般受周围朋友的影响比较大，喜欢从朋友那里了解满意评价情况。他们主要使用基本通话业务，也最为关心网络及信号的稳定性、信号的覆盖率，对服务质量比较看重，同时很关注投诉的方便性、投诉问题解决的及时性以及话费查询的方便程度。

2）及时信息型。

他们使用手机的目的除了保证基本沟通之外，对能够随时随地获取信息的要求很高，他们对信息的跟踪比较紧密，把手机当成了一个重要的获取信息的工具，对其他方面则不太重视。与第一类经济沟通型用户相比，他们用于短信外的增值业务的支出费用相对高一些，对价格的敏感程度也稍微低一些。业务选择方面，与信息相关方面的业务对他们的影响程度比较大。他们对通信质量、投诉方面很关心，对个性化的业务和服务也很看重，周围人群对他们的影响比较大。

3）生活品质型。

他们对手机功能的各个方面都很重视，不仅把手机当成生活中不可缺少的一部分，也把手机当成提高生活品质的重要工具。他们的交际范围比较广，与同学联系紧密。更重要的是，他们懂得享受，紧跟时尚潮流的发展趋势。这一类用户与其他类用户相比，漫游话费比例最高，有一定的漫游需求；用于短信外的增值业务的费用也在这四类用户中最高，他们的经济状况变化也很少；他们很关心通信质量，对娱乐性业务、个性化业务、服务质量也相当看重。他们很有可能是未来的高端用户。

4）周围同学认可型。

他们对所有的方面都不是很在乎，他们之所以使用手机，主要是因为周围人群都使用，为了不被排斥，所以自己也使用，但是手机对于他们来说，用处不大，可能也没有太多的人可以联系。他们对手机的娱乐项目也不太喜欢，仅仅是为了说明自己是手机的拥有者，与周围的同学一样。他们对价格不太敏感，因为他们本身的业务量就很少。不论是业务类型、支付方式，还是通信质量、投诉解决，他们都觉得无所谓。

可见，这四类大学生用户群体都把沟通作为一项重要的要求，他们对资费有不同的敏感程度，这与他们的学生身份有关。第一类用户应该占据了大学生用户的大部分，第二和第三类用户受到他们的生活环境、家庭情况、价值取向的影响，第四类用户则是大学生用户中的一个特殊群体，他们对手机的使用本身没有什么需求，但是受周围同学的影响、从众心理的影响，或者是不希望被排除在群体之外，才使用手机，因而他们对其他方面都是无所谓的态度。

（2）基于顾客价值层次细分用户的客户管理。

在现有的大学生用户管理中，针对大学生用户的品牌主要是“动感地带”，这个品牌抓住了学生短信需求比较大的特点和喜欢新奇时尚体验的心理，因此受到了大部分学生的喜爱。但是，从对该高校大学生用户的细分来看，第二类和第三类用户与“动感地带”有一定契合，而第一类和第四类用户则在“动感地带”的针对性之外，他们不能得到心理上深层次的需求满足。从客户管理精细化的角度来讲，对于这个特殊的、未来具有巨大消费潜力的大学生用户群体进行一定程度的细分是有必要的，只有这样才能更好地提高用户满意度和忠诚度，也有利于未来潜在高端用户的培养。

根据上述四类大学生用户的顾客价值层次，可以考虑为大学生用户建立统一的品牌，针对他们不同的需求，提供不同的业务组合，以更好地为大学生用户服务，具体建议如表 3-5 所示。

表 3-5 大学生用户的消费类型

	大学生用户消费类型			
业务组合	经济沟通型	及时信息型	生活品质型	周围同学认可型
业务推介	分析这一类用户的通信消费行为，针对他们推出优惠套餐，可以综合考虑长途、市话、亲情号码、通话时段、通话时长等因素	分析这一类用户感兴趣的信息方面，如体育信息、娱乐信息、科技信息、时事新闻，还可以增加与学习相关的内容，不断丰富信息业务；可以向他们提供信息类业务组合套餐，鼓励和增加他们的使用	各种新业务都可以向他们宣传推介，特别是娱乐类（游戏、铃声、图片、音乐）等趣味性业务是他们的首选，可以考虑业务之间的交叉组合，增加他们对其他业务的使用	在其可以承受的价格范围内，向他们推介一些大多数学生都在使用的业务，以此来加强他们和其他同学的联系以及被认可的程度
服务提供	服务可以侧重于话费查询方式的多样化选择，语音通信方面的投诉应及时解决	可以向他们提供免费试用期，培养他们的使用习惯	可以在学校开设体验厅，让这类学生可以充分体验各种业务，也可以起到向他们宣传介绍业务的作用	他们对什么都不是很看重，在服务方面尽量让他们体会到与周围的同学一样

3.3.2 卡诺模型

日本卡诺（NORIAKI KANO）教授是世界著名的管理品质大师，卡诺模型就是卡诺教授于 1984 年发表的举世闻名的品质模型。他引申了二因子理论，对品质的认知也采用二维的模式，即使用者主观的感受与产品客观的充分状态。卡诺教授把质量管理学者对于质量定义的研究分为 4 个方面：

（1）基于顾客使用角度的定义；

（2）基于生产厂家角度的定义；

（3）顾客使用和生产厂家角度相结合的定义；

（4）其他。

其中（1）被称为主观质量（Subjective Quality）；（2）被称为客观质量（Objective Quality）。针对学者之间关于主观质量和客观质量的争论，卡诺教授和其他研究者基于对产品 / 服务质量的研究，提出了顾客满意与产品 / 服务质量的一维认知方法（One-dimensional Recognition Method）（如图 3-15a 所示）和二维认知方法（Two-dimensional Recognition Method）（如图 3-15b 所示）。这个方法被叫作卡诺（KANO）模型。

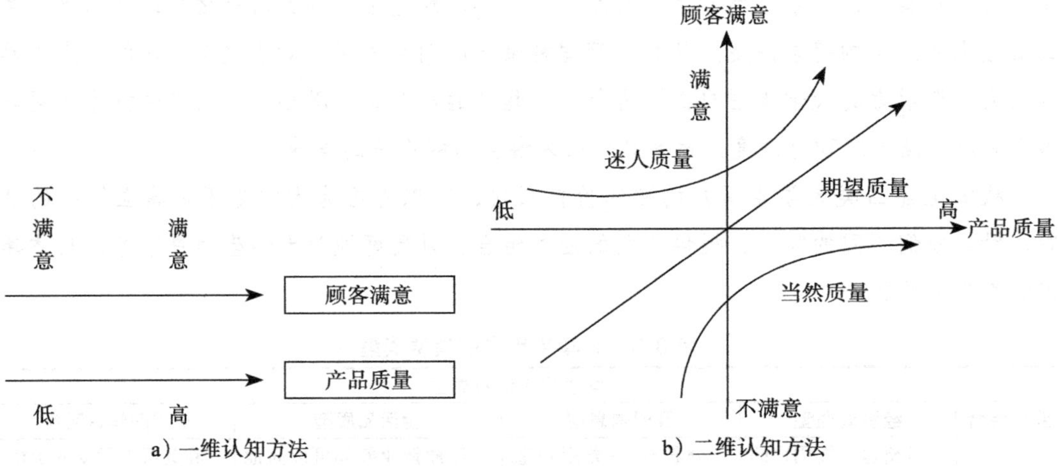

图 3-15 顾客满意与产品 / 服务质量的认知方法 [18]

图 3-15a 描述了一种一维的认知方法，即产品 / 服务的客观质量与顾客的主观满意呈线性关系：当产品 / 服务的某些属性的客观质量好时，顾客即满意；反之，则不满意。

卡诺通过研究发现图 3-15a 中的线性关系有时不够符合实际中顾客满意与产品 / 服务质量之间的关系。于是他把产品 / 服务质量分解为以下 3 个重要的因素。

吸引质量（迷人质量）因素（Attractive Quality Elements）：当这些质量因素得到满足时，顾客会感到满意；当这些质量因素没有得到满足时，顾客也觉得可以接受。

一维质量（期望质量）因素（One-dimensional Quality Elements）：顾客的满意状况与产品 / 服务质量因素成正比例的关系，企业提供的产品 / 服务水平超出顾客期望越多，顾客的满意状况越好，反之亦然。

必备质量（当然质量）因素（Must-be Quality Elements）：是顾客对企业提供的产品 / 服务质量因素的基本要求。如果这些要求没有得到满足，顾客将会感到非常不满意。即使这些要求得到了满足，顾客也不会因此产生更高的满意度。

除了以上 3 种基本质量因素，还有其他可能存在的质量因素。

无关质量因素（Indifferent Quality Elements）：那些不管得到满足与否，既不会影响顾客满意也不会引发顾客不满的质量因素。

反向质量因素（Reverse Quality Elements）：当这些质量因素得到满足时反而会影响顾客的满意程度；相反，当这些质量因素没有得到满足时反而会提高顾客的满意程度。

卡诺模型解释了企业提供的产品 / 服务质量与顾客的满意程度之间的关系，并对产品 / 服务质量的要素按照与顾客满意程度之间的关系进行了分类，超越了传统的质量管理方法 / 模型，从顾客的角度出发对企业的生产 / 运营起到了指导性的作用。

测量方法 / 步骤

卡诺模型对顾客价值要素的识别采用问卷调查的方法，其步骤如下。

第一步：设计调查问卷，在问卷中对需要被识别的服务内容设置“提供服务顾客满意程度”和“不提供服务顾客满意程度”正反两方面的问题，每个问题设置 5 个选项（喜欢、应该、中立、可以忍受、不喜欢）。

第二步：将每位顾客对同一服务的两个问题的答案汇总到需求识别矩阵中，得到对应的需求层次类别。

其中，O 表示期望质量因素（One-dimensional Quality Elements），A 表示迷人质量因素（Attractive Quality Elements），M 表示当然质量因素（Must-be Quality Elements），I 表示无关质量因素（Indifferent Quality Elements），R 表示反向质量因素（Reverse Quality Elements），S 表示怀疑评价（Skeptical Evaluation），即通过回收的数据无法判断填写者的具体评价，怀疑填写者在问题的理解上有误。

第三步：将所有顾客对同一因素识别出的质量因素类别按其数量汇总到质量因素识别汇总表格。

第四步：从质量因素识别汇总表格中选择对于每个因素有最多顾客选择的质量类别，作为该因素对应的质量类型。

案例 3-3

利用卡诺模型识别电视质量因素 [18]

卡诺教授运用上述方法，按照以下 5 个步骤对电视的质量因素进行了测量。

步骤一：明确调查产品的质量因素

根据电视制造商的产品说明书、*Consumers Monthly* 杂志（1973 ～ 1976）中的产品测试结果及一些相关的资料，卡诺教授整理出了14个质量因素，认为这14个质量因素可以反映出电视的质量。

步骤二：确定调查目标

（1）测量顾客对电视质量因素的评价；

（2）将14个质量因素按照当然质量、期望质量和迷人质量进行分类；

（3）根据质量因素的分类结果进行分析，为产品制造和销售提供建议。

步骤三：设计二维调查问卷，进行问卷调查

设计二维调查问卷，问卷的形式如表3-6所示。

表3-6 问卷示例

如果电视画面的质量不好（如画面有阴影），你有什么感觉？	1	喜欢
	2	可以接受
	3	没感觉
	4	基本要求
	5	不喜欢
	6	其他
如果电视画面的质量很好（如画面没有阴影），你有什么感觉？	1	喜欢
	2	可以接受
	3	没感觉
	4	基本要求
	5	不喜欢
	6	其他

根据每个质量因素的调查情况，均可以制作出一个如表3-7所示的二维评价表。

表3-7 问卷结果二维评价表

	喜欢	可以接受	没感觉	基本要求	不喜欢	其他
喜欢	S 3	A 0	A 1	A 11	O 277	2
可以接受	R 2	I 4	I 3	I 12	M 444	10
没感觉	R 3	I 0	I 0	I 3	M 53	0
基本要求	R 0	I 0	I 0	I 0	M 2	0
不喜欢	R 3	R 0	R 0	R 2	S 41	0
其他	0	0	0	0	0	0

具体的结果如表3-7所示。其中：O表示期望质量因素，A表示迷人质量因素，M表示当然质量因素，I表示无关质量因素，R表示反向质量因素，S表示怀疑评价。

回收有效问卷 899 份，填写者为一般的消费者，包括手工业者、建筑从业者、银行职员、家庭主妇及大学生等。

步骤四：对调查结果进行处理，通过二维评价来确定各个质量因素的类型

根据每个质量因素的调查情况，总结出一个对各个因素的评价进行分类的表格，如表 3-8 所示。

表 3-8 质量因素评价表

质量因素	迷人质量	期望质量	当然质量	无关质量	反向质量	怀疑评价	其他	合计	质量因素评价趋势
图像质量	12（1）	377（32）	499（57）	22（3）	10（1）	44（5）	12（1）	876（100）	M
使用友好	44（5）	307（35）	363（41）	101（12）	19（2）	37（4）	5（1）	876（100）	M
使用寿命	62（7）	451（53）	267（31）	45（5）	12（1）	13（2）	8（1）	868（100）	O
安全	8（1）	231（26）	561（64）	14（2）	6（1）	46（5）	11（1）	877（100）	M
外观设计	221（25）	350（40）	85（10）	129（15）	13（2）	65（7）	14（2）	877（101）	O
换台速度	196（22）	273（31）	194（22）	182（21）	11（1）	10（1）	6（1）	872（99）	O
遥控器	477（55）	54（6）	12（1）	270（31）	26（3）	24（3）	8（1）	871（100）	A
语言	301（34）	66（8）	28（3）	359（41）	33（4）	80（9）	9（1）	876（100）	I
轻柔控制	342（39）	86（10）	32（4）	340（39）	36（4）	40（5）	7（1）	883（102）	A
能耗	63（7）	541（62）	166（19）	81（9）	12（1）	13（2）	1（0）	877（101）	O
体积	124（14）	400（46）	160（18）	160（18）	7（1）	14（2）	8（1）	873（100）	O
售后服务	36（4）	472（54）	299（34）	35（4）	10（1）	15（2）	2（1）	869（99）	O
用户手册	44（5）	280（32）	339（39）	143（17）	12（1）	47（5）	2（1）	867（99）	M

注：1. 单元格中第一个数字代表人数，( ) 中的数字代表所占百分比；

2. 字母含义参照表 3-7；

3. 合计数的差异是由于有些回收问卷中该选项没有作答；

4. 高于或低于 100 的百分数是由凑整引起的。

步骤五：根据测量结果得出结论

结果分析：

（1）表 3-8 的右侧一栏显示在电视的每个质量因素上顾客对其的整体评价。例如，“图像质量”和“使用友好”对顾客来说是当然质量。

（2）我们发现当顾客对某个质量因素的总体评价为迷人质量时，对该质量因素的评价为 I 或者 R 的顾客数量比其他情况要多，这说明当一个质量因素吸引大多数顾客时，一小部分人对其是不感兴趣甚至是反感的。

（3）按照性别、年龄等因素对不同的调查用户的结果进行分析，可以发现不同属性的用户群对于同一质量因素的评价是不同的。例如，当大多数男人对某个质量因素给出了“当然质量”的评价时，更多的女人则给出了“迷人质量”的评价。此方法可以用来对企业产品 / 服务的用户群进行细分，针对每个细分用户群制定不同的市场策略。

3.3.3　服务质量测量量表

帕拉苏拉曼等（1985）提出的服务质量量表（SERVQUAL）模型得到了广泛的认可，被认为是适用于评估各类服务质量的一种典型方法。[19] 他们认为服务质量是顾客对服务质量相关影响因素实际表现的感知同对服务的期望之间的比较结果。[3] 这个关系可以概括为式（3-1）：

$$Q=P-E \tag{3-1}$$

式中：P 代表顾客对所获得的服务的评价；E 代表顾客在接受服务前对服务质量的期望；Q 代表顾客对这一服务过程的服务质量评判。

图 3-16 是服务质量概念模型。该服务质量概念模型给出了服务中可能存在的差异。

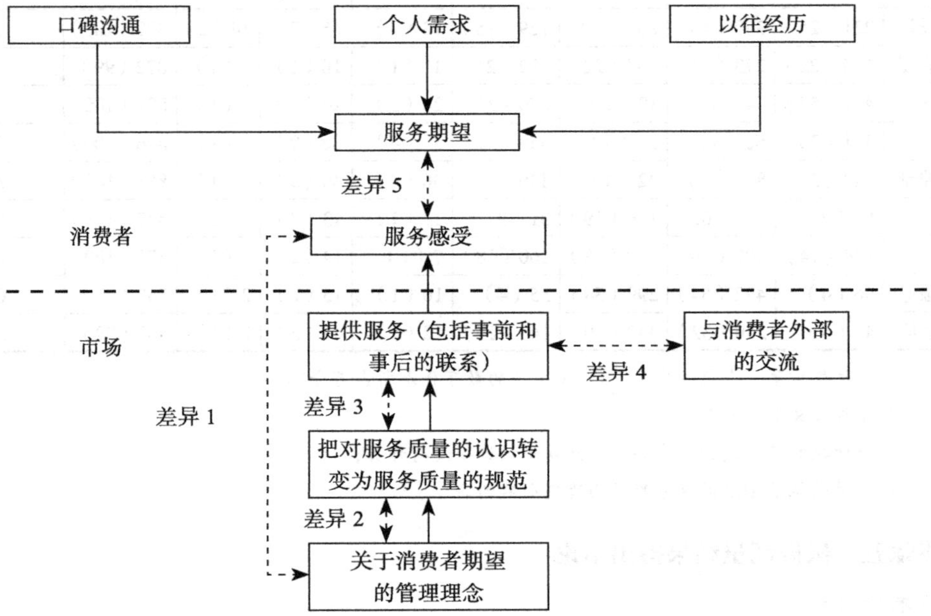

图 3-16　服务质量概念模型 [3]

差异 1：顾客期望与企业管理理念之间的差异。主要由市场调查研究不足、向上沟通不畅以及企业管理层级等原因造成。

差异 2：企业管理理念与服务质量规范的标准之间的差异。主要由承担义务不足、不切实的管理理念、作业标准不足以及缺乏目标等原因造成。

差异 3：服务质量规范与提供服务之间的差异。主要由角色模糊 / 冲突、人员 / 技术配备不良、不合适的监管系统、缺乏团队作业等原因造成。

差异 4：提供服务与外部交流之间的差异。主要由与消费者横向沟通不足、过度承诺等原因造成。

差异 5：顾客对服务质量的感知与对服务质量期望之间的差异。主要由市场方面的差异 1、2、3、4 造成。[3]

差异 5 是对顾客服务质量的真正衡量，即“$Q = P - E$”。当企业的测量结果显示 $P < E$ 时，服务质量要低于让顾客满意的服务质量，而且随着 P 与 E 之间不一致程度的增加，服务质量会趋于完全的不满意；当 $P = E$ 时，服务质量是让顾客满意的；当 $P > E$ 时，服务质量会超过让顾客满意的服务质量，且随着 P 与 E 之间不一致程度的增加，服务质量会趋于理想化的质量。

测量方法 / 步骤

泽丝曼尔等人认为造成这 5 个差异的重要因素是：

（1）可靠性（Reliability）——可靠和准确地履行服务承诺的能力。

（2）反应 / 响应性（Responsiveness）——愿意帮助顾客并提供即刻的服务。

（3）保证性（Assurance）——企业及其人员使顾客感到可以信赖和信任，包括服务机构人员的知识、礼貌等。

（4）情感 / 移情性（Empathy）——关心顾客，给顾客以个别的、有人情味的对待。

（5）可感知性（Tangible）——实际设施、设备、人员和文字材料，这种可见的实物都给顾客留下了服务的印象。

戈比和奥奈尔（1996）根据上述 5 个因素设计了一个调查问卷，按照这 5 个因素对服务质量的 22 个细节进行测量。[20] 他们为每个条目设定了一个 7 分制的评分标准：1 分代表期望 / 感知的服务质量不高，7 分代表期望 / 感知的服务质量很高。

分两次对顾客进行调查：第一次调查顾客在接受服务前期望获得的服务质量；第二次调查顾客在接受服务后感受到的服务质量。

调查结束后，对数据进行统计分析，可以分别得到每个服务质量因素的感知期望差，进行加权平均后就得到了相对应的各个指标的评分。然后，再对所有指标进行加权平均，就得到了整体的服务质量评分，如式（3-2）所示：

$$Q = \sum (P_i - E_i) \times W_i \tag{3-2}$$

式中：Q 为服务质量的数量指标；P_i 为顾客对第 i 个因素的感知价值的平均数值；E_i 为顾客对第 i 个因素的期望价值的平均数值；W_i 为第 i 个因素占服务质量的权重。

数据分析过程如表 3-9 所示。

表 3-9　饮食服务业的服务质量测量量表评价分数 [21]

维度	期望值	感知值	差距值	权重（%）	加权平均值
可感知性	5.66	4.26	−1.40	19.8	−0.28
可靠性	6.06	4.36	−1.70	29.6	−0.50
反应 / 相应性	5.74	4.05	−1.69	19.9	−0.34
保证性	6.13	4.58	−1.55	15.2	−0.24
情感性 / 移情性	5.97	4.45	−1.52	15.7	−0.24

根据表 3-9 可以计算出：

$$Q=(4.26-5.66)\times 19.8\%+(4.36-6.06)\times 29.6\%+(4.05-5.74)\times 19.9\%+(4.58-6.13)\times 15.2\%+(4.45-5.97)\times 15.7\%\approx -1.60$$

所以，对于该服务，顾客所认知的服务质量的评价约为 −1.60，即顾客感知的服务质量比顾客期望的服务质量要低约 1.60。

┆资料 3-2┆

服务质量测量量表的拓展

在帕拉苏拉曼等人提出的服务质量测量量表的基础之上，沙辛发展了服务质量测量量表，提出服务质量存在 7 个可能的差异，如图 3-17 所示。

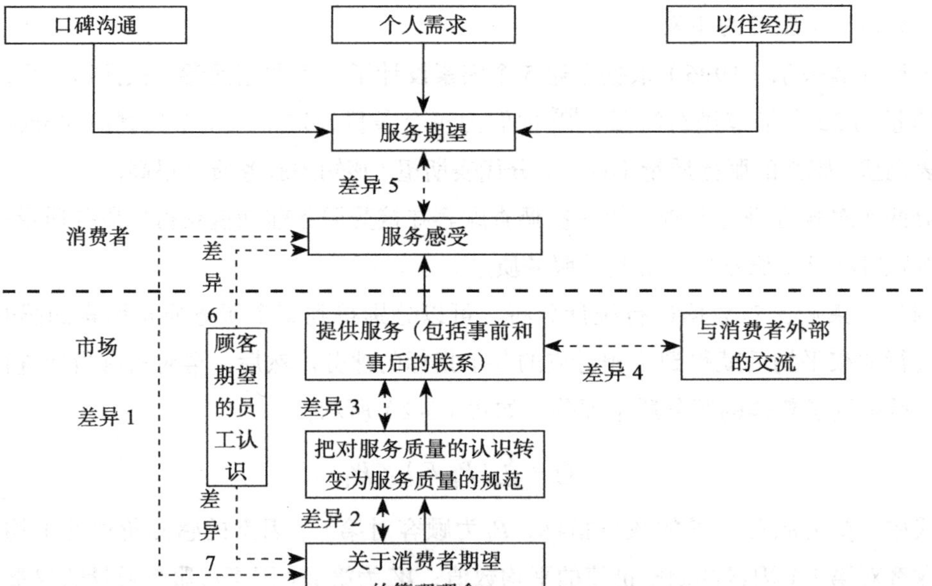

图 3-17　拓展的服务质量概念模型[22]

其中，差异 1、2、3、4、5 与原服务质量测量量表模型中的差异是一致的。沙辛把企业员工对顾客期望的理解引入到服务质量提供环节中来，从而引发了差异 6 和差异 7：[22]

差异 6：顾客的服务期望与提供服务的员工对其的理解之间的差异。主要由顾客和一线员工对服务质量因素理解的差异等原因造成。

差异 7：员工认知与管理理念的差异。主要由企业员工和管理层对顾客服务质量因素理解的差异等原因造成。

3.3.4 盖尔的顾客价值测量方法

盖尔是20世纪90年代初最早提倡顾客价值管理的学者之一，他在《管理顾客价值》（1994）一书中借助质量和成本来定义顾客价值。他认为，市场感知质量（Market-percieved Value）是顾客将企业的产品或服务与竞争者的产品或服务相比较得出的评价。顾客价值是相对于产品价格的市场感知质量。

盖尔的顾客价值理论可以简单地总结为以下两点：

（1）顾客价值包括质量和价格；

（2）顾客通过对不同品牌产品之间的价值对比来做出购买决策。

测量方法 / 步骤

盖尔的顾客价值测量方法主要分为两个阶段，第一个阶段包括3个步骤。

（1）细分质量和价格两个基本维度。通过焦点小组访谈等方法探察顾客关心的质量和价格中的属性。

（2）用顾客调查的方法得到每种属性的权重。方法是把100分分配到那些顾客认为重要的价值要素上去。

（3）测量顾客对各个品牌在各个价值要素上的绩效的感知。方法是请顾客为各个品牌在各个价值要素上的绩效表现评分（10分制）。

第二个阶段是利用已经探察测量的顾客价值信息构建竞争优势战略。这个阶段包括4个步骤。

（1）分别计算本企业产品相对于竞争性产品在质量和价格两个方面各个价值要素的相对评分，见式（3-3）、式（3-4）：

$$\text{质量方面某一价值要素的相对评分}=\frac{\text{本企业在这一要素上的得分}}{\text{竞争者在这一要素上的得分}} \tag{3-3}$$

$$\text{价格方面某一价值要素的相对评分}=\frac{\text{顾客对竞争者在该要素上的满意程度}}{\text{顾客对本企业在该要素上的满意程度}} \tag{3-4}$$

（2）计算总的顾客价值。用得到的质量方面价值要素的相对评分和价格方面价值要素的相对评分分别与每一个价值要素的重要性相乘，并将各项相加，就得到了本企业相对于竞争者的市场感知质量得分和价格满意得分，见式（3-5）：

$$\begin{aligned}\text{顾客价值}=&\sum(\text{质量方面某一价值要素的相对评分}\times\text{这一维度的权重})+\\&\sum(\text{价格方面某一价值要素的相对评分}\times\text{这一维度的权重})\end{aligned} \tag{3-5}$$

（3）在以上计算的基础上，以相对质量和相对价格分别为横、纵坐标，绘制顾客价值图，如图3-18所示。

盖尔的顾客价值图将相对质量和相对价格的二维坐标图分为4个部分，顾客价值通过计算落入图中Ⅰ、Ⅱ、Ⅲ、Ⅳ这4个象限中。对角线是公平价值线，即公允的市场价值，表示市场上顾客的平均感知价值。由于盖尔将顾客价值定义为相对于产品价格的市场感知质量，所以顾客价值高的产品会落入公平价值线之下的区域，反之则落入公平价值线之上的区域。落入Ⅰ象限的产品提供了较低的顾客价值，导致顾客流失，所以企业需要进行改善；落入Ⅲ象限的产品提供了较高的顾客价值，导致顾客忠诚，且会吸引新的顾客；落入Ⅱ、Ⅳ象限的产品提供了公平的价值，可以维持市场平均利润，通过扩大市场份额实现利润的增长。

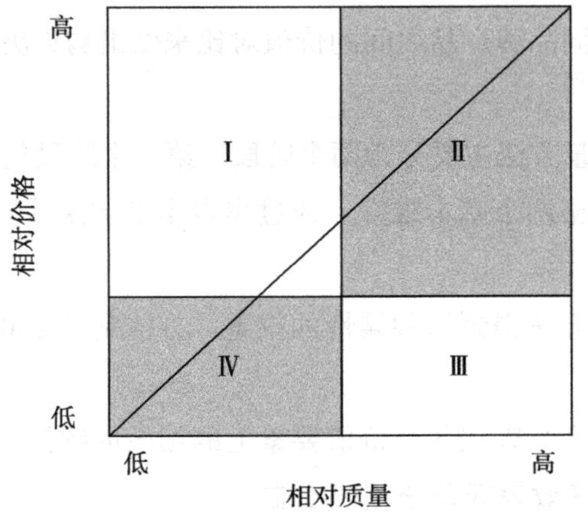

图3-18　顾客价值图

（4）分别计算出所测量企业的最终顾客价值，见式（3-6）：

$$CV_A = P \times MV_A + (1-P) \times CP_A \quad (3\text{-}6)$$

式中：CV_A表示A企业的顾客价值；MV_A表示A企业的市场感知质量；P表示A企业的顾客对产品或服务的看重程度，$0 < P < 1$；CP_A表示A企业的相对价格。

案例3-4

汽车市场的顾客价值测量

一项对汽车市场的顾客的研究表明，在质量上，顾客关心安全性、驾驶的舒适性、保养的便利性以及配件的耐久性4个方面；在价格上，顾客关心汽车的价格、折扣、再转卖的价格和贷款利率4个方面。

计算出每个质量、价格维度的属性的相对评分，得到如表3-10和表3-11所示的结果。

表 3-10　A 企业相对于 B 企业的市场感知质量

质量维度	绩效得分			重要性	重要性 × 比值
	A 品牌	B 品牌	A/B 比值		
安全	9	5	1.8	40	72
舒适	7	8	0.875	30	26.25
便利	9	6	1.5	20	30
耐久	9	6	1.5	10	15
权重之和	100				
相对市场感知质量得分	143.25				
A 企业的相对市场感知质量	1.43[①]				

①数值为保留两位小数的结果。

表 3-11　A 企业相对于 B 企业的价格满意

价格维度	满意得分			重要性	重要性 × 比值
	A 品牌	B 品牌	A/B 比值		
购买价格	9	5	1.8	40	72
折扣	7	8	0.875	30	26.25
转卖价格	9	6	1.5	20	30
利率	9	6	1.5	10	15
权重之和	100				
价格满意得分	85.7				
A 企业的相对价格满意	0.857				

在以上计算的基础上，绘制 A、B 品牌汽车的顾客价值图，如图 3-19 所示。

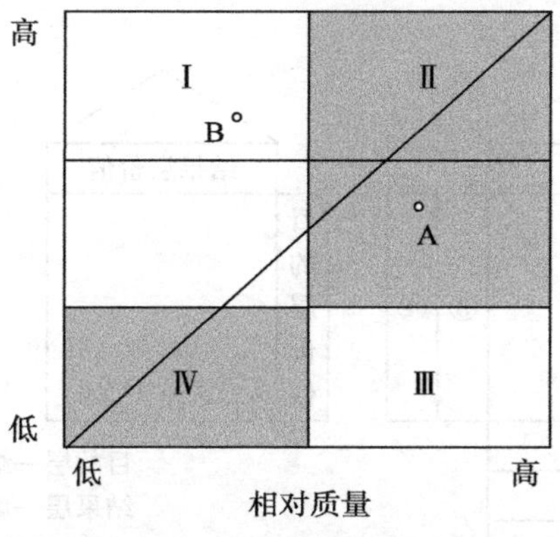

图 3-19　A、B 企业的顾客价值图

最后，根据公式计算 A、B 两家企业的最终顾客价值。A 企业产品的特点是高质量对应高价格，购买 A 企业产品的是那些情愿为高质量付出高价格的顾客，而 B 企业产品的顾客恰好相反。A 企业的顾客对质量的看重程度要高于 B 企业的顾客对质量的看重程度，假设分别为 0.6 和 0.4。

那么，A 企业的顾客价值可计算为：

$$A\text{企业的顾客价值} = 0.6 \times 1.43 + 0.4 \times 0.857 = 1.200\,8 > 1$$

B 企业的顾客价值可计算为：

$$B\text{企业的顾客价值} = 0.4\times0.7 + 0.6\times1.18 = 0.988 < 1$$

由上面的计算可知，A 企业汽车的顾客价值高于 B 企业，且 A 企业的汽车能够为顾客提供略高于行业平均价值的产品，可以通过扩大市场份额的方法来增加收入和利润。B 企业的首要任务则是提高市场感知质量。

3.3.5 顾客价值屋模型

国内学者董大海通过研究发现，顾客价值被满足的程度不仅与顾客对价值的感知和认知有关，还受到企业资源和能力的限制，同时各个价值要素之间还具有一定的相关性限制，这些因素也会最终影响顾客价值是否能够得以实现。

由于存在企业资源和能力、价值要素之间的相关性这两方面的限制，所以如果仅仅根据价值要素的重要性及顾客满意状况来确定要改进的顾客价值要素，往往不能对这么多要素进行较好的综合分析和判定，并且不能得到最佳的顾客价值选择。

董大海和张涛（2004）将 CVD 模型中没有考虑的企业资源和能力、价值要素之间的相关性这两方面因素引入顾客价值研究中，提出了一种新的确定改进顾客价值要素的模型——顾客价值屋模型。顾客价值屋模型借鉴了质量屋的构建思想，将顾客价值的 3 个层级间的关系用类似质量屋的模型进行分析，并保留了原来的屋状结构，[23] 如图 3-20 所示。

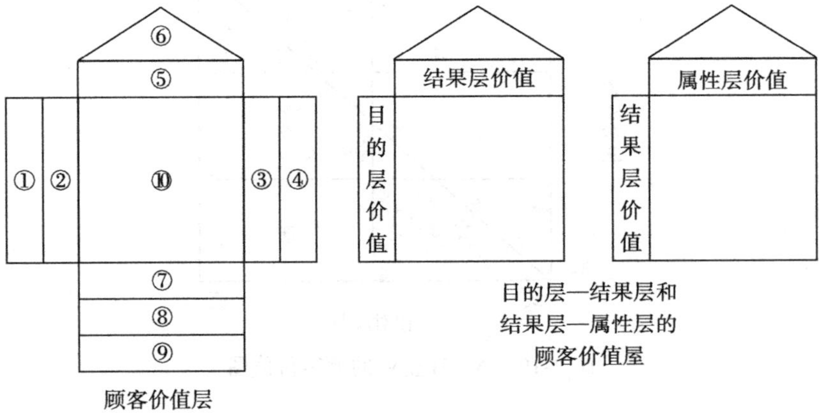

图 3-20 顾客价值屋模型 [23]

该模型可以反映相邻两个顾客价值层级间的“手段 – 目的”关系，横向排列的顾客价值要素是所要实现的目的，纵向排列的价值要素则表示为实现该目的所需要的手段或途径。通过这种方式，目的层和结果层，结果层和属性层这两对“手段 – 目的”关系可以构建为“目的层 – 结果层”顾客价值屋和“结果层 – 属性层”顾客价值屋两个模型。

将顾客价值的 3 个层级分别拆分为两个顾客价值屋模型，可以全面反映整个顾客价值层级结构及各个价值要素的影响因素，并对各个影响因素进行综合分析。整个顾客价值屋分为以下几个部分：

（1）顾客价值实现目的的价值要素；

（2）目的价值的各个价值要素的重要性系数；

（3）顾客在目的价值的各个价值要素中对本企业和竞争者的产品或服务的感知评价；

（4）企业在目的价值的各个价值要素上的目标值；

（5）手段价值的各个价值要素之间的相关系数；

（6）手段价值的各个价值要素的重要性系数；

（7）顾客分别对本企业和竞争者的产品或服务在手段价值的各个价值要素上的感知绩效或满意程度评价，以及本企业实现该顾客价值的能力；

（8）企业在手段价值的各个价值要素上所提供的价值要达到的目标值；

（9）各个手段价值要素与各个目的价值要素之间的相关系数矩阵，包括所有影响本企业产品或服务对顾客所提供的价值产生影响的因素，对这些因素进行权衡比较就可以实现对顾客价值层级结构的综合分析。

利用顾客价值屋模型，可以确定哪些顾客价值要素需要改进，还可以帮助企业估计在各个价值要素上，本企业向顾客所提供的价值的目标值。

案例 3-5

手机细分市场的结果层 – 属性层价值屋

董大海指导的硕士研究生的学位论文中应用顾客价值屋模型对手机用户的顾客价值进行了分析，其结果如图 3-21 所示。

在该结果层 – 属性层价值屋中，将企业某种手机产品的顾客价值与该细分市场上的竞争对手的 A、B、C 三种产品进行对比：

（1）通过手段价值要素和目的价值要素之间的矩阵，可以知道企业产品的属性层要素与结果层要素之间的相关程度。如“铃声悦耳”对产品的结果层要素“时尚感强”和“令人羡慕”的相关系数分别为 5.7 和 5.8。

（2）该手机产品的“外观独特漂亮”与“式样丰富多彩”，“铃声悦耳”与“品牌声誉高”这两对产品属性成正相关关系；“品牌声誉高”与“价格低”这对属性成负相关关系。

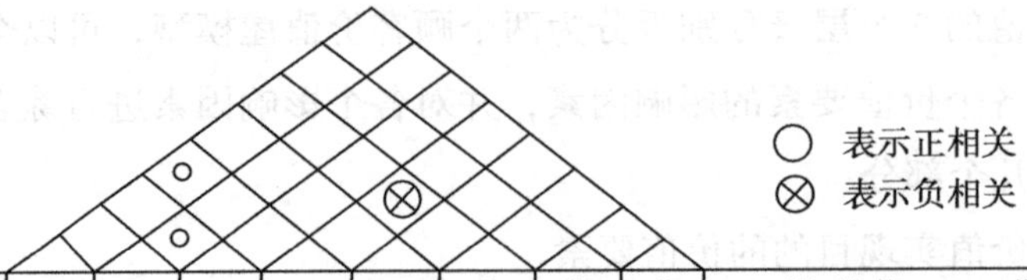

价值要素	权重值	铃声悦耳	外观独特漂亮	式样丰富多彩	品牌声誉高	照相摄像功能	价格低	信号接收效果好	菜单操作方便	感知价值：本企业产品	感知价值：对手企业 A产品	感知价值：对手企业 B产品	感知价值：对手企业 C产品	期望价值	目标值
时尚感强	5.2	5.7		5.5						5.1	6.5	6.5	5.9	6.2	6.3
令人羡慕	5.8	5.8	6.3	4.3						4.7	5.7	5.8	5.8	6.4	6.5
很有面子	6.2			6.1	6.3	6.8				4.5	5.6	5.8	5.8	6.5	6.3
联络方便	5.1							6.5	6.5	5.9	5.3	6.3	6.3	6.0	6.0
开支小	3.3						6.1			5.5	5.3	5.1	5.2	5.2	5.2
权重值		63.2	36.5	91.4	39.1	42.2	20.1	33.2	33.2						
百分比权重		17.6	10.2	25.5	10.9	11.8	5.6	9.3	9.3						
本企业产品		5.1	5.3	5.4	5.1	6.3	5.5	6.0	6.3						
对手企业 A产品		5.7	5.6	5.6	5.5	5.3	5.9	5.7	4.7						
对手企业 B产品		6.3	6.1	6.7	6.5	6.7	5.0	6.1	5.9						
对手企业 C产品		6.0	6.0	5.8	5.9	5.8	5.7	6.1	6.1						
产品相关能力		5.9	5.5	5.3	5.5	6.5	5.3	6.5	6.5						
期望价值		6.1	6.3	6.3	6.1	6.5	5.3	5.7	6.0						
目标值		6.1	5.7	5.8	5.7	6.3	5.5	6.3	6.3						

图 3-21　某手机细分市场的结果层 – 属性层价值屋 [23]

（3）与竞争对手的 A、B、C 产品相比，顾客对企业产品的“时尚感强”“令人羡慕”“很有面子”“联络方便”的评价都较低。

（4）与竞争对手的 A、B、C 产品相比，顾客对企业产品的“铃声悦耳”“外观独特漂亮”“式样丰富多彩”“品牌声誉高”的期望较低。

（5）企业在“铃声悦耳”“外观独特漂亮”“式样丰富多彩”“品牌声誉高”“价格低”等能力上与自身目标是有差距的，需要做出技术或方法上的改进。

3.3.6　小结

前面介绍了与顾客价值相关的 5 种评测方法，下面通过表 3-12 对上述几种评测方法进行总结及评价。

针对不同的适用情景，使用以上方法 / 模型对企业的顾客价值进行研究测量，并根据测量结果做出相应的经营策略或战略上的调整。

表 3-12　5 种评测方法的对比

模型（方法）	来源	研究角度	适用情景	贡献
顾客价值层次模型	顾客价值研究	顾客价值的逻辑认知、探查、分析方法	1. 分层级研究顾客价值构成要素及要素之间的联系 2. 描述用户类型，指导营销策划方案	1. 顾客价值的三个层次的模型给出了顾客价值层次的逻辑认知关系 2. 期望价值和感知价值相结合 3.CVD 模型确定顾客关心的价值要素及程度，发现需要提高的顾客价值要素及如何提高整体的顾客价值
卡诺模型	质量控制研究	产品 / 服务质量的关联、整体产品 / 服务满意与因素满意之间的关系	1. 研究产品 / 服务质量因素所属类型 2. 发现企业应该改善的产品 / 服务质量因素 3. 细分产品 / 服务用户群 4. 制订生产计划 5. 产品质量因素满意的测量	1. 质量管理同顾客满意管理相结合 2. 减少产品 / 服务缺陷和顾客抱怨可以提高顾客满意，即满足必备质量 3. 增加产品 / 服务的吸引质量因素可以提高顾客的满意程度 4. 企业侧重于吸引质量或必备质量会造成市场的反应与企业期望不同 5. 通过模型来调查顾客对产品 / 服务的需求类型，划分顾客类型，指导企业进行产品计划的制订和实施
服务质量测量量表	服务质量研究	服务质量的评判过程及方法	1. 比较顾客使用前对产品的期望和使用过程中或使用后的服务质量 2. 发现服务交付过程中造成不满的因素	1. 服务质量标尺，五大因素、22 项指标 2. 服务质量是顾客对服务质量相关影响因素实际表现的感知与对服务的期望之间的比较结果 3. 真正做到了期望与感知比较的实践 4. 影响服务质量可能存在的差异
顾客价值测量方法	顾客价值研究	通过市场感知质量和感知价格来研究顾客价值的计算方法	1. 企业与行业内竞争对手的顾客价值对比分析 2. 利用最终顾客价值来预测竞争对手市场份额的变化 3. 顾客价值的战略制定	1. 体现了相对性 2. 相对顾客价值的计算方法 3. 体现了战略管理、竞争优势的思想
顾客价值屋模型	顾客价值研究	基于 CVD 模型的顾客价值认知缺陷的一种改善	1. 测量手段价值要素与目的价值要素间的相关系数 2. 将企业的产品 / 服务与市场内多个产品 / 服务的顾客价值进行比较 3. 手段价值要素之间的相关性 4. 企业当前状况、竞争对手、企业自身能力以及企业目标值之间的对比	1. 丰富了顾客价值的要素，基于“手段 – 目的”方法的改进研究，可以对价值层级结构的各个影响因素实现综合量化分析 2. 引入了“屋”的框架，可以确定哪些顾客价值要素需要改进 3. 帮助企业估计在各个价值要素上向顾客所提供的价值的目标值

3.4 顾客满意的概念

1960年，凯斯首先提出了顾客满意的概念，认为顾客满意就是顾客需要和欲望的满足，提出顾客满意会促使再购买行为的发生。[24] 科特勒在《营销管理》一书中指出："满意是指一个人通过对产品或服务的可感知的效果与他的期望值相比较后所形成的感觉状态。" 表3-13是20世纪60～90年代比较有代表性的顾客满意定义。

表3-13 顾客满意相关定义

年份	学者	主要观点
1965	R.M.Cardozo	顾客满意会促使再购买行为的发生 [24]
1969	J.A.Howard，J.N.Sheth	顾客满意是比较付出的成本与预期使用产品的效益 [25]
1977	D.J.Hempel	顾客满意取决于顾客所期望的产品或服务的实现程度，即反映预期和实现效果的程度 [26]
1980	R.L.Oliver	顾客满意涉及两个认知变量，一是购买前的期望，二是期望与感知的差距 [27]
1982	G.A.Jr.Churchill，C.Suprenant	顾客满意度是指消费者对于购买产品所付出的成本与使用产品所获得的效益的比较结果，即成本 / 收益分析 [28]
1983	R.B.Woodruff，E.R.Cacotte，R.L.Jenkins	顾客满意是顾客在一定情境下，对于使用产品所获得价值的一种立即性的情感反应 [29]
1987	E.R.Cadotte，R.B.Woodruff	顾客会将先前的购买经验与购买后的感知做比较，用以测量满意的程度 [30]
1991	R.A.Westbrook，R.L.Oliver	除了认知因素外，满意是顾客购买后的一种情感反应，正面或负面的情绪直接影响对满意的评估 [31]
1994	M.M.Davis，J.Heineke	其一，满意是认知与期望的函数，顾客对服务的期望来自两方面：①第一次接触前，通过广告和口碑宣传；②与服务提供者接触后的个人经验。其二，满意是认知的函数 [32]
1998	R.L.Oliver，W.Desarbo	顾客满意的主要因素：顾客的期望和产品的绩效 [33]
1999	E.Garbarino，M.S.Johnson	把顾客满意度视为中间变量，研究整体满意度对信任、承诺、未来购买意愿具有正向影响 [34]

从表3-13中可以发现，顾客满意主要是由购买前的期望与使用后的感知之间的差异决定的，即顾客满意是可感知效果和期望值之间的差异函数。如果可感知效果低于期望值，期望得不到满足，顾客就会不满意，就会产生抱怨；如果可感知效果与期望值相匹配，期望得到满足，顾客就会满意；如果可感知效果超过期望值，顾客就会完全满意，甚至可能对该产品 / 服务进行重复购买。

奥利弗（1980）提出了"期望 – 实绩模型"，如图3-22所示。

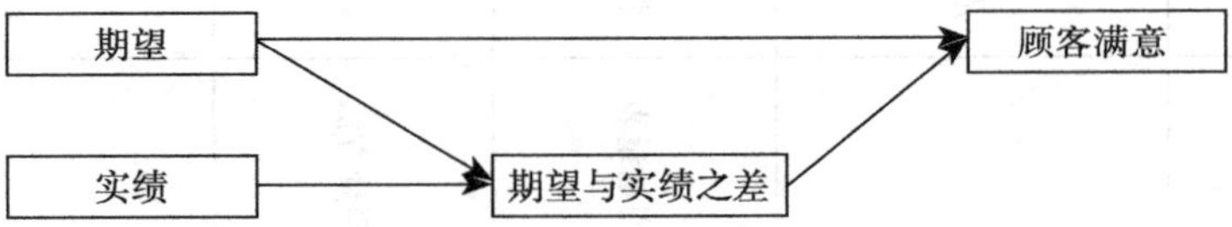

图3-22 期望 – 实绩模型 [28]

该模型认为，在消费过程中或消费后，顾客会根据自己的期望评估产品 / 服务的实绩。如果实绩达到或超过自己的期望，顾客就会满意或感到惊喜，否则就会不满。

一些学者对上述模型提出了异议，拉玛和杰克逊（1991）认为顾客很难根据某些产品 / 服务的具体属性来评价其表现，该模型不能全面解释顾客满意的形成过程。[35] 维若妮卡和托尔（1997）认为，顾客在消费过程中的情感直接影响顾客对服务的满意情况。2000 年，奥利弗提出了顾客满意形成过程模型，如图 3-23 所示。

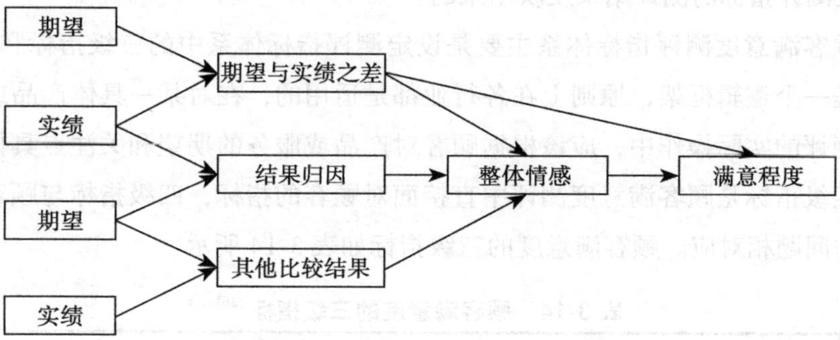

图 3-23　顾客满意形成过程模型

该模型在"期望 – 实绩模型"的基础上，将顾客在消费过程中对产品或服务可能的评价都考虑到顾客满意的形成过程中来，并通过期望与实绩之差和顾客整体情感来最终确定顾客的满意度。

3.4.1　顾客满意度

对顾客满意的测量可以从两个角度来讲：一个角度是顾客满意度；另一个角度是顾客满意指数及模型。

顾客满意度（Customer Satisfaction Degree，CSD）是顾客满意的量化统计指标，描述了顾客对产品的认知（期望值）和感知（实际感受值）之间的差异，可以测量顾客满意的程度。

顾客满意度理论认为，当顾客的期望值小于实际感受值时，顾客满意度就高；反之，当顾客的期望值大于实际感受值时，顾客满意度就低，就会抱怨该产品。因此，顾客满意度实际上包含顾客满意（积极的）和顾客不满意（消极的）两个方面的含义。

顾客满意度的测量主要是通过建立顾客满意度测评指标体系来实现的。顾客满意度测评指标是顾客满意度测评的核心，在很大程度上决定了测评结果的有效性和可靠性。顾客满意度测评指标中的顾客期望、顾客对产品或服务质量的感知、顾客对价值的感知、顾客满意情况、顾客抱怨和顾客忠诚都是隐性变量，不能被直接测量出来。因此，需要对隐性变量逐级展开，直到形成一系列可以直接测量的指标，这些逐级展开的测评指标就构成了顾客满意度测评指标体系。顾客满意度测评指标体系运用层次化结构设定测评指标，表达顾客满意度测评指标体系的内涵。

构建顾客满意度测评指标体系分为以下几个步骤。

1. 顾客满意度测评指标体系的设定

理论上认为，将测评指标体系划分为4个层次较为合理。顾客满意度是总的测评指标，即一级指标，每一层测评指标都是对上一层测评指标的展开，上一层测评指标则是通过下一层测评指标的测评结果反映出来的。

构建顾客满意度测评指标体系主要是设定测评指标体系中的三级指标和四级指标。三级指标是一个逻辑框架，原则上在各行业都是适用的，在对某一具体产品或服务的顾客满意度测评的实际操作中，应该根据顾客对产品或服务的期望和关注点具体选择，灵活运用。四级指标是顾客满意度测评中直接面对顾客的指标，四级指标与顾客满意度测评问卷中的问题相对应。顾客满意度的三级指标如表3-14所示。

表 3-14　顾客满意度的三级指标 [36]

一级指标	二级指标	三级指标
顾客满意度	顾客期望	对产品或服务质量的总体期望
		对产品或服务质量的满足顾客需求程度的期望
		对产品或服务质量稳定性的期望
	顾客对产品质量的感知	顾客对产品质量的总体评价
		顾客对产品质量满足需求程度的评价
		顾客对产品质量可靠性的评价
	顾客对服务质量的感知	顾客对服务质量的总体评价
		顾客对服务质量满足需求程度的评价
		顾客对服务质量可靠性的评价
	顾客对价值的感知	给定价格时顾客对质量级别的评价
		给定质量时顾客对价格级别的评价
		顾客对总成本的感知
		顾客对总价值的感知
	顾客满意情况	总体满意情况
		感知与期望的比较
	顾客抱怨	顾客抱怨
		顾客投诉情况
	顾客忠诚	重复购买的类别
		能承受的涨价幅度
		能抵制的竞争者的降价幅度

2. 顾客满意度测评指标的量化

进行顾客满意度测评是为了了解顾客对产品、服务或企业的看法、偏好和态度，而通过观察或直接询问等手段来了解顾客的态度是困难的，因此利用量表会使那些难以表达和衡量的“态度”既客观又方便地表示出来。

量表的设计分为两步：第一步是赋值，即根据规则对不同的态度特性赋予不同的数值；第二步是定位，将这些数字排列或组成一个序列，根据受访者的不同态度将其在这一序列上进行定位。量表设计示例如表 3-15 所示。

表 3-15　量表设计示例

测评指标	满意	较满意	一般	较不满意	不满意
产品外观	□	□	□	□	□
使用性能	□	□	□	□	□
价格	□	□	□	□	□
品牌	□	□	□	□	□

通过量表对企业的产品或服务进行满意情况的测量，从“不满意”到“满意”分别赋值为 1 分～ 5 分。受调查者分别对产品或服务的每项指标进行满意度情况的测评。

3. 顾客满意度测评指标权重的设定

测评指标权重的确定，要求测评人员对顾客满意度测评、企业经营规律、产品服务的特性和社会心理学都有较深刻的了解，并具有丰富的实践经验。由于顾客对测评指标的看法和评价不同，因而该指标对顾客满意度的影响不同。即使是同一个测评指标，由于测评对象不同，其对于顾客满意度的重要性也有可能不同。耐用品的产品质量和服务质量都是顾客极为重视的，但是对于日常用品而言，顾客考虑更多的则是产品质量的好坏，而不太重视甚至忽视服务质量。测评人员可以根据对测评指标体系各项指标重要程度的认识来确定权重，常用的方法有层次分析法、主观赋权法、客观赋权法等。在确定了顾客满意度测评指标体系之后，有必要邀请有关专家和具有一定代表性的顾客对确定的测评指标体系和评价标准进行论证，在认真听取意见的基础上，对确定的测评指标体系进行修改，以保证顾客满意度测评结果的公正性和有效性。

4. 顾客满意度的计算

根据调查得到的每一项测评指标的顾客满意度得分情况和每一项测评指标所赋予的权重，可以得到整体的顾客满意度，计算如式（3-7）所示：

$$\text{CSD} = \sum E_i \times P_i \tag{3-7}$$

式中：E_i 表示第 i 项测评指标的得分；P_i 表示第 i 项测评指标的权重；CSD 表示产品 / 服务的整体满意度。

3.4.2　顾客满意度指数及模型

通过特定的因果关系模型对顾客满意程度进行测评得到的指标结果我们通常称之为顾客满意度指数（Customer Satisfaction Index，CSI）。顾客满意度指数是一个测量顾客满意程度的宏观经济指标和质量评价指标，目前已有许多国家在积极开展研究和使用。

顾客满意度指数的研究过程可以分为 4 个步骤。

第一步，确定顾客满意度指数要调查的对象。这些对象通常是企业或是提供服务的政府机构，这些企业主要是国内企业，也包括一定数量的、在某一行业市场占有率相当大的国外企业。被列入调查范围内的企业和政府机构的总产值应当占该国 GDP 很大的一部分。

第二步，进行调查访问。对于大多数企业而言，应当抽样访问它们的顾客，一个国家的顾客满意度指数应当是建立在大量的样本基础上的。访问的问题应该包括顾客的期望、感受到的质量、感受到的价值、顾客抱怨和顾客忠诚度等。被访问者可以根据自己的经验和感受，给出每一项的得分。

第三步，建立顾客满意度指数模型。根据访谈情况对顾客的期望、感受到的质量、感受到的价值、顾客抱怨和顾客忠诚度等之间的关系进行梳理，给出顾客满意度指数模型。根据该模型建立一个可以检验的、由多元方程组成的计量经济模型。所建立的这个计量经济模型把顾客满意度及共同决定因素——顾客的期望、感受到的质量、感受到的价值等联系起来，顾客满意度反过来又和影响利润水平的要素，如顾客抱怨以及顾客忠诚度等联系在一起。根据方程的变量，输入被访问者给出的分数就可以算出每一家企业或者政府机构的顾客满意度得分。

第四步，计算出全国、行业和经济部门的顾客满意度。在计算出企业顾客满意度指数以后，就可以计算出全国的顾客满意度得分、行业的顾客满意度得分和经济部门的顾客满意度得分。顾客满意度指数有 4 个层次的指标或得分：全国顾客满意度得分、经济部门顾客满意度得分、行业顾客满意度得分、行业内接受调查的企业和有关机构的顾客满意度得分。

本节将介绍几种成熟的顾客满意度指数模型及其应用情况。

1. 瑞典顾客满意度指数模型

1989 年美国密歇根大学商学院质量研究中心的费耐尔博士提出了由顾客期望、购买后的感知、购买的价格等多因素组成的计量经济学逻辑模型，即费耐尔逻辑模型。[37] 这个模型把顾客满意度的数学运算方法和顾客购买产品或服务的心理感知结合了起来，此模型运用偏微分最小二次方求解所得出的指数，即顾客满意度指数。费耐尔博士的研究成果是迄今为止最为成熟和被广泛运用的顾客满意度指数。

瑞典根据该模型进行了全国范围内的顾客满意度调查，从而得到了瑞典顾客满意度指数（Sweden Customer Satisfaction Barometer，SCSB）模型，如图 3-24 所示。

瑞典顾客满意度指数模型由 5 个结构变量构成，分别是预期质量（Expectation）、感知价值（Perceived Performance）、顾客满意度（Customer Satisfaction）、顾客抱怨（Customer Complaint）和顾客忠诚（Customer Loyalty）。其中，预期质量和感知价值是顾客满意度的两个原因变量，顾客抱怨和顾客忠诚是顾客满意度的结果变量。预期质量和感知价值之间的差异决定了顾客满意度。低的顾客满意度产生顾客抱怨，从而降低顾客忠诚度。

图 3-24　瑞典顾客满意度指数模型 [38]

1989 年，瑞典利用该模型对全国 32 个行业的 100 多家企业的顾客满意度进行了调查和分析。调查发现，顾客满意度不仅能够帮助企业计算未来的收益，以便做出合理的投资决策，而且能有效测量经济产出的质量。在瑞典顾客满意度模型运行 5 年后学者发现：如果企业 7 年中每年顾客满意度平均增长一个百分点，该企业的财务回报率会增加 6.6%。

2. 美国顾客满意度指数模型

美国国民经济研究协会委托美国质量协会和国家质量研究中心等机构在研究瑞典 SCSB 模型的基础上，从 1996 年开始进行了关于建立美国顾客满意度指数的调查和研究，并逐步建立了一个全国性的、跨行业的美国顾客满意度指数（America Customer Satisfaction Index，ACSI）模型，如图 3-25 所示。

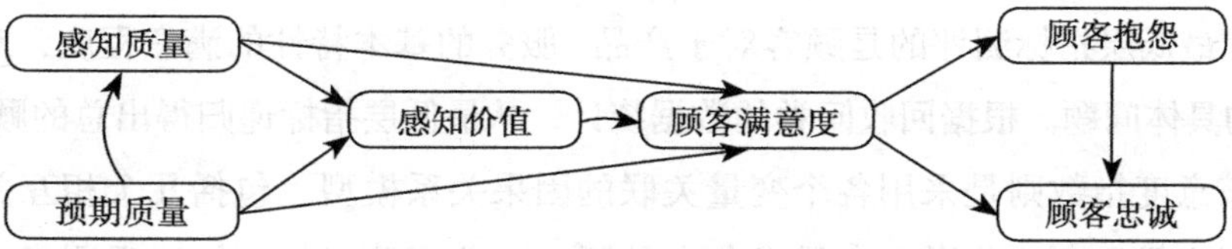

图 3-25　美国顾客满意度指数模型 [39]

ACSI 模型主要的创新在于增加了一个潜在变量——感知质量。该模型设计了质量的定制化、质量的可靠性以及质量的总体评价三个表示变量来度量感知质量。

美国于 1996 年利用 ACSI 模型调查和分析了 40 个行业中的 200 多家企业的产品或服务，对每家企业随机抽取了大约 250 个样本。调查所选择的企业都是各行业中最大的一些企业，调查对象的产值达到了美国国内生产总值的 40%。

密歇根大学的一项研究发现，企业的财务资产回报率和长期财务表现等均与 ACSI 值有着正向且显著的关联，ACSI 值较高的企业在股票市场上表现得更为优秀，并在市场竞争中占有更有利的地位，而且 ACSI 值与道琼斯指数的涨跌关系密切。从 1994 年起，美国质量协会每季度在《财富》杂志上公布一次 ACSI 调查结果。

3. 中国顾客满意度指数模型

国外顾客满意度的研究与应用在经济生活中发挥的巨大作用引起了我国政府和专家的重视，从 1995 年开始，中国开始陆续进行中国顾客满意度指数的研究，并提出具有国际先进水平且符合中国国情的中国顾客满意度指数（China Customer Satisfaction Index，CCSI）模型，如图 3-26 所示。

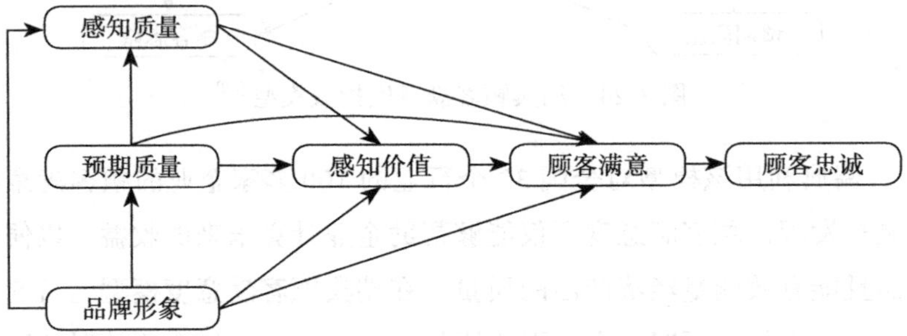

图 3-26　中国顾客满意度指数模型 [40]

3.4.3　顾客满意度与顾客满意度指数的区别

综合比较顾客满意度测评与顾客满意度指数模型，它们之间的区别可以总结为以下几点。

1. 模型结构不同

顾客满意度测评采用各个变量独立的树型结构模型，分层次设立指标，这些指标是相互独立的。最低层指标测评的是顾客对于产品 / 服务的基本特性的满意程度，对应顾客调查问卷中的具体问题。根据回收问卷的数据统计，从最低层指标递归得出总的顾客满意度。

顾客满意度指数则是采用各个变量关联的因果关系模型，包括几个相互关联、不分层次的潜在变量，而这些潜在变量又各自外延出一些观测指标，针对观测指标确定调查问题。根据调查结果同时计算出这些潜在变量。

2. 计算方法不同

顾客满意度的计算一般采用加权平均计算方法。由于产品 / 服务的不同属性特征的重要程度不同，所以要对不同重要程度的属性赋予不同的权重，然后向上进行递归计算。

顾客满意度指数模型的计算方法是采用计量经济学联立方程组，将调查收集到的数据输入数学模型，解析结构方程，计算出顾客对某一个企业和行业提供的产品 / 服务的满意水平，揭示出定性分析难以表达的复杂变量关系。

3. 适用范围不同

顾客满意度测评适用于企业测评顾客对某一产品 / 服务各个方面属性的具体满意程

度，以便改进工作；而顾客满意度指数模型更适用于政府了解顾客对各行各业的整体满意程度，可进行跨地区、跨行业、跨国家的横向比较。

顾客满意度测评的具体指标，对于不同的行业或企业通常是不同的，甚至每一次测评都可以改变。因此适用于某一行业或企业进行自查，从而确切地了解顾客对不同方面的较为具体的看法。顾客满意度指数模型中的潜在变量指标是固定的，适用于不同部门、行业或企业，不同产品或业务之间进行横向比较，也适用于同一行业或企业进行不同年份的纵向比较，适用范围较大。

4. 指标关联不同

顾客满意度测评指标比较简单具体，而顾客满意度指数的体系较为复杂抽象。顾客满意度测评主要通过下级指标分别进行顾客满意度测量，最终计算出总的顾客满意度指标。而顾客满意度指数更重视几个潜在变量之间的联系，包括潜在变量之间的正向或负向的关系及其相互影响程度。

3.5　顾客忠诚的概念

顾客忠诚（Customer Loyalty）这一概念早在 1952 年就已产生（Brown，1952）。在此之后，相继有不少学者对顾客忠诚进行了定义，如表 3-16 所示。

表 3-16　不同学者对顾客忠诚的定义

年份	学者	定义
1952	G.H.Brown	重复购买行为[38]
1959	B.Lipstein	产品重复购买的可能性[39-40]
1962	A.A.Kuehn	
1964	J.U.Farley	购买的可能性[41-42]
1970	M.F.Massey，D.B.Montgomery，D.G.Morrison	
1968	R.P.Brody，S.M.Cunningham	购买频率[43]
1982	J.F.Engel，R.D.Blackwell	真正的忠诚是指消费者在一段时间内对一类产品中的一个品牌或多个品牌在态度上和行为上的偏好[44]
1986	B.Kahn，M.Kalwani，D.Morrison	购买的次序能够体现顾客的忠诚[45]
1988	A.Ehrenberg	购买行为的多个方面[46-47]
1990	R.E.Jr.DuWors，H.H.Jr.George	
1992	M.F.Pritchard，D.R.Howard，M.E.Havitz	强调顾客态度和行为是顾客忠诚的两个重要的方面[48]
1999	S.Shoemaker，R.C.Lewis	真正忠诚的顾客是指那些强烈地认为你的公司能够满足他的需要，把其他产品都排除在外的顾客。这类顾客只在你的公司购买东西[49]
1993	A.H.Eagly，S.Chaiken	消费者在评价某种特殊实体时喜爱或厌恶程度的心理趋向[50]
1981	M.B.Traylor	品牌背景下的忠诚：感情和认知两个方面的忠诚，例如品牌偏好和品牌承诺[51-53]
1996	M.Mellens，M.Dekimpe，J.B.Steenkampe	
1998	D.D.Gremler，S.W.Brown	

（续）

年份	学者	定义
2000	V.Shankar，A.Smith，A.Rangaswamy	表现顾客对组织的更高次序或长期的承诺，不能仅仅依赖于观察顾客的重复购买行为[54]
2000	A.Liddy	通过未来倾向来展示某种行为是重要的，例如产品未来用途的可能性[55]
2003	F.F.Reichheld	顾客会将公司产品推荐给朋友和同事的可能性[56]

从表 3-16 可以看出，学者对顾客忠诚的定义基本可以划分为三个类别，分别是态度忠诚论（Attitudinal Loyalty）、行为忠诚论（Behavioral Loyalty）和综合论。

态度忠诚论：从顾客的情感、意识以及行为倾向等角度来论述，认为顾客忠诚就是顾客在长期消费过程中对某一产品、品牌及厂商的专一程度。

行为忠诚论：从顾客对某产品 / 服务的表现来加以研究，认为顾客忠诚是指顾客通过信息沟通及产品的直接使用经验，识别、接受且信任某企业的承诺，并转化为最终购买和重复购买的行为，同时能抗拒竞争者提供的价格优惠，持续地购买该企业的产品或服务，甚至为该企业做免费义务宣传。

综合论：认为顾客忠诚是态度忠诚和行为忠诚的统一，认为顾客忠诚是指顾客对品牌、产品 / 服务以及企业的内在积极态度、情感、偏爱和外在重复购买行为的统一，顾客对某品牌的产品 / 服务有一定的依赖性，在感情上有一定的偏爱，重复购买同一品牌的产品 / 服务，甚至主动向亲友推荐，为企业做宣传，并且不易受竞争产品的诱惑。

本书认为，顾客忠诚的概念应当更接近综合论的观点，是顾客对某企业或品牌的产品 / 服务的信赖、维护并希望重复购买的一种心理倾向和行为，即使竞争对手推出价格更加低廉的替代品，顾客也会无动于衷，甚至会自愿向别人推荐该企业或品牌的产品 / 服务。

顾客忠诚对于企业创造价值并获得利润是十分重要的。20 世纪 70 年代以来，美国企业的竞争战略主要集中在市场份额上的竞争，认为通过吸引更多的新顾客就能使利润最大化。市场份额的竞争使得企业把更多的目光放在如何赢得新顾客上，忽略了企业现有顾客的保持。研究表明，美国企业在吸引新顾客上的投入是保持现有顾客投入的 7 倍。然而，老顾客通常会比新顾客带来更多的价值。表 3-17 在几个方面对市场份额竞争战略和顾客忠诚竞争战略进行了比较。

表 3-17　市场份额竞争战略 v.s. 顾客忠诚竞争战略

比较内容	市场份额竞争战略	顾客忠诚竞争战略
目标	顾客争夺	顾客忠诚
市场情况	低增长率或饱和的市场	低增长率或饱和的市场
焦点	竞争	顾客
关键指标	与竞争相关的市场份额	顾客份额；顾客保持率

由于市场份额竞争战略经常使用一些短期市场工具来挖走竞争对手的顾客，例如通过提供优惠券、促销、打折等，这些短期市场工具很少能够为顾客创造持久的价值，许多顾客也会因此转向竞争对手。

案例 3-6

咖啡大战和星巴克的崛起

20 世纪 80 年代，福尔杰、麦氏和希尔斯兄弟三个品牌统治了咖啡市场，每一家几乎占据了市场份额的 1/3 并且具有同等水平的顾客忠诚。为了争夺更多的市场份额，其中一家企业启动了主动促销的计划来夺取竞争对手的顾客，这一计划使用了大量的优惠券来促使消费者从竞争对手那里转向该企业。起初，这一计划很有效，迫使其他两家企业也采取了相同的市场策略，咖啡市场开始了大规模的市场份额竞争。在这场旷日持久的市场份额竞争中，咖啡企业把精力从“保持自身品牌的忠诚拥护者”转向“吸引那些对价格敏感的消费者”。由于企业没有给予老顾客足够的重视，咖啡企业的品牌忠诚受到了严重破坏。随着这场大战的进行，咖啡产品的价格下降了很多，企业利润也下降了很多。到了 20 世纪 90 年代，咖啡逐渐成为消费者眼中的日用品。

西雅图的一家名不见经传的零售商——星巴克，却在此背景下建立了一个咖啡帝国。在 CEO 舒尔茨的领导下，星巴克通过连锁店销售杯装的咖啡，而不是放在包装袋里的咖啡。同时，连锁店为顾客营造了良好的喝咖啡环境——产品展示、柔美的音乐、休息区和美味的咖啡，光顾星巴克逐渐成为顾客日常生活的一部分。通过一系列措施，星巴克建立了超出行业水平的顾客忠诚，同时也为自身带来了丰厚的利润。

1996 年，星巴克开始向全球扩张，第一家海外店开在了东京。1999 年，星巴克首次进入中国。得益于实施顾客忠诚的差异化市场战略，截至 2020 年 12 月，星巴克从西雅图的一条小小的“美人鱼”发展成为今天遍布全球的“绿巨人”。

3.5.1　顾客忠诚的分类

顾客忠诚的类型多种多样，划分标准也多种多样，这里我们介绍两种被广泛认可的分类方法。一种是基于顾客忠诚的两个维度——态度忠诚和行为忠诚来对顾客忠诚的类型进行划分；另一种是基于顾客满意度与顾客忠诚度之间的关系进行划分。

学者根据顾客在态度和行为上的一致与否将顾客忠诚分为四类 [57-58]：无忠诚、潜在忠诚、虚伪忠诚和忠诚，如图 3-27 所示。

- 忠诚（Loyalty）：顾客的相对态度与重复购买之间的关系是一致的，这种忠诚是绝对的忠诚，既包括态度上的忠诚，也包括行为上的忠诚，这种忠诚极具经济价值。
- 潜在忠诚（Latent Loyalty）：顾客具有高的相对态度和低的重复购买。这类顾客对企业的产品 / 服务情有独钟，但由于需求较小等，因而购买的次数不多，但是他们会代为宣传并向亲朋好友推荐。这类顾客对企业也很有价值。

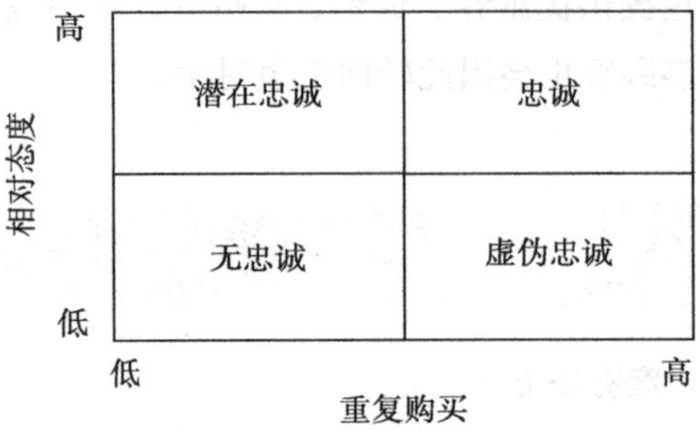

图 3-27　顾客忠诚分类

- 虚伪忠诚（Spurious Loyalty）：顾客具有低的相对态度和高的重复购买。这种忠诚来自外部因素，如价格、地点等，一旦外部因素发生了变化，顾客就不会再购买该产品 / 服务。
- 无忠诚（No Loyalty）：顾客具有低的相对态度和低的重复购买。某些顾客对企业提供的产品 / 服务不会产生忠诚感，这些顾客不会成为企业的忠诚顾客，企业要避免把精力投向这样的顾客。

凯瑟琳综合市场特征、消费者心理 / 行为等因素对顾客忠诚进行了分类，[59] 如表 3-18 所示。在这个分类中，虚伪忠诚被细化为垄断忠诚、惰性忠诚、方便忠诚、价格忠诚和激励忠诚。

表 3-18　顾客忠诚的分类

忠诚类型	特征描述
垄断忠诚	因为市场上只有一个供应商，顾客别无选择，是低依恋、高重复的购买者
惰性忠诚	由于惰性而不愿意寻找其他供应商，这类顾客是低依恋、高重复的购买者
潜在忠诚	顾客希望不断地购买产品和服务，但是企业的一些内部规定或其他环境因素限制了他们的购买行为，这类顾客是低依恋、低重复的购买者
方便忠诚	类似于惰性忠诚，这类顾客是低依恋、高重复的购买者
价格忠诚	对价格十分敏感，倾向于提供最低价格的供应商，这类顾客是低依恋、高重复的购买者
激励忠诚	因经常惠顾而享受企业提供的奖励，这类顾客是低依恋、高重复的购买者
超值忠诚	这类顾客是企业产品的传道者，具有典型的情感或品牌忠诚，是高依恋、高重复的购买者

格莱姆勒和布朗从客户忠诚的时间维度和辐射影响范围维度，将顾客忠诚划分为：行为忠诚、意向忠诚和情感忠诚。[60]

行为忠诚：顾客实际表现出来的重复购买行为。

意向忠诚：顾客在未来可能购买的意向。

情感忠诚：顾客对企业及其产品的态度，如顾客积极地向其周围人士宣扬企业的产品。

资料 3-3

关于顾客忠诚的一些其他划分

拉非按照顾客购买行为的差别对顾客忠诚进行了阶段划分，如表 3-19 所示。

琼斯和萨瑟（1995）根据顾客满意与顾客忠诚之间的关系对顾客进行了分类，[61] 如表 3-20 所示。

表 3-19　顾客忠诚阶段划分

顾客忠诚阶段	内涵
潜在顾客	只有购买商品的兴趣的人
购物者	购买商品一次以上的人
顾客	向特定企业购买某商品的人
常客	定期向特定企业进行购买的人
代言人	自愿替企业进行推荐的人

表 3-20　根据顾客满意与顾客忠诚之间的关系进行分类

顾客忠诚	顾客满意	
	高	低
高	忠诚者 / 传道者	人质顾客
低	唯利是图者	背叛者

3.5.2　顾客忠诚的度量

顾客忠诚度是顾客忠诚的量化指标，体现了顾客对企业产品 / 服务态度的倾向性或行为重复性的程度。对顾客忠诚度进行度量应当建立顾客忠诚度指标体系，该指标体系的设计要遵循两条原则。

一是指标体系应能全面反映顾客忠诚度的实际意义。指标体系应建立在顾客忠诚的内涵与外延的基础上，选择可反映顾客忠诚度的可靠变量，并且尽量将影响顾客忠诚度的一些抽象要素定量化，以便实际度量。

二是所选的指标体系应具有较高的灵敏性。当指标体系中的某一个或几个变量发生变化时，会即时引起顾客忠诚度的变化。

顾客忠诚度的高低可以通过以下几个标准进行度量。[16]

（1）重复购买的次数（a）。一定时间内，顾客对同一产品 / 服务的购买次数越多，说明顾客对该产品 / 服务的忠诚度可能越高；反之，则可能越低。由于产品的用途、性能、结构等因素对顾客重复购买该产品的次数会产生影响，因此在确定这一指标的合理界限时，需要根据不同产品的性质区别对待，如耐用品应赋予较低的权重，消费品应赋予较高的权重。

（2）购买时挑选商品的时间（b）。选择、挑选是商品购买过程中的一个必要环节。顾客对不同产品 / 服务的挑选时间是不同的。从购买时挑选时间的长短上，也可以鉴别顾客对某一企业产品 / 服务的忠诚度。一般来说，顾客挑选时间越短，说明其对该企业

产品 / 服务的忠诚度越高，反之则越低。

（3）对待竞争产品 / 服务的态度（c）。顾客的感知具有较强的相对性，顾客对某一企业态度的转变大多是通过与其竞争产品 / 服务的比较产生的。因此，根据顾客对竞争产品 / 服务的态度，反过来能够判断顾客对该企业的忠诚程度。如果顾客对竞争产品 / 服务有好感、有兴趣，则很有可能购买竞争产品 / 服务；如果顾客对竞争产品 / 服务没有好感、兴趣不大，则说明其对该企业的忠诚度较高。

（4）对产品 / 服务价格的敏感度（d）。研究发现，顾客对于喜爱和信赖的企业的产品 / 服务价格变动的承受能力一般较强，即敏感度较低；相反则较弱，即敏感度较高。所以，根据敏感度可以衡量顾客对某一企业的忠诚度。

（5）对产品 / 服务质量事故的宽容程度（e）。顾客若对某企业的产品 / 服务的忠诚度高，那么对该产品 / 服务出现的质量事故会以相对宽容和同情的态度对待，可能不会因质量事故而拒绝这一产品 / 服务。相反，顾客很有可能从此不再购买。

（6）顾客生命周期（f）。这是顾客与企业进行业务往来的时间长度的衡量指标。在多数情况下，能长期与企业进行业务往来的顾客满意度高，从而忠诚度也高；否则，他们早就远离这家企业了。

（7）顾客满意度（g）。根据琼斯和萨瑟的理论，顾客满意度与顾客忠诚度之间有一定的相关性，不同的行业中，相关性也不相同。顾客忠诚度可以通过顾客满意度来体现。

（8）顾客向其他消费者的推荐和介绍（h），即顾客口碑。真正忠诚的顾客十分乐意向其他消费者推荐和介绍，比如介绍自己使用某产品 / 服务的经验和该产品 / 服务所带来的方便、享受。因此，在一定程度上，顾客忠诚度与顾客向其他消费者推荐和介绍的力度成正相关关系。

（9）顾客保持率（i），即一定时期内企业顾客的保持程度。一般而言，顾客保持率较高的企业顾客忠诚度也较高，反之则较低。

（10）顾客流失率（j）。顾客流失率是与顾客保持率相对的指标。一般而言，顾客流失率越高，表明顾客忠诚度越低，反之则越高。

除了以上 10 个度量标准之外，可能还会有其他的顾客忠诚度量指标。

格隆霍尔德、马尔滕森和克瑞斯藤森（2000）提出，重复购买倾向、交叉购买倾向、转向竞争对手的倾向和将企业品牌向其他消费者进行推荐的倾向等指标是顾客忠诚度的度量中比较关键的指标。[62]

根据以上分析，可以建立一个顾客忠诚度的度量函数，函数关系的表述如式（3-8）所示。

$$\mathrm{CLD} = F(a,\ b,\ c,\ d,\ e,\ f,\ g,\ h,\ i,\ j) \tag{3-8}$$

式中：CLD 表示顾客忠诚度；a、b、c、d、e、f、g、h、i、j 分别表示上述顾客忠诚度度量指标。

在实际运用中，对顾客忠诚度的度量可以分为以下 4 个步骤：

1）根据度量指标体系进行下一层次的细分，并据此做出深度访谈的提纲和问卷调查的设计；

2）分析不同行业顾客忠诚度对每个指标的依赖程度，给出权重，设计模型；

3）通过专家评分法等方法对模型进行验证；

4）将反馈的数据输入模型，得出结果，给出分析。

3.6　顾客价值、顾客满意及顾客忠诚之间的关系

3.6.1　顾客价值与顾客满意

顾客价值的研究就是在顾客满意不能很好地解释顾客购买行为时产生的。从顾客价值的概念就能明显地看出顾客价值与顾客满意之间具有较强的相关性。

顾客价值层次模型告诉我们，当顾客开始考虑购买产品 / 服务时，他们所期望的价值由 3 个明确的层次组成，即属性层、结果层及目标层，这 3 个层次将顾客的使用情景与购买目标结合起来。伍德鲁夫指出，顾客会将其在某种情景下对产品 / 服务的预期结果与感知结果进行比较。[63] 关于属性、结果感知的价值以及这两个层次期望和感知的差异共同决定了总体顾客满意度。图 3-28 是基于顾客价值的顾客满意形成过程。

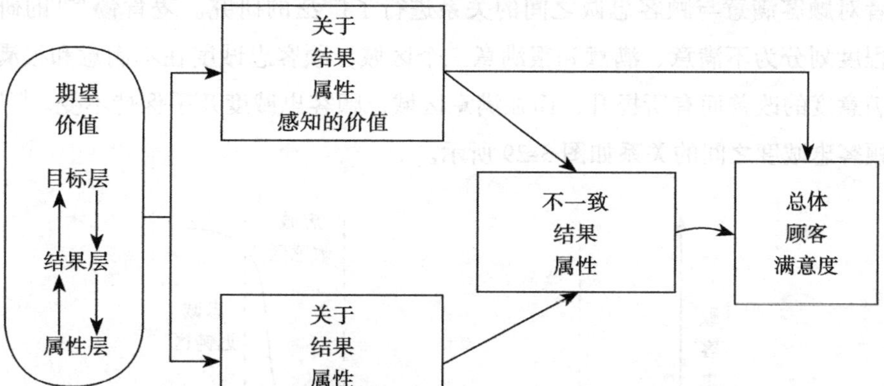

图 3-28　基于顾客价值的顾客满意形成过程 [6]

学界普遍认为顾客价值与顾客满意之间存在较强的正相关关系，顾客价值是驱动顾客满意的重要因素之一。鲁伊特等（1997）人对博物馆和旅馆业的顾客价值进行了实证研究，并且从过程的视角论证了顾客价值对顾客满意的正向影响。[63] 麦克道格尔等（2000）人在对典型的服务行业的研究中进一步论证了顾客价值在经营管理中的重要作用，从而得出了顾客价值与顾客满意之间存在正向相关性的结论。[64] 此外，从美国、欧

洲等国家和地区的顾客满意度模型也可以看出顾客价值对顾客满意的驱动作用。表 3-21 对顾客价值和顾客满意进行了详细的比较。从表 3-21 中可以看出顾客价值和顾客满意之间的区别和联系。

表 3-21 顾客满意与顾客价值之间的区别和联系

比较指标	顾客满意	顾客价值
内涵	顾客对其所得的反应或感受，即产品的实际绩效与标准的比较	顾客希望从产品 / 服务中得到的东西
评价对象	对特定的产品 / 服务 / 供应商的评价	不依赖特定产品 / 服务的供应商而存在
评价的主体	企业的顾客	企业及其竞争对手的顾客
评价的内容	企业绩效的比较	企业和竞争对手的绩效比较
评价的依据	经验性的，如：我满意吗？强调向后看	差异的感知，如：我会选择哪个供应商？强调当前和向后看
行动的内容	顾客服务	竞争性营销战略
行动的类型	战术性地修补错误	战略性地创造价值
数据的变化	静态的	动态的
数据的导向	过去导向：是在产品 / 服务消费过程中或使用后形成的判断	未来导向：与产品使用或消费的时间无关
数据的应用	向企业提供一份报告：它们在价值创造中做得如何	为企业指明方向：它们应当通过做哪些事来创造价值

3.6.2 顾客满意与顾客忠诚

学者对顾客满意与顾客忠诚之间的关系进行了广泛的研究。麦肯锡[64]的研究把顾客满意程度划分为不满意、满意和很满意三个区域，顾客忠诚度在不满意和很满意区域会随着满意度的改善而有所提升，而在满意区域，顾客忠诚度几乎保持不变。[65]顾客满意度与顾客忠诚度之间的关系如图 3-29 所示。

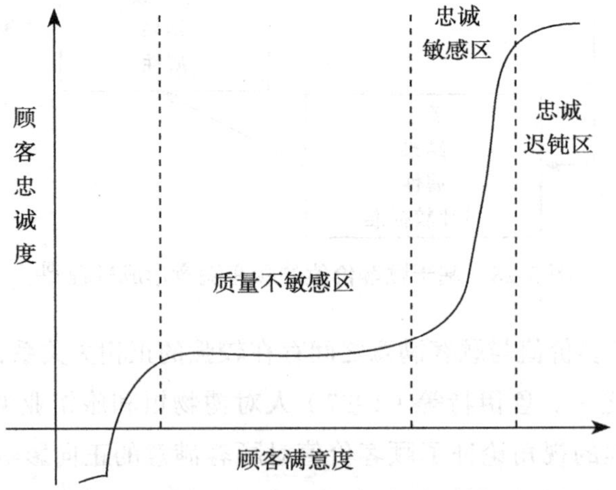

图 3-29 顾客满意度与顾客忠诚度之间的关系

麦肯锡把顾客忠诚度不变的满意区域称为“无关紧要区域”，哈特和约翰森（1999）称其为“质量不敏感区（Zone of Indifference）”。[66] 后来有些学者将顾客满意无法引致顾客忠诚的现象称为顾客满意陷阱。顾客满意陷阱的存在说明基本满意和满意的顾客的忠诚度和重复购买率都是很低的，只有那些非常满意的顾客才有极高的重复购买率，并乐于为企业传播好的口碑。

琼斯和萨瑟的研究发现，顾客满意与顾客忠诚之间的关系是非线性的，并且在不同产业之间差异很大。[61] 在竞争激烈的行业，顾客只有在“高”满意区域才会产生较强的顾客忠诚，而在“低”满意区域，满意度的提高对忠诚度影响甚微。在完全垄断的行业，“低”满意区域中甚至不满意的顾客都显得很“忠诚”，而一旦垄断被打破，这种关系将会发生剧烈的变化。

奥利弗将不同学者对顾客满意与顾客忠诚概念关系的研究进行总结并划分为六类：①顾客满意与顾客忠诚是同一问题的两个方面；②顾客满意是顾客忠诚的核心，顾客满意锁定顾客忠诚；③顾客忠诚不能理解为顾客满意的核心，它仅仅是顾客满意的一部分；④顾客满意与顾客忠诚是总体忠诚概念的元素；⑤顾客忠诚包含顾客满意的部分因子；⑥顾客满意是顾客忠诚的基础，即顾客忠诚应建立在顾客满意之上。[33]

目前多数学者的研究是建立在上述第 6 类观点之上的。顾客满意对顾客忠诚具有积极的作用。

3.6.3　顾客忠诚与顾客价值

顾客忠诚与企业获得利润是息息相关的。研究表明，开发一个新顾客的成本约为保留一个老顾客的成本的 5 ～ 8 倍，同时，老顾客为企业带来的收益远远大于新顾客。

顾客忠诚给企业带来的回报是长期积累而成的。顾客维持忠诚的时间越长，单一顾客为企业创造的利润就越多，企业就能够有足够的资源来创造顾客价值。例如，汽车服务市场上的一个维持忠诚 4 年的顾客为企业带来的利润是该顾客第 1 年为企业带来的利润的 3 倍。一项调查表明，在一些行业内维持 5% 的顾客忠诚增长率，企业的顾客价值就会保持 25% ～ 85% 的增长。不同行业维持 5% 的顾客忠诚增长率所带来的顾客价值增长情况如图 3-30 所示。

国内外许多学者认为顾客价值是顾客忠诚的根本原因。董大海、金玉芳（2004）在一项实证研究中发现，顾客价值是消费者行为倾向的直接前因之一。[67] 该研究同时证明了顾客价值对消费者行为倾向的影响远远大于顾客满意对消费者行为倾向的影响，顾客价值不仅是消费者行为倾向的前因，也是顾客满意的前因，且顾客价值对顾客满意有很大的影响。

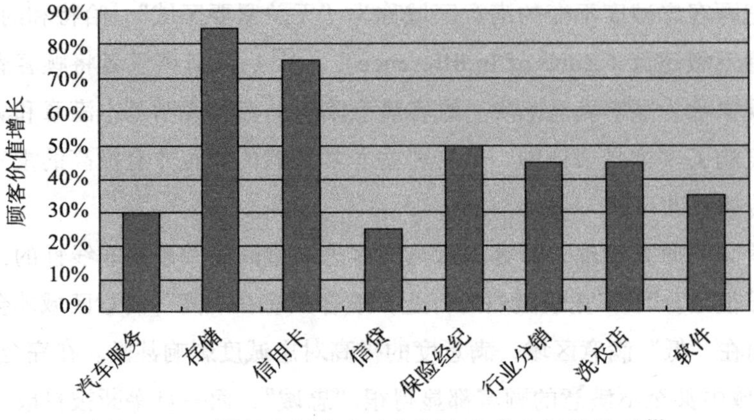

图 3-30　不同行业顾客忠诚与顾客价值之间的关系 [2]

3.6.4　服务利润链理论

关于顾客导向的概念还有很多，如顾客关注、顾客关怀、顾客服务、顾客关系、顾客满意、顾客忠诚、顾客价值等，这些概念都遵循了“企业经营应当以顾客为中心”的思想。这些概念多数是企业策略性的手段和方法，而顾客价值却是在强调为顾客创造价值，是顾客导向概念的理论基础，是推动顾客导向理论发展的根本之所在。

美国哈佛商学院的赫斯科特教授提出了服务利润链（Service Profit Chain）的模型，这一模型建立了一个将员工行为、顾客态度和企业绩效联系在一起的逻辑框架。过去的大量研究表明，企业的利润和业绩表现与顾客满意、顾客忠诚以及员工满意、员工忠诚、生产率之间存在着直接的相关关系。企业的利润和收入主要是由顾客的忠诚度来决定的，顾客忠诚又是顾客满意的直接结果，而顾客的满意度在很大程度上由企业能够给顾客提供的价值来决定。价值的大小又是由员工所创造的，只有满意、忠诚、有能力的员工，才能提供高质量、高效率的服务价值，而员工满意度主要受企业内部服务支持体系以及企业的激励政策等方面的影响。当企业获得了增长和盈利后，又会为员工提供更多的资源和动力，使他们获得更高的满意度。以上逻辑关系不断循环，构成了服务利润链模型，如图 3-31 所示。

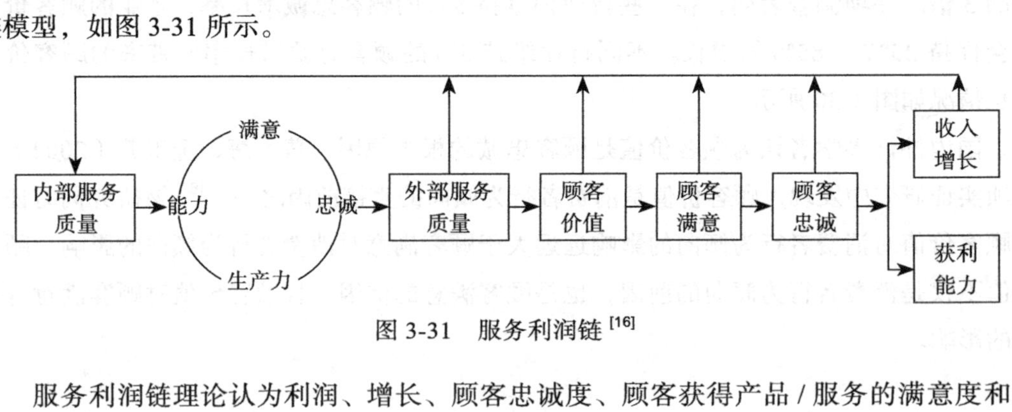

图 3-31　服务利润链 [16]

服务利润链理论认为利润、增长、顾客忠诚度、顾客获得产品 / 服务的满意度和忠诚度、劳动生产率之间存在着直接且牢固的关系。其中重要的关系有：利润与顾客忠诚度；员工忠诚度与顾客忠诚度；员工满意度与顾客满意度。在企业提供服务的过程中，这些关系是相互作用、自我增强的。

这些要素及其之间的关系揭示了企业是如何通过打造卓越的内部服务质量和外部服务质量来创造价值和利润的。该理论充分体现了内部质量管理是企业创造顾客价值的工具，是创造顾客满意、维持顾客忠诚、提升企业获利能力和促进收入增长的重要保障。企业的超额收入和利润要靠顾客满意和顾客忠诚来实现。

服务利润链理论充分揭示了顾客价值在企业经营中的核心地位，企业内部质量管理和外部的顾客满意 / 忠诚是通过顾客价值联结的，可见顾客价值是企业提升获利能力，增加收入以及企业得以成长的根本因素。

案例 3-7

美国中小医院的服务利润链

美国的中小医院在晚上或周末通常没有足够的人手，导致大量的病人不能得到迅速有效的处理。为了解决这个问题，一些放射科医生不得不将图像从医院传输到自己家里，在休息和度假时也进行工作，以便为病人提供快速的诊断结果。

为了减少等待的时间，美国一些中小医院的放射科医生将读片的工作外包给了印度和澳大利亚的医生。印度、澳大利亚的白天正好是美国的夜晚，这样就能够更好地提供下班之后的诊断。第二天一大早，美国的医生就可以对从地球另一端传送过来的简单分析做进一步的处理，及早地告知病人及其家属病情状况。外包的方式提高了病人及其家属对医院医疗服务的满意程度，在保证医疗质量的基础上降低了医生的工作强度，并使医生能够将更多的精力放在治疗上面，提高了医院的医疗服务能力，因而医院的收入和利润也都得到了提高。

分析：服务质量理论认为，服务质量是顾客对服务质量相关影响因素实际表现的感知与对服务的期望之间的比较结果。这个关系可以概括为式（3-9）：

$$Q = P - E \tag{3-9}$$

式中：Q 表示服务质量；P 表示医疗服务的感知价值；E 表示医疗服务的期望价值。医疗服务的等待时间是影响感知价值的重要因素，美国中小医院的放射科医生通过把读片工作外包给印度和澳大利亚的医生，缩短了医疗服务的等待时间，从而提高了“顾客”的感知价值，进而提高了顾客满意度。

实施外包策略的医院的服务利润链如图 3-32 所示。

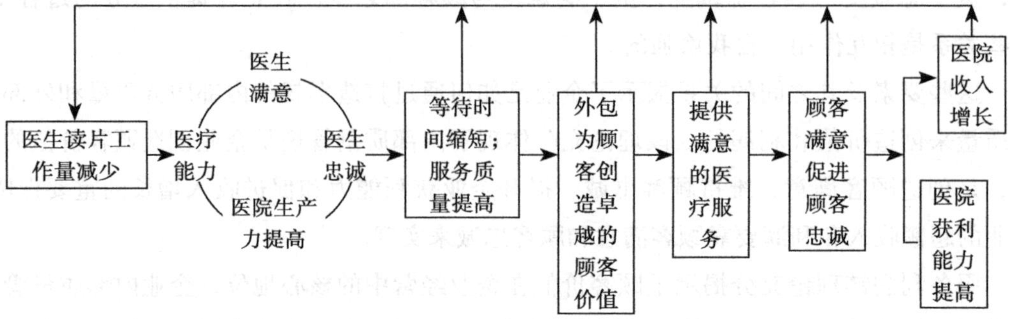

图 3-32　实施外包策略的医院的服务利润链

从外部来看，实施外包策略的医院比其他医院提供了让顾客更为满意的医疗服务，从而提高了顾客的忠诚度，增加了企业的收入，提高了企业的获利能力，促进了企业成长。

从内部来看，实施外包策略保证了医生的休息时间，避免医生从事超量烦琐的读片工作，从而提高了医生的满意度、忠诚度和医院的医疗能力。

从医院提供医疗服务的整体情况来看，从顾客价值的角度出发的外包策略不但为“顾客”创造了价值，也为医院带来了丰厚的收益。

本章小结

本章首先从顾客价值理论提出的背景、顾客价值的定义和特征三个方面介绍了顾客价值的内涵。在理解顾客价值内涵的基础之上，对顾客价值的驱动因素进行了分析，解释了驱动因素和顾客价值来源、顾客价值构成要素之间的区别。

在对顾客价值进行深入了解的基础之上，通过伍德鲁夫的顾客价值层次模型、卡诺模型、服务质量测量量表、盖尔的顾客价值测量方法和顾客价值屋模型这 5 种测量模型来对不同情况下企业的顾客价值进行测量，阐述了这些测量模型或方法之间的差别。

最后，分别从概念和应用等方面对顾客满意和顾客忠诚进行了比较详细的介绍，并解释了顾客价值、顾客满意及顾客忠诚之间的关系。在服务利润链理论中，顾客价值将内部质量管理和外部质量管理联结起来，揭示了企业服务过程中创造利润的环节以及各个环节之间的关系。

思考题

1. 选择一家真实的企业，分析该企业如何从战略的视角来进行顾客价值的创造。

2. 运用本章所列的顾客价值测量的相关模型对某一企业的顾客价值、顾客满意和顾客忠诚进行测量。通过实践和文献阅读，对所使用的模型进行评价。

3. 关于顾客价值、顾客满意和顾客忠诚三者之间关系的研究还有哪些？请列出相关的研究并对这些研究进行对比。

参考资料

[1] BRADLEY T G. Managing customer value[M]. New York：The Free Press，1994.

[2] 格里芬 . 抓住顾客心：如何培养维系忠诚的顾客 [M] . 王秀华，译 . 广州：中山大学出版社，1998.

[3] ZEITHAML V A. Consumer perceptions of price，quality and value：a means-end model and synthesis of evidence [J]. Journal of Marketing，1988（3）：2-21.

[4] BUTZ H E，GOODSTEIN L D.Measuring customer value：gaining the strategic advantage [J]. Organizational Dynamics，1996（3）：63-77.

[5] HOLBROOK M B.Customer value：a framework for analysis and research [J]. Advance in Customers Research，1996：138-142.

[6] WOODRUFF R B.Customer value：the next source for competitive advantage[J]. Journal of the Academy of Marketing Science，1997（25）：139-153.

[7] CHRISTIAN G.Value-driven relational marketing：from products to resources and competencies[J].Journal of Marketing Management，1997（5）：407-419.

[8] ANDERSON J C，JAMES A N.Business marketing：understand what customers value[J].Harvard Business Review，1998（6）：53-63.

[9] GRÖNROOS C，GROVE S J，JOHN J.services marketing self-portraits：introspections，reflections and glimpses from the experts[J].Chicago American Marketing Association，2000：71-108.

[10] 张明立 . 顾客价值：21 世纪企业竞争优势的来源 [M]. 北京：电子工业出版社，2007.

[11] 成海清，李敏强 . 顾客价值概念内涵、特点及评价 [J]. 西北农林科技大学学报（社会科学版)，2007（7）：34-38.

[12] WOODWARD J.Creating the customer-driven library：building on the bookstore model[M]. Chicago：American Library Association，2005.

[13] GARDIAL S F，CLEMONS D S，WOODRUFF R B，et al. Comparing consumers' recall of prepurchase and postpurchase evaluation experiences[J]. Journal of Consumer Research，1994，20（2）：548-560.

[14] PARASURAMAN A.Reflections on gaining competitive advantage through customer value[J].Journal of the Academy of Marketing Science，1997，25（2）：154-161.

[15] 周洁如.客户关系管理与价值创造[M].上海：上海交通大学出版社，2006（11）：118-121.

[16] WOLFGANG U.Customer value in business markets：an agenda for inquiry[J]. Industrial Marketing Management，2001，30（4）：315-319.

[17] 李萍.移动用户顾客价值层次研究[D].北京：北京邮电大学，2005.

[18] KANO N，SERAKU N，FUMIO T，et al.Attractive quality and must-be quality[J]. The Journal of the Japanese Society for Quality Control，1984（12）：39-48.

[19] PARASURAMAN A，ZEITHAML V A，BERRY L L.A conceptual model of service quality and its implications for future research[J].Journal of Marketing，1985，49（4），41-50.

[20] GABBIE O，O'NEILL M A.SERVQUAL and the Northern Ireland Hotel Sector：a comparative analysis[J].Managing Service Quality，1996，6（6）：25-32.

[21] BRYSLAND A，CURRY A.Service improvements in public services using SERVQUAL[J].Managing Service Quality，2001，11（6）：389-401.

[22] ARASH S.SERVQUAL and model of service quality gaps：a framework for determining and prioritizing critical factors in delivering quality services[J]. International Conference on Quality Management，2004（12）：19-21.

[23] 董大海，张涛.顾客价值屋模型：一种分析顾客价值要素的新方法[J].价值工程，2004：24-27.

[24] CARDOZO R M.An experimental study of consumer effort，expectation and satisfaction[J].Journal of Marketing Research，1965，2（8）：244-249.

[25] HOWARD J A，SHETH J N.Buyer behavior and relates technological advances[J]. Journal of Marketing，1969，7（1）：18-21.

[26] HEMPEL D J.Consumer satisfaction with the home buying process：conceptualization of consumer satisfaction and dissatisfaction，Cambridge.Mass：Marketing Science Institute，1977.

[27] OLIVER R L.A cognitive model of the antecedents and consequences of satisfaction decisions[J].Joural of Marketing Research，1980，17（4）：460-469.

[28] CHURCHILL G A JR，SUPRENANT C.An investigation into the determinants of customer satisfaction[J].Journal of Marketing Research，1982，19（4）：491-504.

[29] WOODRUFF R B，CADOTTE E R，JENKINS R L.Modeling consumer satisfaction process using experience-based norms[J].Journal of Marketing Research，1983，20（8）：296-304.

[30] CADOTTE E R，WOODRUFF R B，JENKINS R L.Expectations and norms in

models of consumer satisfaction[J].Journal of Marketing Research，1987（24）：305-314.

[31] ROBERT A，WESTBROOKAND R，OLIVER L.The dimensionality of consumption emotion patterns and consumer satisfaction[J]. Journal of Consumer Research，1991，18（1）：84-91.

[32] DAVIS M M，HEINEKE J.Understanding the roles of the customer and the operation for better queue management[J].International Journal of Service Industry Management，1994，14（5）：21-34.

[33] OLIVER R L，DESARBO W.Response determinants in satisfaction judgments[J]. Journal of Consumer Research，1998，14（4）：495-507.

[34] GARBARINO E，JOHNSON M S.The different roles of satisfaction，trust，and commitment in customer relationships[J]. Journal of Marketing，1999，63（2）：70-87.

[35] LILJANDER V，STRANDVIK T.Emotions in service satisfaction[J]. International Journal of Service Industry Management，1997，8（2）：148-169.

[36] 苗志娟，靳云 . 顾客满意度的测量及其应用 [J]. 陕西科技大学学报，2006：138-142.

[37] 裴飞，汤万金，咸成桐 . 顾客满意度研究与应用综述 [J]. 世界标准化与质量管理，2006：4-7.

[38] BROWN G H.Brand loyalty-fact or fiction?[J].Advertising Age，1952，23（25）：53-55.

[39] LIPSTEIN B.The dynamics of brand loyalty and brand switching [C].in：in proceedings of the fifth annual conference of the advertising research foundation，1959：101-108.

[40] KUEHN A A.Consumer brand choice as a learning process[J].Journal of Advertising Research，1962（2）：10-17.

[41] FARLEY J U.Brand loyalty and the economics of information[J]. Journal of Business，1964，37（4）：370-381.

[42] MASSEY M F，MONTGOMERY D B，MORRISON D G.Stochastic models of buyer behavior[M].Cambridge：MIT Press，1970.

[43] BRODY R P，CUNNINGHAM S M.Personality variables and the consumer decision process[J].Journal of Marketing Research，1968，5（1）：50-57.

[44] ENGEL J F，BLACKWELL R D.Consumer behavior[M].New York：Dryden Press，1982.

[45] KAHN B，KALWANI M，MORRISON D.Measuring variety-seeking and reinforcement behaviours using panel data[J].Journal of Marketing Research，1986，23（2）：89-100.

[46] EHRENBERG A.Repeat-buying，facts，theory and applications[M]. New York：Oxford University Press，1988.

[47] DUWORS R E JR，GEORGE H H JR.Event history analysis measures of brand loyalty[J].Journal of Marketing Research，1990（27）：485-93.

[48] PRITCHARD M P，HOWARD D R，HAVITZ M E.Loyalty measurement：a critical examination and theoretical extension[J].Leisure Sciences，1992，14：155-164.

[49] SHOEMAKER S，LEWIS R C.Customer loyalty：the future of hospitality marketing[J]. International Journal of Hospitality Management，1999，18（4）：345-370.

[50] EAGLY A H，CHAIKEN S.The psychology of attitudes，fort worth[M]. TX：Harcourt Brace Jovanovich，1993.

[51] TRAYLOR M B.Product involvment and brand commitment[J].Journal of the Advertising Research，1981，21（6）：52-56.

[52] MELLENS M，DEKIMPE M，STEENKAMPE J B.A review of brand-loyalty measures in marketing[J].Tijdschrift voor Economie en Management，1996，41（4）：507-533.

[53] GREMLER D D，BROWN S W.The loyalty ripple effect：appreciating the full value of customer[J].International Journal of Service Industry Management，1998，10（3），271-291.

[54] SHANKER V，SMITH A，RANGASWAMY A.Customer satisfaction and loyalty in online and offline environments，working paper 02-2000，eBusiness Research Center，2000（October）.

[55] LIDDY A.Relationship marketing，loyalty programs and the measurement of loyalty[J].Journal of Targeting Measurement Analysis for Marketing，2000，8（4）：351-62.

[56] REICHHELD F F.The one number you need to grow[J]. Harvard Business Review，2003，81（12）：46-54.

[57] DICK A S，BASU K.Customer loyalty：toward an integrated conceptual framework[J].Journal of the Academy of Marketing Science，1994，22（2）：99-113.

[58] JILL G.Customer loyalty：how to earn it，how to keep it[M]. New York：Lexington Books，1995.

[59] KATHLEEN S.Loyalty marketing for the internet age[M].Chicago：Dearborn Trade，2000.

[60] GREMLER D D，BROWN S W.Service loyalty：its nature，importance and implications [C].in EDVARDSSON B，BROWN S W，JOHNSTON R，SCHEUING E E（Eds)，Proceedings American Marketing Association，1996：171-180.

[61] JONES T O，SASSER JR W E.Why satisfied customers defect[J]. Harvard Business Review，1995，76（6)：88-99.

[62] GRØNHOLDT L，MARTENSEN A，KRISTENSEN K.The relationship between customer satisfaction and loyalty：cross-industry differences [J].Total Quality Management，2000，11（4-6)：509-514.

[63] RUYTER D K，WETALES M，LEMMINK J，MATTSSON J.The dynamics of the service delivery process：a value-based approach[J]. International Journal of Reasearch in marketing，1997，14（3)：231-243.

[64] MCDOUGALL P P，OVIATT B M.International entrepreneurship：the intersection of two research paths[J].Academy of Management Journal，2000，43（5)：902-906.

[65] 陈湘青 . 顾客忠诚理解误区刍议 [J]. 商业经济，2006：106-108.

[66] HART C W，JOHNSON M D.Growing the trust relationship[J]. Marketing Management，1999，8（1)：9-19.

[67] 董大海，金玉芳 . 作为竞争优势重要前因的顾客价值：一个实证研究 [J]. 管理科学学报，2004：85-90.

第 4 章
CHAPTER4

客户价值管理

◇ 课前导读

客户价值和顾客价值的英文都是“Customer Value”，站在客户的角度，我们把它翻译成顾客价值，站在企业的角度，我们将其翻译成客户价值。客户价值是站在企业的角度，以企业为价值感知主体，评价企业从客户那里获得的净现值与为获得和保持这个客户所付出的成本的差值。[1] 客户终生价值是客户价值领域的一个非常重要的概念。本章首先从客户价值的内涵和评价方法出发，阐述了客户价值的相关知识，接着介绍了客户终生价值的相关知识，最后分析了客户价值的提升方法。本章内容组织结构如图 4-1 所示。

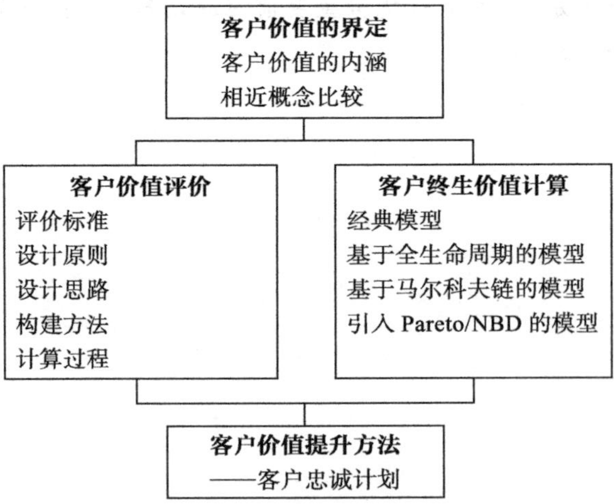

图 4-1 本章内容组织结构图

◇ 学习目标

- 掌握客户价值评价方法
- 能够应用客户价值评价方法

- 掌握客户终生价值计算的基本方法
- 能够应用客户终生价值的简化计算方法
- 了解客户终生价值的研究趋势
- 了解提升客户价值的思路

4.1　客户价值的界定

4.1.1　客户价值的内涵

随着 CRM 逐渐为更多的企业所接受，在整个客户生命周期上管理客户的观念越来越受到重视。区别于以“交易”为特征的“推销”模式，在以“关系”为特征的“互动”模式中，客户价值不仅仅体现为其当前的货币贡献，还表现在长期的货币贡献潜力上。长远地看，客户的货币贡献潜力将直接影响到其在未来关系期内的现金流贡献，是客户价值的一个重要方面。

鉴于此，从客户全生命周期管理的角度，本书将客户价值定义为：企业的关键决策者在所处的管理情景下感知到的来自客户的当前净现金流及其未来净现金流的总体能力。[1]

对于该定义需要说明以下几点。

首先，客户价值受人为因素影响。客户价值是由企业的关键决策者所感知的，这些决策者的任何心理变化都会影响到其对当前净现金流和未来净现金流潜力的相对重要性的估计，从而影响到最终关于客户价值的评价。

其次，客户价值受情景因素影响。企业自身的因素以及其所处的外部商业环境同样通过影响关键决策者对当前净现金流和未来净现金流潜力的相对重要性认识而对客户价值感知产生影响。在起步阶段的企业与在稳定发展阶段的企业对于客户价值的感知效果是不一样的。另外，经济繁荣和经济萧条环境下的生存状况会明显影响到企业的关键决策者对客户价值的感知。

最后，客户价值与时间点紧密相关。由于客户价值受到人为因素和情景因素的影响，而这两种因素随时间的变化而变化，所以这导致客户价值也随时间发生变化。

上述三点是客户价值的影响因素，本文的研究是在不考虑这些影响因素的假设下，单就客户价值的不同感受来源——当前净现金流和未来净现金流潜力，具体分析各自所包含的具体内容，并在此基础上设计客户价值评价指标体系。这一指标体系应用到不同的企业时，则需要该企业的关键决策者根据自己的偏好以及企业目前的战略对评价指标体系的各个指标赋予合适的权重。

由于客户价值的根本就是客户净现金流贡献，在下文中为了行文的简洁，我们将用

“客户当前价值”和“客户潜在价值”替代“客户当前净现金流”和“客户未来净现金流潜力”。

4.1.2 相近概念比较

与客户价值比较相近的概念主要有预期关系价值（Expected Relationship Value，ERV）、客户期权（Customer Equity）、客户获利率（Customer Profitability）、客户终生价值（Customer Lifetime Value，CLV）、客户长期价值（Customer Longtime Value），本节将对其进行区分。

霍肯（2003）提出了ERV的概念，并将其定义为在整个关系生命期中产生的有形收益（Tangible Benefits）的感知净值（Perceived Net Worth）。[2] 对这一概念，霍肯提出ERV同时针对客户和企业，客户和企业对ERV的评价差异是关系维系的一个重要驱动因子，估量这两者对ERV评价的差异是ERV研究值得重视的问题。在CRM的背景下，可以认为客户价值是ERV的一个方面，即从企业的角度来感知ERV。

客户期权（也有学者翻译为客户净值）有不少的定义，本书选取了如下定义：客户期权是客户作为资产在将来为企业带来收益的机会的价值。[3] 客户期权是从资产增值的角度来看待客户在未来生命期中的价值，以货币收益作为其计算标准。客户价值不仅包含客户的未来价值，而且包含其当前价值，这是与客户期权的区别之所在。

雅各布等人认为学术界对客户获利率的研究是从营销和会计两个领域展开的。[4] 从营销角度看，客户获利率与客户期权近似，把客户关系作为企业的市场资产进行开发和管理。成本会计方面对客户获利率的研究致力于运用ABC（Activity-Based Costing）方法来度量客户收益和客户成本，以进行客户获利分析。客户价值分析则是从企业价值感受的来源出发进行研究的，这是二者的不同之处。

有许多文献定义过客户终生价值，但是差别不大，基本上认为客户终生价值是客户在整个生命期内为企业创造的净现金值。根据这一界定，可以看出客户终生价值和客户价值的主要区别有：其一，客户价值对客户历史净现金流的涉及不多，它只是客户终生价值的一部分；其二，客户价值与企业的关键决策者的主观因素以及企业所处的具体商业环境有密切的关系，但是客户终生价值的计算不受这两个因素的影响。客户终生价值和客户价值的联系，即单个时间点上的客户价值是形成客户终生价值的基础，客户终生价值是客户在生命周期内各个交易时间段上的当前价值之和。

Courtheoux 引入客户长期价值的概念，并将其定义为根据客户的历史购买情况、统计数据以及其他特征估计的客户在未来的价值。[5] 我们可以认为，客户长期价值是客户终生价值减去客户在当前时刻之前的净现值的剩余值，即客户在未来交易期中的净现值之和，是客户终生价值的一部分。客户长期价值可以用来直接计算评价客户潜在价值。

对于企业的新客户和老客户，客户长期价值的概念都是适用的，不同之处在于对于老客户，其长期价值更具决策意义，对于新客户，终生价值与长期价值实质上是同一个问题。

在上述诸多概念中，客户期权、客户获利率与客户终生价值在计算上最为接近，因此，也有许多的研究对这几个概念并不做区别，认为它们只不过是对客户终生净现金流从不同角度所做的探讨。客户长期价值实际上是客户终生价值的一部分，因此，借助客户价值和客户终生价值就可以完整地描述客户对于企业在任一时点上和剩余生命周期内的潜在价值。

4.2　客户价值评价

4.2.1　客户价值的评价标准

企业的存在使得社会以更有效的方式来组织资源、创造财富。同时，企业作为社会经济活动中的特殊实体，也必然满足理性人假设，即企业是以自身效用最大化为原则进行生产、交易的。从长期来看，企业的效用表现为长期收益，效用最大化即利润最大化。企业的营销运作集中体现了这一原则。科特勒对此有精辟的见解，他说营销最好的定义是个人和集体通过创造，提供出售，并同别人交换产品和价值，以获得其所需所欲之物的一种社会管理过程，营销本质上是一门吸引和保持有利可图的客户的艺术。进而，他将有利可图的客户解释为能不断产生收入流的个人、家庭或企业组织，企业的收入应超过企业为吸引和服务该客户所花费的可接受范围内的成本流，必须注意这里强调的是长期的收入和成本流，而不是某一笔交易所产生的利润。[6] 从短期来看，企业的效用不仅表现为经济效用，而且表现为非经济效用。经济效用是指当前的经济收益，主要为利润。非经济效用涉及许多因素，在客户价值方面的相关因素主要是指客户信任、忠诚、承诺等因素所产生的关系效用。关系效用虽然在近期不能兑现为经济收益，但它会大大增强企业今后的盈利潜力，是企业可持续竞争的不竭动力。从长远来看，非经济效用的存在必须以能够带来经济效用为前提，而且这种由非经济效用所带来的经济效用往往是巨大的，并且难以精确量化。企业的非经济效用主要用来预期今后的经济效用。如果企业感知到当前的非经济效用较高，这就意味着在未来的一段时间内，企业预期其经济效用将增加，反之，则意味着企业预期其经济效用将减少。与其说企业综合考虑经济效用和非经济效用，不如说企业是在兼顾短期经济效用和长期经济效用，从而使得总体经济效用最优。因此，可以说经济效用最优是贯穿于企业运作的唯一价值标准，只不过在不同的情况下表现为不同的形式。从企业的长期经营来看，它明显表现为利润最大；从企业的短期运作来看，它间接地表现为现阶段利润和未来潜在利润总体最优，而不是某一方面的简单局部最优，未来潜在利润更隐性地通过非货币价值来体现。因此，从本质上讲，企业效用最大化就是经济效用最大化。

以客户为中心（Customer-driven）的经营理念并未改变企业的效用最大化原则。随着商品的可选择性增加，信息不对称现象改善，客户的谈判能力加强，买方市场日益形成，以产品为中心（Product-driven）的经营理念正在向以客户为中心的理念转变，以“推销”为特征的一次性交易逐步被以“关系”为特征的双赢联盟取代。尽管市场环境和企业战略发生了上述变化，但是这丝毫没有改变企业以效用最大化为原则经营的理念，恰恰相反，所有的这些变化都是企业在以效用最大化为原则、在新的经济环境下所做出的策略性调整。斯维奥克拉和夏皮罗认为以客户为中心的营销是在为企业带来利益的前提下，为客户提供增值服务，客户满意是使有长期利益的客户满意，企业与客户之间的关系必须保证获益大于成本。[7] 客户关系管理集中体现了这一原则，它通过识别、保留和发展企业的价值客户，促进企业经济效用的最大化。

客户价值评价标准是企业经济效用最大化原则在客户价值评价上的具体体现。因此，企业客户价值评价标准依然是经济效用最大化。客户终生价值评价标准是客户在整个生命周期中的利润最大化。CRM 的目的就是要在整个生命周期内管理客户，以最优的客户投入达到终生价值的最大化。具体地讲，客户价值评价标准应该是综合考虑短期经济效用和长期经济效用的总体最优。短期效用中的非经济效用主要用于辅助企业判断客户长期经济效用的预期变化。

客户价值评价标准决定了企业对客户价值的感受，而企业的客户价值感受也必然会反映企业的客户价值评价标准。从上面的分析中可以看出，客户当前价值和客户潜在价值是企业感知客户价值的两个重要方面。企业根据其所处的管理情景，对客户在这两方面的贡献进行评价，得出总体的认识，是设计客户价值评价指标体系的依据和思路。

4.2.2 客户价值评价指标体系设计原则

指标是用来反映总体（即所研究对象）现象数量特征的，按照研究对象不同的内容分为数量指标（说明研究对象的大小和数量的指标）和质量指标（说明研究对象内部或研究对象之间的数量关系的指标）。一个指标只反映企业经营活动现象的某一个方面的特征。为了全面反映现象的特征，需要用相互联系的各种指标加以说明，这种用来全面反映某一企业经营活动基本情况的一系列有着内在价值的指标组成了客户价值评价指标体系。

客户价值评价指标体系的设计原则如下。[8]

（1）全面性原则。虽然评价指标不是越多越好，但是应尽可能保证现有指标体系的全面性，同时保证兼顾主观性指标和客观性指标，这样才能保证评价方法的准确性。

（2）目的性原则。所有评价指标围绕客户价值评价的目的来选取。

（3）可比性原则。设计的各项评价指标之间具有可比性，这样有利于对客户进行差别化分析。比较结果相似或者相近的评价指标可以删除。

（4）独立性原则。各指标之间应尽可能地避免显现的包含关系，对隐含的相互关系在处理方法上尽可能地将其弱化和消除。

（5）实用性原则。评价指标体系的建立是出于实际工作的需要，因此要求评价指标容易获得并且真实可靠。

（6）动态性原则。评价指标应尽可能地反映客户在未来的价值动态变化。

（7）认同性原则。选取的评价指标内涵要被专家和相关人员承认并易于理解。

4.2.3　客户价值评价指标体系设计思路

1. 总体思路

根据对企业客户价值评价指标的探讨，客户价值评价指标体系应该从客户当前价值和客户潜在价值两个方面进行设计。在整个客户生命周期内管理客户价值是 CRM 的基本思想。因此，企业在评价客户有价值与否时，不仅要参照该客户当前的价值表现，更重要的是要依据其对该客户潜在价值的预测进行判断。客户当前价值决定了企业当前的盈利水平，是企业感知客户价值的一个重要方面。客户长期潜在价值关系到企业的长远利润，直接影响到企业在剩余客户生命周期内对于该客户价值的主观感受和评判，是影响企业是否继续投资于该客户关系的一个重要因素。

2. 客户当前价值评价的设计思路

当前价值评价可以从直接和间接两种方式分别考虑。直接方式是通过严格的数学计算得到当前价值的具体数值，间接方式是通过相关指标的评价间接获得当前价值的评价值。

从直接计算的角度来看，当前价值中的货币价值就是要计算在评价阶段内客户实际产生的净利润大小，这一计算过程主要是在 ABC 成本分析法的基础上进行盈利核算。但是，上述盈利分析是一个复杂的计算过程，特别是对于难以用 ABC 成本分析法进行处理的企业。因此，虽然理论上这一方法是可行的，但在企业实践中却是难以操作的，所以有必要借助另外一种方法来间接评价客户当前的货币价值。

从指标评价的角度来看，本书提出用毛利润、购买量、服务成本三个指标来间接描述客户当前的货币价值。其中，毛利润等于客户实际支付的价格减去平均生产成本，购买量是客户在评价阶段内购买产品的累计数量，服务成本是企业在该段时间内服务该客户所进行的投入。毛利润主要反映了客户实际支付价格的高低，购买量间接反映了客户在分摊生产成本上的差异，服务成本直观显示了对不同客户在客户服务投入上的不同。

因此，这三个指标可以全面地对客户现阶段产生的净利润进行描述，如式（4-1）所示。

$$\text{净利润}=\text{客户实际支付价格}-\text{实际分摊的生产成本}-\text{固定营销成本}-\text{可变营销成本} \tag{4-1}$$

固定营销成本，如广告投入等，对于每一个客户都是相同的。因此，得到式（4-2）：

$$\begin{aligned}\text{净利润}&=f(\text{客户实际支付价格，实际分摊的生产成本，可变营销成本})\\&=f[m(\text{毛利润}), g(\text{购买量}), \text{服务成本}]\\&=h(\text{毛利润，购买量，服务成本})\end{aligned} \tag{4-2}$$

函数 f 表示客户实际支付价格、实际分摊的生产成本以及可变营销成本与净利润之间的函数关系；函数 m 表示毛利润与客户实际支付价格之间的函数关系；客户实际分摊的生产成本是客户购买量的函数，用 g 来表示。

3. 客户潜在价值评价的设计思路

客户潜在价值评价也可以通过直接计算和指标评价两种方式得到。潜在价值的直接计算与当前价值的直接计算含义相同，潜在价值的指标评价和当前价值的指标评价含义一致，即通过相关指标得到潜在价值的一个评价值。

从直接计算的角度来看，潜在价值集中表现为客户在剩余生命周期内的货币价值，即该客户在剩余生命周期内所产生的净现金流的大小，也即其长期价值的大小，该值越大，潜在价值也就越大。

从指标评价的角度来看，客户关系的一些特征描述变量，如满意度、忠诚度、信任度等，也能在一定程度上预测该客户今后一段时间内潜在价值的变化。这些特征描述变量中，最有说服力的是忠诚度和信任度，满意度的预测效果则受到质疑。根据客户生命周期理论的研究，客户忠诚度和信任度常常与潜在价值同方向变动，从客户关系的建立、发展、稳定到衰退，客户的忠诚度和信任度也经历了一个类似的形成、加强、稳定到解体的过程。与此同时，客户价值（净现金流）也与忠诚度和信任度的波动同步形成一个倒“U”形变化曲线，即客户生命周期曲线。这说明客户当前的忠诚度和信任度可以在一定程度上预测该客户在今后一段时间内价值的间接评价变化。如果该客户当前的忠诚度和信任度较高，则可以说在此后的一段时间内，其货币价值有上升的趋势，反之，则有下降的趋势。客户关系特征描述变量的意义之一就在于它为企业提供了一种判断客户潜在价值的简洁途径。另外，对于存在货币信贷关系的客户关系而言，企业对于客户信用的评价，通过预测未来交易风险间接反映了企业对该客户潜在价值的评价。客户信用度越高，企业与之继续交易的风险越低，其潜在价值的预期值则上升；反之，客户信用度越低，企业与之继续交易的风险越高，其潜在价值的预期值则下降。不过，客户忠诚度、信任度、信用度所提供的这种间接预测，只能对该客户的未来短期时间段使用，对于客户剩余生命周期潜在价值的预测，这种间接方法还不适用，这是因为客户的非货币价值是一个受关系双方互动影响的变量，用一个阶段的静止评价，难以窥探价值变化的全貌。这是该方法的局限性，亦是用长期价值判断客户潜在价值的优势之所在。

通过对当前价值和潜在价值的直接计算、指标评价，可以得到四个不同的评价指标体系，如图 4-2 所示。

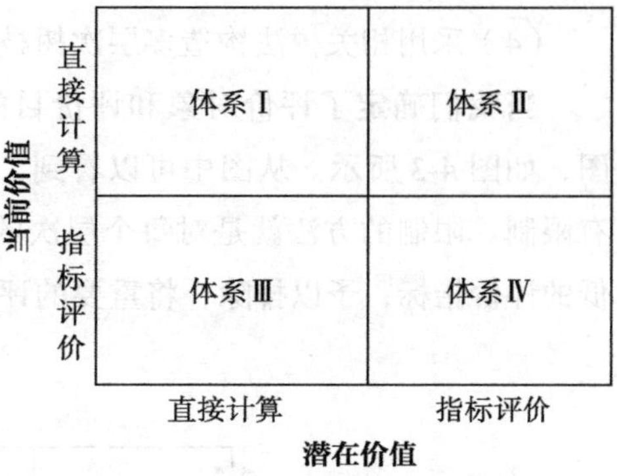

图 4-2　评价指标体系示意图

体系Ⅰ：当前价值和潜在价值都从直接计算的角度来设计，即计算现阶段净现金流和长期价值。适用于客户数据完备的情况。

体系Ⅱ：当前价值从直接计算的角度来设计，即计算现阶段净现金流；潜在价值从指标评价的角度来设计，即设计忠诚价值、信用价值、战略价值以及客户议价能力等。适用于客户数量较少，客户数据欠完备（不足以支持客户长期价值的计算评价，但可以支持客户现阶段净现金流的计算评价）的情况。

体系Ⅲ：当前价值从指标评价的角度来设计收入、成本指标；潜在价值从直接计算的角度来设计，即计算客户长期价值。适用于客户数量较多，客户数据欠完备（不足以支持客户现阶段净现金流的计算评价，但可以支持客户长期价值的计算评价）的情况。

体系Ⅳ：当前价值和潜在价值都从指标评价的角度来设计，即当前价值设计收入、成本指标，潜在价值设计为忠诚价值、战略价值、信用价值等。适用于客户数量较少，客户数据不完备的情况。

4.2.4　客户价值评价指标体系构建方法

1. 客户价值评价指标体系构建过程

（1）明确评价对象和评价目的。

在建立评价指标体系前，首要的任务是明确评价的对象是什么，评价的目的是什么。这两者是评价指标体系的决定性因素。

（2）设定评价指标体系的边界。

当确定了评价对象和评价目的后，设定评价指标体系的边界是一项不可忽视的工作。为了控制评价的工作量，保证评价结果的精度，同时又不使评价过程过于烦琐，必须控制指标的数量和层次，即设定一个边界。

（3）充分运用专家智慧库。

给评价对象拟定评价指标体系，并建立有限度的评价指标层次，确定各层次相应数量的指标，这项工作应该依靠专家，而且要依靠有广博的知识，并对评价对象有深刻理解的专家。对专家素质和数量的选择恰当，是建立科学、全面的评价指标体系的关键。实践表明，依靠专家智慧库拟定评价指标和指标体系，也要经历几次实践才能完成。

（4）采用相关树法构造多层次树枝结构模型。

当我们确定了评价对象和评价目的后，就可以利用相关树法绘制评价指标相关树图，如图 4-3 所示。从图中可以看到，每个层次都可以设立很多评价指标，因而必须要有限制。限制的方法就是对每个层次的评价指标进行排序，对那些不太重要，即价值很低的评价指标，予以排除，将重要的评价指标筛选出来，构成评价指标体系。

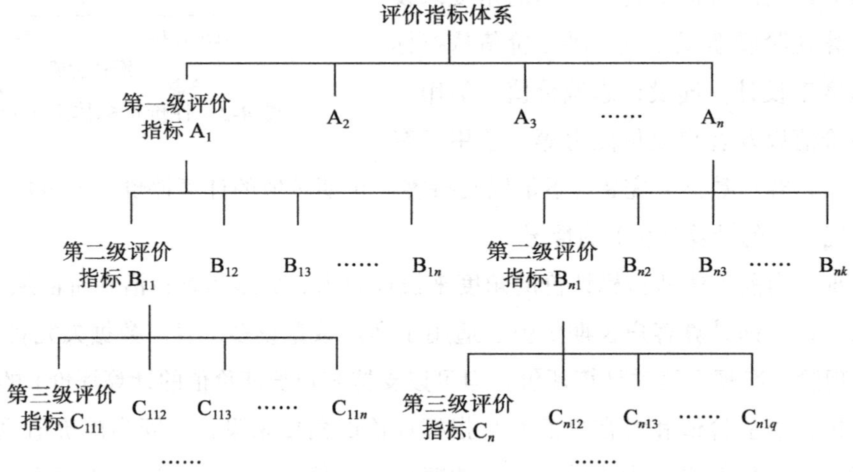

图 4-3　评价指标相关树图

（5）运行与修正。

对已经构造好的评价指标体系，通过实地的调研考察，根据实际情况进行必要的修正，最后得到完善的评价指标体系。[1]

2. 客户价值评价指标体系合理性

在评价指标体系初步建立的基础上，为了保证评价指标体系的合理性，我们需要对构建的评价指标体系做一系列的合理性检验。

在评价指标体系合理性的检验上，对指标的测量主要包括命名规范性、独立性、层次性、导向性、重要性、独立性、通用性、完备性、准则唯一性等方面，应用比较广泛的有命名规范性、准则唯一性、完备性、独立性、导向性以及重要性。下面就这几个方面做简单介绍。

（1）命名规范性：考察各个层次指标名称的命名是否规范明确。同样的指标在文献或者研究中的命名或许不一致，或者有些命名存在含义模糊不清的情况，那么就需要针对命名是否规范明确进行必要的检验。

（2）准则唯一性：每一层次的分类应只有一个分类准则。例如，在评价指标体系中，第一层按照时间可以分为当前价值、潜在价值和参考价值，对当前价值的分类又按照其会计属性可以分为成本和收入。在有的文献研究中，第一层的指标也可以按照会计属性分为成本和收入，而在第二层上按照时间来划分。但是，每一种分类在同一层次上只可采用一个准则，如果采用两个及两个以上的准则，那么便形成了跨越分类，会引起评价指标体系的混乱。

（3）完备性：在评价指标设计中上层指标应能够完全反映下层指标的集合。在评价指标体系中，完备性也就是说任何一个隶属于上层指标的项目都应该成为其下一层指标，而下一层指标之和应该是上一层指标的完备集合，不能让有些属于上层指标的构成要素被遗漏。

（4）独立性：考察该层次指标是否相互独立。同隶属于某一指标的下层指标之间应该互不相容或保持全异关系。如果同层次指标间存在相容的关系，便会引起混乱。

（5）导向性：考察指标是否具有对客户价值的引导功能。在评价指标体系中，这种导向性体现为底层可衡量的指标与大客户价值的线性关系，例如大客户转型业务消费额越高，价值越大。

（6）重要性：各个指标对于大客户价值的影响程度，即各指标的重要程度。对重要性的检验可以从各个子级指标对于大客户价值的影响的绝对值上来打分，也可以通过分层次来考察下层指标对于上层指标的重要程度。

以上所涉及的几个方面的检验可以通过调查问卷法由专家填写。回收问卷之后，在具体的分析中可以采用统计工具 SPSS 软件，对问卷进行信度分析、描述统计以及聚类分析，从而找到评价指标体系设计上需要改进的部分，为评价指标体系的进一步完善和修改提供宝贵意见。

根据评价指标体系构建的原则和方法特点，我们选用评价指标体系合理性检验中应用广泛的命名规范性、完备性、独立性、导向性和重要性这五个方面，采用调查问卷法对评价指标体系进行合理性检验。

4.2.5　客户价值评价指标体系计算过程

1. 评价指标权重确定方法

根据权重确定时所依据的信息源的出处，可以将权重确定方法分为两类：一类是客观赋权法，其源信息来自统计数据本身，属于这一类的有主成分分析法、因子分析法、熵值法等，其主要优点是权重的客观性强，主要缺点是确定的权重有时与实际相悖；另一类是主观赋权法，其源信息来自专家咨询，即利用专家群的知识和经验，属于这一类的有德尔菲法、排队计分法、层次分析法和模糊数学综合评价法等，其主要优点是评价人员可以根据实际问题合理确定各指标权重之间的排序，主要缺点是主观随意性较强。

下面分别对客观赋权法中应用比较广泛的主成分分析法和主观赋权法中的层次分析法进行简单介绍。

（1）主成分分析法。主成分分析（Principal Component Analysis，PCA）法，是由皮尔逊最早在 1901 年提出的，只不过当时是应用于非随机变量的。1933 年，霍蒂林将这个概念推广到随机变量。该方法是利用降维的思想，把多指标转化为几个综合指标的多元统计分析方法。

主成分分析法的基本原理：主成分分析法是一种数学变换的方法，它把给定的一组相关变量通过线性变换转化成另一组不相关的变量，这些新的变量按照方差依次递减的顺序排列。在数学变换中保持变量的总方差不变，使第一变量具有最大的方差，称为第一主成分；第二变量的方差次大，并且和第一变量不相关，称为第二主成分；依次类推，有 n 个变量就有 n 个主成分。通过主成分分析法，可以根据专业知识和指标所反映的独特含义对提取的主成分因子给予新的命名，从而得到合理的解释性变量。主成分分析法应用的关键是找到合适的主成分，主成分分析法解决了指标间的信息重叠问题。主成分分析法根据评价指标中存在着一定的相关性的特点，用较少的指标来代替原来较多的指标，大大简化了原指标体系的指标结构，因而在社会经济统计中是应用最多、效果最好的方法。而且，主成分分析法中各综合因子的权重是根据贡献率的大小来确定的，克服了某些评价方法中人为确定权重的缺陷，使得综合评价结果客观合理。

主成分分析法的主要步骤：在得到关于 p 个指标对于 n 个样本的得分矩阵后，为了使该样本集在降维中所引起的平方差最小，必须进行两方面的工作。一是进行坐标变换，即可用雅可比法求解正交变换矩阵；二是选取 m 个主成分（$m<p$）。下面进行主成分分析。

1）将原始数据进行标准化处理。

2）计算其协方差矩阵。

3）求特征方程。

对应协方差矩阵 $\boldsymbol{R}$，用雅可比法求特征方程 $|R-\lambda I|=0$ 的 p 个非负特征值 $\lambda_1>\lambda_2>\cdots>\lambda_p>0$。对应于特征值 λ_i 的特征向量为：

$$C_i=(C_{1(i)}C_{2(i)}\cdots C_{p(i)})\ (i=1,\ 2,\ \cdots,\ p) \tag{4-3}$$

4）选择 m（$m<p$）个主成分。

若 $a=\sum_{i=1}^{m}\lambda_i\Big/\sum_{i=1}^{p}\lambda_i\geqslant 85\%$，则 m 为所选主成分的个数。这样，因子个数由 p 个减少为 m 个。a 作为主成分的累积贡献率，可以人为调整。第 i 个样本的主成分为：

$$
\begin{aligned}
F_{i1} &= C_{1(1)}x_{i1} + C_{2(1)}x_{i2} + \cdots + C_{p(1)}x_{ip} \\
F_{i2} &= C_{1(2)}x_{i1} + C_{2(2)}x_{i2} + \cdots + C_{p(2)}x_{ip} \\
&\vdots \\
F_{im} &= C_{1(m)}x_{i1} + C_{2(m)}x_{i2} + \cdots + C_{p(m)}x_{ip}
\end{aligned} \tag{4-4}
$$

到此为止已经达成了主成分分析的目的，即得到样本的主成分表达式。主成分分析的另一个应用是实现对原样本数据的价值评价，这要求样本数据的每个属性都是非负值，而且值越大越好，因此必须对不满足条件的样本数据进行预处理。主成分价值函数模型有好几种，下面给出其中的加权主成分价值模型的计算式。

5）加权主成分价值模型。

第 i 个样本的得分值为：

$$X_i = \sum_{k=1}^{m} b_k F_{ik} \tag{4-5}$$

其中，b_k 为第 k 个特征值的贡献率：

$$b_k = \frac{\lambda_k}{\sum_{i=1}^{p} \lambda_i} \tag{4-6}$$

最后根据全部样本的得分对样本排序。

（2）层次分析法。层次分析法是指将决策问题的有关元素分解成目标、准则、方案等层次，在此基础上进行定性和定量分析的一种决策方法。这一方法的主要思路是在对复杂问题的本质、影响因素及其内在关系等进行深入分析之后，构建一个层次结构模型，对同一层次上的元素，通过成对的重要程度比较，组成判断矩阵，相应的该矩阵主特征值的主特征向量元素的大小表示各评价对象的优先级顺序。这一方法的优点是利用较少的定量信息，把决策的思维过程数学化，从而为求解多目标、多准则或无结构特性的复杂决策问题提供一种简便的决策方法。利用层次分析法对客户价值综合评价指标赋权有以下优点：它把判断矩阵建立在对体系中各指标的两两相互对比上，这样就避免了专家仅对指标做简单认识后就简单赋权；对专家所做出的主观判断进行了科学的数学处理，使得最终求出的权重建立在对数据的客观处理的基础之上，进而消除了指标赋权的纯主观评价；通过对判断矩阵的一致性检验，保证了权重的精度和可靠度。

层次分析法计算指标权重的步骤如下所示。

第一步，建立层次结构模型。

第二步，构造判断矩阵。从第二层开始，针对上一层某一个元素，对下一层与之相关的元素，即层间有边线的元素，进行两两对比，并按其重要程度评定等级。记 a_{ij} 为 i 元素比 j 元素的重要性等级，表 4-1 列出了其赋值范围。

表 4-1 两元素对比时的重要性等级及其赋值

重要性等级	a_{ij} 赋值
i、j 两元素同样重要	1
i 元素比 j 元素稍重要	3
i 元素比 j 元素明显重要	5
i 元素比 j 元素强烈重要	7
i 元素比 j 元素极端重要	9
i 元素比 j 元素稍不重要	1/3
i 元素比 j 元素明显不重要	1/5
i 元素比 j 元素强烈不重要	1/7
i 元素比 j 元素极端不重要	1/9
上述判断的中间值	2、4、6、8、1/2、1/4、1/6、1/8

经由多位相关学科专家打分，可得到判断矩阵如下：

$$\boldsymbol{A}=\begin{pmatrix} a_{11} & a_{12} & \cdots & a_{1n} \\ a_{21} & a_{22} & \cdots & a_{2n} \\ \cdots & \cdots & \cdots & \cdots \\ a_{n1} & a_{n2} & \cdots & a_{nn} \end{pmatrix}$$

第三步，权重向量的计算。采用简易算法——简单求和法来计算判断矩阵最大特征值对应的特征向量，步骤如下。

1）对判断矩阵 $\boldsymbol{A}$ 的每列正规化：

$$\overline{a_{ij}}=\frac{a_{ij}}{\sum_{k=1}^{n}a_{kj}} \quad i，j=1，2，\cdots，n \tag{4-7}$$

2）把每列正规化后的判断矩阵 $\boldsymbol{A}$ 按行加总：

$$\overline{w_i}=\sum_{j=1}^{n}\overline{a_{ij}} \quad i，j=1，2，\cdots，n \tag{4-8}$$

3）对 w_i 正规化：

$$w_i=\frac{\overline{w_i}}{\sum_{i=1}^{n}\overline{w_i}}，\quad i=1，2，\cdots，n \tag{4-9}$$

所得 $\boldsymbol{w}=(w_1，w_2，w_3，\cdots，w_n)^{\mathrm{T}}$ 为所求的最大特征值对应的特征向量。

判断矩阵的最大特征值 $\lambda_{\max}=\sum_{i=1}^{n}\frac{(AW)_i}{nw_i}$，$n$ 为判断矩阵的阶数。

第四步，评判一致性检验。

由于判断矩阵是人为赋予的，故需要进行一致性检验，即评价判断矩阵的可靠性，检验步骤如下。

1）计算随机一致性指标 CI：$\mathrm{CI}=\frac{\lambda_{\max}-n}{n-1}$ （4-10）

2）计算一致性比率 CR： $CR = CI / RI$ （4-11）

式中：RI 为平均随机一致性指标，其数值如表 4-2 所示。

表 4-2 平均随机一致性指标值

矩阵阶数	1	2	3	4	5	6	7	8	9	10	11	12
RI 值	0	0	0.58	0.89	1.12	1.26	1.36	1.41	1.46	1.49	1.52	1.54

当 CR=0 时，比较矩阵具有完全的一致性；当 CR ＜ 0.10 时，检验通过；否则，需对判断矩阵进行调整，再返回步骤 1）。

第五步，各层元素对目标层权重的合成。

在单准则排序的基础上，计算同一层次所有元素对于最高层（目标层）的相对重要性的排序权值，即层次的合成权数。

假设某一层次 C 包含 m 个元素：C_1，C_2，…，C_m，其权重分别为 c_1，c_2，…，c_m，紧邻的下一层次 D 包含 n 个元素：D_1，D_2，…，D_n。它们对于准则 C_j 的单准则排序权值分别为 b_{1j}，b_{2j}，…，b_{nj}（如果 d_k 和 C_j 没有联系，那么 $b_{kj}= 0$）。这时，层次 D 对于层次 C 的合成权重向量 $\boldsymbol{D} =(d_1,\ d_2,\ \cdots,\ d_n)$，其中：

$$d_k = \sum_{j=1}^{m} b_{kj} \cdot c_j (k = 1,\ 2,\ \cdots,\ n)$$

在介绍了主客观两种流派的代表方法之后，对这两种类别的方法进行简单比较，如表 4-3 所示。

表 4-3 主客观两种类别的方法比较

比较项目	主观赋权法	客观赋权法
应用较多的代表方法	层次分析法 模糊数学法 模糊层次分析法	主成分分析法 神经网络
信息来源	专家打分	统计数据本身
定性 / 定量	定性与定量分析相结合	定量
样本要求	对专家要求较高，对评价数据样本无要求	对样本数据要求较高，且需要较大的样本量
复杂程度	计算复杂度低	计算复杂度高
输出结果	一般与实际相符，效果较好	与实际出现不符的概率较高

从表 4-3 可以看出，主观赋权法尽管因为信息来源于专家打分，不可避免地存在专家主观性的影响，然而我们可以选择较多的专家进行评价，在一定程度上可以降低主观随意性的影响。另外，主观赋权法依赖于专家的经验和专业知识，可以得到与实际相符的权重赋值结果。客观赋权法信息来源于统计数据，对样本数据的要求较高，样本量要求较大，计算处理起来也较为复杂，最主要的是可能由于数据的偏差得到与实际不符的结果，这将会极大地影响我们对大客户价值评价的准确性和有效性，影响后续工作的展开。因而我们选取主观赋权法确定指标权重。

在主观赋权法中，层次分析法得到了众多学者和专家的认同，且在客户价值评价指标中层次分析法能够有效得到科学的权重数据。因而我们选用层次分析法作为评价指标权重确定方法。

2. 无量纲化方法介绍

标准化的目的是消除量纲的影响，使得不同单位和不同方向的指标可以进行比较。理想的标准化方法是既能达到标准化的目的，即消除量纲及指标数据波动范围的不同对综合评价结果的影响，又使信息损失达到最小。由此可见，指标标准化主要有两方面的工作：指标同向化转换和指标无量纲化。

进行指标无量纲化处理时指标分为定量和定性两类。其中定量指标处理可以针对原始定量数据极大型、极小型和区间型归一化方法进行，定性指标处理时需要根据隶属度来划分区间。

定量指标转化主要有以下几种方法。

（1）指数值转换。

正指标：

$$y_j = x_j / R_j \tag{4-12}$$

逆指标：

$$y_j = R_j / x_j \tag{4-13}$$

式中：R_j 为求指数转换值时所用的参考值，可以是基期值、计划值、目标值、极值、平均值等。

（2）功效系数法。

功效系数实际上是评价指标实际值在该指标值全距中所处位置的比率。标准化的计算公式如下。

正指标：

$$y_j = \frac{x_j - \min(x_j)}{\max(x_j) - \min(x_j)} \tag{4-14}$$

逆指标：

$$y_j = \frac{\max(x_j) - x_j}{\max(x_j) - \min(x_j)} \tag{4-15}$$

式中：$\max(x_j)$、$\min(x_j)$ 分别为指标 j 评价值的最小值和最大值。

（3）标准化转化。

标准化转化是把原始数据转换为标准 Z 分数（Z score）的变换方法。其变换公式为：

$$x_{ik}' = \frac{x_{ik} - \overline{x_k}}{S_k} \quad (i=1, 2, \cdots, n;\ k=1, 2, \cdots, p) \tag{4-16}$$

其中：

$$\overline{x_k}=\frac{1}{n}\sum_{i=1}^{n}x_{ik}\quad (k=1,\ 2,\ \cdots,\ p) \tag{4-17}$$

$$S_k^2=\frac{1}{n-1}\sum_{i=1}^{n}(x_{ik}-\overline{x_k})^2\quad (k=1,\ 2,\ \cdots,\ p) \tag{4-18}$$

我们在进行指标设计时，主要采用定性的处理方法，用可取得的数据以及描述语句确定隶属度来划分区间。

3. 评价方法介绍

（1）线性加权和模型。

线性加权和模型又称为算术平均数模型，计算公式为：

$$z_i=\sum_{j=1}^{m}w_{ij}y_{ij} \tag{4-19}$$

此模型特别适用于各评价指标之间没有相互影响，各自独立地为总目标做出贡献的情况，这是目前实际中应用最多的一种评价模型。

（2）对数加权和模型。

对数加权和模型又称为几何平均数模型或乘法加权模型，计算公式为：

$$z_i=\prod_{j=1}^{m}{y_{ij}}^{w_{ij}} \tag{4-20}$$

在综合评价问题中，有时某一组指标对其上一层子目标的贡献互相具有不可替代性，或者说上一层指标取得好成绩依赖于其下属的各个指标同时取得好成绩。其中只要有一个指标处于低水平，则整体成绩也随之降低。以上两种方法应用简便，不需要经过特殊复杂的计算和处理过程，直观性强，经常被人们在实际应用中采用。

（3）灰色关联法。

灰色关联法是一种多因素统计分析方法，它用几何形状的相似程度来分析因素影响的大小。传统的灰色关联法在计算关联度时，各个指标的关联系数权重采用均值处理方式，客观性较差。灰色关联法在计算关联度时，参考序列是由待评的客户价值各指标中的最大值构成的，从而使计算出的关联度更加符合实际，从关联度的大小就可知每个客户价值的重要性，而不仅仅是实现排序功能。

4.3　客户终生价值计算

客户价值中一个不可避免的问题就是如何定量预测客户全生命周期的价值潜力，而这里的客户全生命周期的价值潜力就是我们通常所说的客户终生价值。自巴巴拉·布恩德·杰克逊在 1985 年首次提出终生价值以来，有很多学者就客户终生价值的定义、模型和评价做了很多的研究。

4.3.1 相关概念界定

1. 交易情景

客户终生价值建模中的交易情景分为三类：非契约交易情景、契约交易情景以及半契约交易情景。

（1）非契约交易情景。

从本质上看，客户与企业之间的交易没有契约或者协议的约束，客户具有很低的转移成本，因而双方关系紧密程度低，交易关系不稳定。

从表征上看，企业不能确定客户在流失前为其创造的收入金额，并且不能察觉到客户在何时已经流失。[9-10]

（2）契约交易情景。

从本质上看，客户与企业之间的交易受到契约或者协议的约束，客户具有很高的转移成本，因而双方关系紧密程度高，能够维持长期稳定的交易关系。

从表征上看，企业能够在契约期初确定客户在契约期内将为其创造的收入金额，并且能够察觉到客户在何时已经流失。[11-12]

（3）半契约交易情景。

从本质上看，客户与企业之间的交易受到契约或者协议的约束，但该类契约或者协议较为灵活，约束力不强，客户具有较高的转移成本，因而双方关系紧密程度较高，交易关系将在一段稳定期过后转入不稳定期。

从表征上看，企业能够在契约期初确定客户在契约期内将为其创造的收入金额低限，并且能够确定客户流失时间。[13-14]

（4）不同交易情景的对比。

下面对这三种交易情景做进一步解释。不同交易情景之所以会对客户行为产生不同的影响，其根本原因在于客户与企业之间关系紧密程度并不相同，从契约、半契约到非契约，二者关系紧密程度逐渐变弱。关系越弱，客户行为的不确定性也就越大。

在非契约交易情景下，由于客户与企业没有签订契约，客户的购买行为和流失行为的不确定性都非常大。首先，客户为企业创造的收入只在每次客户购买行为发生时产生，企业并不能提前确定该客户未来带来的收入。其次，企业不知道客户到底什么时候会流失，只能根据客户已有的历史交易数据进行判断，判断的准则主要为：若客户在异常长的时期内都没有发生购买行为，则视该客户已经流失。在该交易情景下，客户生命周期与为企业带来的盈利并无直接关系。现实生活中符合非契约交易情景的有：超市购物、网上购物、进行美容美发等。

在契约交易情景下，客户与企业签订契约之后，客户在契约期内须支付给企业的费用也就确定下来了。如果在契约快到期时，客户没有选择续约，那么客户与企业间的交易关系也即将终止，企业能够察觉客户续约与否。在该交易情景下，客户生命周期越长，为企业带来的盈利也就越多。现实生活中符合契约交易情景的有：报刊订购、保险业务、信用卡业务等。

在半契约交易情景下，客户行为同时具有契约交易情景和非契约交易情景的部分特征。在购买行为方面，客户受到最低费用的约束，即为了同企业建立契约关系，需要向企业支付一部分固定费用，这部分固定费用成为企业能够确定的收入，而客户在契约期内可能还须支付额外费用，这部分额外费用是由客户超量消费企业的产品或者服务而产生的，由客户自身决定，企业无法提前获知。当最低费用为零时，购买行为与非契约交易情景的相同；当额外费用为零时，则与契约交易情景的相同。在流失行为方面，客户受到最短期限的约束，即在某段约定时间内，客户不能流失，而期限过了之后，客户可以自主选择是否流失，流失行为发生时企业能够察觉。当最短期限为零时，流失行为与非契约交易情景相同；当额外时长为零时，流失行为与契约交易情景相同。现实生活中符合半契约交易情景的有：电信增值业务、宾馆会员业务、健身房会员业务等。

各交易情景的特征对照如表 4-4 所示。

表 4-4 各交易情景的特征对照表

特征	契约交易情景	非契约交易情景	半契约交易情景
是否签约	是	否	是
客户转移成本	高	很低	较高
关系紧密程度	高	很低	较高
期内支付金额（购买行为）	固定	随购买次数增加	大于或等于最低费用
流失时间（流失行为）	期末流失	随机	大于或等于最短期限

2. 客户行为

从表现特征上看，客户行为可以分为连续型行为（Continuous Behavior）和离散型行为（Discrete Behavior），分别由连续型概率分布和离散型概率分布进行描述和刻画。连续型行为是可以在任意时刻发生的行为，而离散型行为是只能在特定时刻发生的行为。例如，拨打长途电话就可以归为连续型购买行为，而按季度订阅报刊则可以归为离散型购买行为。具体划分规则与所选取的时间单位有关。此外学者为了简化问题，在不影响准确性的前提下，可将连续型行为离散化。[15-16]

从研究对象上看，客户行为包括客户购买行为（Customer Buying/Purchase Behavior）和客户流失行为（Customer Churn Behavior）。下面对这两种行为分别进行说明。

（1）客户购买行为。

概率模型可以从两个角度研究客户购买行为——购买次数（Purchase Incidence）或者购买间隔时间（Interpurchase Time）。在刻画连续型购买行为时，建模者可以在模型假设阶段任选一个角度对客户购买行为进行假定，即假设客户购买次数服从某种概率分布或者假设客户每两次购买行为的间隔时长服从某种分布。两种角度在建模公式上可以相互转换，没有本质区别。而在刻画离散型购买行为时，由于购买机会出现的时刻通常是固定的，导致购买间隔时间不存在随机性，因而只从购买次数角度进行刻画。

在刻画客户购买行为时需要对如下概念进行区分。

首先是初次购买（Initial Purchase）和重复购买（Repeat Purchase）。所谓初次购买是指客户第一次与某企业发生交易行为；而重复购买是指初次购买之后客户与企业发生的后续交易行为。在非契约交易情景下，学者研究的都是客户重复购买行为，其原因在于在该交易情景下，客户随时可能流失，有相当部分的客户在尝试一次购买之后，由于不满意等各种原因，放弃重复购买，导致在较长的观察期内再无交易记录。如果以初次购买为研究起点，将这部分只有一次购买行为的客户纳入研究对象中，那么这将影响到概率分布对整体客户购买行为刻画的效果，因而这里只研究重复购买行为。而在契约交易情景和半契约交易情景下，由于双方签有契约，关系相对紧密，客户不容易流失，因而通常以初次购买为起点进行研究。

其次，还需要区分购买次数和购买量（Units Bought）。在一次购买过程中，对于某产品的购买量可能不止一份。例如，客户在某一次进入超市时购买了两瓶洗发水，那么在使用概率分布刻画客户购买行为时，到底是选用购买次数的记录还是购买量的记录呢？莫里森和舒宓雷（1988）指出，如果选用购买间隔时间刻画购买行为，此时统计数据若使用的是购买量，则会出现大量的零间隔购买，这会导致模型误差增大，而选用购买次数刻画购买行为时，统计数据为购买次数或购买量的误差没有明显差别。[17] 鉴于学术界建模时绝大多数都使用的是购买次数，因而本书研究对象也选用购买次数。

（2）客户流失行为。

概率模型同样可以从两个角度研究客户流失行为——生存时间（Lifetime）或者瞬时死亡率（Hazard of Lifetime）。所谓生存时间是指客户停留在企业中的总时长；而瞬时死亡率是指在上一时刻停留在企业中的客户，在下一时刻流失的概率。二者同样可以通过数学公式进行相互转换，没有本质区别，具体转换公式如下：

$$h(x)=\frac{f(x)}{\bar{F}(x)} \tag{4-21}$$

式中：$h(x)$为瞬时死亡率，$f(x)$为生存时间的概率密度，$F(x)$为分布函数，$\bar{F}(x)=1-F(x)$，为存活函数。

按照杰克逊（1985）的思路，可根据客户流失行为的不同将客户分为永久性流失（Lost-for-good）和间歇性购买（Always a Share）两类。[18] 所谓永久性流失客户是指客户的购买行为持续进行，一旦购买中止，则视为流失客户，如果客户关系再次恢复，将视其为企业的新客户。间歇性购买客户是指客户的购买行为间断进行，客户在这一阶段没有交易，但有可能在几个阶段之后再次交易。在这种情况下，客户关系恢复之后，该客户仍被视为企业的老客户，而不是新客户。为了简化问题，在三种交易情景中，建模者通常均假设客户的流失行为属于永久流失，即客户一旦流失，则永不返回企业。

3. 概率模型

客户终生价值计算中刻画客户行为规律的方法均是概率模型。概率模型认为现实所观测到的行为都被看作潜在随机过程的表征，而这些随机过程是由潜在行为特质所控制的，并且在个体之间存在差异。刻画客户行为规律的概率模型通常由五个假设组成：购买次数（购买间隔时间）服从某种分布、生存时间（瞬时死亡率）服从某种分布、不同客户间购买率异质性服从某种分布、不同客户间流失率异质性服从某种分布、客户购买率和流失率的关系服从某种分布。

除了使用概率模型刻画客户行为规律以外，另一种常用的方法是使用回归模型。与概率模型不同，回归模型试图解释造成表征现象的具体影响因素。[19] 两种建模方法的直观差异如图 4-4 所示。

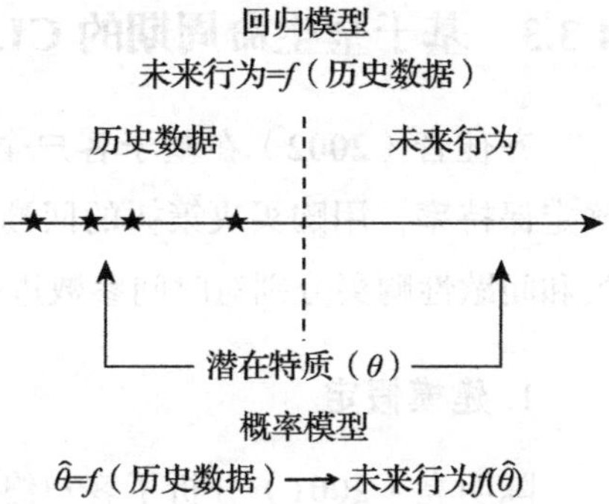

图 4-4　概率模型与回归模型的差别 [19]

由于目前客户终生价值计算在半契约交易情景下的研究成果更为丰富和成熟，因此，本书将重点介绍半契约交易情景下的客户终生价值计算知识。

科伦坡和蒋将概率模型与传统的回归模型做了详细的对比，总结出了回归模型的不足以及概率模型的优越之处。[20] 回归模型的不足表现为：

①回归模型虽然通常能达到较好的预测效果，但是并不能对产生的结果给出合理的解释；

②回归模型进行拟合时容易将个体异质性当作噪声点而忽略，导致回归模型无法体现异质性。

而概率模型的优越之处在于：

①对客户的潜在行为进行假设，比单纯的回归分析更加直观；

②模型简洁，仅用了几个简单假设；

③模型更新比较容易，只要模型参数确定之后，输出结果可以根据新增信息随时进行调整；

④探寻更本质的变量，回归模型所用的数据都是表层数据，而概率模型将关注更深层的影响因素；

⑤考虑了异质性；

⑥容易扩展，在模型中能够加入人口因素等协变量。

4.3.2 经典的 CLV 计算模型

经典的传统客户终生价值的通用公式为：

$$\mathrm{CLV}=\sum_{i=1}^{n}C_i(1+d)^{-i} \tag{4-22}$$

式中：n 表示客户生命周期长度（以年或月等为单位）；C_i 表示客户在第 i 交易期内给企业带来的利润；d 表示行业基准收益率。

经典的 CLV 计算模型简单易懂，同时深刻反映了 CLV 的本质和内涵，后续的很多 CLV 模型的改进都是基于这个模型的。

4.3.3 基于全生命周期的 CLV 计算模型

齐佳音（2002）在基于客户全生命周期的 CLV 计算模型中，用威布尔分布拟合法确定保持率，用购买决策树的回溯推理算法确定购买率，同时根据购买特点就永久性流失和间歇性购买分别对时间参数进行了估计，最终构造了 CLV 的计算模型。[21]

1. **建模假定**

陈明亮（2001）分析了客户终生价值在不同生命阶段的变化特征，并完善了保罗和柏格给出的全生命周期下客户利润的分段拟合函数，[22] 如图 4-5 所示。

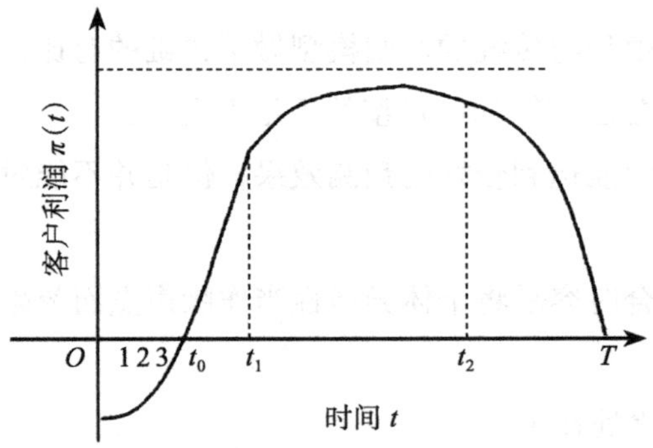

图 4-5 各生命阶段客户利润拟合函数

单个客户的总利润可以表示为：

$$\begin{aligned}Z&=(P-C_1-C_2-F)\times Q-M^*\\&=(P-C_1-C_2-F)\times Q-(D+R+A)\\&=GC^*-(D+R)-A\\&=GC^*-M-A\end{aligned} \tag{4-23}$$

式中：Z 表示该客户的总利润；P 表示产品单价；C_1 表示单位折让费（例如运输折让、折扣等）；C_2 表示生产和分销变动成本；F 表示该客户单位购买量的固定成本；Q 表示该客户的购买量；M^* 表示企业为该客户所花费的可自由支配的关系成本，使客户认知成本以及客户保持成本之和；A 表示企业花费的客户认知成本，主要是吸引、评价和获取该客户的企业投资，如广告、促销等；R 表示企业保留该客户的关系维持成本，即保留成本，如针对老客户的优惠活动、增进关系的联谊活动等忠诚计划活动的投入；D 表示企业发展该客户，提升其关系价值的成本，即发展成本，如交叉购买、增值购买等成本；M 表示企业维系该客户关系的总体成本，包括保留成本和发展成本；GC^* 表示不计可变营销成本的单个客户毛利润。

在引入客户全生命周期的 CLV 计算模型中，需要做如下四个假设。

（1）单个客户毛利润 GC^* 由购买量 Q 决定，不考虑产品单价 P 的变化的影响，单位折让费 C_1、生产和分销变动成本 C_2 以及客户单位购买量的固定成本 F 都是 Q 的函数，因此可以认为 GC^* 主要受 Q 的影响，所以 GC^* 可以表示为：

$$GC^* = f(C_1,\ C_2,\ F) = f[C_1(Q),\ C_2(Q),\ F(Q)] = g(Q) \tag{4-24}$$

（2）企业对客户认知成本的投入是一次性行为。在获取该客户后，原有的客户认知成本就不存在了，而且不再有关联性。

（3）现金流的折现率 d 保持不变，即变化的现金折线率不是本研究涉及的领域。

（4）细分客户上的典型客户的全生命周期利润曲线已知。

2. CLV 计算模型

（1）针对永久性流失客户，其交易离散情况下的 CLV 计算模型为：

$$\text{CLV} = \sum_{t=0}^{t_1} \pi_1(t) \times r(t) \times d'' + \sum_{t=t_1}^{t_2} \pi_2(t) \times r(t) \times d'' + \sum_{t=t_2}^{T} \pi_3(t) \times r(t) \times d'' \tag{4-25}$$

（2）针对永久性流失客户，其交易连续情况下的 CLV 计算模型为：

$$\text{CLV} = v_1 + \int_0^{t_1} \pi_1(t) \times r(t) \times d'' \text{d}(t) + \int_{t_1}^{t_2} \pi_2(t) \times r(t) \times d'' \text{d}(t) + \int_{t_2}^{T} \pi_3(t) \times r(t) \times d'' \text{d}(t) \tag{4-26}$$

（3）针对间歇性流失客户，其交易离散情况下的 CLV 计算模型为：

$$\text{CLV} = \sum_{t=0}^{t_1} \pi_1(t) \times \Pr(t) \times d'' + \sum_{t=t_1}^{t_2} \pi_2(t) \times \Pr(t) \times d'' + \sum_{t=t_2}^{T} \pi_3(t) \times \Pr(t) \times d'' \tag{4-27}$$

（4）针对间歇性流失客户，其交易连续情况下的 CLV 计算模型为：

$$\text{CLV} = v_1 + \int_0^{t_1} \pi_1(t) \times \Pr(t) \times d'' \text{d}(t) + \int_{t_1}^{t_2} \pi_2(t) \times \Pr(t) \times d'' \text{d}(t) + \int_{t_2}^{T} \pi_3(t) \times \Pr(t) \times d'' \text{d}(t) \tag{4-28}$$

式中：$\pi_1(t)$，$\pi_2(t)$，$\pi_3(t)$ 表示各个分段函数客户的利润；d' 即 1/（1+d），其中 d 为折现率；$r(t)$ 表示客户保持率；$\Pr(t)$ 表示客户购买率。

3. CLV 计算模型中参数的确定方法

$r(t)$、$\Pr(t)$、t_1、t_2 和 T 是模型的核心问题，在这个 CLV 计算模型中，客户保持率

$r(t)$ 是用威布尔分布拟合法确定的，购买率 $\Pr(t)$ 是用决策树的回溯推理算法确定的。

（1）用威布尔分布拟合法确定 $r(t)$。

威布尔分布是使用最广泛的寿命分布，在产品、材料、生物医学、经济管理等领域均有大量应用。威布尔分布的危险函数为：

$$h(t)=\alpha\beta(\alpha t)^{\beta-1},\quad t>0 \tag{4-29}$$

密度函数和生存函数分别为：

$$f(t)=\alpha\beta(\alpha t)^{\beta-1}\exp(-\alpha t)^{\beta},\quad S(t)=\exp[-(\alpha t)^{\beta}] \tag{4-30}$$

式中：α、β 为大于零的参数。因为威布尔分布函数具有相当灵活的形式，所以它对许多类型的寿命数据都能给出很好的描述。威布尔分布函数的形状依赖于 β 的值，β 是该分布的形状参数。α 是尺度参数，只改变密度函数时间的客户，不会改变曲线的形状。如果客户保持率服从威布尔分布，那么其累积客户保持率变量可以表示为：

$$r(t)=e^{[-(\alpha t)^{\beta}]},\quad t>0 \tag{4-31}$$

式中：$r(t)$ 表示时刻 t 上永久性流失客户的累积保持率；α 表示分布参数；β 表示形状参数。

令 $y=\ln\ln[1/r(t)]$，$c=\beta\times\ln(\alpha)$，$x=\ln t$，则函数可以简化为：

$$y=c+\beta\times x \tag{4-32}$$

这是一个简单的线性回归模型，通过对企业历史数据的统计分析，可以确定该企业客户保持率的威布尔分布，从而得到在每一个时间段内的客户保持率。

（2）用购买决策树的回溯推理算法确定动态客户购买率参数 $\Pr(t)$。

为了寻求一种易于编程实现的典型客户购买率的推理模型和算法，本研究采用了与上述文献相反的思路，假设客户在时刻 t 与企业发生交易，通过购买决策树的回溯反推，获得该时刻 t 的典型客户个体购买率 $\Pr(t)$，具体如图 4-6 所示。

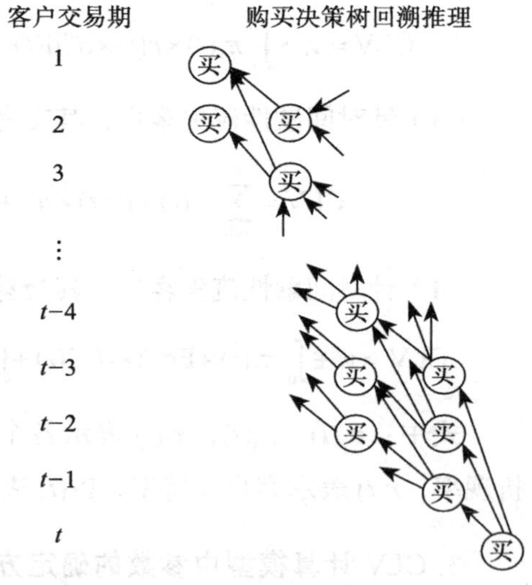

图 4-6　购买决策树的回溯推理思路

假设客户在第 t 个交易期的购买行为受到其前 j 个交易期内最近购买行为的影响，如果在该 j 个交易期内客户没有购买行为，则认为其在第 t 个交易期内的购买概率为 0，为了论述的方便，做如下界定。

事件 A_t：第 t（t=1，2，…，n）个交易期客户购买行为发生，其概率表示为 $\Pr(A_t)$。

样本空间 Ω：事件 A_t 构成样本空间 Ω。

事件 B_k：距离考察交易期 t 最近的一次购买行为发生在其前第 k（k=1，…，j）个交易期，其概率表示为 $\Pr(B_k)$。

那么在事件 B_k 发生的条件下，事件 A_t 发生的概率可以表示为 $\Pr(A_t \mid B_k)$。

由于事件 B_k 是样本空间 Ω 的一个分割，即 B_k 两两互不相容，根据全概率公式有：

$$\Pr(A_t)=\sum_{k=1}^{j}\Pr(B_k)\times\Pr(A_t \mid B_k) \tag{4-33}$$

式中概率 $\Pr(B_k)$ 又可以表示为：

$$\begin{aligned}\Pr(B_k)=&\Pr(A_{t-k})\times\Pr(\bar{A}_{t-k-1} \mid A_{t-k})\times\Pr(\bar{A}_{t-k+2} \mid A_{t-k},\ \bar{A}_{t-k+1})\times\cdots\times\\&\Pr(\bar{A}_{t-2} \mid A_{t-k},\ \bar{A}_{t-k+1},\ \cdots,\ \bar{A}_{t-3})\times\Pr(\bar{A}_{t-1} \mid A_{t-k},\ \bar{A}_{t-k+1},\cdots,\ \bar{A}_{t-1})\end{aligned} \tag{4-34}$$

显然：

$$\begin{aligned}&\Pr(\bar{A}_{t-k-1} \mid A_{t-k})=1-\Pr(A_{t-k-1} \mid B_1)\\&\Pr(\bar{A}_{t-k-2} \mid A_{t-k},\ \bar{A}_{t-k-1})=1-\Pr(A_{t-k-2} \mid B_2)\\&\vdots\\&\Pr(\bar{A}_{t-2} \mid A_{t-k},\ \bar{A}_{t-k-1},\ \cdots,\ \bar{A}_{t-3})=1-\Pr(A_{t-2} \mid B_{k-2})\\&\Pr(\bar{A}_{t-1} \mid A_{t-k},\ \bar{A}_{t-k-1},\ \cdots,\ \bar{A}_{t-2})=1-\Pr(A_{t-1} \mid B_{k-1})\end{aligned} \tag{4-35}$$

因此，可以建立间歇性购买细分客户的典型客户购买率模型如下：

$$\begin{aligned}&\Pr(A_t)=\sum_{k=1}^{j}\Pr(B_k)\times\Pr(A_t \mid B_k)\\&\Pr(B_k)=\Pr(A_{t-k})\times\prod_{l}^{k-1}[1-\Pr(A_{t-(j-k)} \mid B_l)]\end{aligned} \tag{4-36}$$

式中，关于 $\Pr(A_{t-k})$ 的求解与 $\Pr(A_t)$ 相同。$\Pr(A_t \mid B_k)$ 由经验数据统计得到，是已知常量。这样只要有了单个客户的首次交易时间记录（即初始条件），在假定客户将来的购买行为受其最近购买行为影响下，可以通过式（4-36）利用递归迭代的方法得到任一未来交易期内客户的购买概率。

这一针对间歇性购买客户概率的预测方法简单易行，只须设计一个简单的计算程序，即可得到该种类型的单个客户在未来各交易期购买概率的预测值和模拟变化曲线。

（3）客户生命周期时间 T 的确定。

细分客户的客户平均生命时间是指该细分客户的客户保持率下降到 50% 时所经历的时间段，即从客户关系开始时刻到客户保持率为 50% 的时刻之间的时间段。

①永久性流失客户的关系持续时间 T（以年为单位）的确定。

永久性流失客户的保持率曲线通过威布尔分布来拟合，该类客户的关系持续时间可以通过式（4-37）求解得到：

$$e^{-(\alpha t)^{\beta}}=0.5 \tag{4-37}$$

②间歇性购买客户的关系持续时间 T（以年为单位）的确定。

间歇性购买客户的关系持续时间与永久性流失客户的计算同理，即从首次交易到客户购买率 Pr(t) 下降到 50% 时所经历的时间段。Pr(t) 通过前面的购买决策树回溯推理算法得到，按照这样的方法得到的 Pr(t) 不同于用威布尔拟合得到的 $r(t)$，Pr(t) 是离散的，$r(t)$ 则是连续变量，因此，寻求间歇性购买客户生命周期时间 T 不能通过 Pr(t)=0.5 来得到。可以很简单地通过图 4-7 中的算法得到间歇性购买客户的生命周期时间，记为 Lifetime（t）。

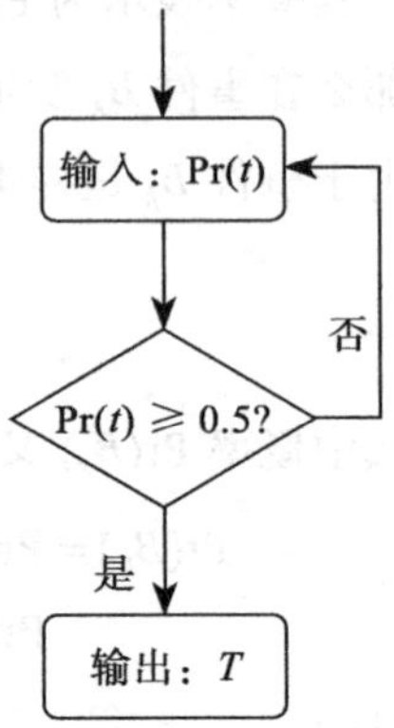

图 4-7　间歇性购买客户的生命周期时间 T 的确定方法

（4）客户全生命周期中 t_1、t_2 的确定。

客户全生命周期中的时间点 t_1 和 t_2 分别对应着客户关系由发展期跃变到稳定期以及由稳定期进入衰退期的时间点，即在 t_1 之后，客户利润的增长势头开始减缓，但增长率仍然为正，在 t_2 之后，客户利润开始减少，增长率为负，不过客户利润仍然为正。根据客户全生命周期中的利润拟合函数，很容易获得 t_1 是下面方程的解：

$$\pi_1(t)=\pi_2(t) \tag{4-38}$$

同理，t_2 通过求解下面的方程得到：

$$\pi_2(t)=\pi_3(t) \tag{4-39}$$

当知道了企业的典型客户生命周期曲线后，运用数学软件可以方便地得到 t_1 和 t_2 的数值解。

4.3.4　基于马尔科夫链的 CLV 模型

最终公式：

$$V^T=\sum_{t=0}^{T}[(1+d)^{-1}P\times P]^t R \tag{4-40}$$

推理过程 [26] 如下所示。

1. 马尔科夫过程

设随机过程 $\{X(t), t\in T\}$ 的状态空间为 I，如果对时间 t 的任意 n 个数值，$t_1<t_2<\cdots<t_n$，$n\geqslant 3$，$t_i\in T$，在条件 $X(t_i)=x_i$，$x_i\in I$，i=1，2，…，$n-1$ 下，$X(t_n)$ 的分布函数恰恰等于在条件 $X(t_{n-1})=x_{n-1}$ 下 $X(t_n)$ 的条件分布函数，即：

$$\begin{aligned}&P\{X(t_n)\leqslant x_n \mid X(t_1)=x_1,\ X(t_2)=x_2,\ \cdots,\ X(t_{n-1})=x_{n-1}\}\\&=P\{X(t_n)\leqslant x_n \mid X(t_n-1)=x_{n-1}\},\ x_n\in R\end{aligned} \tag{4-41}$$

则称过程 $\{X(t), t\in T\}$ 具有马尔科夫性，或称此过程为马尔科夫过程。

2. 马尔科夫过程的转移概率

设 $\{X_n=X(n),\ n=0,\ 1,\ 2,\ \cdots\}$ 为在时间集 $T_1=\{0,\ 1,\ 2,\ \cdots\}$ 上对离散状态过程相继观察的结果，记马尔科夫链的状态空间 $I=\{a_1,\ a_2,\ \cdots\}$，$a_i \in R$，对任意的正整数 n，r 和 $0 < t_1 < t_2 < \cdots < t_r < m$（$t_i$、$m$、$n+m \in T_i$）有：

$$P=\{X_{m+n}=a_j \mid X_{t_1}=a_{t_1},\ X_{t_2}=a_{t_2},\ \cdots,\ X_{t_r}=a_{t_r},\ X_m=a_i\}=P\{X_{m+n}=a_j \mid X_m=a_i\} \quad (4\text{-}42)$$

其中 $a \in I$，称条件概率 $P_{ij}(m,\ m+n) \triangleq P\{X_{m+n}=a_i \mid X_m=a_i\}$ 为马尔科夫链在时刻 m 处于状态 a_i 条件下，在时刻 $m+n$ 转移到状态 a_j 的转移概率。$P(n) \triangleq (P_{ij}(n))$ 为 n 步转移概率矩阵。

图 4-8 表示间歇性购买单个客户终生价值的预测过程。

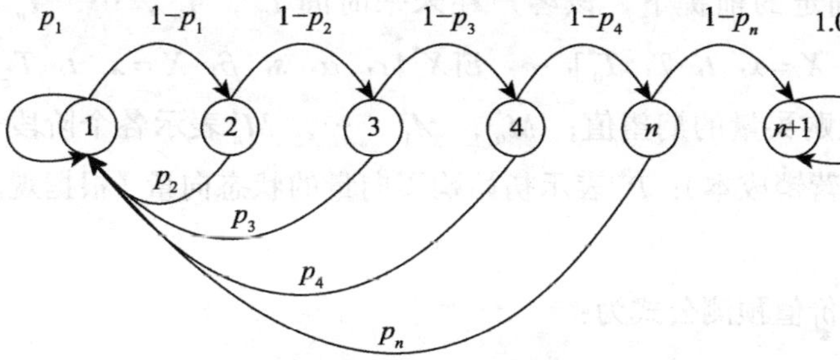

图 4-8　单个客户间歇性购买模式图

马尔科夫链的异步转移矩阵为：

$$\begin{pmatrix} p_1 & 1-p_1 & 0 & 0 & \cdots & 0 & 0 \\ p_2 & 0 & 1-p_2 & 0 & \cdots & 0 & 0 \\ p_3 & 0 & 0 & 1-p_3 & \cdots & 0 & 0 \\ \cdots & \cdots & \cdots & \cdots & \cdots & \cdots & \cdots \\ p_n & 0 & 0 & 0 & 0 & 0 & 1-p_n \\ 0 & 0 & 0 & 0 & 0 & 0 & 1 \end{pmatrix}$$

若设该客户的初始购买状态向量为 $\boldsymbol{P}^*=\lfloor p_1^*,\ p_2^*,\ p_3^*,\ \cdots,\ p_{n+1}^* \rfloor$，则该客户在 $n+1$ 阶段的收益矩阵为：

$$\begin{aligned} \boldsymbol{R} &= (NC_0,\ NC_1,\ NC_2,\ \cdots,\ NC_n)^{\mathrm{T}} \\ &= \begin{pmatrix} pr_1E[\theta_0 \mid Z_1]E[X_0^* \mid r,\ \alpha,\ s,\ \beta,\ X=x,\ t,\ T,\ T_0^*]-M_0 \\ pr_2E[\theta_1 \mid Z_1,\ Z_2]E[X_1^* \mid r,\ \alpha,\ s,\ \beta,\ X=x,\ t,\ T,\ T_1^*]-M_1 \\ pr_3E[\theta_2 \mid Z_1,\ Z_2,\ Z_3]E[X_2^* \mid r,\ \alpha,\ s,\ \beta,\ X=x,\ t,\ T,\ T_2^*]-M_2 \\ \vdots \\ pr_nE[\theta_n \mid Z_1,\ Z_2,\ \cdots,\ Z_{n+1}]E[X_n^* \mid r,\ \alpha,\ s,\ \beta,\ X=x,\ t,\ T,\ T_n^*]-M_n \end{pmatrix} \end{aligned} \quad (4\text{-}43)$$

即：

企业在客户各个阶段的收益 = 客户在各个阶段购买次数的期望值 ×

购买量的期望值 × 价格 − 企业成本

式中：NC_0，NC_1，NC_2，…，NC_n 表示各个阶段的净现金流量；pr_1，pr_2，…，pr_n 表示各个阶段的价格；Z_1，Z_2，…，Z_{n+1} 表示该客户在前 n+1 次交易中的历史交易额；θ_1，θ_2，…，θ_n 表示根据前 1，2，…，n+1 次交易所预测的未来客户一次的购买量；$E[\theta_0|Z_1]$，$E[\theta_1|Z_1, Z_2]$，…，$E[\theta_n|Z_1, Z_2, \cdots, Z_{n+1}]$ 表示预测在各个阶段的购买量的期望值；r 表示不同客户之间的交易率同质性的描述参数；s 表示不同客户之间危险率同质性的描述参数；α 表示描述客户之间购买率差异的 Γ 分布的分布形状 e 的指数参数；β 表示描述客户之间危险率差异的 Γ 分布的分布形状 e 的指数参数；X 表示该客户的基本信息，指该客户从初始交易时间 t_0 到时间 T，该客户与企业的交易次数；t 表示最近一次交易发生的时间；T 表示交易预测截止的时间；x_0^*，x_1^*，…，x_n^* 表示在该客户基本信息确定的前提下，该客户在未来时间 T_0^*，T_1^*，…，T_n^* 的预测购买量；$E[X_0^* | r, \alpha, s, \beta, X=x, t, T, T_0^*]$，…，$E[X_n^* | r, \alpha, s, \beta, X=x, t, T, T_n^*]$ 表示预测在各个阶段的每次购买量的期望值；M_0^*，M_1^*，…，M_n^* 表示各个阶段企业的成本（包括企业对该客户的营销成本）；P^* 表示初始购买向量的状态向量（根据观测点该客户处于的购买阶段得出）。

该客户的终生价值预测公式为：

$$V^T = \sum_{t=0}^{T} [(1+d)^{-1} P^* P]^t R \tag{4-44}$$

式中：V^T 表示预测的个体客户终生价值矩阵；d 表示资金折现率。

4.3.5 引入 Pareto/NBD 的 CLV 模型

Pareto/NBD 模型是由舒恣雷和莫里森提出的描述客户重复购买行为的模型，因此也被称为 SMC 模型。[26] Pareto/NBD 模型适用于以下情况：①客户流失是随机事件，不能直接观察客户何时流失，唯一的表现就是客户在长期内不再购买；②在活跃期内，客户购买的时间间隔是随机的，客户购买随时可能发生；③不同客户的流失率和购买率存在很大差异。[23]

1. 最终公式

$$\mathrm{CLV} = \sum_{t=0}^{n} \frac{f_t \times z_t \times \sigma - R_t}{(t+d)^t} \tag{4-45}$$

式中：f_t 表示客户每期购买频次；z_t 表示客户每次购买金额；R_t 表示客户保持成本；σ 表示利润率；d 表示折现率。

2. 前提假设

Pareto/NBD 模型提出了如下五个假设[24]：

（1）在活跃期内，客户购买服从参数为 λ 的泊松分布；

（2）不同客户的购买率 λ 的分布服从 $\Gamma(r, \alpha)$，其中 r 为形状参数，α 为尺度参数；

（3）每个客户有一个不可观察的时间长度，用 t 表示，客户流失服从流失率为 μ 的指数分布；

（4）不同客户间的流失率 μ 服从 $\Gamma(s, \beta)$ 的伽马分布，其中 s 为形状参数，β 为尺度参数；

（5）客户的购买率 λ 和流失率 μ 相互独立。

3. 推理过程和结果

Pareto/NBD 模型具有以下主要结果。

（1）如果客户在（0，t）内发生 x 次重复购买，最后一次交易发生在 $t_x<T$，则其未流失的概率为：

$$P(\text{active} \mid r,\ \alpha,\ s,\ \beta,\ X=x,\ t_x,\ T)=\left[1+\left(\frac{s}{r+s+x}\right)(\alpha+T)^{r+x}(\beta+T)^{s}A_0\right]^{-1} \quad (4\text{-}46)$$

当 $\alpha \geqslant \beta$ 时，

$$A_0=\frac{{}_2F_1\left(r+s+x,\ s+1,\ r+s+x+1,\dfrac{\alpha-\beta}{\alpha+t_x}\right)}{(\alpha+t_x)^{r+s+x}}-\frac{{}_2F_1\left(r+s+x,\ s+1,\ r+s+x+1,\dfrac{\alpha-\beta}{\alpha+T}\right)}{(\alpha+T)^{r+s+x}} \quad (4\text{-}47)$$

当 $\alpha<\beta$ 时，

$$A_0=\frac{{}_2F_1\left(r+s+x,\ s+1,\ r+s+x+1,\dfrac{\beta-\alpha}{\beta+t_x}\right)}{(\beta+t_x)^{r+s+x}}-\frac{{}_2F_1\left(r+s+x,\ s+1,\ r+s+x+1,\dfrac{\beta-\alpha}{\beta+T}\right)}{(\beta+T)^{r+s+x}} \quad (4\text{-}48)$$

式中：t 表示客户交易历史的长度；t_x 表示客户最后一次购买的时间；x 表示客户在 t 内重复购买的次数；${}_2F_1(\cdot)$ 为高斯超级和函数。

（2）随机选取的客户在（0，t）内重复购买次数的期望为：

$$E[X(t) \mid r,\ \alpha,\ s,\ \beta]=\frac{r\beta}{\alpha(s-1)}\left[1-\left(\frac{\beta}{\beta+t}\right)^{s-1}\right] \quad (4\text{-}49)$$

式中：t 表示时间参数。

（3）如果客户在（0，t）内发生 x 次重复购买，最后一次交易发生在 $t_x<T$，则其在（t，t+t）内购买次数的期望为：

$$E[Y(t) \mid X=x,\ t_x,\ T,\ r,\ \alpha,\ s,\ \beta]=\frac{(r+x)(\beta+T)}{(\alpha+t)(s-1)}\left[1-\left(\frac{\beta+T}{\beta+T+t}\right)^{s-1}\right]\times P(\text{active} \mid r,\ \alpha,\ s,\ \beta,\ X=x,\ t_x,\ T) \quad (4\text{-}50)$$

所以客户终生价值 CLV 的公式可以表示为：

$$\mathrm{CLV}=\sum_{t=0}^{n}\frac{f_t\times z_t\times\sigma-R_t}{(t+d)^t} \tag{4-51}$$

式中：f_t 表示客户每期购买频次；z_t 表示客户每次购买金额；R_t 表示客户保持成本；σ 表示利润率；d 表示折现率。

根据上面的 Pareto/NBD 模型，可以得出每期购买频次为：

$$f_t=E[Y(t)\mid X=x,\ t_x,\ T]-E[Y(t-1)\mid X=x,\ t_x,\ T] \tag{4-52}$$

而对于购买金额 z，可以仿照 Pareto/NBD 模型做如下假设：

①客户个体每次购买金额 z 服从 $\Gamma(\mu,\theta)$ 分布，μ、θ 为分布参数；

②客户间购买金额的差异性表现为 θ 服从另一个 $\Gamma(\nu,\phi)$ 分布，ν、ϕ 为分布参数；

③购买金额模型的参数 μ、ν、ϕ、θ 与 Pareto/NBD 模型参数 r、α、s、β 不相关。

则客户每次购买金额 z 服从以下混合分布，即：

$$\begin{aligned}g_{G-G}(z\mid\mu,\nu,\phi)&=\int_0^{\infty}\frac{\theta^{\mu}}{\Gamma(\mu)}z^{\mu-1}e^{-\theta z}\frac{\phi^{\nu}}{\Gamma(\nu)}\theta^{\nu-1}e^{-\phi\theta}\mathrm{d}\theta\\&=\frac{\Gamma(\mu+\nu)}{\Gamma(\mu)\Gamma(\nu)}\left(\frac{z}{\phi+z}\right)^{\mu}\left(\frac{\phi}{\phi+z}\right)^{\nu}\frac{1}{z}\end{aligned} \tag{4-53}$$

其期望值相当于客户购买的平均水平，即：

$$E(z\mid\mu,\nu,\phi)=\frac{\phi\mu}{\nu-1} \tag{4-54}$$

对于购买历史为购买 x 次、平均金额为 $\bar{z}$ 的客户，其每次购买金额的后验期望为：

$$E(z\mid\mu,\nu,\phi,\bar{z},x)=\frac{u(x\bar{z}+\phi)}{ux+\nu-1}=\frac{\nu-1}{\mu x+\nu-1}\cdot\frac{\phi\mu}{\nu-1}+\frac{\mu x}{\mu x+\nu-1}\cdot\bar{z} \tag{4-55}$$

4.3.6　总结

基于对客户终生价值的理解的不同，很多学者提出了自己对于客户终生价值的理解，客户终生价值的计算从提出到现在大致经历了三个阶段。

1. 1996 年及以前

用传统的现金分析法计算 CLV，这就是我们在 4.3.2 节中给出的经典的 CLV 计算模型。

2. 1997 ～ 2000 年

提出了客户保持模型和客户迁移模型，将马尔科夫链应用到 CLV 的计算中，同时在这个阶段有很多学者开始研究非契约交易情景下的 CLV 模型。

3. 2001 年及以后

在 CLV 建模中考虑了更多的影响变量，特别是动态影响因素，据此对第二阶段的模型予以改进或提出新的预测方法（如计量经济学模型等），试图提高模型变量的概括性，降低模型的复杂性，增加实用性和提高模型的预测准确性。韦尔霍夫和当克斯将客户的社会统计变量引入客户潜在价值的预测中，并建立了预测客户潜在价值的计量经济学模型。[23] 雷纳茨等的研究表明客户可赢利生命周期时间与个体关系互动特征（购买数量、交叉购买、购买集中度、平均购买间隔时间、退货、忠诚机制、邮寄商品信息）、客户差异（人口统计变量、社会心理变量）以及是否为非契约交易情景有关，在这些假设的基础上应用 Pareto/NBD 模型给出了客户可赢利生命周期时间的预测方法。[24]

客户终生价值的建模仍然是目前研究的一个热点，很多学者从不同的角度对客户终生价值的建模做了推进，有人引进新的变量，比如引进人口统计学变量，也有人改进计算方法，比如用计量经济学模型。

除此之外，当前的客户终生价值建模研究还是较多地针对非契约交易情景，也有少量的研究针对契约交易情景，对于越来越多的半契约交易情景，这一领域的研究还比较缺乏，应该成为未来研究的方向。

┆资料 4-1┆

CLV 建模趋势

2006 年，在由康涅狄格大学组织的思潮领导会议中，经过两天的激烈讨论，古普塔等人发表了一篇题为“Modeling Customer Lifetime Value”的文章。[19] 这篇文章总结了已有的客户终生价值的建模方法，并指明了未来发展的方向。

CLV 建模的基本模型为：

$$\text{CLV}=\sum_{t=0}^{T}\frac{(p_t-c_t)r_t}{(1+i)^t}-\text{AC} \tag{4-56}$$

式中：p_t 表示客户在时间 t 支付的价格；c_t 表示在时间 t 内为客户服务的直接成本；i 表示资金的折现率；r_t 表示在时间 t 内客户重复购买的概率；AC 表示客户的获得成本；T 表示客户终生价值的时间长度。

目前的客户价值评价模型

（1）RFM 模型（RFM Models）。

理论思路：消费者过去的购买行为比人口统计学特征更具有预测的效力。

不足：①只能预测下一个消费阶段的消费可能，不能预测客户整个生命周期的情况；② RFM 不能很好地预测客户潜在的行为，可能会使得预测脱离实际；③客户过去的消费行为可能是企业过去市场营销的结果。

（2）概率模型（Probability Models）。

理论思路：消费者被观测到的行为是由客户潜在行为特征实现的一个潜在的随机过程，这种随机过程是因人而异的。所以能够用回归模型对观测到的行为进行建模，以预测消费者可能的行为。

数据需求：消费者过去的消费记录，包括最近一次的购买时间和在一段时间内的购买频率。

用到概率模型的 CLV 建模：Pareto/NBD，引入马尔科夫链模型。

（3）计量经济学模型（Econometric Models）。

理论思路：与概率模型相似，利用风险模型来预测客户的保持率。

发现：主要讨论了打折等市场营销行为对客户获取、客户保持和交叉销售的影响。指出：打折能提高新客户对企业的贡献，却会降低老客户对企业的贡献；折扣对重复购买没有太大的影响，广告在短期内不会影响客户保持率；推荐系统的引用有利于提高客户的交叉购买。

（4）持续模型（Persistence Models）。

理论思路：与计量经济学模型相似，持续模型主要研究行为的组成部分——客户的获取、客户保持和交叉销售。这些组成部分是一个动态的系统。

（5）计算机科学模型（Computer Science Models）。

CLV 模型一般伴随很大的计算量，计算机的出现能很好地帮助企业计算 CLV。同时，利用计算机还可以通过其他的方法来预测和计算 CLV。

常用模型：投影追踪模型（Projection-pursuit Models）、神经网络模型（Neural Network Models）、决策树模型（Decision Tree Models）、样条估计模型（Spline-based Models）、广义可加模型（Generalized Additive Models，GAM）、分类和衰退树（Classification and Regression Trees，CART）和支持向量机（Support Vector Machines，SVM）。

（6）扩散增长模型（Diffusion/Growth Models）。

CLV 衡量的是个体客户对企业的长期收益贡献，CLV 对于客户的筛选、细分和目标管理有很大的指导意义。从运营管理的角度，CLV 最终要落实到战略的层面。

扩散增长模型是用客户的数据集合来预测未来一段时间内，企业所能获得新客户的数量。

未来发展的趋势

（1）超越交易数据的局限。

通过交易数据，不能清楚地知道客户交叉购买的动机和需求，而且企业的竞争对手也有相似的信息，而那些有竞争力的信息，比如钱包份额，通过交易数据是无法得到的。

（2）由单个客户转向投资组合客户。

对于金融行业，高风险意味着高收入，而寻求低风险、高收入的组合客户，并针对他们进行相应的营销活动，对企业更有利。

（3）宏观指标和微观指标的结合。

宏观模型（Macro-model）和微观模型（Micro-model）预测的不一致在于它们用的方法论不同，更重要的是它们涉及的变量也不同。宏观模型更多地采用宏观指标，比如利率水平、就业率等，而微观模型很少用这些宏观指标。可以考虑用分等级的模型来把这些宏观和微观指标结合起来，以达到更好的预测效果。

（4）成本分配。

目前很多企业的计费系统都是基于功能的，而不是基于每一个客户的，所以成本无法摊销到单个客户的水平。再者，变动成本和固定成本的摊销也不易划分。最后，有些成本是好计量的，而另一些成本则很难计量，比如获得成本比较好计量，维持成本却难以计量。在不断提高收入计量的准确性的时候，也应该不断提高成本计量的准确性。

（5）设置激励机制，以使全局达到最佳状态。

大部分企业都有底层和高层管理，而客户获得和客户保持分属于不同的底层管理部门，这两个部门分别向高层管理部门负责，这样就导致这两个部门可能会片面地追求自己的目标，比如客户获取部门会尽量多地争取客户，而不管客户的价值大小。所以，企业应该设置合适的激励机制，以使全局目标协调一致。

（6）正确认识客户终生价值和客户资产的不足。

为了提高资产回报率，企业就会只保持那些终生价值高、收益率高的客户，这样导致了客户的减少，从而使市场占有率降低。为了达到客户资产的最大化，企业会获取少而高价值的客户，或者多而低价值的客户，前者存在很大的风险。再者，目前关于客户终生价值的研究都是基于服务行业的，而相应的理论在产品市场上是否有效还有待进一步研究。

（7）进一步明确客户终生价值理论的适用范围。

最大化客户的终生价值并不是对每个企业都适用的，对于初创企业，它们应该以获取更多的客户，提高市场占有率为主。

（8）正确评价模型的不足。

在市场营销领域中，构建模型都是基于统计学或经济学理论的，忽视了数据挖掘的作用。提出的所有模型都基于一定的假设，而这些假设是基于以前的经验，但是这样的经验是不是依然正确还有待考证。数据挖掘则没有任何的假设，单纯地从数据中寻找规律，这是应该借鉴考虑的。

（9）理解一些突发事件的建模。

已有的模型都是在一定的周期频率的前提下创建的，但是很多时候突发事件的发生会对模型产生影响，所以在建模的时候也应该考虑到这些突发事件。

（10）模型内生危险的意识。

数据的显著性并不能代表这个变量的显著性，这与所采取的计量方式有关。应该进行相关性分析，找出变量混淆等威胁，并构建出适当的模型。不但要考虑模型本身的内在危险，还要考虑应用时（数据获取分析）的错误威胁。

（11）网络效应计量。

大部分的客户终生价值建模都认为客户是相互独立的，但是很多时候客户之间的影响非常强，忽视客户之间的影响会低估客户终生价值。网络效应，比如口碑价值等，对客户终生价值有很强的间接影响。

4.4 客户价值提升方法——客户忠诚计划

忠诚客户对企业是非常重要的。首先，忠诚客户会再次大量购买企业的产品或服务；其次，忠诚客户一般会主动地向亲朋好友和周围的人推荐该品牌的产品或服务；再次，忠诚客户几乎没有选择其他品牌的产品或服务的念头，能抵制其他品牌的诱惑；最后，忠诚客户在发现该品牌产品或服务的某些缺陷时，能以谅解的心态主动向企业反馈信息，求得解决，而且不影响再次购买。

客户对企业的价值体现在客户终生价值上，从客户终生价值的经典公式来看，决定客户终生价值的有四个变量：收入、成本、时间、折现率。忠诚客户增加企业收入（再次购买、推荐价值），降低企业成本（宣传和挽留成本），而且在时间上，忠诚客户的忠诚行为是持续时间比较长的。更重要的是，忠诚客户能谅解企业的产品或服务的缺陷，并及时反映，以使企业更好地完善自己的产品或服务，这对企业来说具有巨大的长远利益。

会员营销是忠诚计划常见的形式，在一张张会员卡的背后是每家企业的忠诚计划。在最早实行会员制的地方，会员的含义很大程度上是和与众不同的服务联系在一起的，比如优先服务等优先权。20 世纪 80 年代，会员制成为风行欧美的一种商业促销形式，美国的沃尔玛等企业纷纷实施会员制，会员制还在一些高档消费品领域被广泛应用。如今会员制已经渗透到商业的各个领域中，大型购物中心、超市、酒店、航空企业等也实行会员制。

会员制营销的目标如图 4-9[26] 所示。

会员制营销的核心目标是增加企业的收入、利润及市场份额，兑现客户终生价值，实现企业的盈利目标。

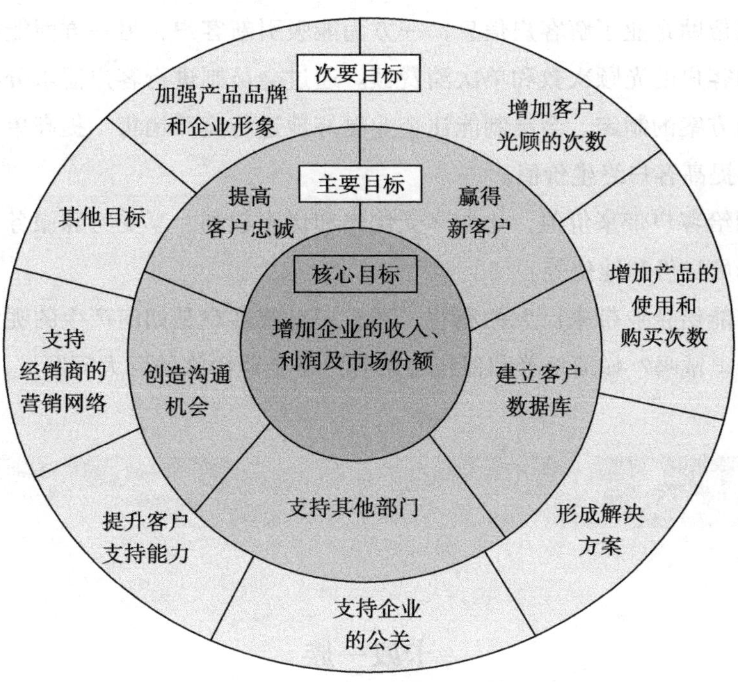

图 4-9　会员制营销的目标

会员制营销的主要目标是提高客户忠诚和赢得新客户等。通过会员制建立客户数据库，创造沟通机会，能更好地支持企业其他部门的工作。

通过会员制营销还可以加强产品品牌和企业形象、增加客户光顾的次数、增加产品的使用和购买次数。另外，通过会员制营销积累的数据库，分析客户，还可以形成解决方案、提升客户支持能力、支持经销商的营销网络、支持企业的公关等。

会员制忠诚计划有两大类型——开放型忠诚计划和限制型忠诚计划。[27]

开放型忠诚计划允许任何人加入，通常没有正式的申请过程，因为开放型忠诚计划不需要缴纳入会费和年费。

开放性忠诚计划具有以下优点：可以接触到更多、更广泛的客户；数据库更完善齐全；可以更容易接触到潜在客户和竞争者的客户；在对数据进行分析后，可以对客户群进一步细分并确定与细分客户群的沟通方法；会员人数众多有利于忠诚计划达到临界状态，使忠诚计划达到规模效应。

限制型忠诚计划则对会员有所限制。客户需要通过正式程序，填写申请表、缴纳入会费等，甚至有些会对年龄等条件进行限制。相对于开放型忠诚计划，限制型忠诚计划有以下优势：入会费收入能帮助企业收回一定的成本；入会的先决条件有助于锁定目标客户群；入会限制条件会让会员资格更有价值；清晰地确定会员结构使沟通变得更有效；入会条件的限制有助于控制会员人数，从而降低成本；缴纳入会费提高了会员的期望，从而迫使企业管理层不断地提高它所提供的价值。

会员制能帮助企业了解客户信息，一方面能吸引新客户，另一方面能提高老客户的忠诚度，增加客户的光顾次数和单次消费额。通过会员制进行客户需求分析，能更好地支持企业营销方案的制定。会员制能让企业更好地进行交叉销售，提高单个客户的利润贡献值，最终提高客户终生价值。

会员制能给客户带来价值，比如享受优先和优惠权利、享受特殊服务、参加会员活动以及显示会员身份和地位等。

忠诚客户能给企业带来巨大的利益，那么，忠诚客户是如何产生的呢？现在忠诚的客户以后也会忠诚吗？如何培养和留住忠诚客户是企业面临的巨大问题。

案例

卡奴一族

小倩是一个刚工作不久的白领。有一次我们一起去逛君太百货，交费的时候，收银员问："有会员卡吗？"小倩说："有，不过要等一下，我找找。"接着小倩就从她的包里面拿出了一个大钱包，打开一看，里面起码有十几张卡。小倩找了一会儿，拿出一张会员卡给了收银员。

之后我问她，你怎么会有那么多的卡呢？她介绍道，她钱包里共有十二张卡，一张公交卡、两张银行卡、一张房门卡、一张工作卡，剩下的七张都是会员卡，包括君太百货、华联商厦、华联超市、美廉美超市、妆美丽人、小肥羊、李宁的会员卡。

案例中的小倩去年在君太百货消费了 5 000 元，年底就收到了一条"用红包购物"的短信，凭借短信就能到君太百货服务台领取一个"红包"，里面有购物券，在君太百货，购物券就相当于现金，能直接消费。她的小肥羊会员卡要求她每月在小肥羊的消费额不得低于 600 元，在这基础上，凭借会员卡每次可以享受八折优惠。

同样，会员制也能给企业带来巨大的价值。首先，会员制有利于企业建立长期稳定的客户群；其次，会员制有利于企业和客户交流互动，改进产品；再次，会员制能提高企业的新产品开发能力和服务能力；最后，会员制能提高客户的忠诚度，对于限制型忠诚计划，还有可观的会费收入。

可以说，会员制是一个互惠互利的制度，客户可以花更少的钱享受更好的服务、购买好的产品；企业可以通过会员制提高客户忠诚度，进而提高客户价值，获得更多的利润。

值得思考的问题是：会员制在财务方面能给客户和企业带来收益，从本质上讲，会员制提供的是价格上的折扣。然而，就像案例中的小倩一样，她拥有华联超市和美廉美超市的会员卡，以后甚至可能拥有更多，那么她是哪家超市的忠诚客户呢？相对于非会员客户，对企业来说，她是否更有价值呢？

本章小结

首先，本章在介绍客户价值内涵的基础上，详细阐述了客户价值指标体系设计的方法以及客户价值评价的计算方法。其次，对客户终生价值的常见计算方法进行了介绍，列举了四种客户终生价值的计算方法，即经典模型、基于全生命周期的模型、基于马尔科夫链的模型和引入 Pareto/NBD 的模型。最后，本章探讨了客户忠诚计划的相关内容。

思考题

1. 如何对个人客户和组织客户分别设计客户价值评价指标体系？
2. 如何对营利性组织客户和非营利性组织客户分别设计客户价值评价指标体系？
3. 企业如何提升客户终生价值？
4. 消费者一般都会有很多的会员卡，这种情况下如何提升客户忠诚度？

参考资料

[1] 齐佳音，万映红 . 客户关系管理理论与方法 [M]. 北京：知识产权出版社，2006.

[2] HOGEN J E，LEMON K N，LIBAI B.What is the true value of a lost customer[J]. Journal of Service Research，2003，5（3）：196-208.

[3] SUDHARSHAN D，SANCHEZ R.Distribution equity：creating value through managing knowledge relationships with distribution channels[J].Journal of Market-Focused Management，1998，2（4）：309-338.

[4] JACOBS F A，JOHNSTON W，KOTCHETOVA N.Customer profitability prospective vs. retrospective approaches in a business-to-business setting[J].Industrial Marketing Management，2001，30（4）：353-363.

[5] COURTHEOUX R.Customer retention：how much to invest research and the Customer Lifecycle[M].New York：DMA，1995.

[6] 科特勒 . 营销管理：分析、计划、执行和控制 [M]. 梅汝和，梅清豪，张桁，译 . 上海：上海人民出版社，1999.

[7] SVIOKLA J J,SHAPIRO B P.Keeping customers[M].Boston：Harvard Business School Press，1993.

[8]　游海燕 . 基于 BP 原理的指标体系建立模型方法研究 [D]. 重庆：第三军医大学，2004.

[9]　REINARTZ W J,KUMAR V.The impact of customer relationship characteristics on profitable lifetime duration[J].Journal of Marketing，2003，67（1）：77-99.

[10]　ABE M.“Counting Your Customers” one by one：A hierarchical bayes extension to the pareto/NBD model[J].Marketing Science. Articles in Advance，2008：1-12.

[11]　FADER P S，HARDIE B G S.How to project customer retention[J].Journal of Interactive Marketing，2007，21（1）：76-90.

[12]　ASCARZA E，HARDIE B G S.Modeling churn and usage behavior in contractual settings[J].Marketing Science.Working Paper，2009：1-46.

[13]　WÜBBEN M，WANGENHEIM F V.Instant customer base analysis：managerial heuristics often get it right[J].Journal of Marketing，2008，72（5）：82-93.

[14]　HEITZ C，RUCKSTUHL A，DETTLING M.Customer lifetime value under complex contract structures.Exploring Services Science，2010，53：276-281.

[15]　BERGER P D，WEINBERG B，HANNA R C.Customer lifetime value determination and strategic implications for a cruise-ship company[J].Journal of the American Statistical Association，2003，11（1）：40-52.

[16]　FADER P S，HARDIE B G S，LEE K L.“Counting Your Customers” the easy way：an alternative to the pareto/NBD model[J].Marketing Science，2005，24（2）：275-284.

[17]　MORRISON D G，SCHMITTLEIN D C.Generalizing the NBD Model for customer purchases：what are the implications and is it worth the effort?[J].Journal of Business & Economic Statistics，1988，6（2）：145-159.

[18]　JACKSON B B.Build customer relationships that last[J].Harvard Business Review，1985：120-128.

[19]　GUPTA S，HANSSENS D，HARDIE B，et al.Modeling customer lifetime value[J].Journal of Service Research，2006，9（2）：139-155.

[20]　COLOMBO R，JIANG W.A Stochastic RFM model[J].Journal of Interactive Marketing，1999，13（3）：2-12.

[21]　齐佳音 . 企业客户价值研究 [D]. 西安：西安交通大学，2002.

[22]　陈明亮 . 客户保持与生命周期研究 [D]. 西安：西安交通大学，2001.

[23]　VERHOEF P C，DONKERS B.Predicting customer potential value an application in the insurance industry[J].Decision Support Systems，2001，32（2）：189-199.

[24]　REINARTZ W，THOMAS J S，KUMAR V.Balancing acquisition and retention

resources to maximize customer profitability[J]. Journal of Marketing, 2005, 69（1）: 63-79.

[25] 郑浩 . 基于马尔可夫链的间歇性购买个体客户终生价值预测模型 [J]. 管理科学，2006，19（5）: 39-44.

[26] SCHMITTLEIN D C，MORRISON D G，COLOMBO R.Counting your customers : who are they and what will they do next? Management Science. 1987，33（1）: 1-24.

[27] 肖建中 . 会员制营销 [M]. 北京：北京大学出版社，2006.

第 5 章
CHAPTER5

客户风险管理

◇ 课前导读

企业和客户都处于信息不对称的环境中，营销活动的多样性、客户行为的随机性、客户关系的演变发展等不稳定因素的影响，导致客户价值表现出波动、脆弱、不确定等风险特征。换言之，客户关系风险的存在具有客观性和必然性。管理实践告诉我们，客户关系风险的存在威胁着企业的发展。美国许多公司每年会失去 25% 的客户，估计损失 20 亿～ 40 亿美元；中国电信业某公司 2006 年流失客户与新增客户的比例接近 9 : 10，因客户流失造成的经济损失为 2.4 亿元。这些数字都表明了客户关系风险的“破坏力”之大。本章内容组织结构如图 5-1 所示。

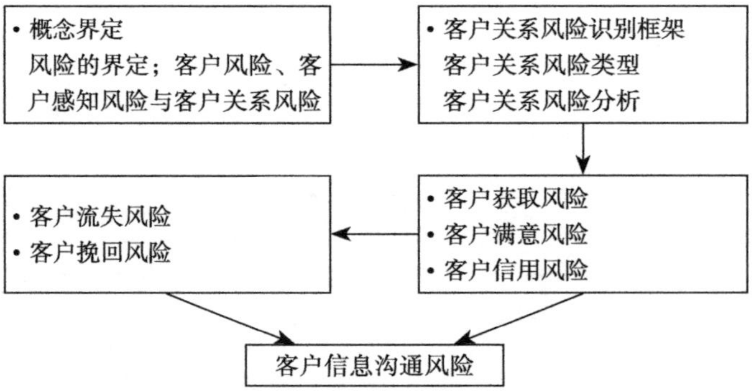

图 5-1　本章内容组织结构图

◇ 学习目标

- 了解客户风险的概念
- 掌握客户风险的类型
- 理解客户风险的因素
- 运用客户风险的知识

5.1　概念界定

5.1.1　风险的界定

1. 风险的定义

1895 年，美国学者海恩斯最早提出了风险（Risk）的概念，他在论文“Risk as an Economic Factor”中描述：“‘风险’一词在经济学和其他学术领域中并无任何技术上的内容，它意味着损害或损失的可能性。如果某种行为具有不确定性，则该行为就承担了风险。”[1] 此后，很多国内外学者在数学、心理学、经济学、管理学等不同的领域对风险的定义进行了完善，如表 5-1 所示。

表 5-1　风险定义的相关描述 [2]

时间	学者	定义描述
第一种定义——广义风险		
1985	C.A.Williams	在给定的条件下和某一特定的时期内，未来结果的变动
1992	March，Shapira	风险是事物可能结果的不确定性，可由收益分布的方差测度
1995	A.H.Mowbray	风险为不确定性
第二种定义——狭义风险		
1931	W.H.Heinrich	风险发生具有类似倒塌的多米诺骨牌墙的特征，风险的发生分 5 步进行：系统和社会环境→人的过错→伴随机械和物理伤害的不安全行为→事故→危险或损失
1972	J.S.Rosenb	损失的不确定性
1984	F.G.Crane	风险意味着未来损失的不确定性
1992	Yates，Stone	将风险定义为：①损失的基础；②损失的重要性；③损失的不确定性
2002	朱淑珍	在总结各种风险定义的基础上，把风险定义为：风险是指在一定条件下和一定时期内，由于各种结果发生的不确定性而导致行为主体遭受损失的大小以及这种损失发生的可能性的大小
2003	王明涛	风险指在决策过程中，由于各种不确定性因素的作用，决策方案在一定时间内出现不利结果的可能性以及可能损失的程度

尽管有部分学者认为风险与不确定性不完全相同，但大多数学者认同风险是一种不确定性。基于“风险是一种不确定性”的观点，总的来说，可以归纳出两种风险的定义：

（1）风险是事件未来可能结果发生的不确定性，说明风险产生的结果可能导致损失、获利或是无损失也无获利，属于广义风险。

（2）风险是损失发生的不确定性，表明风险结果只能表现为损失，不存在从风险中获利的可能性，属于狭义风险。

综合表 5-1 中各学者对于风险的描述及客户关系管理的背景，本书将风险定义为未来损失的不确定性。

2. 风险要件

风险因素、风险事件与风险结果密切相关，它们是构成风险存在与否的基本要件。

（1）风险因素（Hazard）。风险因素是促使或引起风险事件发生的条件，是增加损失发生概率和加重损失程度的条件。一般将其分为有形风险因素和无形风险因素。有形风险因素是指看得见的、影响损失概率和损失程度的环境条件，例如客户购买量的波动等；无形风险因素是指观念、态度、文化等看不见的、影响损失概率和损失程度的因素，例如客户的不满意情绪等。

（2）风险事件（Peril）。风险事件是指引起风险结果的直接或外在的原因，是使风险造成风险结果的可能性转化为现实的媒介。

（3）风险结果（Result）。风险结果是指行为主体承受风险事件导致的相应的现实后果。根据本书所采纳的风险的定义，这里的风险结果即损失，是指非故意、非计划、非预期的经济价值减少的事实，可以分为直接损失和间接损失。对企业而言，最根本的损失即企业利润的减少。

（4）风险因素、风险事件与损失的逻辑关系。在一定的时间内，相应的风险因素是风险事件的必要条件，相应的风险事件为风险因素的充分条件，而有关行为主体承受相应的风险结果（即损失）。这种关系的归纳如图 5-2 所示。

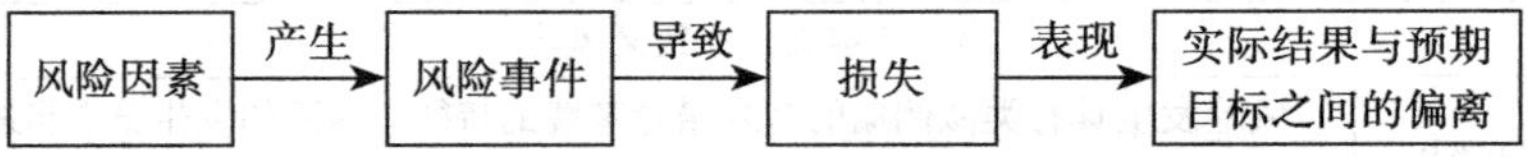

图 5-2　风险因素、风险事件和损失的逻辑关系

5.1.2　客户风险、客户感知风险与客户关系风险

1. 客户风险

由于外部环境和内部因素的限制，在激烈变化的市场竞争环境下，企业经营存在着大量的不确定性。这种由各种事先无法预料的不确定因素所带来的影响，使企业的实际经营结果与预期经营目标发生一定的偏差，从而导致企业经营活动遭遇挫折甚至有失败的可能性，即产生企业风险。

而在关系营销时代，客户是企业经营管理的重点，并且作为市场交易的参与者，客户不确定性成为企业所面临的众多不确定性因素中的重要一环，即客户风险是企业风险的一种形态，对其有效管理是企业风险管理的重中之重。[3-4]

2. 客户感知风险

客户感知风险最初是由哈佛大学的鲍尔（1960）从心理学延伸到消费者行为学领域中的。[5] 鲍尔认为消费者的所有行为都会产生其自身无法准确预见的后果，而且其中部分后果很可能是令人不愉快的，所以从这个意义上讲，消费者的行为涉及风险。鲍尔引入这个概念时，特别强调主观风险，而不关注客观风险。在此之后，许多学者都对客户感知风险进行了研究，并对其定义不断完善。综合各学者的定义，本书采纳了斯通等（1993）对客户感知风险的定义——客户感知风险是客户对损失的主观预期。[6]

3. 客户关系风险

目前，对客户关系风险（Customer Relationship Risk）的研究并不像客户感知风险那么系统，多数国外学者在从事 CLV 建模研究中，提出应该考虑这一风险因素，以提高 CLV 预测准确度，而我国的学者则多是将客户关系风险（一般都称为客户风险）视为企业营销风险中的一种。[12] 基于相关定义描述，本书认为**客户关系风险是企业在客户管理中，受各种不确定因素带来的影响，从而有蒙受损失的可能性。**

4. 相关风险概念之间的关系

（1）从上文对风险、企业风险、客户风险、客户感知风险和客户关系风险的定义和描述中，可以归纳出风险、企业风险、客户风险、客户感知风险和客户关系风险存在包含和被包含的关系，如图 5-3 所示。随着研究范围逐渐缩小，所研究的对象越来越具体。

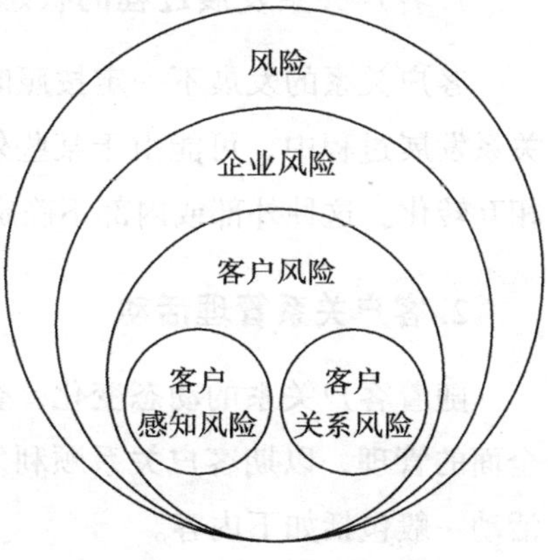

图 5-3　相关风险概念之间的关系

（2）从已有的文献可以知道，目前的学者多数从客户感知风险和客户关系风险这两个研究角度对客户风险进行研究。两者之间有明显的不同却又相互联系，如表 5-2 所示。

表 5-2　客户感知风险和客户关系风险的对比

对比项目		客户感知风险	客户关系风险
风险因素	内部因素	客户	企业
	外部因素	主要为产品、渠道等	宏观环境、竞争者等
风险分析		个人主观感知	定性分析与定量测度
损失承担者		客户	企业

5.2　客户关系风险识别框架

5.2.1　客户关系风险类型

为了更好地识别企业所面临的客户关系风险，本书建立了“关系状态—关系管理活动—客户关系风险”的识别框架，如图 5-4 所示。

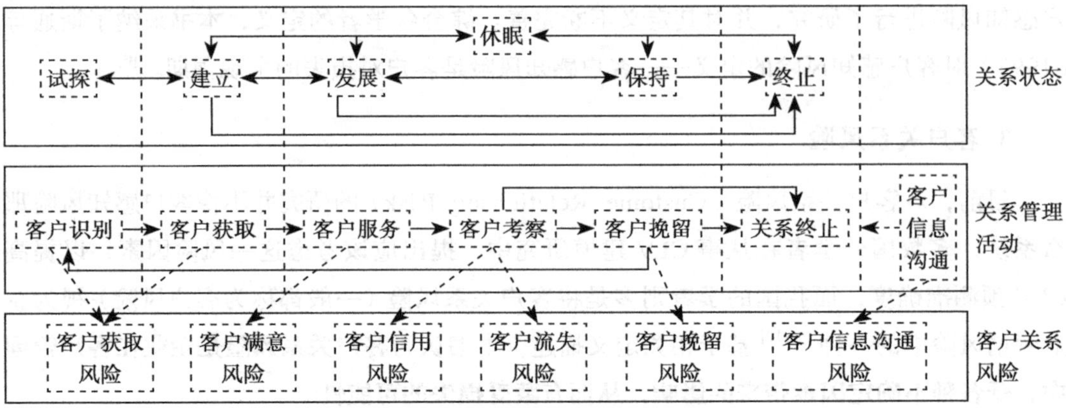

图 5-4　客户关系风险识别框架

1. 客户关系发展过程的状态

客户关系的发展不一定按照时间过程经历完整的客户全生命周期（见图 5-4）。客户关系发展过程中，可能由于某些外部或内部不确定性的发生，使其在几个阶段间跳跃或相互转化。这种外部或内部不确定性表现为不同类型的客户关系风险。

2. 客户关系管理活动

随着客户关系的动态变化，企业需要采取响应型的客户关系管理活动，对客户进行全面的管理，以期客户关系顺利发展和维持。根据企业的经营管理现状，客户关系管理活动一般包括如下内容。

（1）客户识别。企业在目标市场识别潜在客户并作为本企业的服务对象，即识别目标客户的过程。

（2）客户获取。企业通过营销努力，将已经识别的目标客户转化为本企业的现有客户的过程。

（3）客户服务。企业为客户提供产品或服务的过程，包括售前服务（如提供使用说明书、客户体验互动等）、售中服务（如接待服务、商品包装服务等）和售后服务（如送货、退换货、保修等）。

（4）客户考察。包括客户信用管理、客户流失预警等。

（5）客户挽留。在客户流失成为既定事实时，企业在进行客户挽留价值判断后，采取措施使客户关系恢复的过程。

（6）关系终止。企业确定终止与客户的关系时采取的活动，如解约等。

（7）客户信息沟通。这种信息沟通是双向的、交互的。本书将企业与客户之间的信息沟通活动分为营销沟通、服务沟通和信用管理沟通（即双方发生交易行为的沟通过程）。

3. 六种客户关系风险

在上述客户关系管理活动中，由于企业所面临的各种不确定因素（本书中主要分析归因于客户的不确定因素）而导致不同类型的客户关系风险，使得客户关系恶化，企业可能因此蒙受损失。

不同的客户关系管理活动对应存在六种不同的客户关系风险：客户识别与客户获取→客户获取风险；客户服务→客户满意风险；客户考察→客户信用风险与客户流失风险；客户挽留→客户挽留风险；客户信息沟通→客户信息沟通风险。

5.2.2　客户关系风险分析

为了对六种客户关系风险进行深入的探析，本书根据风险要件的逻辑关系建立客户关系风险的分析框架，如图 5-5 所示。

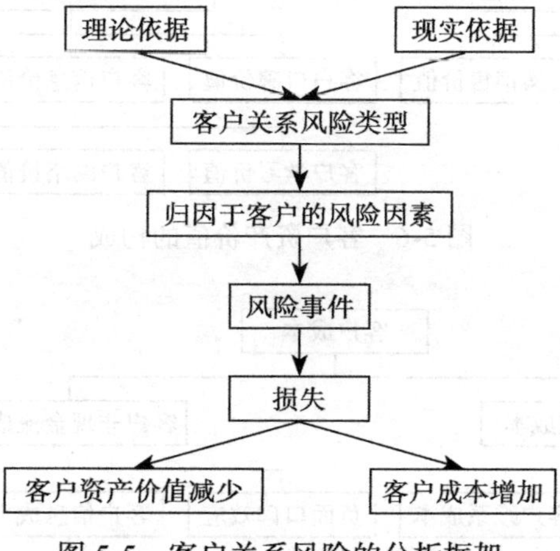

图 5-5　客户关系风险的分析框架

1. 理论依据和现实依据

本章以客户关系管理理论为主要理论依据，主要以统计数据、新闻事件、案例等搜集到的二手数据为现实依据，对各种客户关系风险进行识别分析和定义。

2. 风险因素

对企业而言，导致客户关系风险产生的因素来自各个方面（如宏观政策、竞争者、行业环境、组织结构等），本书以客户关系管理为核心理论支撑，重点分析归因于客户的风险因素。

3. 损失

布拉特伯格等（1996）从资产的视角提出了“客户资产”（Customer Equity，CE）的概念——企业客户资产即企业所有客户终生价值的折现值总和。[7] 企业在对客户资产进行管理的过程中会产生一系列的成本，即客户成本。从价值的角度，基于成本效益思想，本书从客户资产价值和客户成本两方面来分析客户关系风险给企业带来的损失，并且按该损失是否对企业的现金流造成直接影响，分为现金流损失和非现金流损失。于是有：

$$\text{损失}=\text{现金流损失}+\text{非现金流损失} \tag{5-1}$$

$$\text{现金流损失}=\text{客户现金流资产价值}-\text{客户现金流成本} \tag{5-2}$$

$$\text{非现金流损失}=\text{客户非现金流资产价值}-\text{客户非现金流成本} \tag{5-3}$$

其中，客户资产价值和客户成本的构成如图 5-6 和图 5-7 所示。

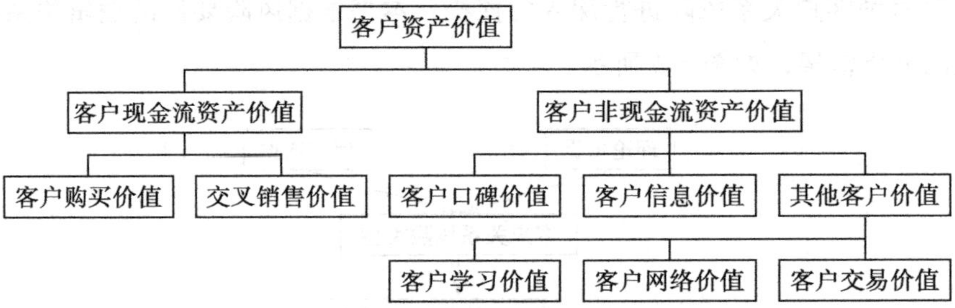

图 5-6 客户资产价值的构成

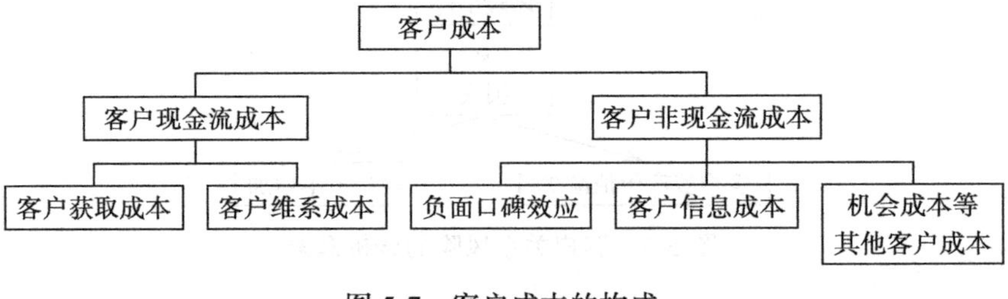

图 5-7 客户成本的构成

5.3 客户获取风险

5.3.1 客户获取风险识别

1. **理论依据**

在关系营销中，客户关系始于客户识别与获取，企业能否识别和获取最合适的目标客户是客户关系能否建立与维持的起始点，也直接关系到企业关系营销策略实施后能否实现盈利。

企业要正确识别目标客户，必须清楚两个基本问题：①客户是否有意愿与企业建立关系？②客户是否值得企业与其建立关系？

通过与客户的初步接触，掌握客户一些基本信息，第一个问题可以用“客户欲望”来表示，第二个问题则用“客户购买力”来表示，根据“有效需求 = 客户欲望 + 客户购买力”，建立二维坐标系（见图 5-8），对客户进行细分。在此过程中，企业与潜在客户从不认识到相互熟悉。

对于不同类型的客户，企业需要制定相应的适用策略，并“说服”客户购买，从而使客户关系真正建立起来。舒华英和齐佳音（2008）根据如图 5-8 所示的模型，对四种类型客户的特征进行了描述并制定了相应的市场营销组合策略。[8] 对于类型④中的低购买力、弱欲望的客户，这两位学者认为应该放弃，倘若采取针对类型①中的高购买力、强欲望客户的策略——提供周到的售前服务，那不仅无法使客户看到增益价值，反而会使客户反感，增加获取成本，得不偿失。

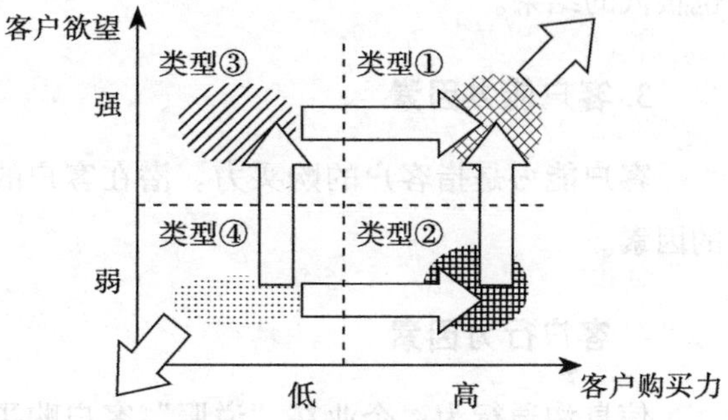

图 5-8　客户细分模型 [8]

2. 现实依据

事实告诉我们，并非所有的客户都能为企业创造价值。瑞典银行组织在研究了客户的存贷行为并将收入利润与成本比较后，发现 80% 的客户对银行的服务很满意但他们不具有可盈利性；20% 的客户贡献的利润超过 80%，却对银行的服务不满意。美国运通公司负责信息管理的副总裁詹姆斯曾指出，最好的客户与其余客户消费额的比例，在零售业约为 16 ∶ 1，在餐饮业约为 13 ∶ 1，在航空业约为 12 ∶ 1，在旅店业约为 5 ∶ 14。

综上可知，客户获取风险是指企业在与客户建立关系的过程中，由于未能获取合适的目标客户而带来的可能性损失。

5.3.2 客户获取风险因素

1. 信息自身因素

信息匮乏与信息不对称带来目标客户定位失误。在客户关系建立之初，双方对对方的情况十分缺乏了解，这为企业确定客户是否满足目标客户的标准、客户确定企业是否能最大程度地满足其需求带来了很大的不确定性。

客户信息优势带来逆向选择风险。客户通过多种渠道在与企业接触之前，便掌握了一定的信息，而且可能关于竞争者的信息中有很多都是企业无法得知的，这为客户带来的信息优势使其在谈判中处于更加有利的地位，而企业处于相对弱势的地位。

2. 客户情感因素

这里的客户情感主要指客户对产品或服务的购买意愿。购买意愿低的客户可能由于企业的营销推广活动而被“说服”，也有可能仍不想购买。这两种情况都需要企业投入更多的成本，这就造成了即使该客户最终成为企业的客户，为企业创造高价值的可能性也很低的结果。

3. 客户能力因素

客户能力是指客户的购买力。潜在客户的购买力水平低是客户资产价值低的最直接的因素。

4. 客户行为因素

信息沟通行为：企业在“说服”客户购买过程中，最重要的一环就是与客户进行沟通。客户可能出于各种原因拒绝与企业进行沟通，那么企业便无法“说服”客户。

投机行为：这种客户的投机行为表现多样，总的来说，是客户为了某种利益而非为购买企业产品与企业建立关系，这种交易关系并未给企业带来收入，反而使企业付出一定的成本。例如，客户为在企业的促销活动中获得奖品而与企业签订相关契约，此后却不发生实际的购买行为。银行在信用卡推广中经常遇到这种情况。

5.3.3 客户获取风险事件

获取低价值客户。“并非所有的客户都是好客户”，有的客户需要花费较高的获取成本，但在获取之后，也可能在数次交易之后就会流失，或者需要较高的代价来维系。

客户获取可能失败。企业无法“说服”客户购买其产品或服务。

获取恶劣客户。主要是客户出于投机目的而与企业建立关系，而企业却未能识别，进而与其确定交易关系。

5.3.4 客户获取风险后果

1. 处于交易劣势地位

这是由于客户获取了更多企业所不知或对企业不利的信息而导致逆向选择风险，使客户议价能力提高，因而企业在交易中处于不利地位（如价格更低、对客户的限定放宽等）。

2. 客户资产价值减少或客户成本增加

企业在评价所获取的客户是否有价值时，除成本外，还需要考虑客户创造的利润。托马斯等（2004）通过实证，指出成本较低的客户为企业创造的利润未必大，而某些支出成本高的客户，利润贡献未必小。因此，可以将客户细分为低保留客户、皇家客户、偶然客户和高保留客户，如图 5-9 所示。[9]

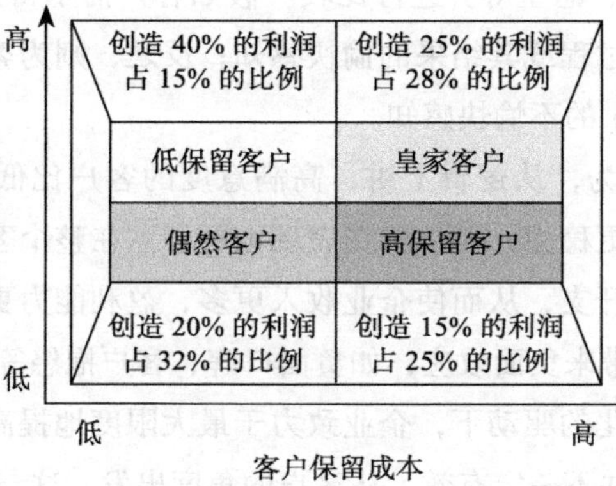

图 5-9　基于资产盈利性的客户细分

对企业而言，低保留客户和皇家客户虽然获取成本较高，但贡献的利润也大。偶然客户和高保留客户合计占客户数量的 57%，但仅仅贡献 35% 的利润，从成本 – 收益的角度，这两种客户都属于低价值客户，他们可能使客户资产价值减少（客户购买价值与交叉销售价值低）或客户成本增加（维系成本高，而且占用更多资源）。

另外，由于已获得的恶劣客户的投机行为，企业还可能面临其他的如恶性竞争、商业秘密外泄等威胁发展的风险后果。

总结上述的分析过程，建立客户获取风险模型如图 5-10 所示。

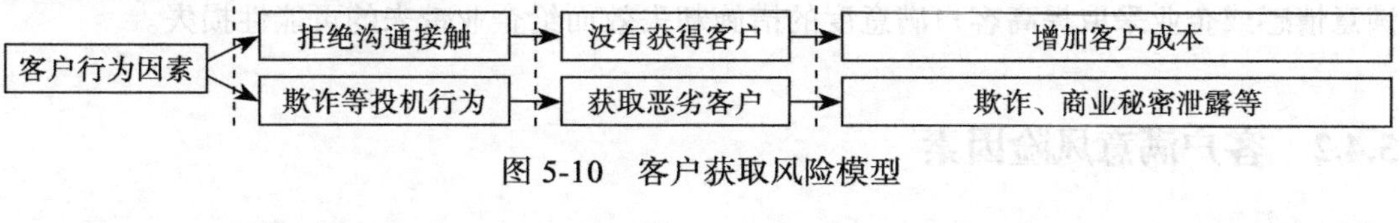

图 5-10　客户获取风险模型

5.4　客户满意风险

5.4.1　客户满意风险识别

1. 理论依据

企业与客户建立交易关系之后，在企业为客户提供产品或服务的过程（包括客户消费时及消费后）中，客户对产品和服务的特征或产品和服务本身满足自己需求的程度做出判断。客户要判断自己需求的满足程度，就需要将产品或服务的实绩与某一标准（客户对产品或服务的期望、愿望等）进行比较。假如客户需求得到满足，则为客户满意，即客户产生一种对消费过程或其结果的愉快感知；反之，则为客户不满意，即客户产生一种对消费过程或其结果的不愉快感知。

国内外很多学者认为，从逻辑上讲，高满意度的客户比低满意度的客户忠诚度更高，客户与企业的关系更稳固，而且消费表现也更好。在整个客户生命周期内，高满意度的客户会增加其购买开支，从而使企业收入更多，盈利能力更强；反之，低满意度的客户则会给企业的发展带来负面效应，如负面口碑、客户抱怨等。

因此，在利益最大化的驱动下，企业致力于最大限度地提高客户满意度以及降低客户不满意度，但其措施并不一定有效。从客户的角度出发，这与其需求层次相关。

2. 现实依据

一个关于可口可乐的客户调查显示，不满意客户参与口碑传播的比例是满意客户的两倍，而且传播的通常都是负面口碑。在不满意客户中，只有4%会正式提出投诉，其余的人没有表示出他们的不满，但大约有90%感到不满意的客户不再光顾那家企业。再如，中国移动根据铂金客户不同的需求层次划分了不同的服务类别，其目的就在于有效利用资源为不同需求层次的客户提供相应的服务，如表5-3所示。

表 5-3　中国移动客户服务类别

需求层次	服务类别
基本需求	免费补卡、话费提醒、积分回馈、发放全球通 VIP 俱乐部会员卡
期望需求	医院绿色通道、手机俱乐部、维修手机优惠、汽车保险优惠等
惊喜需求	生日、节假日发送短信祝福，升职、开业、乔迁、结婚送礼物等

综上所述，客户满意风险是指企业在为客户提供产品或服务的过程中，客户产生不满意情感或企业采取提高客户满意度的措施却失效而给企业带来的可能性损失。

5.4.2　客户满意风险因素

从20世纪30年代关于客户满意的研究开始以来，众多学者对客户满意的前置因子（原因变量）和调节因素进行了研究。多数学者认为导致客户满意 / 不满意的因素有：期望、与期望不一致、与愿望不一致、情绪情感、归因、公平、产品实际表现等。而转移成本、卷入度、客户经验、行业 / 产品特征和情景因素等对客户满意起调节作用。基于上述因素，本书对归因于客户的客户满意风险进行分析。

首先，分析客户产生不满意情感的风险因素，实际上就是讨论客户不满意的原因。

1. 客户情感因素

（1）客户感知质量 / 感知价值低于客户期望。ACSI 模型可以很好地分析该风险因素（见图 5-11）。由于客户需求层次、知识水平、生活经验等自身因素，产品广告宣传等企业的营销手段，还有朋友推荐等作用，客户在真正购买产品或服务时，会对产品或服务有不同的期望，预期自己的哪些需求能被满足。而在真正购买时，企业实绩会直接影响客户满意度，客户也会就企业实绩产生自己的感知质量 / 感知价值（认为该产品或服务为自己带来的价值）。如果该感知质量 / 感知价值低于期望（产品使用不方便、质量不好、等待服务时间过长、服务人员态度恶劣等），那客户自然会不满意。

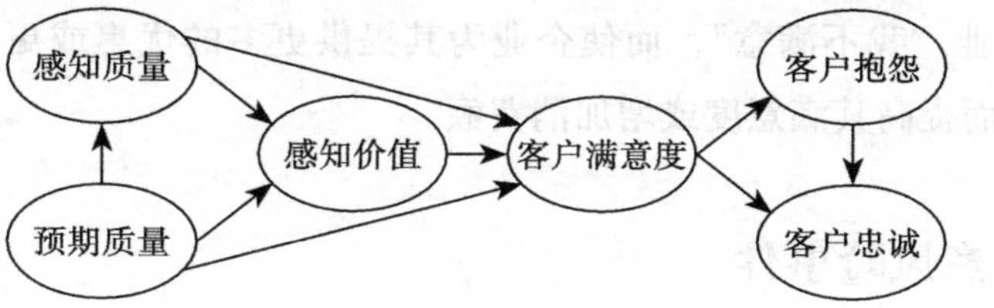

图 5-11　ACSI 模型

（2）消极的情绪情感导致客户不满意。客户在消费过程中，其情绪会直接影响客户满意度：积极的情绪如幸福、愉快、兴高采烈等，会增强客户对产品或服务的满意感，而消极的情绪如悲伤、愤怒、后悔等，则会减弱客户的满意感。在现实中，客户由于心情不好而迁怒于服务人员、对商品更加挑剔等现象时常发生。

2. 客户能力因素

客户能力具体指客户卷入、客户转移能力、客户过去的购买经验和客户知识水平（影响因素有年龄、受教育程度等）。实际上，这些能力对客户不满意和导致不满意的因素起调节作用。客户卷入是指客户基于自身的特征，对一个产品、一则信息或一种购买情境等客体的关联性。客户转移能力以转移成本的高低来表示，转移成本是指客户感知到的终止当前合作关系并重新建立替代关系所需要付出的一次性附加成本。

3. 客户需求层次

如图 5-12 所示，在卡诺的三层需求模型中，客户需求分为基本需求、期望需求和惊喜需求。对于基本需求，当不满足时，客户很不满意；当满足时，则无所谓满意不满意，客户充其量是满意。对于期望需求，当不满足时，客户很不满意；当满足时，客户就满意。而且，客户期望需求的满足程度与客户满意度是正相关关系。对于惊喜需求，当不

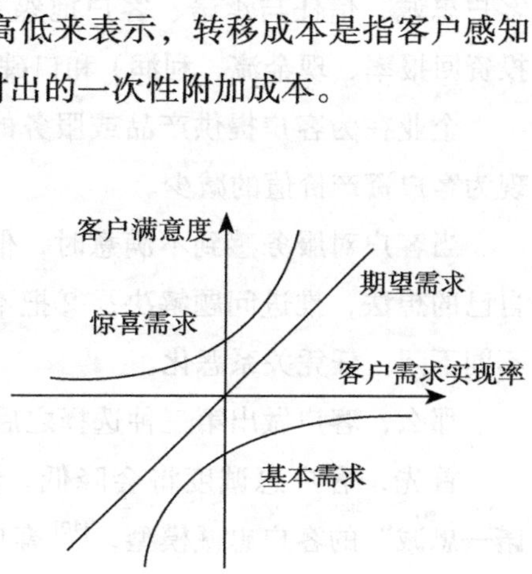

图 5-12　卡诺的三层需求模型

满足时，特别是当这种需求对客户而言无关紧要时，则客户无所谓；当满足时，客户就会十分满意。

4. **客户行为因素**

（1）客户沟通障碍。企业希望提高客户满意度，为客户提供更高层次的服务或为客户提供优惠性质的营销活动，但这些措施真正实施时必须有客户的配合。如果客户拒绝这些活动，或者在活动过程中出现信息沟通障碍（如理解不当、消极沟通），那么企业为提高客户满意度所做的一切都是竹篮打水一场空。

（2）客户投机行为。这里的客户投机行为是指客户为了谋取更多的利益，通过其诉求或行动告知企业“我不满意”，而使企业为其提供更多的优惠或更高级别的服务，但客户并不会因此而提高其满意度或增加消费额。

5.4.3 客户满意风险事件

根据客户满意风险的定义，客户满意风险事件主要有两类：

（1）客户在与企业的交易活动中产生不满意。这种不满意可能是针对企业整体、产品、服务水平等。

（2）企业为提高客户的满意度而采取提高服务级别或提供更多优惠等措施，但未能使得客户满意度提高。

5.4.4 客户满意风险后果

客户满意 / 不满意的结果变量研究是客户满意研究的重要分支，研究成果颇丰。目前的学者大多以客户满意 / 不满意为前置因子，研究与下列一个或多个因子之间的关系：客户忠诚、信任与承诺、客户抱怨、重复购买、客户保留（流失）、业绩指标（如股价、投资回报率、现金流、利润）和口碑效应。

企业在为客户提供产品或服务的过程中，客户产生不满意所导致的风险后果主要表现为客户资产价值的减少。

当客户对服务感到不满意时，他们面临多种选择：①与服务提供商进行沟通，表达自己的想法，推进问题解决；②把不满意看作暂时的并容忍，继续保持忠诚；③对问题不闻不问，任凭关系恶化。

那么，客户做出第三种选择之后呢？

首先，客户忠诚度将会降低。根据泽丝曼尔等（1996）建立的“满意—信任—承诺—忠诚”的客户忠诚模型，[10] 客户不满意在逻辑上会导致客户不信任或客户的关系承诺降低，进而导致客户的忠诚度降低，忠诚客户为企业创造的推荐价值和重复购买产生的购买价值也就会减少。其次是客户抱怨。宾（1993）通过实证研究表明客户不满意和抱怨行为之间存在正相关关系。[11] 而且，客户不满意还会带来负面口碑效应。不满意客户为了发泄敌意情绪、缓解焦虑、警告他人或报复等而传播负面口碑，使企业的形象受损。

企业采取提高客户满意度的措施但成果不显著带来的客户满意风险的后果是显而易见的，在此情况下企业的投资回报率极低甚至为负，即企业徒增客户维系成本，却没有得到应有的回报，还可能导致客户的更不满意或二次不满意。

总结上述分析过程，建立客户满意风险模型如图 5-13 所示。

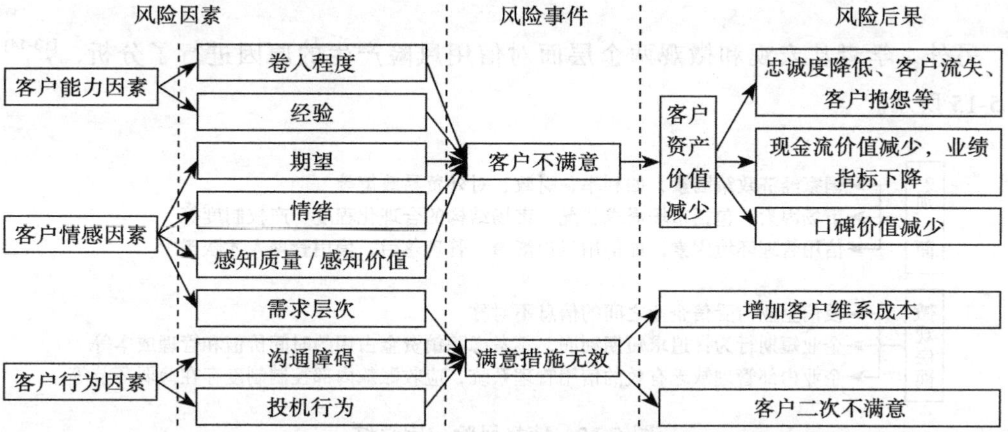

图 5-13 客户满意风险模型

5.5 客户信用风险

5.5.1 客户信用风险识别

1. 理论依据

信用是个纯经济学的概念。《韦氏词典》将其解释为一种买卖双方之间无须立即付款或财产担保而进行经济价值交换的制度。本书采用梁巧桥（2006）的定义，认为信用是一种建立在信任基础上的能力，是不用立即付款就可获得资金、物资和服务的能力。[12] 信用的实质是一种有期限约束的融资行为，有付款承诺，但没有担保和抵押要求。

目前，赊销已成为我国主要的交易结算方式。企业亦期望借助赊销来提高自身的竞争力，提高销售业绩。自 20 世纪 80 年代我国引入信用风险管理机制以来，由于市场经济尚未完善，公司信息披露制度不规范，缺乏必要的公共信息，市场呈现出一种信用失控的混乱局面，因此信用风险的分析、度量和管理一直是企业客户信用管理的重点，也是各国学者研究的重要课题之一。我国学者提出了全程信用管理模型，如图 5-14 所示。

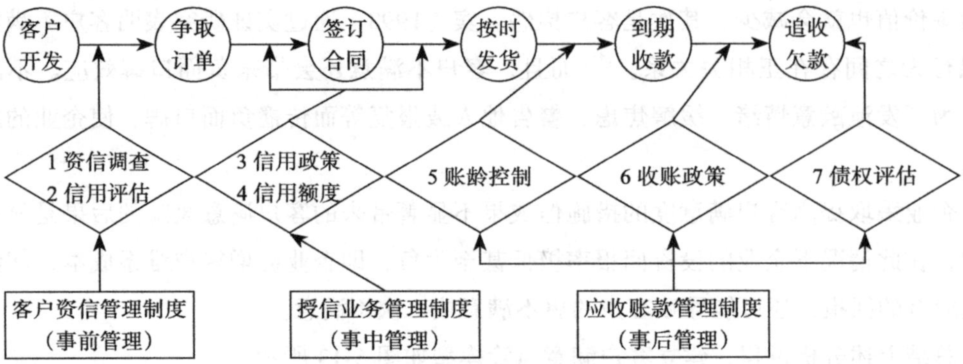

图 5-14　全程信用管理模型 [13]

另外，学者从宏观和微观两个层面对信用风险产生的原因进行了分析，[13-14] 如图 5-15 所示。

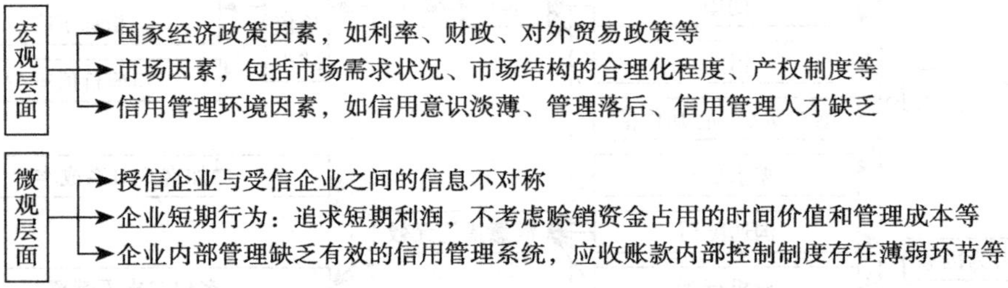

图 5-15　信息风险成因总结

2. **现实依据**

在我国的医药保健品、纺织等竞争激烈的行业，有些企业赊销额占总销售额的比率高达九成。据统计，我国企业应收账款平均回款期为 90.3 天，远远高于发达国家 45 天的水平。更为严重的，逾期应收账款比率过高，平均为 40% ～ 50%。

东方国际保理中心对 2 000 个账款拖欠案件分析归纳出了造成客户信用风险的账款拖欠的三类主要原因：政策性拖欠（主要是由于国家计划或行政部门干预而形成的逾期应收账款）、客观性拖欠（主要是由于企业外在的不可抗拒因素而导致的账款拖欠）和管理性拖欠（主要是由于企业自身管理不善而导致的账款拖欠）。从图 5-16 中可以看出，企业自身原因是导致信用风险的主要原因。

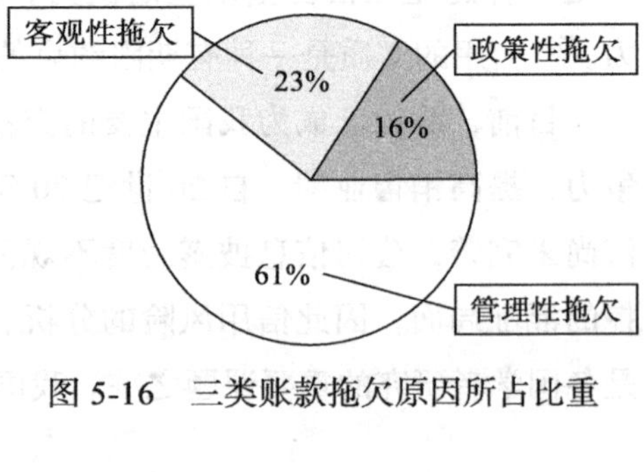

图 5-16　三类账款拖欠原因所占比重

综上所述，客户信用风险是指在信用交易过程中，由于客户不能如期付款或不愿付款而给企业带来的可能性损失，特别是在 B2B 商业模式中。

需要强调的是，本书讨论的客户信用风险（有些学者称之为“赊销风险”）是广义信用风险中的一种，应与银行信贷中的信用风险区别开来（见表 5-4）。对于银行信贷中的信用风险，本书不做详细讨论。

表 5-4　两种信用风险对比

对比项目	赊销企业的客户信用风险	银行信贷中的信用风险
主体	赊销企业	银行
客体	企业，业务往来频繁	客户面更广泛
标的物	产品与服务	货币资金
专业化程度	制度在逐步完善	专业化程度较低

5.5.2　客户信用风险因素

目前多数学者总结的客户信用风险的成因中几乎不涉及归因于客户的因素，因此，本书根据客户信用评估体系（见图 5-17）来提炼客户信用风险的客户因素。

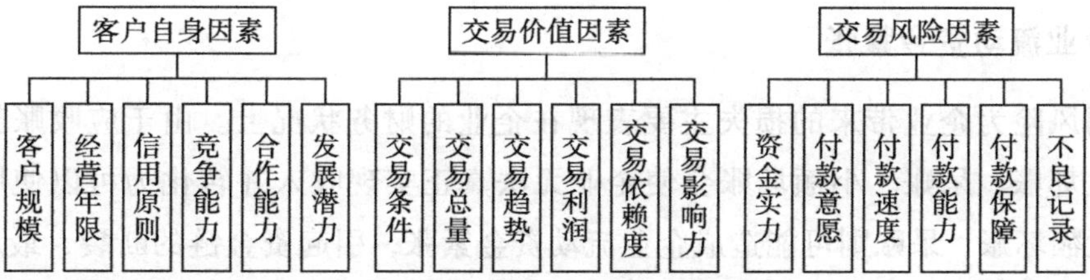

图 5-17　客户信用评估体系

根据客户的品德（付款意愿、负责人品质、对交易的重视程度）、能力（付款能力、付款保障、信用管理制度）和行为（信息隐瞒、篡改、欺骗等），可以将归因于客户的风险因素总结为以下几点。

1. 客户欺诈

下文所提及的客户故意拖欠和客户赖账广义上可以被视为客户欺诈行为。另外，预谋欺诈是导致客户信用风险的最恶劣的因素。预谋欺诈是客户通过向企业提供虚假的信息，与企业签订后付款的交易合同，纯粹诈取企业产品而无付款意愿。

2. 客户拖欠

客户拖欠有两种情况：①当客户资金紧张或有意外情况发生不能如期或足额履行购销合同时，发生短期拖欠货款；②客户故意拖欠。前者与客户的付款能力、付款保障相关，而后者则更多与客户的付款意愿、负责人品质相关。

3. 客户赖账

赖账是指恶意拖欠货款的行为，最终结果可能是不还款。赖账是指有能力还款但拒绝还款。赖账是产生赊销坏账的主要原因之一。从性质上讲，赖账是欺诈行为的前兆，是一种恶劣的商业行为。这与客户的付款意愿、负责人品质、信用管理制度等相关。

4. **客户破产**

客户破产意味着欠账的客户可以免除所有的对外负债，而提供信用的企业将有可能损失全部赊销款。这与客户的付款能力、付款保障相关。

5.5.3 客户信用风险事件

上述客户信用风险因素在实际管理中，反映为财务管理中应收账款的回款情况，企业也是基于此来识别其是否面临客户信用风险。

5.5.4 客户信用风险后果

1. **企业流动资金紧张**

信用风险为企业带来的损失主要表现在企业的财务状况上。由于应收账款无法收回，产生坏账、呆账。小额坏账会使企业无法真正实现收入并转化为可以使用的现金流。而大额坏账、呆账则可能造成企业流动资金紧张，引起资金链的断裂，最严重的是导致企业破产。

2. **机会成本增加**

客户信用风险所造成的损失也可能是隐形的，体现为机会成本的增加。例如，客户拖欠货款不出现在会计账簿上，因此经常被没有经验的赊销管理人员忽视。而且，机会成本增加会带来资金时间价值的损失。

总结上述分析过程，建立客户信用风险模型如图 5-18 所示。

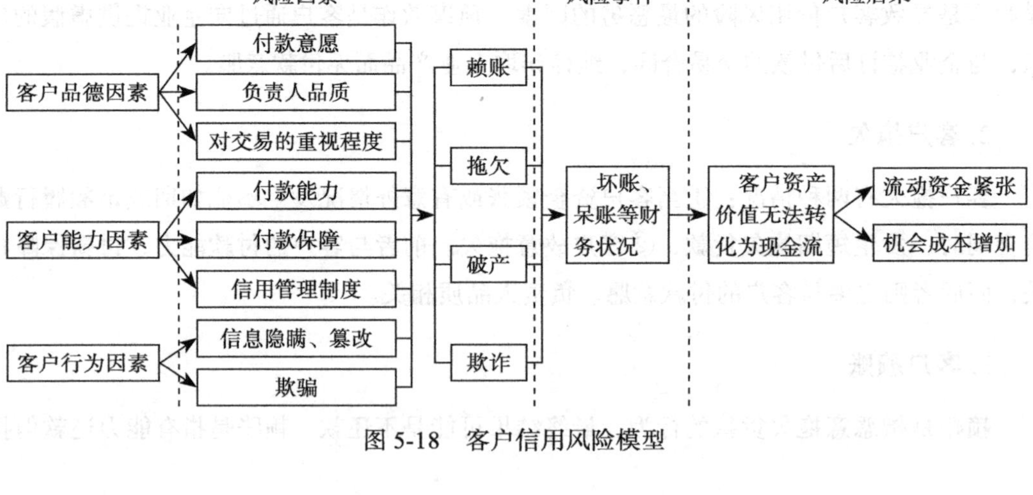

图 5-18 客户信用风险模型

5.6 客户流失风险

5.6.1 客户流失风险识别

1. 理论依据

客户流失（Customer Churn/Customer Exit/Customer Switching/Customer Defection）包括两种情况：①企业现有的客户不再使用原来的产品或服务（包括其他企业提供的相同产品或服务）；②客户终止与该企业的关系并转而使用其他企业提供的该产品或服务。学者指出，客户流失产生于企业客户关系管理中的所有不确定因素，即所有风险。

通常来说，长期客户具有以下特点：购买量和购买次数更多、交叉购买倾向更强、对价格敏感性较弱、花费企业更少的时间、通过良好的口碑宣传给企业带来新的客户并在竞争者的吸引下展现出更高的忠诚度。另外，对于长期客户而言，企业还不存在起始成本或购置成本。客户流失率居高不下除了给企业带来收入的直接减少之外，还会造成增加企业对现有客户的挽留成本、为了弥补流失客户而需要花费大量资源来重新获得新客户、市场竞争升级而带来的广告费用奇高、对企业员工和投资人的心理伤害及混乱等负面影响。

基于众多学者对客户流失过程的研究，我们提出了客户流失过程模型，如图 5-19 所示，展示了客户流失的一般形成过程，也可以称为客户流失风险的风险传递过程。

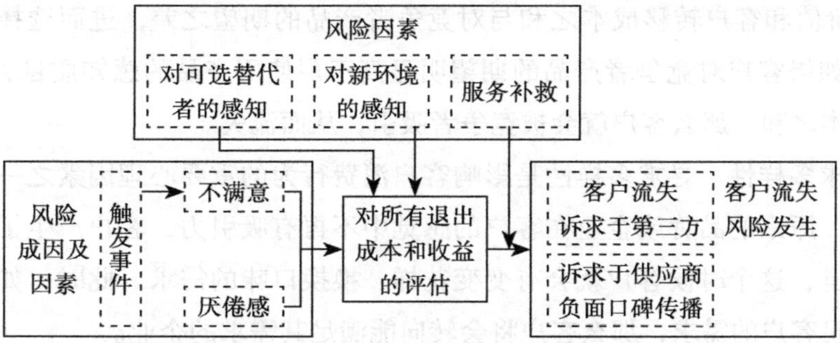

图 5-19　客户流失过程模型

2. 现实依据

相比于扩大经营规模、提高市场占有率、降低单位成本等手段，减少客户流失对企业来说将更具有吸引力。就服务行业来说，若能减少 5% 的客户流失率，将使企业的盈利水平提高 25% ～ 85%。2006 年全年，中国电信某公司新发展移动客户 73.44 万户，但流失客户却高达 67.25 万户，移动客户实际净增加只有约 7 万户，流失客户与新增客户比例约为 9 ：10，因客户流失造成的经济损失为 2.4 亿元。

而减少客户流失风险发生，即降低客户流失率带来的经济效益是显而易见的。相关研究指出，美国电信企业的客户流失率若降低 1%，则可以增加 1.5 亿美元的公司价值；客户流失率若降低 5%，则可以增加 15% ～ 20% 的股东价值。

综上所述，客户流失风险是指企业正常运营过程中，客户终止与本企业的商业关系或转向其他企业而给企业带来损失，直接表现为客户生命周期结束。

5.6.2 客户流失风险因素

客户流失（客户流失倾向）风险的影响因素主要有以下八个：服务质量、感知价值、客户满意、主观规范、转移成本、替代者吸引力、承诺和感知挽救。综合这八个影响因素，客户流失风险的归因因素主要有以下几点。

1. 客户情感因素

（1）不满意。许多学者的研究表明，客户不满意是造成客户流失的重要原因。在基阿韦尼等（1995）对客户流失行为的研究结果中，客户更换服务提供商的最可能的原因是关键服务失效，然后是接触服务失效、定价问题、缺乏便利性、失误响应不力等。[15] 这些因素实际上都是在情感上使客户不满意，从而流失客户。

（2）被竞争者吸引。在基阿韦尼等（1995）的研究中，竞争者吸引在客户流失的原因中占 10%。客户总是希望能获得更好的服务。在使用某企业的产品的同时，客户会获得其他企业同一类产品的信息，并对两者进行比较，这实际上是比较现使用产品的感知质量 / 感知价值和客户转移成本之和与对竞争者产品的期望之差，进而选择使自己更满意的产品。如果客户对竞争者产品的期望明显高于现使用产品的感知质量 / 感知价值和客户转移成本之和，那么客户就会被竞争者吸引，从而流失。

（3）寻求多样性。寻求多样性是影响客户消费行为的重要心理因素之一。在使用一段时间之后，原来的品牌或企业在客户的感觉中不再有吸引力，客户产生了一种无聊或没兴趣的感觉，这个时候客户就会有变变花样、换换口味的需求。此时，如果竞争者及时获知并满足客户的需求，那么客户将会转向能满足其需求的企业。

2. 客户行为因素

这里主要指客户的自然行为（客观行为），即客户迁居、去世、改变职业、结婚等。这些原因使得客户不得不放弃原先企业的服务。例如，某客户由于从 A 地迁居到 B 地，而不得已放弃 A 地移动公司提供的通信服务。

5.6.3 客户流失风险事件

根据客户流失的原因，客户流失风险事件可以归纳为以下四类。

（1）失望流失。客户由于对企业不满意而流失。

（2）竞争流失。客户被竞争者吸引而转移。

（3）恶意流失。客户因为自身主观因素（如改变习惯或客户厌倦）而流失。

（4）自然流失。客户因为某些客观因素（如客户去世或到异地工作等）而流失。

5.6.4　客户流失风险后果

客户流失风险直接的表现是客户流失的发生。这种风险后果将会对企业造成不容忽视的损失，将使企业未来的盈利水平被严重削弱。

1. 客户资产价值减少

首先，客户资产价值减少表现为高价值老客户的减少，这是最直接的风险后果。

相对于新客户而言，老客户是更加有利可图的合作伙伴，特别是为企业带来高收入的老客户。老客户数量减少带来客户购买价值和交叉购买价值的降低，进而使得企业总收入受到削减。随着与企业商业关系的延续，老客户对企业的产品线和服务更加了解，他们会消费更多的产品，更高效地购买，进而节约企业的服务成本。而且，老客户对价格不像新客户那样敏感，其推荐也更值得信任。随着客户流失而带来的口碑价值、客户交易价值、客户学习价值等非现金价值减少是不容忽视的。

从客户成本的角度，企业为了获取、保留和培养有价值的客户，需要投入大量的客户获取成本和维系成本，客户流失代表这些成本投入将付之东流。更有甚者，企业培养的对产品或服务需求旺盛、使用熟练的客户转移到了竞争对手那里。

2. 负面口碑效应

由于不满、失望等消极情绪而流失的客户可能会发表一些损害企业形象的言论，如“产品包装差”“员工态度不好”“企业欺瞒”等。客户通过这些负面口碑来发泄不满甚至敌对情绪。这些负面口碑的传播将对企业形象和声誉造成破坏，使得企业无法获得与自身产品、服务、业务等有关的真正有价值的信息，而且对企业的现有客户也造成了不良影响，他们的行为很有可能受到这些负面口碑的影响而产生变动。

3. 客户获取成本增加

企业重新投入成本以获取新的客户。在重复客户开发的流程中，所花费的成本通常是留住一位老客户的 5 ～ 8 倍。而且，企业又要重新面临客户获取风险带来的挑战。

总结上述分析过程，建立客户流失风险模型如图 5-20 所示。

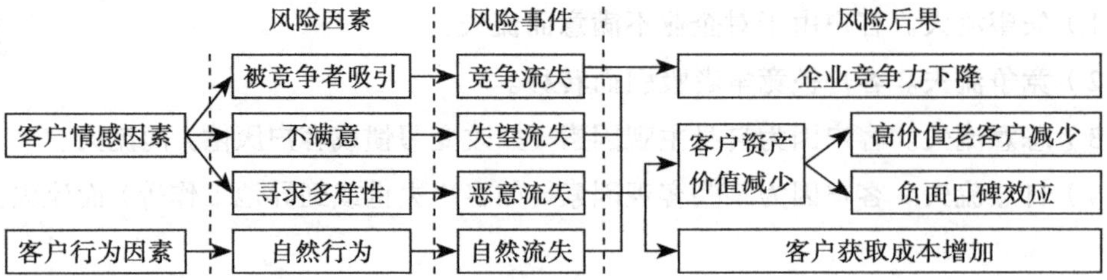

图 5-20 客户流失风险模型

5.7 客户挽留风险

5.7.1 客户挽留风险识别

在企业客户挽留管理实践中，挽留资源是有限的，而待挽留的客户很多且不确定。企业在客户挽留工作中，需要回答三个问题：①客户是否值得挽留？②待挽留的客户中，如何安排优先挽留顺序？③采取怎样的措施来挽留客户？

要回答第一个和第二个问题，最简单的就是定量地对客户的挽留价值进行判断。舒华英和齐佳音在《电信客户全生命周期管理》[16]一书中指出，当企业挽留客户时，客户关系恢复可预期收益（V_1）为：

$$\text{可预期收益}(V_1)=\text{恢复后价值}-\text{恢复成本} \tag{5-4}$$

当企业放弃客户时，客户关系终止可预期收益（V_2）为：

$$\text{可预期收益}(V_2)=\frac{\text{终止旧客户关系}}{\text{带来的资源释放}}+\frac{\text{释放资源用于新投资}}{\text{带来的收益}}-\text{终止成本} \tag{5-5}$$

我们通过比较 V_1 和 V_2 的大小来判断是否挽留该客户。而在多个待挽留客户中，则比较 V_1（$V_1>0$，$V_2<0$）的大小或 V_1-V_2（$V_1>0$，$V_2>0$，$V_1-V_2>0$）的大小来判断优先对哪个客户采取挽留措施，具体如表 5-5 所示。

表 5-5 客户挽留价值判断

V_1	V_2	结果		
>0	<0	挽留		
<0	>0	终止		
<0	<0	终止		
>0	>0	判断 V_1-V_2	>0	挽留
			<0	终止
			$=0$	恢复

回答第三个问题，则是解决基于定性分析的客户挽留措施分析的问题。首先，企业需要对客户流失的原因进行分析。然后，根据客户细分属性等内容制定有针对性的客户挽留方案并实施客户挽留。

尽管科学的客户挽留措施可以实现挽留资源价值的最大化，降低客户流失率，但客户挽留措施不总是有效，无效的挽留措施可能会弄巧成拙，只会增加客户对企业的负面反应。归根结底，正是这种客户挽留的两面性带来了客户挽留风险。

因此，客户挽留风险是指在客户流失已成事实的情况下，企业进行挽留价值判断、采取挽留措施和配置挽留资源后：①高价值客户关系无法恢复；②低价值客户关系恢复而带来可能性损失。

5.7.2　客户挽留风险因素

1. 客户情感因素

（1）流失倾向强。如果客户对企业的产品或服务非常不满意且表现出非常坚定的流失倾向，那么即使企业采取挽留措施（如提供更高级别的服务或优惠）也不能使客户的这种倾向减弱。

（2）二次不满意。对企业挽留措施的二次不满意将更加坚定客户流失意愿。

2. 客户行为因素

（1）拒绝挽留。客户可能出于各种原因拒绝企业挽留，对企业的挽留措施保持沉默或很排斥，那么即使企业积极挽留该客户也是没有成效的。

（2）投机行为。这里的投机行为具体是指客户为了获得某些不在契约范围内的产品或服务带来的利益，而欺骗企业将终止关系，使企业为满足其要求而采取挽留措施。

5.7.3　客户挽留风险事件

根据客户挽留风险的定义，客户挽留风险事件可以分为以下两类。

（1）高价值客户虽然经过企业挽留但仍然流失。

（2）低价值客户被挽留。

5.7.4　客户挽留风险后果

客户挽留风险给企业带来了客户资产价值损失，这是由高价值客户流失和低价值客户被挽留共同导致的。

总结上述分析过程，建立客户挽留风险模型如图 5-21 所示。

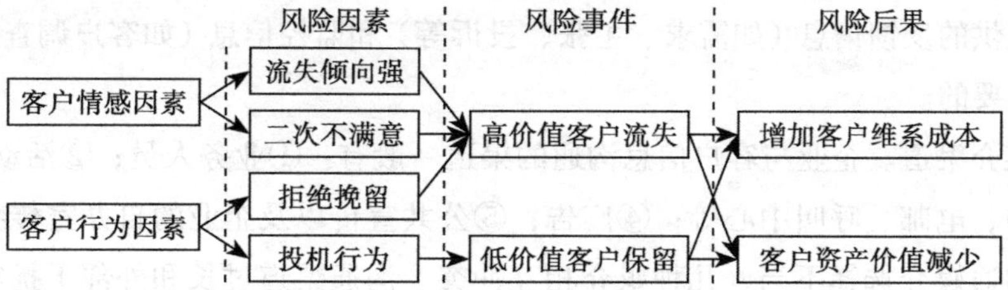

图 5-21　客户挽留风险模型

5.8　客户信息沟通风险

5.8.1　客户信息沟通风险识别

1. 理论依据

信息沟通即信息的交流与互换。企业与客户之间的信息沟通应当是双向的、交互的。产品促销、销售服务、投诉处理等几乎所有活动都建立在企业与客户的有效沟通的基础上。

本书将采用拉斯维尔的“5W 模式”（见图 5-22）来解读企业与客户信息交互传播的过程。

图 5-22　“5W 模式”

（1）“传播者”与“接收者”。随着企业与客户关系的发展，客户作为信息的传播者和接收者，其角色类型由潜在客户发展为目标客户、现有客户和核心客户（或流失客户）。由于不同类型的客户给企业带来的价值不同，企业对不同类型的客户的要求也不尽相同，这要求企业对收集的客户信息随着客户类型的演变而动态更新，获取和提供有效的、有针对性的信息。另外，企业和客户可能会为了保证自己的利益最大化而恶意破坏或隐瞒信息，导致信息失真。

（2）信息内容。根据帕克等（2003）对企业信息系统的分析，在动态客户关系管理过程中，所有的客户信息可以分为三类。[17]

①客户自身的信息（Information of Customer），主要包括反映客户群体基本情况和基本属性的人口统计特性信息、决定客户社会属性的生活方式特性信息、描述客户决策过程的客户决策特性信息；②为客户提供的信息（Information for Customer），包括企业提供的产品或服务的属性信息和品牌、信誉、文化等企业信息，客户以此为基础进行决策；③客户提供的信息（Information by Customer），如客户在购买产品或服务的过程中，购买时间、购买产品或服务的种类和数量等交易数据都被记录在企业的信息系统中。另外，客户提供的反馈信息（如需求、主张、投诉等）和监控信息（如客户调查数据等）都是企业所需要的。

（3）媒介渠道。企业与客户信息沟通的渠道一般有：①业务人员；②活动；③信函、电话、网络、电邮、呼叫中心等；④广告；⑤公共宣传以及企业的自办宣传物；⑥产品包装。而沟通媒介选择不当、几种媒介相互冲突、沟通渠道过长和外部干扰等因素会影响沟通效果，甚至造成沟通障碍。

2. 现实依据

根据美国营销协会的研究，不满意的客户中有 1/3 是因为产品或服务本身有毛病，其余 2/3 的问题都出在企业与客户的沟通不良上。

从信息沟通的内容和过程两个方面，将客户信息沟通风险分为客户信息内容风险和客户沟通过程风险。

客户信息内容风险是指由于客户信息泛滥、客户信息失真和客户信息泄露而可能导致企业决策不当的风险。

客户沟通过程风险是指由于企业与客户的沟通障碍而威胁双方关系，从而使企业有蒙受损失的可能性。

5.8.2　客户信息沟通风险因素

客户信息沟通风险因素主要分为四类：信息自身因素、客户情感因素、客户能力因素和客户行为因素。

1. 信息自身因素

（1）海量信息带来信息泛滥。通过上述分析，企业所需要掌握的信息内容是十分丰富的。这些信息有序或无序、整合或分散、正确或错误，而且分布在一个信息量庞大、信息传递异常迅速的环境中，企业难以辨别和控制客户信息，信息泛滥。

（2）牛鞭效应带来需求信息夸大。牛鞭效应（Bullwhip Effect）使得信息流从最终客户向供应链的上游供应商传递时，由于无法有效地实现信息的共享，使得信息扭曲且逐渐放大，导致了需求信息出现越来越大的波动。这种需求信息的扩大直接导致企业所获取的客户需求信息内容失真，直接加重了供应商的供应和库存风险，甚至扰乱生产商的计划安排与营销管理秩序，导致生产、供应、营销的混乱。

2. 客户情感因素

（1）不信任产生沟通障碍。有效的信息沟通要以相互信任为前提，客户只有在信任企业的基础上，才会积极响应，并竭力对沟通中企业传递的信息加以吸收和消化，从而提升沟通效果。与之相反，客户不相信企业所提供的产品或服务能满足其需求或对企业的信誉等产生怀疑，那么最直接的后果是客户将怀疑企业所提供的信息的真实性，从而产生沟通障碍，消极对待甚至拒绝双方的沟通互动。

（2）“先入为主”产生沟通障碍。客户在与企业进行沟通之前，总会通过其他渠道获得关于企业的信息，如朋友的评价、广告、自身体验等，这些信息使客户“先入为主”

地对企业产生一些认知。假如这些信息是恶意的、消极的，那么客户会产生“沟通不能解决问题”，甚至“沟通是企业欺骗的手段”等观点，从而拒绝与企业沟通互动。以客户抱怨为例，客户在不满意时并不都会向企业进行投诉，可能会选择保持沉默。这种沉默的沟通行为很大一部分原因就在于客户认为即使投诉也不能解决问题。

（3）沟通偏好。并非所有的客户都会积极与企业进行沟通。被动沟通、懒于沟通甚至拒绝沟通使得客户到企业之间的信息流中断，即使企业获得相关信息，信息的有效性也需要进一步考证。

3. 客户能力因素

对组织沟通效果测评的研究指出，知识能力是指信息发出者和信息接收者的知识能力。客户对信息的理解和传达方式受到知识能力的制约。这种知识能力因素对客户沟通风险的影响表现在以下几个方面。

（1）语言性障碍。客户通过语言文字等表达自身需求时，因表达不清引起歧义，企业未能很好地了解客户的需求，从而造成“误解”。

（2）认知性障碍。这是指对信息的接收和处理能力的欠缺。客户因对企业所传递的信息“译码”不准确而造成对产品或服务的理解不正确，进而对企业不满意、不信任。

（3）文化水平。如果客户的受教育程度、知识水平与企业设定的产品目标客户应具备的文化水平有差异，那么客户有可能无法真正理解企业传递的相关信息，从而造成沟通障碍。

4. 客户行为因素

这里主要指客户泄露企业核心信息、故意提供虚假信息、延误传递等以为自己创造更多经济价值的投机行为。

5.8.3 客户信息沟通风险事件

客户信息沟通风险事件有以下四类。

（1）客户信息泛滥。客户信息容量和更新速度超过了企业的信息处理和利用能力，导致客户信息冗余和失效，失去了有效性和时效性。

（2）客户信息失真。客户信息失去了真实性、准确性、完整性。

（3）客户信息泄露，企业所掌握的客户核心信息被竞争对手获取。这里主要是指客户为了扩大自身利益（如获得信息优势）向其他企业透露本企业的相关信息，或者客户在与其他企业建立交易关系时，泄露与本企业交易的相关核心内容。

（4）信息沟通障碍。在客户与企业的信息传播交流过程中，由于各种因素的干扰，信息的正常流通被阻碍。

5.8.4　客户信息沟通风险后果

信息沟通的有效性是衡量信息沟通取得的效果的指标之一。从信息沟通的效果和效率两个方面来讨论：信息沟通效果体现在信息内容的质量上，信息内容的完整、真实、有用程度越高，则效果越好；信息沟通效率体现在沟通过程的成本和速度上，沟通的成本越低，速度越快，则沟通效率越高（见图 5-23）。

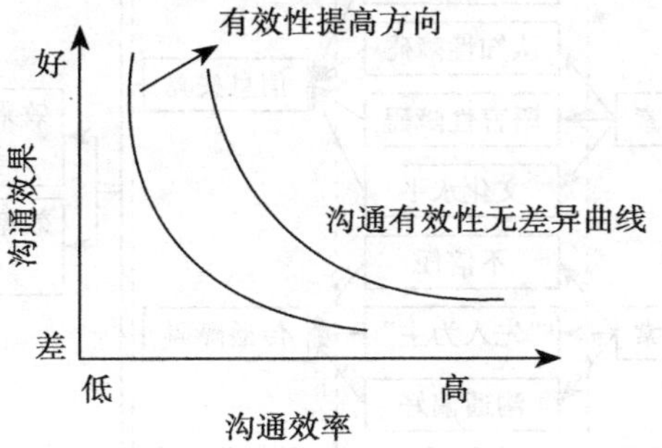

图 5-23　信息沟通的有效性

根据表 5-6 的信息沟通有效性评价指标来分析客户信息沟通风险后果。

表 5-6　信息沟通有效性评价指标

一级指标	二级指标	注　释
信息沟通效果	真实性	客户信息是真实的还是虚假的、有用的还是无用的、准确的还是有错误的、完整的还是缺失的
	有用性	
	准确性	
	完整性	
信息沟通效率	消耗性	完成信息沟通目标所消耗的成本
	时效性	衡量信息沟通的时间效率，评价沟通是否及时。主要表现为信息处在沟通渠道中的流转时间和单位时间内通过沟通渠道的信息量

客户信息沟通风险的后果主要表现为以下两点。

（1）客户信息沟通效果差使客户资产价值减少。

具体来说，这种沟通效果差表现为客户信息虚假、错误、缺失、不相关或更新不及时等。由于客户信息的低质量，企业可能无法及时掌握客户的动态，形成有价值的客户视图，基于信息进行的客户价值的预测结果误差也会扩大，这些都是客户资产价值减少的体现。

（2）客户信息沟通效率低使客户信息成本增加。

从两方面来考虑这种客户信息成本的增加。从现金流角度来考虑，企业为了实现其客户信息沟通目标，必须投入一定的成本，如信息渠道（呼叫中心、广告等）建设成本、人力资源（客服人员、市场调查人员等）投入成本。低效率的客户信息沟通使得这些资源的占用时间更长，无法释放资源以支撑其他活动。从非现金流角度来考虑，信息占用渠道资源，使得其他有用信息无法及时通过，或者信息即使被企业接收，却因为“过时”而失去了其时间价值。

总结上述分析过程，建立客户信息沟通风险模型如图 5-24 所示。

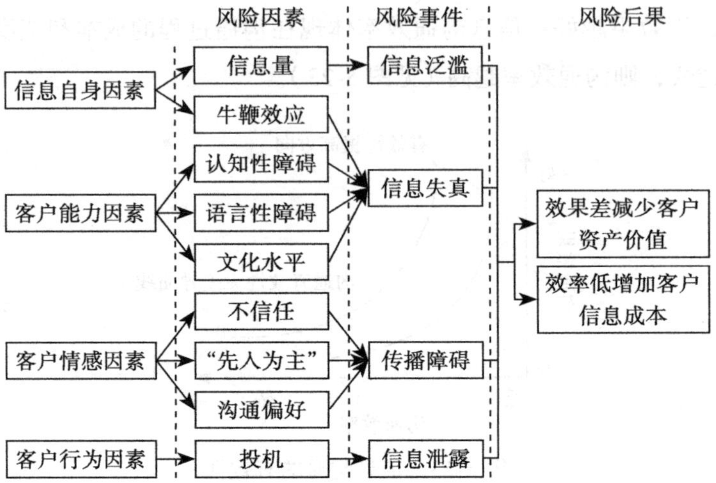

图 5-24　客户信息沟通风险模型

本章小结

本章建立了“关系状态－关系管理活动－客户关系风险”的识别框架，系统介绍了企业客户关系管理可能面临的六种客户关系风险：客户获取风险、客户满意风险、客户信用风险、客户流失风险、客户挽留风险和客户信息沟通风险。

思考题

1. 请针对每种客户关系风险提供一个案例，运用相关知识进行分析。

2. 对于每种客户关系风险，请思考它们都会有哪些前兆性的信号和线索。

3. 客户流失预警是客户关系风险管理中的重要内容，请搜索相关文献，整理出客户流失预警的常用方法和技术实现过程。

参考资料

[1] HAYNES J.Risk as an economic factor [J]. The Quarterly Journal of Economics, 1895 (4): 409-449.

[2] 王海伟 . 非契约型客户资产风险形成及度量研究 [D]. 哈尔滨：哈尔滨工业大学，2007.

[3] 温巧夫，李敏强 . 中国企业海外并购的风险与对策研究：基于 2000—2005 年中国企业海外并购实证分析 [J]. 经济理论与经济管理，2006（5）：24-29.

[4] BOLTON R N.A dynamic model of duration of the customer's relationship with a continuous service provider: the role of satisfaction [J]. Marketing Science, 1998, 17 (1): 45-65.

[5] BAUER R A, BAUER A H .America, 'mass society'and mass media[J]. Journal of Social Issues, 1960, 16(3): 3-66.

[6] STONE R N, GRØNHAUG K.Perceived risk: further considerations for the marketing discipline[J].European Journal of Marketing, 1993, 27 (3): 39-50.

[7] BLATTBERG R C, DEIGHTON J.Manage marketing by the customer equity test [J]. Harvard Business Review, 1996, 74: 136-144.

[8] 齐佳音，舒华英 . 客户价值评价、建模及决策 [M]. 北京：北京邮电大学出版社，2005.

[9] THOMAS J S, REINARTZ W, KUMAR V.Getting the most out of all your customers [J]. Harvard Business Review, 2004, 82 (7-8): 116-123.

[10] ZEITHAML V A, BERRY L L, PARASURAMAN A.The behavioral consequences of service quality [J]. Journal of Marketing, 1996, 60 (4): 31-46.

[11] PING R A.Does satisfaction moderate the association between alternative attractivenes and exit intention in a marketing channel? [J] Journal of Marketing Research, 1993, 18: 395-415.

[12] 梁巧桥 . 营销中的客户风险管理研究 [D]. 北京：北京工商大学，2006.

[13] 王珮 . 企业信用风险分析及控制 [D]. 北京：对外经济贸易大学，2004.

[14] 王英烈 . 企业赊销风险评估与决策方法研究 [D]. 成都：电子科技大学，2007.

[15] KEAVENEY S M.Customer switching behavior in service industries: an exploratory study[J]. Journal of Marketing, 1995, 59：71-82.

[16] 舒华英，齐佳音 . 电信客户全生命周期管理 [M]. 北京：北京邮电大学出版社，2004.

[17] PARK C, KIM Y.A framework of dynamic CRM: linking marketing with information strategy[J]. Business Process Management Journal, 2003, 9 (5): 652-671.

第 6 章
CHAPTER6

客户知识管理

◇ 课前导读

知识管理（Knowledge Management，KM）可以帮助企业更好地了解客户、从客户那里获得知识并与客户共同学习。CRM 本身就蕴涵着知识管理的因素，其成功实施需要将 KM 纳入企业整个 CRM 体系结构中以提升 CRM 的实施效果。本章的主要内容有客户知识管理（Customer Knowledge Management，CKM）的概念、框架、能力、系统以及实施与跟踪。本章内容组织结构如图 6-1 所示。

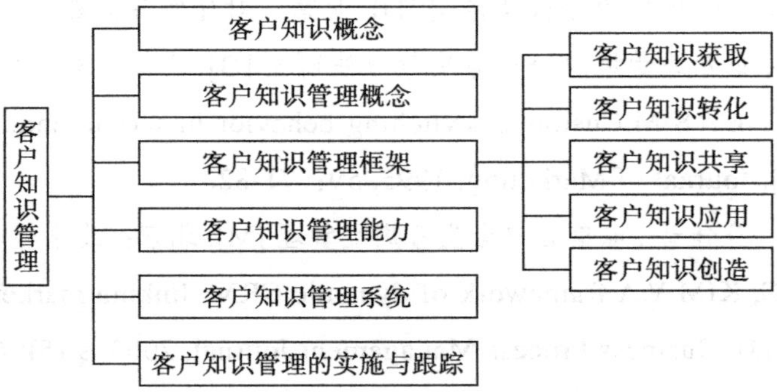

图 6-1　本章内容组织结构图

◇ 学习目标

- 掌握客户知识管理的相关概念
- 了解客户知识管理的框架
- 掌握客户知识获取、转化、共享、应用、创造的方法
- 了解客户知识管理能力的概念及组成
- 了解客户知识管理系统架构
- 了解客户知识管理实施与跟踪的步骤与方法

6.1 客户知识的概念

6.1.1 客户知识的定义

为了能够深刻认识客户知识管理，首先介绍客户知识管理的对象——客户知识。随着理论界和企业界对客户知识的广泛关注，客户知识已经逐步确立了其在组织中成为核心资源之一的战略地位。

客户知识的研究在国外开始于 20 世纪 90 年代初，布伦斯指出应该增加企业客户知识来促进销售，掌握的客户知识越多，企业将有更多的策略让客户购买越多的产品或服务。[1] 表 6-1 总结了国内外文献中关于客户知识的定义。

表 6-1 客户知识的定义

时间	学者	客户知识的定义
1998 年	李	客户知识被看作系统化的客户信息，属于客户当前的和潜在的对产品或服务的需求偏好 [2]
2002 年	叶乃沂	客户知识由客户界定、沟通渠道、客户需求、客户行为及客户赢利价值这五个层次组成 [3]
2002 年	J. Rowley	客户知识包含了关于客户的知识和客户拥有的知识 [4]
2003 年	H. Gebert	客户与企业在交易及交流过程中需要、产生或拥有的一种经验、价值、情境信息和专家洞察力的动态组合。客户知识包括关于客户的知识、客户拥有的知识和客户需要的知识 [5]
2004 年	郭	客户知识可以分为客户信息知识、客户行为知识和客户隐性知识 [6]
2005 年	M. Rollins	客户知识与客户数据和客户信息是不同的，客户知识可以是在数据库中显性的、结构化的客户信息，或者是在员工和客户头脑中隐性的知识 [7]
2005 年	H. Smith	客户知识包含四个方面：关于客户的知识、客户需要的知识、客户拥有的知识以及与客户共同创造的知识 [8]
2006 年	陈	客户知识是通过 CRM 系统汇集的，它是企业开发或者改进产品或服务以满足甚至超过客户期望的有价值的智能的资产 [9]

客户知识的定义可以从两个维度进行梳理。首先，客户知识是知识的一种，兼有知识的特性，可以分为显性知识和隐性知识。其次，客户知识有其特殊性，它要求企业与客户建立沟通、互动。所以本教材从客户知识的性质和与客户的互动程度这两个维度对这些定义进行归纳，如图 6-2 所示。

从图 6-2 中可以看出，目前客户知识的定义主要强调客户知识的两个特性：一是客户知识是在企业与客户的交流和互动中产生的，是动态的，客户知识不仅仅是对单向客户信息的提取，更强调在与客户有意的主动交流中所获取的知识。二是关注客户的隐性知识，即客户拥有的知识。在客户知识管理中所要管理的客户知识不单单是客户消费行为特征等显性知识，还包括客户对产品的评价、客户消费心理、购买决策方式等隐性知识。对客户隐性知识的管理是客户知识管理区别于传统的客户关系管理的关键特征。

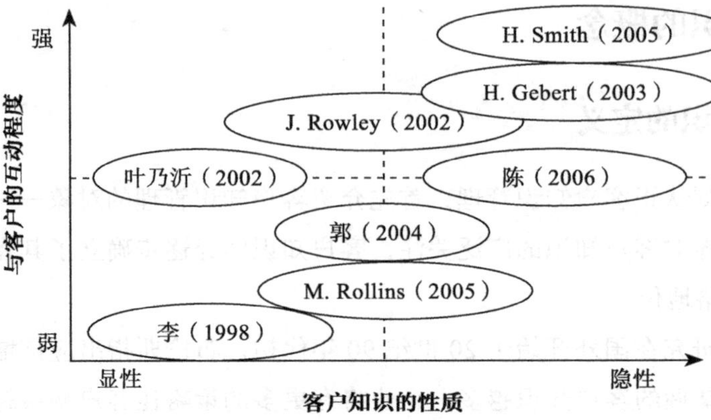

图 6-2　客户知识相关文献总结

6.1.2　客户知识的分类

根据不同的分类依据，可以将客户知识分成不同的类型。

1. 根据客户知识的性质分类

客户知识根据其可视性分为显性客户知识和隐性客户知识。

显性客户知识是经过人的整理和组织，可以以文字、公式、计算机程序等形式表现出来，并可以通过正式的、系统的方式（如书本、计算机网络）加以传播，便于其他人学习的知识。

隐性客户知识是与人结合在一起的经验性的知识，很难将其文字化或公式化。它们本质上以人为载体，因此难以通过常规的方法进行收集，也很难通过常规的信息工具进行传播。

2. 根据客户知识的内容分类

关于客户的知识（Knowledge about Customers）是指被企业收集来了解客户动机的知识，包括客户的历史记录、背景、需求、期望、偏好以及购买活动，也包括客户的性别、年龄、职业、收入、教育状况等背景知识。这类知识是企业进行客户分析的重要基础，它能帮助企业准确地分析和定位客户资源，了解客户需求，并据此为客户制定相应的个性化或一对一营销策略。

客户需要的知识（Knowledge for Customers）是指企业为满足客户的需要而准备的知识，包括企业的产品、服务及市场情况等。这类知识由企业传递给客户，帮助客户更好地理解企业的产品和服务，从而使客户的需求与企业的产品有效地匹配。

客户拥有的知识（Knowledge from Customers）是指客户拥有的关于产品、供应商和市场的知识，包括使用产品和服务的方法、程序、经验，对产品和服务的见解、评价、意见与建议，客户间的矛盾与协作等。这类知识能够使企业及时响应客户需求的变化，并相应地调整营销策略。

史密斯等（2005）认为除了以上三类客户知识以外，还有与客户共同创造的知识（Knowledge Co-creation），这类知识指的是企业与客户在充分沟通、共同合作的基础上新创造的知识。一些著名企业都在与其客户，特别是核心客户共同进行新产品的开发和营销模式的创新，从而实现创造客户价值与培育竞争优势的双赢目标。[8]

6.2　客户知识管理的概念

6.2.1　客户知识管理的定义

CKM 概念的提出源自 CRM 的发展。20 世纪 90 年代后期，随着电子商务的兴起，CRM 与知识管理呈现相融合的趋势。韦兰和科尔在其 1997 年出版的著作 *Customer Connections* 中首次完整地提出了客户知识管理这一概念。[10] 表 6-2 简要总结了近年来有代表性的关于客户知识管理的定义。

表 6-2　客户知识管理的定义

时间	学者	客户知识管理的定义
1997 年	R. E.Wayland	客户知识管理涉及客户知识的来源与应用以及怎样运用信息技术建立更有价值的客户关系。它是在获取、发展以及保持有利可图的客户组合的过程中，有关信息和经验的杠杆作用 [10]
2000 年	C. Alan	客户知识管理是这样一个过程：通过利用先进的信息技术与客户互动交流，帮助客户找出问题及其答案，进而适应周围环境，使客户需求过程与企业营销过程有力地交织融合在一起，实施“定制化”服务 [11]
2002 年	M. Gibbert	一个把技术和 KM 概念整合起来，帮助组织了解它的客户，从而可以更好地为其服务并从中学习的过程 [12]
2003 年	H. Gebert	认为 CKM 与 CRM 相比，强调的是将客户知识作为企业与客户之间关系的主要内涵；与知识管理相比，则是将知识管理的对象聚焦于客户知识上，从宽泛的企业知识管理范围缩小到对客户知识进行运作管理，从而获得收益 [5]
2005 年	J. Rowley	把 CKM 定义为优化组织和业务流程来促进客户知识的创造、传播和利用，以实现组织的目标 [4]
2005 年	R. Minna	定义为一个利用 KM 工具来支持在组织内部以及组织与客户之间生产、传播和利用客户知识，以提高客户关系管理绩效的过程 [13]
2007 年	王壮，等	将知识看作企业成功的一个重要因素，通过对与客户互动过程中所获知识的创造、交流和应用来使企业业务增长及价值最大化，以实现创造企业价值、维持竞争优势的过程 [14]

虽然目前客户知识管理的含义仍没有形成统一的定义，但从表 6-2 对客户知识管理的定义中可以发现的共同点是：

（1）客户知识被视为企业最重要的资源之一，这也是客户知识管理的核心。

（2）客户知识管理是一个不断与客户进行互动与交流的过程。

（3）信息技术的应用是客户知识管理过程中一个重要的组成部分。

（4）客户知识管理的最终目标是最大化地创造企业的价值。

在本章中，对客户知识管理进行定义如下：客户知识管理是在 CRM 流程中，通过信息技术的使用，促进客户知识的获取、转化、共享、使用以及创造，更好地与客户进行互动交流，满足客户深层次的需求，最终实现企业价值最大化。

6.2.2 CKM 与 CRM 和 KM 之间的关系

CKM 包含 KM 和 CRM 的原则，CKM 是在 CRM 基础上的一个分支。CKM 在 CRM 中引入 KM 工具，把客户关系管理提升到一个更高的“共同价值创造”的层面上，即将客户从传统意义上作为被动的信息来源、产品和服务接受者的角色转变为主动参与的企业的知识伙伴，与客户共同进行价值创造。

CKM、CRM 和 KM 三者既有联系又有区别，Gibbert 等（2002）总结了三者的主要区别，如表 6-3 所示。[12]

表 6-3　客户知识管理、客户关系管理、知识管理的比较

	知识管理	客户关系管理	客户知识管理
知识源	员工、团队、企业组织、网络	客户数据库	客户经验、客户创新
基本原理	“只要我们知道我们自己所知道的”	“保留客户与获取客户的收益更大”	“只要我们知道我们的客户所知道的”
目标	在企业内部分享客户知识	挖掘关于客户的知识	获取、分享、创新、应用客户知识
客户的角色	被动的，产品接受者	被动的，企业关系的联系者	主动的，知识创造与分享者
企业的角色	收集存储在员工中的知识	与客户建立持久的关系	将客户转变为企业知识创造、分享以及合作者的角色
效果的衡量	客户保持	客户满意	在成长与创新方面比竞争对手取得更好的绩效
管理的重点	知识	客户关系	客户知识

综上所述，客户知识管理、知识管理和客户关系管理的关系如下：

（1）客户知识管理是客户关系管理与知识管理的整合。

（2）客户关系管理中本就渗透着知识管理的概念，而客户知识管理则明确强调用知识管理的思想更进一步地深化客户关系管理的功能。

（3）客户知识管理与知识管理和客户关系管理最大的不同在于突出强调了与客户共同创造价值，这也改变了客户知识管理流程中客户的角色和企业的角色。

案例 6-1

惠普由最初的制造工业测量设备公司发展而来，因此公司的企业文化在很大程度上受到“测量”的影响。比如，公司长久以来就有评估客户满意度的传统。责任经理确实为来自客户的传统意义上的积极评价颇感自豪。后来，惠普注意到竞争对手正在迎头赶上，有些甚至超过了自己。[15]

在 1995 年召开的全球“重塑品质大会”上，惠普通过分析得出合理结论：以生产为中心已为以客户为中心所取代。公司引入“质量一对一”计划。该计划的核心是了解客户，其中包括 3 个中心：①深入了解客户需求；②根据客户需求进行组织调整；③对客户热情。惠普（奥地利）公司努力通过该计划实现利润最大化。1995 年，公司实现了其目标：荣获惠普“总裁质量奖”(HP President's Award for Quality)。

1. 理解客户和市场

惠普（奥地利）公司深入分析业务流程，提出“理解客户和市场”，着重于现有业务活动。其目标是发现并改正不足，从而在不断变化的环境中进行长期、自觉、快速的学习。

这一目标不仅鼓励在公司内部学习解决问题的好方法或最佳方案，同时还引入外部产品和服务，以便使用者在学习信息技术系统时能应对变化。客户曾抱怨尽管惠普公司能提供优质软件和硬件，但产品没有实现其全部潜能，原因是公司没有注意所谓的“软因素”，尤其是客户公司的员工，即 IT 系统使用者。

2. 直接询问客户需要

“客户意见”是惠普（奥地利）公司为客户创造知识的方法。在管理客户反馈意见中，公司系统地收集所有与客户相关的知识，根据客户期望模型进行分析，并开发出适当的衡量方法传播到公司各部门。

惠普（奥地利）公司采用空白表格全文记录客户要求和抱怨。所有信息都被送到“客户意见分析师”那里。他们把信息分类，并把长期问题转发给产品开发和战略部门，短期问题则被转发到客服部门。严格区分信息收集和分析可以减少歪曲和偏见。信息收集的结果只包括符合现有模式的数据，“客户意见分析师”则评估完整信息并将其转化为有价值的知识。

为了传播和应用知识，各部门管理团队每月或每季度举行一次例会，讨论公司内外反馈意见并采取行动。内部管理审计要分析“客户意见计划”的成果是否与业务计划相关联，同时验证例会结果是否与中期业务计划相关联。

“那些在日常工作中能听到客户意见的人，如销售人员，会因为工作太累而没有精力写意见报告，他们需要特别的刺激来记录信息并传递给他人”，基于这个原因，惠普（奥地利）公司为员工制作了简单的个人化笔记本，并开发互联网 / 企业网解决方案来支持数据录入和数据检索。

3. 深入开展客户知识管理的方法

惠普会在特定的研讨会上分析关键业务报价，分析集中在 20 个最成功和最不成功的报价上。研讨会采用所谓的“方案组合技术”（“如果……就……”）。讨论主要包括：①客户核心要求必须用最简洁的语言表述；②性价比；③惠普的魅力。分析结果之一就是如果使用适当的管理技巧，公司就会获得成功。进一步的研究结果就是“惠普的方法与客户的方法融合得越紧密，签订的合同金额就增长得越快”。

一种非常有趣的做法是把“了解市场和客户”与人力资源管理结合起来。比如，客户工程是研究那些使员工成功的美德。研究结果（某员工如何能成功）又被用于人员招聘和发展。

惠普（奥地利）公司的例子表明客户知识管理既不简单也不能操之过急。同时也说明要实施有效的客户知识管理，有一个统一的核心流程非常重要。没有一项活动——获取、转化、共享、应用和创造——可以被忽略。

惠普公司的客户知识管理仅仅是比较浅层次地把知识管理的流程应用到客户管理中，没有对知识管理与客户关系管理进行有效整合，也没有专门的客户知识管理系统作为支撑。

6.3 客户知识管理的框架

客户知识管理主要包括四个部分：客户知识管理战略、客户知识管理系统、客户知识管理流程以及贯穿在整个客户知识管理中的企业客户知识管理能力，如图 6-3 所示。

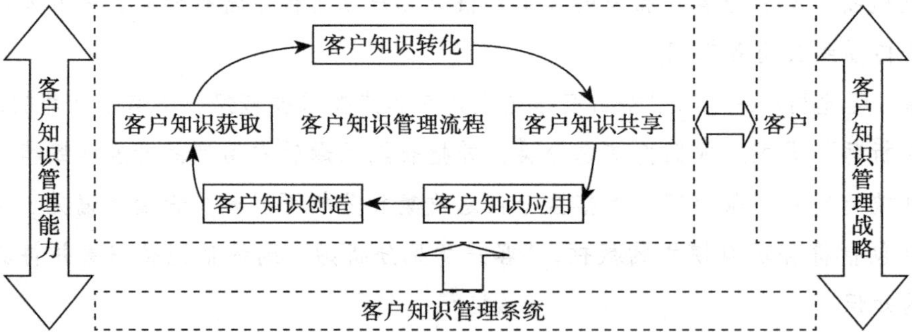

图 6-3　客户知识管理框架

客户知识管理的闭环流程是客户知识管理的核心，包括客户知识获取、客户知识转化、客户知识共享、客户知识应用和客户知识创造，由客户知识创造产生了更高层次的客户知识获取。客户知识管理流程是贯穿在客户关系管理流程中的，同时客户知识管理又是一个不断与客户进行交流和互动的过程，这使企业与客户的关系更为紧密。

客户知识管理战略和客户知识管理系统都是对客户知识管理流程的支撑。客户知识管理战略的支撑有助于企业内部对客户知识管理流程的贯彻，而客户知识系统的支撑能够辅助企业有效地进行客户知识管理。

客户知识管理的效果取决于企业客户知识管理能力。客户知识管理能力在与客户互动过程中协助企业内所有成员共同整合客户知识、转移客户知识并且分享客户知识，产生满足客户需求的产品和服务，以达到满足客户的目的。

6.3.1　客户知识获取

知识获取是知识管理中一个极为重要的问题，虽然目前关于知识获取的理论和方法有大量的研究，但有针对性地对客户知识的获取问题进行的研究还比较少，系统性的论述就更加缺乏了。

客户知识获取指分析客户信息，发现存在于客户信息中的模式、规则、概念、规律，同时以机器能识别的形式表示出来并存储到计算机中，以确定客户的需求，帮助企业发现市场商机。

在本教材中把客户知识获取分为两个部分：一是客户知识获取的方法，二是客户知识表示的方法。

1. 客户知识获取的方法

前面提到客户知识分为三类：关于客户的知识、客户需要的知识、客户拥有的知识。这三类知识具有不同的特点，所以知识的获取，也采取了不同的方法。

关于客户的知识是显性知识，其获取过程是从数据到信息再到知识的过程。一般采用知识发现的方法来获取知识。

客户需要的知识是显性知识，是决策知识，其获取过程是领域专家或企业管理者的决策过程。一般通过信息技术的使用来生成支持决策的知识。

客户拥有的知识是隐性知识，企业与客户建立联系并实现沟通，从而有效地获取相关知识，并将隐性知识显性化。一般采用与客户进行交互来获取知识，如以问卷、访谈的方式。

下面将从这三个方面来简单介绍目前客户知识获取的方法。

（1）关于客户的知识获取——知识发现。

知识发现是从数据集中抽取和精化新的模式。[16] 知识发现的范围非常广泛，可以是经济、工业、农业、军事、社会、商业、科学数据或卫星观测得到的数据。数据的形态有数字、符号、图形、图像、声音等。知识发现的结果可以表示成多种形式，包括规则、法则、科学规律、方程或概念网等。

由于知识发现是一门受到来自各种不同领域的研究者关注的交叉性学科，因此会有很多不同的术语名称。除了知识发现外，主要还有：数据挖掘（Data Mining）、知识抽取（Information Extraction）、信息发现（Information Discovery）、智能数据分析（Intelligent Data Analysis）、探索式数据分析（Exploratory Data Analysis）、信息收获（Information

Harvesting）和数据考古（Data Archeology）等。其中，最常用的是“知识发现”和“数据挖掘”。相对来讲，数据挖掘主要流行于统计界（最早出现于统计文献中），数据分析、数据库和管理信息系统界，而知识发现则主要流行于人工智能和机器学习界。[16]

知识发现过程可粗略地分为三个阶段：数据准备、数据开采以及结果的解释评估。在知识发现过程中要注意以下几点。

1）数据挖掘仅仅是整个过程中的一个步骤。数据挖掘质量的好坏有两个影响要素：一是所采用的数据挖掘技术的有效性；二是被挖掘的数据的质量和数量（数据量的大小）。如果选择了错误的数据或不恰当的属性，或对数据进行了不恰当的转换，则挖掘的结果是不会好的。

2）整个挖掘过程是一个不断反馈的过程。比如，用户在挖掘途中发现选择的数据不太好，或使用的挖掘技术产生不了期望的结果，这时，用户需要重复先前的过程，甚至从头开始。

3）可视化在数据挖掘的各个阶段都扮演着重要的角色。特别是在数据准备阶段，用户可能要使用散点图、直方图等统计可视化技术来显示有关数据，以期对数据有一个初步的理解，从而为更好地选取数据打下基础。在开采阶段，用户则要使用与领域问题有关的可视化工具。而在表示结果阶段，则可能要用到可视化技术。

主要的知识获取的方法有传统统计学方法、支持向量机、粗糙集、决策树、贝叶斯信念网络、神经网络、可视化等。

1）传统统计学方法。统计学在解决机器学习问题中起着基础性的作用。传统的统计学研究的主要是渐进理论，即当样本趋向无穷多时的统计性质。统计学方法主要考虑测试预想的假设是否与数据模型拟合，它依赖于显式的基本概念模型。统计学方法处理过程可以分为三个阶段：搜集数据、分析数据、进行推理。常见的统计学方法有回归分析（多元回归、自回归等）、判别分析（贝叶斯判别、费歇尔判别、非参数判别等）、聚类分析（系统聚类、动态聚类等）以及探索性分析（主元分析法、相关分析法等）。

2）支持向量机。支持向量机（Support Vector Machine，SVM）建立在计算学习理论的结构风险最小化原则之上。其主要思想是针对两类分类问题，在高位空间中寻找一个超平面作为两类的分割，以保证最小的分类错误率。SVM 的一个重要优点是可以处理线性不可分的情况。

3）粗糙集。粗糙集是一种新的数学工具，用于处理含糊性和不确定性，在数据挖掘中发挥着重要作用。粗糙集是由集合的下近似、上近似来定义的。下近似中的每一个成员都是该集合的确定成员，而不是上近似中的成员肯定不是该集合的成员。粗糙集的上近似是下近似和边界区的合并。边界区的成员可能是该集合的成员，但不是确定成员。可以认为粗糙集是具有三值隶属函数的模糊集（是、不是、也许）。与模糊集一样，它是一种处理数据不确定性的数据工具，常与规则归纳、分类和聚类方法结合起来使用，很少单独使用。

4）决策树。决策树的每一个非终结节点表示所考虑的数据项的测试或决策。一个确定分枝的选择取决于测试的结果。为了对数据集分类，从根节点开始，根据判定自顶向下，趋向终结节点或叶节点。当到达终结节点时，决策树生成。决策树也可以解释为特定形式的规则集，以规则的层次组织为特征。

5）贝叶斯信念网络。贝叶斯信念网络是概率分布的图形表示。贝叶斯信念网络是一种直接的、非循环的图形，节点表示属性变量，边表示属性变量之间的概率依赖关系。与每个节点相关的是条件概率分布，描述该节点与它的父节点之间的关系。

6）神经网络。神经网络是一种新的计算模型，它是模仿人脑神经网络的结构和某些工作机制而建立的一种计算模型。这种计算模型的特点是利用大量的简单计算单元（即神经元）连成网络，来实现大规模并行计算。神经网络的工作机理是通过学习改变神经元之间的连接强度。常见的神经网络计算模型有多层感知机、反传网络、自适应映射网络（Self-organizing Map，SOM）等。

7）可视化。可视化（Visualization）就是把数据、信息和知识转化为可视的表示形式的过程。可视化技术为人类和计算机这两个最强大的信息处理系统提供了一个接口。快速图形处理器和高分辨率彩色显示器的发展更提高了人们对信息可视化的兴趣和信心。使用有效的可视化界面，可以快速高效地与大量数据打交道，以发现其中隐藏的特征、关系、模式和趋势等。可视化具有广泛而重要的影响，它可以引导出新的意见和更高效的决策。

（2）客户拥有的知识获取——与客户进行交互。

企业通过知识学习过程来获得隐性的来自客户的知识。在这个过程中，要有效地获取客户拥有的知识，关键是建立并整合客户与企业之间的联系渠道。因此，隐性客户知识的获取方法就是建立并整合联系渠道的方法。企业与客户之间的联系分为日常联系和专项联系两个方面。

1）日常联系。日常联系是企业在日常的销售、服务活动中与客户进行的联系。日常联系构成了企业与客户联系活动的主体，也是企业获得隐性的来自客户的知识的主要来源。日本学者野口吉昭总结了在日本企业中 9 种主要的企业与客户的联系渠道及其媒体形式和相关特点，如表 6-4 所示。[17]

表 6-4　企业与客户的联系渠道及其特点

媒体形式	声音			文字				资料	
联系渠道	与企业人员面对面	电话（客户服务中心）	网站（视频电话）	网站（线上文字交谈）	邮寄	传真	电子邮件	电话自助式服务	网站自助式服务
企业承办人	承办员工	接线员	接线员	接线员	承办员工	承办员工	承办员工	系统	系统
即时性	高	高	高	高	低	低	低	高	高
自动化	低	低	低	中	中	中	中	高	高

从表 6-4 可以看出，与客户的日常联系渠道可以从三个方面分析。

a. 利用的工具。利用的工具包括电话、传真、邮寄、电子邮件、计算机等。随着技术的不断发展，可使用的工具越来越多，如移动电话、线上工具等。各种工具都有各自的特点，即时性与自动化效率都有所不同。工具的选择由客户的偏好决定，年长的客户更倾向于选择与企业人员面对面的方式，年轻的客户则更倾向于选择网络、移动终端等工具。

b. 利用的媒体。在表 6-4 中，媒体形式主要包括声音、文字和资料三种类型，而根据各种媒体的表现形式则可分为人工式与数字式。人工式包括人声、手写的文字等。数字式包括转化为数字存储形式的声音资料、电子形式的文字和资料、多媒体动画资料等。例如，与企业人员面对面就属于人工式，通过网站的视频电话则属于数字式。

c. 利用的模式。联系渠道利用的模式是根据各种联系渠道的自动化程度来划分的。利用的模式可分为自助式（完全自动化）、半自助式（部分自动化 + 部分人工）、全人工服务。

企业在选择和建设与客户日常的联系渠道时，应充分考虑企业自身的实际情况和客户的需求，使联系渠道能尽可能多地覆盖企业的客户。与此同时，应逐步引导联系渠道向数字式、自助式服务方向发展，从而提高隐性的来自客户的知识的获取效果。

2）专项联系。专项联系是指企业不定期地与客户进行联系以获取来自客户的知识。与日常联系相比，通过专项联系获取的知识目的性更强，更有针对性，但专项联系需要花费的组织成本与调研成本较高，并且需要具备专门技能的人员或聘请专业的第三方咨询公司来完成。目前使用得较多的专项联系方法有如下几种。[18]

a. 问卷调查。问卷调查是通过让客户填写企业设计的问卷以获取客户信息和知识。问卷调查可采用街头拦截访问调查、预约当面访问调查以及电话访问调查等。问卷调查可分为定量调查与定性调查两类。定量调查的问题用可量化的答案来描述，而定性调查的答案是用客户的文字、语言等来描述。定量调查获得的隐性客户知识更容易显性化，而定性调查获得的客户知识的显性化则相对较难。

b. 焦点小组访谈。焦点小组访谈是指由一名组织者邀请一些客户自然、无约束地讨论某些问题。进行焦点小组访谈的目的在于发现和归纳一些在常规的联系渠道中所不能获得的意见、感受、经历。采取小组的形式可以使被访谈者处于宽松、舒适的氛围中。

利用焦点小组访谈的方法与客户进行联系能够获得真实的、有创造性的观点，同时客户参与并且可以观看整个讨论过程，因而可以促进客户知识交流意愿的提高。当然，焦点小组访谈也存在不足。例如，由于焦点小组访谈参与人数的限制，其结果可能不能反映大众的观点，同时对焦点小组访谈结果的解释可能由于分析人员的主观意识而存在偏差。

c. 深度访谈。深度访谈是指通过一个训练有素的采访者，针对某一论点以一对一的方式提出一系列探究性问题，来得知客户对某事的看法，或为什么做出确定的行为。深度访谈在企业想了解客户个人是如何做出决定的、产品被如何使用以及客户生活中的情绪和个人倾向时尤其有用。进行深度访谈时，一般由采访者携带一张写有问题的清单或提出一些开放式的问题，采访者可以对客户的回答进行录音或记录。深度访谈有多种用途，企业需要仔细地计划、培训和准备。

与焦点小组访谈相比，深度访谈的客户范围更窄，问题的内容也更少，但对问题分析的深度和精度都更高。

d. 其他方法。与客户进行专项联系的方法还有很多种，每种方法都有其各自的特点和适用条件。与日常联系方法相似，随着信息技术、互联网的发展，将出现更便捷、更有效、形式多样，甚至虚拟化的联系方法，例如网络会议、移动短信平台、虚拟网络社区等。企业将随着技术的发展，同时结合客户的需求不断开发适合自身的与客户联系的方法，从而更有效地获取客户知识。

（3）客户需要的知识获取——信息技术的使用。

客户需要的知识是决策性客户知识，决策性客户知识是在知识整合阶段产生的，是由企业通过设计合理的知识传播与扩散途径，使企业的营销决策人员以及其他管理人员获得显性的描述性客户知识，并结合他们具有的专业知识对描述性客户知识进行编辑与整合，在此基础上制定营销策略，这些营销策略就表现为客户需要的知识。因此客户需要的知识的获取过程就是领域专家或企业管理者的决策过程。

企业需要综合考虑关于客户的知识和客户拥有的知识，向客户提供客户需要的知识。这个过程中需要企业的一些信息系统辅助，如一些决策支持系统、专家系统。

其中比较有代表性的信息系统为个性化推荐系统。个性化推荐系统即个性化地向客户推荐客户需要的知识的信息系统。根据客户的信息需求、兴趣或行为模式，将客户感兴趣的信息、产品和服务推荐给客户。个性化推荐系统目前主要有两类：一是基于规则的系统；二是信息过滤系统。

基于规则的系统允许系统管理员根据客户的静态特征和动态属性来制定规则。一个规则本质上是一个 If-Then 语句，规则决定了在不同的情况下如何提供不同的服务。这种系统的优点是简单、直接，缺点是规则质量很难保证，而且不能动态更新，此外随着规则数量的增多，系统将变得越来越难以管理。

信息过滤系统又可分为基于内容的过滤系统和协作过滤系统。基于内容的过滤系统是利用资源与用户兴趣的相似性来过滤信息的。基于内容过滤的技术通过比较资源与用户描述文件来推荐资源。它的关键问题是相似度计算，对于矢量空间模型来说，通常采用的方法是余弦度量。如果用户的描述文件没有正确描述用户的兴趣和行为，那么该方法推荐的数据可能和用户真正的兴趣根本不相关。基于内容的过滤系统的优点是简单、有效，缺点是难以区分资源内容的品质和风格，而且不能为用户发现新的感兴趣的资源，只能发现和用户已有兴趣相似的资源。协作过滤系统则是利用用户之间的相似性来过滤信息的。协作过滤技术也称为面向用户（User Based）的技术，即通过分析历史数据，生成与当前用户行为兴趣最相近的用户集，将他们最感兴趣的项作为当前用户的推荐结果，即 Top-N 推荐。基于协同过滤技术的推荐过程分为 3 个阶段：数据表述、发现最近邻居、产生推荐数据集。其核心是为一个需要推荐服务的当前用户寻找其最相似的“最近邻居”集。

2. 客户知识表示的方法

客户知识表示将客户知识以一种一致化的结构存储和组织，以实现计算机自动知识处理和问题求解，从而提高客户知识应用的效率。客户知识表示方法包括产生式规则、谓词逻辑、语义网络、框架表示法、剧本表示法等。下面对这些方法进行简单介绍。

（1）产生式规则。

产生式规则也称基于规则的知识表示，是 1943 年由 Post 提出的，是目前应用最为广泛的方法之一。Post 设计 Post 系统的目的是构造一种形式化的计算模型，模型中的每一条规则称为一个产生式。

主要的结构为：

$$\text{前提状态} \Rightarrow \text{结论动作}$$

或者

$$\text{IF} \quad \text{前提} \quad \text{THEN} \quad \text{动作 / 结论}$$

例如：IF 动物是鸟 AND 会游泳 AND 不会飞 AND 有黑白两色 THEN 该动物是企鹅。

（2）谓词逻辑。

谓词逻辑是一种表达能力很强的形式语言。逻辑是一切知识表示的基础。

设 a_1，a_2，…，a_n 表示个体对象，A 表示它们的属性、状态或关系，则表达式 A（a_1，a_2，…，a_n）在谓词逻辑中就表示一个（原子）命题。

例如：张三喜欢打羽毛球和乒乓球。

谓词是 PLAY（x，y）。

该句的谓词逻辑表达式为：PLAY（张三，羽毛球）∨ PLAY（张三，乒乓球）。

（3）语义网络。

语义网络是奎林在研究人类联想记忆时提出的一种心理学模型，他认为记忆是由概念间的联系实现的。语义网络用图来表示知识，表示事物概念及语义关系。

节点：表示概念、实体、事物、事件等。

弧线或链线：表示关系。

基本单元：< 节点 >< 语义关系 >< 节点 >。

网络：< 基本单元 > 组合。

语义网络示意图如图 6-4 所示。

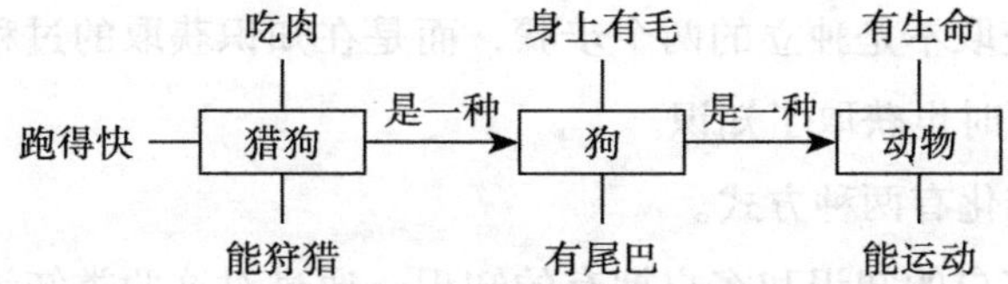

图 6-4　语义网络示意图

（4）框架表示法。

框架提供一种结构和组织，描述一种格式相对固定的语义网络的节点和槽，包括框架名、槽、侧面、值、约束条件。

例如：

框架名：假冒伪劣商品。

槽：商品名称、生产厂家、出售商店、处罚。

处罚的侧面：处理方式、处罚依据、处罚时间（年、月、日）、经办部门。

填值：对于定义的框架填入具体的信息和值，得到相应框架的事例框架。

（5）剧本表示法。

剧本表示法可视为框架的一种特殊形式，用一组槽来描述事件的发生序列，由以下几部分构成。开场条件：前提条件。角色：人物。道具：与事件相关的物体等。场景：事件发生的情景、因果链、顺序。结果：事件发生后的情况。下面以病人看病为例进行说明。

开场条件：病人有病；病人的病需要找医生诊治；病人有钱；病人能够去医院。

角色：病人、医生、护士。

道具：医院、挂号室、椅子、桌子、药方、药房、钱、药。

场景：

场景 1（进入医院）：病人走进医院；病人挂号；病人在椅子上坐下等待看病。

场景 2（看病）：病人进入医生的办公室；病人向医生诉说症状；医生向病人解释病情；医生给病人开药方。

场景 3（交费）：病人到交费处；病人递交药方；病人交钱；病人取回药方及收据。

场景 4（取药）：病人到药房；病人递交药方；病人取药。

场景 5（离开）：病人离开医院。

结果：①病人看病了，明白了自己的病是怎么回事；②病人花了钱，买了药；③医生付出了劳动；④医院的药品少了。

6.3.2 客户知识转化

关于客户的知识、客户拥有的知识以及客户需要的知识这三类客户知识是客户知识管理的主要对象，客户知识管理过程就是三类客户知识相互作用与转化的过程。客户知识转化与客户知识获取不是独立的两个步骤，而是在知识获取的过程中进行了知识的转化，在知识转化的同时也获取了知识。

目前客户知识转化有两种方式。

企业获取关于客户的知识和客户拥有的知识，通过对这两类知识的综合分析形成合理的营销决策，并产生相应的产品和服务标准，这些决策和标准就表现为客户需要的知识。企业价值就是在整个知识转化的过程中实现的。例如，日本学者野中郁次郎提出的 SECI 模型和场模型就对该种方式进行了分析。[19]

组织内部隐性知识和显性知识的转化。这种转化有利于组织对客户知识的利用，如学者李相平提出的 SICA 模式。[20]

1. SECI 模型

SECI 模型是由日本学者野中郁次郎于 1991 年首次提出的，[19] 它被广大学者认为是一种行之有效的研究组织知识的产生、转移、再造的“知识创新”模型。SECI 模型从显性知识与隐性知识的角度在个人、团队、组织三个层面对知识转化过程进行分析。显性的客户知识是经过人的整理和组织，并可以通过正式的、系统的方式传播，便于其他人学习的知识。隐性的客户知识是与人结合在一起的经验性的知识，很难被文字化或公式化。在整个过程中，显性知识与隐性知识发生了转化，形成相互作用的螺旋式上升过程。SECI 模型包括四种知识转化的模式，即社会化、外部化、联合化、内在化。图 6-5 展示了 SECI 模型。

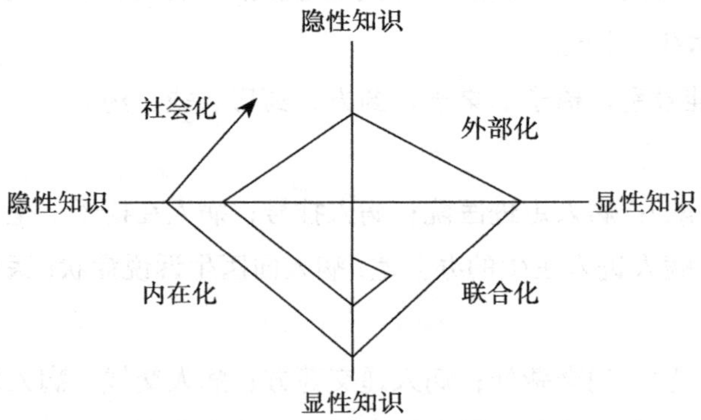

图 6-5 SECI 模型

（1）社会化是一种个体共享隐性知识的过程，实现个体隐性知识到社会隐性知识的转化。“社会化”强调隐性知识的交流是通过共同活动来进行的。比如，工厂中的“师徒模式”不仅是传授大量隐性技艺或技能的常规方法，而且是新员工组织社会化的重要手段。长期的“师徒”关系可以让新来者理解他人思考和感觉的方式，通过这种方式获取的知识是一种交感型知识。通过“走动管理”获得隐性知识是知识获取的另一个过程，很多信息可以从实际的工作场所中获得。良好的团队建设，亲密、和谐、相互关心的组织气氛和文化，都是保证社会化过程顺利进行的条件。

（2）外部化是一种表述隐性知识并将隐性知识转译为可理解形式的过程，实现隐性知识到显性知识的转化。在实践中，外部化由两个关键因素来支持。首先是组织内个体隐性知识的表达，即将隐性知识转化为显性知识，这个过程常常包括使用一定的技术来帮助组织成员将其观点和意向表达为词语、概念、形象化语言或者图像。第二个关键因素是转译组织外（如专家）的隐性知识为组织易于理解的形式，这个过程可能要求演绎/归纳推理或创造性推论。通过这个外部化过程，隐性知识转化为可理解的概念型知识。

（3）联合化是一种将显性知识转化为更为复杂的系统的显性知识的过程，实现社会显性知识到个体显性知识的转化。在这个阶段，关键的问题是知识的沟通和扩散以及知识的系统化过程。在实践中，联合化阶段依赖三个过程：首先，捕捉和整合新的显性知识，包括从组织的内部和外部搜集已经外部化的知识。其次，直接传播显性知识，使新知识在组织成员中传递。最后，编辑和加工显性知识，使其变得更为可用。经过这三个过程以后，显性知识变成了一种运作型知识。

（4）内在化是一种将新知识（显性知识）转化为组织的隐性知识的过程，实现显性知识到隐性知识的转化。个体隐性知识成为组织隐性知识的一部分，个体可以通过学习、培训或练习来获得团体乃至组织的隐性知识。在实践中，内部化依赖两个方面：第一，显性知识必须具体化到行动和实践中，通过反复实践和行动，显性知识，如战略、技巧、创新等概念和方法逐渐变得内在化。第二，通过做的过程，如模拟和实验来体现显性知识，从而实现其内在化。

在此基础上，黄亦潇（2006）提出了基于 SECI 模型的客户知识转化模型，如图 6-6 所示。[18]

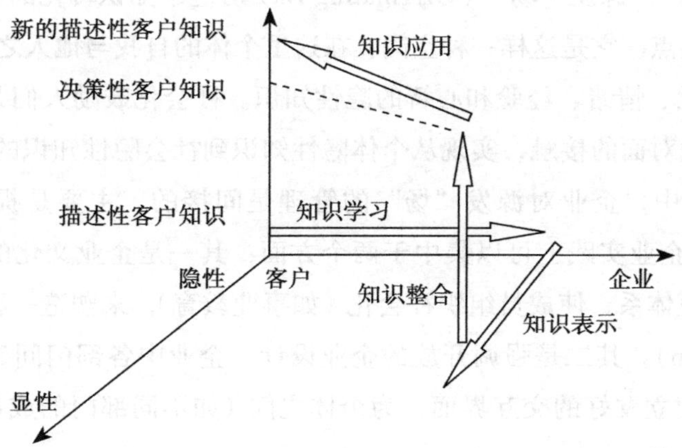

图 6-6 基于 SECI 模型的客户知识转化模型

企业首先通过知识学习从外部获取描述性客户知识，再通过知识表示把客户知识显性化，在此基础上对知识进行整合，转化为更为复杂的、更系统的知识，最后对知识进行应用，客户是知识应用的对象。该模型提到的客户知识的转化过程不仅存在于企业内部的员工之间，还存在于企业与外部的客户之间。

2. 场模型

1997 年 12 月，在美国加州大学伯克利分校召开的“知识与公司”学术年会上，野中郁次郎提出了“Ba”的概念（即日语中的“场”，与汉语“场”对应）。他认为“场”提供了知识转化与创新的操作平台。野中郁次郎的“场”指的是一种共享的空间，这种空间可以是物理的（如办公室、车间）、虚拟的（如电子邮件、电子会议）、心理的（如共享的经验、观点、意识），或者是兼而有之。知识在“场”中产生，因此知识管理也在“场”中进行。

场模型的设计思想主要强调了两个方面。

第一，“场”为知识创新活动提供了交互空间。知识创新过程是一个动态的、循环上升的过程，知识创新是在个人与个人的交互以及个人与周围环境的交互过程中产生的。场模型的设计就是为“场”中的个体提供共享与交流知识的空间。知识交互能力的大小是衡量场模型设计好坏的重要标准。

第二，“场”是一个动态变化的空间概念。“场”为每种知识交互活动设置了边界，而这种边界是开放的。当“场”中的参与者的知识拥有和知识需求发生变化时可自由地离开，转入另一个“场”中，而“场”本身也可根据需要自由地被创造、消失或改变功能。

野中郁次郎与卡诺于 1998 年提出四种“场”对应于 SECI 过程中的四种知识转化模式，并在此基础上，进一步研究了 SECI 模型与场模型相结合后对知识创新活动的解释。[20]

（1）源发“场”。源发“场”（Originating Ba）对应于知识转化的社会化阶段，是知识创新与转化的起点。它是这样一种空间：在这里个体的自我与他人之间的障碍被消除，人们共享有关感觉、情绪、经验和心智的隐性知识。社会化鼓励人们共享和探索各自独有的知识，通过面对面的接触，实现从个体隐性知识到社会隐性知识的转化。

在 SECI 模型中，企业对源发“场”的管理是间接的，主要是提供可能促发源发“场”的条件。从企业实践上可以集中于两个方面：其一是企业文化的建设。通过建立企业内的共有价值体系，使成员组织社会化（如事业教育），来塑造一种共有的知识愿景（Knowledge Vision）。其二是强调开放的企业设计。企业中各部门间破除条块分割的壁垒，企业与外界建立友好的交互界面，为个体之间（如不同部门的成员之间）的沟通和交流建立良好的基础。

（2）互动“场”。互动“场”（Interacting Ba）对应于知识转化的外部化阶段，它是这样一种场：在这里隐性知识逐渐变得显性，个体之间通过相互探讨和分析，达到对事物的共同理解。相对于源发“场”而言，互动“场”是组织可以有意识、较为直接管理的“场”，这种管理主要体现在对团队和项目小组的管理上。企业通过选择适当的具有特定知识和能力的人组成项目团队、任务小组、交叉功能团队（Cross-functional Team），由这样一群个体提供一个知识交流的场所。通过交流和对话，个体的心智模式和技能转化为团队共同的术语和概念，个体享有了他人的心智模式，同时也促进了个体对自己的心智模式的反思和分析。例如，3M公司以产品创新著称，它建立了很多这样的团队，公司规定：不得抹杀任何一个新产品意念。这样，公司就为成员共同参加有意义、有价值的创造及知识的沟通、对话建立了一个良好的互动“场”。

（3）网络“场”。网络“场”（Cyber Ba）对应于知识转化的联合化阶段，它是一种由虚拟世界代替真实时空的“场”。在这里，新的显性知识与已有的显性知识相联结，并被融合、储存，由企业中的全体成员共享，这是信息技术——管理信息系统、决策支持系统、数据库、互联网的领域。显性知识的联合化能够最有效地支持人们在合作的环境下对信息技术的运用。

（4）训练“场”。训练“场”（Exercising Ba）支持显性知识的内在化，促进显性知识转化为企业的隐性知识，从而使企业具有自身独特的性质。每个强大的企业的核心能力之所以难以效仿和学习，正是因为它所具有的隐性知识成分。企业需要通过培训将显性知识传递给成员，但是常规的学习过程（如课堂学习）只能传授在其他组织也同样可以获得的知识。因此，知识内在化的培训特别注重通过在职培训进行持续自我强化的学习、岗位轮换和积极参与。对显性知识的实际运用可以不断强化知识的内在化过程，使显性知识增加隐性的成分，所以“行动学习”（Action Learning）近年来已成为人们培训、研究和实践的一项基本原则。

上述四种场模型与 SECI 模型中的四种知识转化模式相对应，利用场模型能够清晰地看到每种知识转化模式的实现空间，从而能为其创造相应的实现条件和环境，促进知识转化过程的循环进行。

同样，学者黄亦潇（2006）也依据 SECI 模型提出了基于场模型的知识转化模型。[18]

1）学习“场”（Learning Ba）对应于客户知识转化过程中的知识学习阶段，是客户知识创新的起点。在知识学习过程中，从客户到企业传递的客户知识主要是客户拥有的知识。

2）表示“场”（Figuring Ba）对应于客户知识转化过程中的知识表示阶段。在这个阶段要实现客户拥有的知识从隐性向显性的转变以及关于客户的知识的获得，并且知识表示的整个过程发生在企业内部。

3）整合“场”（Synthesis Ba）对应于客户知识转化过程中的知识整合阶段。在这个阶段主要实现描述性客户知识向决策性客户知识的转变。

4）应用“场”（Application Ba）对应于客户知识转化过程中的知识应用阶段。在这个阶段是实现从显性的决策性客户知识向隐性的描述性客户知识的转变。

3. SICA 模式

开得纳（2000）在借鉴SECI模型的基础上，在进一步研究企业的战略联盟理论与实践的过程中，提出了战略联盟内的知识创新过程模式（SICA 模式），如图 6-7 所示。[21]

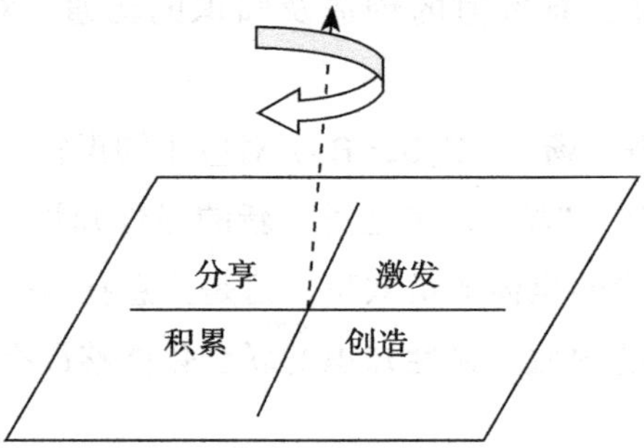

图 6-7　SICA 模式

具体而言，在战略联盟初期，首先是分享（Sharing）阶段，即通过联盟伙伴之间的深入对话和了解，分享彼此之间的知识并进行初步学习，从而理解和领会联盟的宗旨与目标。在激发（Inspiration）阶段，不同组织背景的伙伴能够在联盟知识的基础上，达成对联盟目标和概念的统一理解。这就需要激发并增值联盟循环圈内的知识。接下来的创造（Creation）阶段就是在激发和增值的联盟共同知识的基础上创造新的知识。积累（Accumulation）阶段是指联盟伙伴通过一定的组织努力和方法，对分享阶段、激发阶段和创造阶段累积下来的各种方法和知识，尤其是关于为什么的知识的累积。

基于 SICA 模式的客户知识转化，一方面强化了组织内部对客户知识的转化，另一方面也在模型中加入了与客户的交互。李相平（2004）提出了基于 SICA 模式的顾客联盟的知识转化模型，如图 6-8 所示。[20] 首先需要获得隐性客户知识——组织层面上的隐性知识内化，这一层面完成隐性客户知识由客户到企业内部的转移，主要发生在顾客联盟界面上。接着进行隐性客户知识的企业内部转化，即企业获得的隐性客户知识逐步显性化的过程。由于从不同途径获得的隐性客户知识在组织内有不同的存在形态，所以显性化的途径也各有不同。最后是隐性客户知识对企业能力的提高，这个层面是整个隐性客户知识管理循环并在下一阶段螺旋上升的过程。

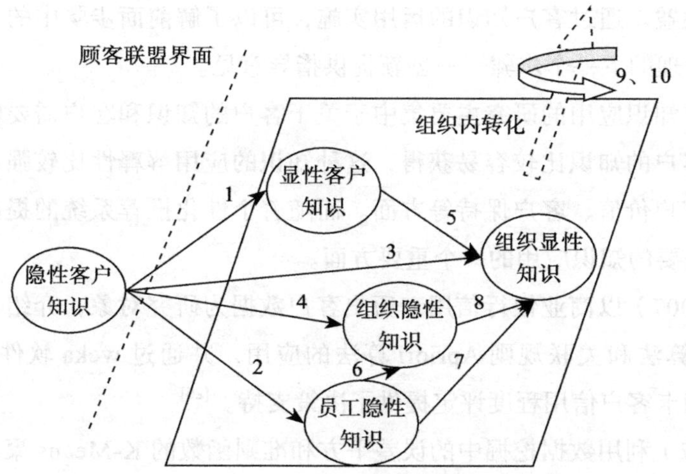

图 6-8　基于 SICA 模式的顾客联盟的知识转化模型

6.3.3　客户知识共享

知识共享指的是组织中知识个体的知识，通过各种手段（如语言、图表、比喻、类比）和各种方式（如电话、网络、面谈）被组织中其他的知识个体分享的过程，并通过知识共享过程，将个体知识转化为组织知识。知识转化中即实现了知识的共享。

目前关于客户知识共享的研究比较少，主要的研究都集中在组织内部知识的共享，而客户知识共享中关于客户与组织之间的知识共享的研究还比较少。

目前关于知识共享的研究主要有以下几个方面。

（1）知识共享抽象模型的研究。基于知识创新模型的知识共享，如野中郁次郎（1991）提出的基于显性知识和隐性知识相互转化的 SECI 模型，在知识进行转化的过程中即实现了知识的共享。[19] 除此之外，还有基于行动——结果联系的知识共享模式、基于信息传递的知识共享模式等。

（2）知识共享网络模型的研究。克王等（2004）提出了复杂网络上的一种知识扩散模型 [23] 和一种知识增长模型 [24]，分别研究了网络结构与知识扩散间的关系、网络结构与知识增长间的关系。

李金华（2006）针对知识在知识合作网络中的传播特征，结合复杂网络理论，提出了一种网络上的知识传播模型。该模型将由知识扩散引起的知识增长当作一种知识产品的合作生产，引入了柯布 – 道格拉斯生产函数，并分别考察在个体不进行知识自我增长和进行知识自我增长情况下的知识传播。[25]

6.3.4　客户知识应用

客户知识应用是指组织成员运用客户知识来指导其日常管理活动实践，以期发挥客户知识的增值效益。通过客户知识的运用实施，可以了解前面步骤中的不妥与偏差，从而为客户知识管理的下一个步骤——创新提供指导意见。

目前对客户知识应用的研究主要集中于关于客户的知识和客户需要的知识的应用两个方面。关于客户的知识比较容易获得，这种知识的应用解释性比较强，主要用于获取新客户、提高客户价值、客户保持等方面。而随着个性化推荐系统的提出，个性化推荐服务成为客户需要的知识应用的一个重要方面。

王明哲（2007）以商业银行信用卡历史客户数据为研究对象，介绍了数据挖掘方法中决策树 C4.5 算法和关联规则 Apriori 算法的应用，并通过 weka 软件进行实证分析，从而为银行信用卡客户信用程度评定提供了决策支持。[26]

周颖（2007）利用数据挖掘中的误差平方和准则函数的 K-Means 聚类算法，建立了客户细分模型，为企业进一步制定营销策略提供依据。[27] 具体的客户细分模型构建标准流程如图 6-9 所示。

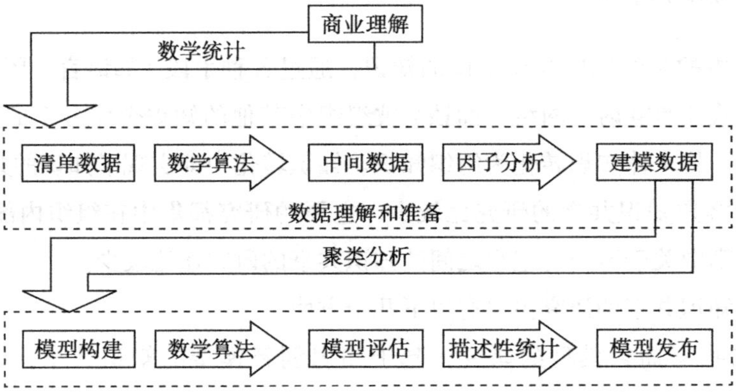

图 6-9　基于数据挖掘的客户细分模型构建标准流程

模型构建标准流程包括 6 个阶段，即商业理解、数据理解、数据准备、模型构建、模型评估和模型发布。商业理解是数据挖掘中最重要的部分，包括决定商业目标、形势评估、决定数据挖掘目标，以及制订一个项目计划。数据理解和准备阶段主要包括从清单数据转换到中间数据和建模数据的过程。模型构建采用 SAS 8.0 的误差平方和准则函数的 K-Means 聚类算法。对模型的评估需要考虑每个细分组是否具有明显特征、每组内的客户是否较相似、每个细分组在业务上是否较容易解释、各组间的差异性是否较大。模型发布主要是对其结果进行解释和说明，以便营销人员能够将其作为参考。

个性化推荐服务是一种根据用户的信息需求、兴趣或行为模式，将用户感兴趣的信息、产品和服务推荐给用户的个性化信息服务，如热点链接、动态链接生成、文件预取、信息推送、信息提醒、电子商务网站的产品推荐、查询重构策略推荐等。[28] 康楠

（2008）设计和实现了一个面向 Blog 的兴趣挖掘和推荐系统 Blog-digger。该系统采用兴趣挖掘技术，能自动识别用户的兴趣，并主动推荐主题相关的 Blog。[29] 该推荐系统的架构图如图 6-10 所示。

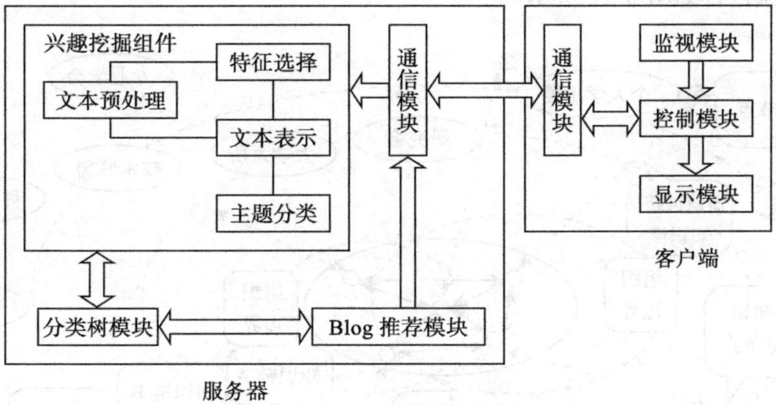

图 6-10　面向 Blog 的兴趣挖掘和推荐系统架构图

在客户端，监视模块作为兴趣挖掘任务的触发者，负责捕捉用户阅读 Blog 的事件，及时发送 Blog 地址给控制模块；通信模块负责与服务器进行交互，发送 Blog 地址，接收推荐结果；显示模块负责动态展示推荐结果；控制模块作为中枢，负责数据流和业务流的调度。通过这四个模块获取关于客户的知识和客户拥有的知识。在服务器端，兴趣挖掘组件负责文本预处理、特征选择、文本表示和主题分类；分类树模块负责维护分类特征向量和候选 Blog 信息；Blog 推荐模块对候选 Blog 的热门程度进行量化，为 Blog 推荐提供标准；通信模块负责与客户端交互，下载 RSS 文件。服务器端的四个模块依据客户知识向客户推荐客户需要的知识。

6.3.5　客户知识创造

客户知识创造从两个方面进行定义。从知识联盟的角度，客户知识创造是企业自身或借助知识联盟对客户知识的创新过程。从流程和关系的角度，组织中的客户知识创造是组织创造、共享新的知识，以及把这些知识转化到产品、业务和系统中的能力，强调客户知识创造是动态性的、交互性的、面向流程的。

1. 基于知识联盟的客户知识创造

目前一些学者基于知识联盟提出客户知识创造。知识联盟的主要目的是获取联盟新创造的知识，同时吸收其他参与组织的知识。

王冬春（2007）通过对知识联盟中知识转移和知识创造过程的分析，构造了一个知识联盟的动态博弈模型，分析了其吸收能力和知识透明程度对参与组织决策和利润的重要作用。[30]

孙悦（2006）引入知识空间、知识链及知识链网络的概念，分析了知识工作者、知识链网络与知识团队的相互联系，并对基于创新性任务的知识链网络与知识型团队互动机制进行了探讨，如图 6-11 所示。[31]

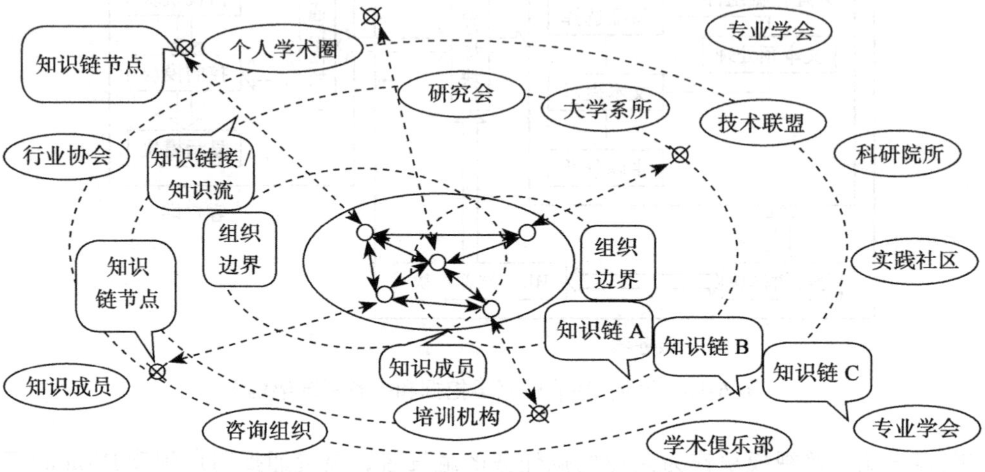

图 6-11　基于创新性任务的知识链网络

以创新为目标的知识团队是组织内执行复杂性知识任务的合法系统。团队中的知识成员联系着的不同的知识链条是基于知识特质和专业范畴的彼此联系，这种人际联系网络中隐含着互补性资源和信息，高价值知识镶嵌于网络节点内，知识传播通过非正式的群体互动而产生。

2. 基于流程的客户知识创造

从客户知识创造的流程和关系来看，目前的研究主要还是基于野中郁次郎等（2000）的 SECI 模型。[32] 他们提出的知识创造流程包括三个部分：SECI、“场”和知识资产，如图 6-12 所示。

组织可以使用现存的知识资产，通过“场”中的 SECI 流程来创造新的知识。这些新创造的知识又转化为组织知识资产的一部分，成为新一轮知识创造的基础。

（1）提供知识的视角：组织应该创造哪类知识，它是知识创造的方向；评估、判断和确定组织所创造的知识的价值体系。

（2）开发和促进知识资产的共享：需要促进动态知识的创造。

（3）建立、联结和加强“场”：通过物理空间来建立“场”，通过联结各种“场”来形成更大的“场”，通过加强“场”来给予 SECI 更多的活力和更好的质量。

（4）促进 SECI 流程：通过促进知识转化的四种模式来促进知识创造。

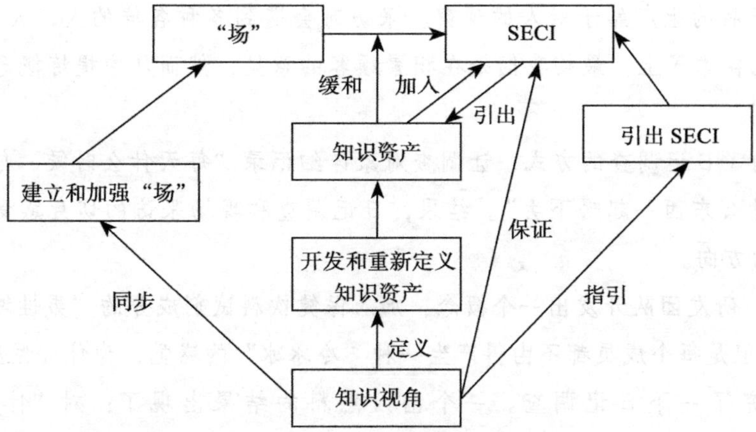

图 6-12　SECI 模型

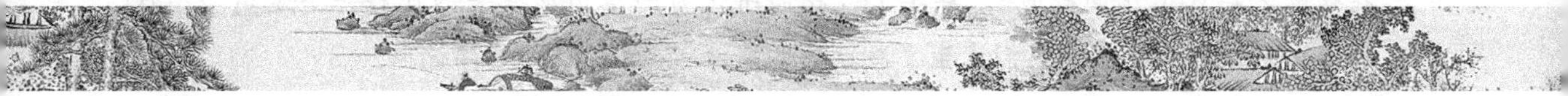

案例 6-2

三得利的 DAKARA 饮料是概念的结晶，如实地反映了一个新时代的到来：成功与否在一定程度上取决于在产品研发过程中是否能开发出与顾客产生共鸣的概念。[33]

DAKARA 属于运动型饮料。在运动型饮料市场，大塚制药公司的 POCARI 饮料的年销售量大约是 6 000 万箱；日本可口可乐公司的 AQUARIUS 运动饮料的年销售量是 5 000 万箱左右，一直以来，两者共占市场份额的 90% 以上。这两款饮料持续垄断市场 20 年，没有给其他公司打入市场留下缝隙。然而 DAKARA 在 24 小时便利店（占饮料业销路的两成）的销售量却已经超过 POCARI 饮料，跃居首位。DAKARA 上市的第二年既获得了名牌的称号，也攻破了两大品牌的阵营。其原因在哪里呢？

要点 1：各部门协作创品牌，向品牌注入“血液”

DAKARA 研发团队于 1996 年开始工作，全体成员都致力于新品牌的概念开发。“概念是品牌的生命”，这是担任领导职务的食品事业部部长北川广一的信条。DAKARA 研发团队是一个混合团队：有穿西装系领带的、有穿休闲衫配斜纹棉布短裤的……以品牌经理为首，还有市场销售人员、广告策划人员、设计人员、实质内容的研究人员等。

要点 2：观察“人”，不迷信调查数据

在北川广一的领导下，研发团队还有一个更大的创新：“我们不要迷信调查，而应重视现场中的人。”这表达了研发团队的价值观，在研发产品过程中，团队成员走出公司，去各种场所调研采访，倾听顾客的“真心话”。北川广一说：“在大多数情况下，顾客并不把买饮料看成一件了不起的事，他们只是凭感觉来购买。顾客究竟感觉到了什么？我们只有亲自询问并真正了解顾客进行怎样的活动、生活中有什么样的感觉，才能搞清楚这个问题。产品的生产始于对人的观察。采访时会遇到各种各样的人，大家畅所欲言，将所谈内容记在本子上。最初我们是在积累顾客的意见，然而从中提炼概念的工作却一直都在继续。”

我们采用了日记调查的方式，让调查对象详细记录“每天什么时候、与谁一起、将哪种饮料与什么东西一起喝下去”。结果，日记调查和现场采访的切身感受显著地改变了研发计划的方向。

1997 年，研发团队开发出一个概念：加入保健饮料试剂成分的“男性增强体力的运动型饮料”。但是每个成员都不由得产生一种“冷冰冰”的感觉，为什么呢？

领导研究了一下日记调查。一个出人意料的结果出现了：对“什么时候饮用 POCARI 饮料和 AQUARIUS 运动饮料”这一问题的一般定量调查中，回答“运动时 / 运动后”的占 76%，而在反映顾客实际情况的日记调查中却仅占 18%，绝大多数回答的是在喝醉之后或工作间歇时。“事实上，我们所认为的与运动有关的饮料并不是运动型饮料。正是这种分歧才使我们产生了冷冰冰的概念”，北川广一这样说道。

研发人员再一次回到现场，与一位“宅急送”送货司机一起体验生活。一天晚上，司机已经累得筋疲力尽，需要绕道将货物送到两个家庭后才可以回家。第一家的公寓电梯正在使用中，顾客住在七楼，他就从楼梯上去了，一按门铃没人应答，于是他又下了楼，然后在自动售货机买了一瓶 POCARI 饮料，寂寞地喝着。一问才知道，原来他已经跟儿子约好第二天去钓鱼，想在今晚把货都送完。那么此刻应该需要一种鼓舞人“再加一把劲儿”的饮料吧。

要点 3：揭开“表面概念”的面纱，探寻“真正概念”

研发团队弄清楚了 POCARI 饮料的本质，即内在优点，然后找出运动型饮料的优点，在自己的产品中使这一优点发挥到极致。他们关注的不是竞争产品本身，而是购买产品的顾客的心。

研发团队从 POCARI 饮料联想到了“海”“母性”“药”，这是其他产品所没有的。研发团队着眼于其中极具冲击力的“药”，它除了给人以“开心、安心”的感觉外，还令人想起“护士”“学校保健室”“家庭急救箱”等具体商品的形象。

研发团队的主题发生了很大的变化：四年前是“取代 POCARI 饮料和 AQUARIUS 运动饮料，生产补水性优越的、真正符合现代人口味的运动型饮料”，但最后转变为“一种值得信赖的身体均衡饮料，当你感到有些吃不消时，能够在不注重养生、不规律的生活中守护你的生命”。

图 6-13 展示的是三得利创造性惯例。

这个产品能够取得成功的最大原因在于它创造了“场”，这种“场”能使顾客和商家共享某种思想和意象。DAKARA 所进行的“场”的创造工作主要有两个方面：一方面是研发团队的组织方式。以前采用的是流水作业方式，领导决定概念后向各个部门下指示，单方面地推动工作，相互之间的联系并不紧密。改变组织方式之后，各部门的成员从一开始就都参与到研发工作中，创造了双向推动工作的、动态的关联性，于是就诞生了“场”。另一方面则存在于从“表面概念”到发现“真正概念”这一过程的管理之中。表面概念是很容易从数据中分析出来的，虽然它最初对描绘商品的轮廓有一定的意义，但仅仅这样并不能与顾客共享关联性和情境。于是，团队成员便去现场找寻隐藏在数据背后的、无形的含义和情境，与顾客在现场一起“共同体验”，这就是创造与顾客融为一体的“场”的过程。从这个“场”产生了新的含义和知识，诞生了真正的概念。

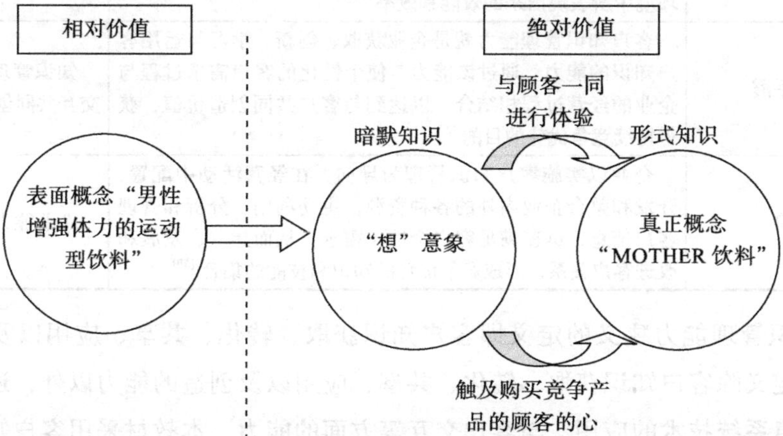

图 6-13　三得利创造性惯例

形式知识是指能够用语言和文字来表达的、明显的、客观的知识。暗默知识则与其截然相反，指难以用语言和文字来表达的、主观的知识，是以个人经验为基础的知识。思想、信念、掌握的熟练度和技术信息等都属于典型的暗默知识。这两种知识相互作用，产生螺旋式运动。事实上，顾客也不太清楚自己究竟在追求什么，这确实是个暗默知识的世界。融入顾客之中与他们进行交流，通过动作、话语、行为、氛围等使知识可视化，这就是“场”。在现场与顾客共同体验，共享并深化暗默知识，有了这种关联性才能创造出形式知识——概念。

6.4　管理客户知识的能力

6.4.1　客户知识管理能力的概念

客户知识不会自动产生，知识本身亦不能直接创造绩效，它必须依赖组织的客户知识管理能力。当组织与客户互动时，这项能力协助组织内所有成员共同整合客户知识、转移客户知识并且分享客户知识，产生满足客户需求的产品和服务，以达到企业满足客户需求的目的。因而，如何衡量组织的客户知识管理能力成为值得探讨的领域。

客户知识管理能力是一个较新的概念，表 6-5 列举了一些学者的观点。

表 6-5 客户知识管理能力的概念

时间	学者	定义	主要观点
2003 年	A. Campbell	从客户知识和客户知识管理能力两个概念的比较入手，认为客户知识管理能力就是产生和整合客户知识这种过程的能力[34]	产生和整合客户知识
2003 年	P. Gamble	组织把客户信息和知识集成到 CRM 流程和实施中的能力[35]	客户信息和知识集成到 CRM 流程
2004 年	黄文仙	客户知识管理能力就是组织的客户知识管理流程在组织环境中所表现出来的效能和效率[36]	客户知识管理流程
2004 年	段平霞	客户知识管理能力就是企业获取、创新、学习与运用客户知识的能力。通过该能力，使个性化的客户需求过程与企业的经营过程相结合，以达到与客户共同创造价值，获得持续竞争优势的目的[37]	知识管理流程与客户交互共同创造价值
2005 年	张婷	企业以实施客户知识管理为导向，在经营活动中配置、开发和整合企业内外的各种资源，主动利用、分析和管理客户信息，迅速满足客户个性化需求，从而建立、发展和改进客户关系，形成竞争优势的知识和技能的集合[38]	企业能力的形成

客户知识管理能力狭义的定义即客户知识获取、转化、共享、应用以及创造的能力。广义的定义除客户知识获取、转化、共享、应用以及创造的能力以外，还包括战略的实施、信息系统技术的应用、与客户交互等方面的能力。本教材采用客户知识管理能力的广义的定义。

6.4.2 客户知识管理能力的组成

苟德等（2001）认为评估一个组织的知识管理能力，应该从组织的能力来看知识管理，它包括两个部分：①基础建设，即科技、结构、文化；②流程管理能力，即知识取得流程、知识转换流程、知识应用流程、知识保护流程。[39]

黄文仙认为组织的知识管理能力同时受到组织本身知识流程的效率以及与组织环境互动的影响，因而将客户知识管理能力分为两个层面：客户知识管理流程的效率及组织环境对客户知识管理的支援能力。[36]

开柏尔等（2003）结合组织学习、市场营销战略和新产品发展等方面的工作成果，认为客户知识能力由四个组织过程构成：①客户信息处理；②市场营销和 IT 接口；③高级管理层的参与；④雇员评估和报酬系统。[34] 客户信息处理是产生客户信息的组织过程，而其他三个是在组织内部集成客户知识的组织过程。客户信息处理是指产生与客户当前和未来潜在产品和服务需求有关的客户知识的行为活动的集合。市场营销和 IT 接口是指市场营销和信息技术功能相互联系、相互合作的过程。高级管理层的参与是指高级管理部门积极参与产生和集成客户知识到公司内部的过程。雇员评估和报酬系统是指雇员行为与公司产生客户知识并集成到公司市场营销战略目标保持一致的过程。

若林和哈利宁（2005）提出客户知识管理能力包括五个部分：①跨组织功能的协作；②组织制度的支持；③与客户的交互；④ IT 系统的支持；⑤支持组织学习和客户导向的组织文化。[7] 跨组织功能的协作能够使组织中任何人在任何时间有效地使用客户知识；组织制度是指组织中正式的管理体制；与客户的交互是客户知识管理的关键；IT 系统是在组织中或者组织与客户之间产生和共享知识的渠道和平台；组织文化可以被认为是客户知识管理能力的平台。

6.4.3　总结

目前学者认为客户知识管理能力大体包括以下三个方面。

（1）组织客户知识管理流程的能力：客户知识获取、转化、共享、利用、创造的能力。

（2）企业内部的资源支撑能力：组织的基础建设，企业制度的支持，高级管理层参与。

（3）与客户交互的能力：满足客户个性化的需求，与客户共同创造价值。

6.5　客户知识管理系统

6.5.1　客户知识管理系统的目标和要求

客户知识管理的战略设计不是出自生产能力与效率方面的考虑，而是要加强对能够提高客户保持率与忠诚度的客户知识的管理。也就是说，客户知识管理不是为了单纯地减少企业的开支，而是要获得更多的客户知识，更快地对客户需求做出反应。客户知识管理系统就是对客户知识管理进行技术支持的信息系统。在客户知识管理系统的技术规划阶段，应该考虑如下问题。[40]

1. 交互连贯性

目前从固定销售点演变过来的客户知识管理系统的主要问题是会导致客户交互不够连续。这些公司在不同的客户模块中对客户进行管理，而不是集中地进行管理。这样会降低处理当前和潜在客户时的准确率，而且处理过程不够紧凑，且缺乏连贯性。

2. 客户期望

当公司根据客户的知识给客户提供服务时，客户可能并不知道会从这些服务中得到什么好处。预期效果设定不当会令客户失望并转向他处。

3. 平衡

尽管商业经营已经证实了自助式服务是减少开支的好方法，但是客户知识管理中与客户的交流必须在自助式和人工代理支持服务之间保持平衡。更为重要的是，客户知识管理系统必须能够及时发现客户需要，当客户需要的服务比系统能够提供的更多的时候将此信息传递给人工代理。

4. 客户驱动

客户知识管理必须按照客户的喜好向客户提供其需要的服务，而不能提供自认为有用的服务。只有在熟悉客户需求的前提下才能实现客户驱动——这也是设计客户知识管理系统时应重点考虑的。

5. 自适应性

自适应性，即灵活性和可升级性，是客户知识管理系统的必备因素。一个好的客户知识管理系统必须是可持续发展的。

6. 专一的界面

系统的集成度不高表现为信息不够连贯、协同性不好以及同一件事物有多种表达方式。解决的方法是用客户知识管理的统一思路来管理信息系统。将客户知识管理的原则应用到信息系统之中，可以在客户知识管理系统应用和服务的开发中将内部企业用户、贸易伙伴、供应商和客户汇集在同一目标之下来满足客户需求。向客户提供专一的界面需要实时地管理客户知识。更重要的是，通过多个客户接入点的知识必须是可获得的，这是理想的客户知识管理系统必须要强调的。

6.5.2 客户知识管理系统的技术

支持客户知识管理系统的信息技术工具有许多种，各有不同的支持功能。本书中按客户知识管理的主要流程对支持客户知识管理的信息技术进行分类。有很多信息技术（如互联网）同时支持信息获取、共享等多种功能。因此，如果要清楚地区分每个客户知识管理步骤的支持工具就会感到有困难。但为了分析方便，本教材仍以各工具的主要支持步骤对这些信息技术进行讲述。

1. 支持客户知识的获取

这方面的技术主要是支持企业获取关于客户的知识、客户拥有的知识以及客户需要的知识。主要的信息技术工具包括：互联网、搜索引擎、知识发现、专家系统、协同商务等。

2. 支持客户知识的转化

这方面的技术主要是支持企业对客户隐性知识和客户显性知识的转化、对外部知识和内部知识的转化。主要的信息技术工具包括：互联网、企业内部网、企业外部网、BBS（网络论坛）、聊天室、文件管理系统等。

3. 支持客户知识的共享

这方面的技术主要是通过网络系统支持分散在各地的成员的讨论、聊天、开会及心得交流。主要的信息技术工具包括：互联网、企业内部网、企业外部网、工作流系统、电子视频会议、BBS 等。

4. 支持客户知识的应用

这方面的技术主要是支持企业对客户知识的应用。主要的信息技术工具包括：互联网、企业内部网、企业外部网、专家系统、群体决策支持系统等。

5. 支持客户知识的创造

这方面的技术主要是支持企业对客户知识的创造。主要的信息技术工具包括：知识发现、模式模拟、BBS、聊天室、案例推理系统等。

以上各主要支持客户知识管理的信息技术工具可以归纳为表 6-6。

表 6-6 支持客户知识管理的信息技术工具

支持客户知识的获取	支持客户知识的转化	支持客户知识的共享	支持客户知识的应用	支持客户知识的创造
互联网 搜索引擎 知识发现 专家系统 协同商务	互联网 企业内部网 企业外部网 BBS 聊天室 文件管理系统	互联网 企业内部网 企业外部网 工作流系统 电子视频会议 BBS	互联网 企业内部网 企业外部网 专家系统 群体决策支持系统	知识发现 模式模拟 BBS 聊天室 案例推理系统

6.5.3 客户知识管理系统的架构

客户知识管理系统的基本结构如图 6-14 所示。[41]

底层是企业的信息系统，包括企业的 ERP（企业资源计划）系统、CRM 系统，以及其他的一些前台或者后台办公系统。

中间层是活动发生的场所，即在前台和后台系统中的客户知识管理发生的场所。例如，在借助外网进行的交易活动中，可以运用客户知识管理技术创建、共享和运用相关知识进行连锁管理和过程分析。

最高层代表了实际的前台系统，客户、员工、合作者可以利用它进行交流。前台系统可以分为三个部分，每一部分都是基于网络的。第一部分是互联网，它是用网络将客户与企业联结的逻辑结构。企业与客户的沟通渠道有网络浏览器、语音、手机、直接访谈等。第二部分是内网，它是员工在企业内部进行交流的媒介，当然可能是分散的。第三部分是外网，它的访问者是企业的伙伴企业和商务合作者，访问权限由最底层控制。

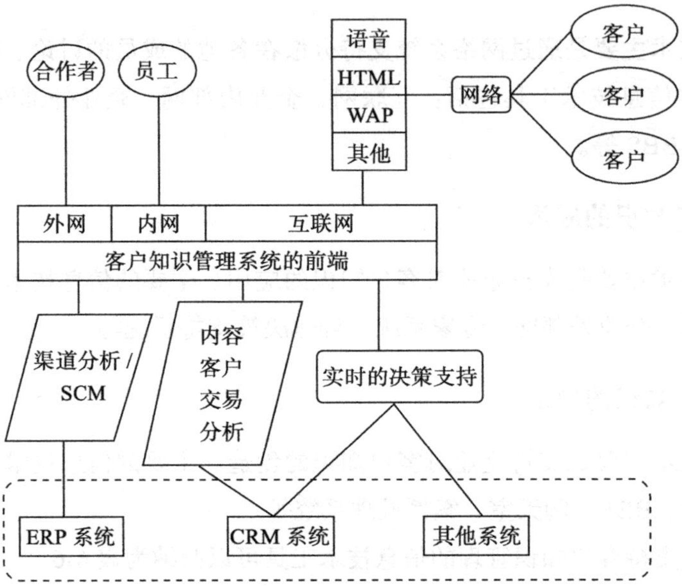

图 6-14 客户知识管理系统的基本结构

6.6 客户知识管理的实施与跟踪

6.6.1 客户知识管理的实施方式

客户知识管理的实施是企业为了达到提升绩效、提高客户满意度的目的，考虑企业内外部环境与资源，选择支持客户知识管理的基础设施和最适合的战略，有计划地、循序渐进地进行与引进各种客户知识管理的流程作业。

客户知识管理的实施是一个非常复杂的过程，牵涉许多战略规划、流程、信息技术和人，且必须经历许多不同的阶段，如战略、设计、原型开发与测试、引进及评估与维护等，所以必须要有非常完善的客户知识管理实施方式来指导项目的进行。

本书中的客户知识管理的实施方式是基于知识管理的实施方法论，[41] 如图 6-15 所示。由于客户知识管理需要企业与客户进行互动交流，所以在客户知识管理初期的认知管理中加入企业与客户互动这个因素。

由图 6-15 可以看出该实施方式框架包括下列三个方面。

1. 六大步骤

本书认为客户知识管理项目的实施有下列六个阶段。

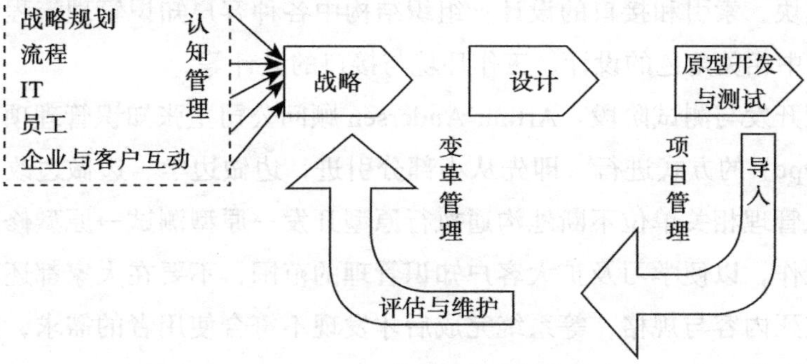

图 6-15　客户知识管理的实施方式

（1）认知管理阶段。这个阶段主要是通过下列手段增强员工对客户知识与客户知识管理重要性的认知、兴趣和意愿，如高层管理者通过提出愿景、宣告决心及强势领导等方式让员工意识到客户知识管理的重要性。该阶段有五大内容：战略规划、流程、IT、员工、企业与客户互动。

1）战略规划。企业要清楚地了解客户知识管理项目的方向，包括企业的战略目标、战略缺口、知识缺口、核心能力和专注的价值命题等，据此来制定客户知识管理的目标与焦点。

2）流程。客户知识管理的实施要规划设计核心的知识的定义、获取、转化、共享、应用及创造等作业流程，以使企业的员工了解如何执行知识管理。

3）IT。支持客户知识管理的流程需要规划各种不同的信息技术，包括互联网、WAP（无线应用协议）、信息系统等。

4）员工。员工方面包括企业如何激励员工、影响员工行为及文化与风气的营造。

5）企业与客户互动。客户知识管理需要企业与客户具有强的互动关系。企业需要在与客户接触的过程中获得客户的知识，并对这些知识进行分析，最后向客户提供客户需要的知识。

（2）战略阶段。这个阶段包括拟定客户知识管理战略，即客户知识管理的目标与范围、焦点，同时拟定信息技术、组织结构及客户知识管理作业流程等侧面的战略。例如，在信息技术方面要规划客户知识管理的战略结构、知识库结构、文件管理系统结构，以及这些结构如何整合等，或规划支持客户知识管理的部门职能等。

（3）设计阶段。此阶段包括以下两项重要工作。

1）先导工作的选定。客户知识管理项目通常会从一个对于组织抗拒程度较低、接受程度较高、能突显效果、明确且易产生回响、较易成功以及高层管理者感兴趣的地方开始，以便鼓舞士气并提高整体的信心。

2）认知管理阶段的五大内容的设计。这是针对战略阶段所规划出的目标与方向进行的，此阶段属于操作导向的设计。例如，在信息技术方面，针对知识库中的内容、框架、组建、模块、索引和接口的设计；组织结构中各种客户知识管理流程的作业活动设计、组织结构中相关角色的设计、工作环境与接口的设计等。

（4）原型开发与测试阶段。Arthur Andersen 顾问公司主张知识管理项目的引进要以原型（Prototype）的方式进行，即先从小部分引进，边做边学、边做边改，通过使用者和各客户知识管理相关单位不断地沟通执行原型开发→原型测试→原型修改→再测试等不断循环的工作，以便学习及扩大客户知识管理的范围，不要在大家都还不太了解需求时，就全面定死内容与规格，等系统完成后才发现不符合使用者的需求，此时要再回头修改，所需的修改成本就会大大增加。

（5）导入阶段。客户知识管理项目经过原型的循环扩大，直到使用者认可和接受后，就可以进入引进上线的阶段，此时要特别注意教育训练、支持、服务、维修和改错等工作，并要预防及解决员工抗拒和排斥的问题。

（6）评估与维护阶段。这个阶段主要是通过各种明确、公平、合适、重要以及能影响员工行为的量化、质化，财务性、非财务性与内外部的评估指标，来定期、持续地评估客户知识管理的绩效，并据此改善和增强客户知识管理的功能。此外，由于环境的改变，客户知识管理的内容与做法也要随时更新，否则仍利用早已淘汰的客户知识就只会产生负面的效果。

2. 两大管理

在客户知识管理项目中，从头到尾都要持续地进行两大管理。

（1）项目管理。这是以项目为对象，利用管理科学的工具与方法，针对进度、工作的设计、流程、时间、人力和预算的配置进行有系统和最佳的规划，以便有效地、顺利地推动项目。

（2）变革管理。这是以人为对象，通过各种沟通、协调、教育、参与及互信等手段改变员工对新事物抗拒的观念，改变客户对这种沟通互动的抗拒心理。

6.6.2 客户知识管理的评估方式

评估是管理中重要的一环，“没有评估，就没有管理”，任何决策的执行如果没有对其绩效进行评估就无法产生反馈信息，企业将无从了解执行的效果，以及方向是否正确、存在什么问题、投资报酬率如何等。企业需要在客户知识管理上投入巨额资金，因此，对于客户知识管理的评估是企业最重要的管理手段之一。

参照知识管理实施的评估的定义，[41] 企业客户知识管理实施的评估从广义上是指企业对投资在客户知识管理过程、目标实现及投资报酬率上所做的一种效果评估，以便了解战略效果与实施效率的实现程度，并作为后续行动的改进准则。由上述基本的定义可见，企业的客户知识管理评估应是多侧面、多层次的，要从不同的角度进行观察，这样做就能避免偏差。

由于企业对客户知识管理注重的焦点不同，所以有多种不同的方式与评估的工具，本书基于知识管理提出的分类结构有下列几种。[41]

1. 定性化的评估

这一派学者主张知识管理的产出多是无形的效益。因此，除了一些可以明确量化评估的指标外，其余的评估不必也无法利用定量的指标进行衡量，可以用定性的方式表示及说明其表现出来的绩效。例如，通过成功的案例和客户的意见及因果关系模式图来表示等。客户知识管理的定性评估可参照表 6-7。

表 6-7　客户知识管理的定性评估

客户知识管理可以量化的有形效益	客户知识管理较难量化的无形效益
客户的保留率 企业利润的提升 销售收入的提高 市场占有率的提升	客户的满意度 客户的忠诚度 员工与客户充分沟通 员工与客户充分共享知识 员工的能力与决策质量的提升

表 6-7 的右栏是客户知识管理定性化的效益，即较难量化评估的部分，这是企业非常重要的根本的核心能力。

2. 财务性指标评估和非财务性指标评估

一些评估工具用客观、量化、与传统财务会计数据相关的财务性指标进行评估，例如评估投资直接和间接成本的金额及回收收入和利润的多少等，包括传统的财务报表分析、项目投资报酬分析、净现值分析、回收期分析、知识报酬率等。

除了与传统会计制度相关的财务性指标外，许多客户知识管理的绩效是通过间接的、与会计信息不相关的非财务性指标影响最终的财务性指标的。例如获取知识库的次数、客户的满意度、实践成功的次数等，这些都属于量化评估的非财务性指标。

3. 内部绩效评估法和外部绩效评估法

内部绩效评估法的主要目的是评估企业内部客户知识管理的过程效率与目标达成效果，通过比较预期目标和实际达成程度之间的差距来评估客户知识管理的实施绩效。主要的方法包括客户知识管理项目投资报酬率、净现值、绩效导向的评估法和过程活动导向评估法。

外部绩效评估法主要通过与外部的标杆企业、主要竞争对手及产业平均值进行比较，来评估本身客户知识管理执行的绩效。该方法认为企业主要是对外竞争而不只是与企业的过去做比较，只有通过与外部的比较才能评估出自己推动的效果。主要的方法如标杆学习评估法及知识战略缺口模式等。

4. 客户知识管理项目的评估

这种评估工具的设计针对某个客户知识管理项目执行的过程及结果的绩效，范围上较为狭窄，但评估对象却比较明确。客户知识管理项目可以只针对企业与客户的互动亲密性这个主要的侧面进行客户知识管理项目的绩效评估。主要的方法包括过程活动导向、目标导向评估法及知识成长阶段结构等方法。

本章小结

由于客户知识管理尚属于正在形成中的知识体系，很多研究还在进行之中，所以本章和书中的其他各章有明显的区别，即本章力图勾勒出客户知识管理的知识体系，但是在具体的体系分支上却难以给出普遍认可的结论，只能对这些分支上的代表性工作予以综述。从本章的内容上讲，主要是围绕客户知识管理的框架，重点阐述客户知识管理流程、企业客户知识管理能力以及客户知识管理评估等。

思考题

你认为哪些客户知识容易共享？哪些客户知识不容易共享？哪些客户知识需要共享？哪些不需要共享？这些客户知识各有什么特性？为什么？

参考资料

[1] DON B.Increase your customers'knowledge（and your business）through messages on hold[J].Telemarketing，1992，11（8）：31.

[2] LI T,CALANTONE R J.The Impact of market knowledge competence on new product advantage：conceptualization and empirical examination[J].Journal of Marketing，1998，62（4）：13-29.

[3] 叶乃沂.信息经济时代的客户知识模型[J].运筹与管理，2002，11（4）：121-127.

[4] ROWLEY J.Eight questions for customer knowledge management in e-business[J]. Journal of Knowledge Management，2002，6（5）：500-511.

[5] GEBERT H，GEIB M，KOLBE L，et al.Knowledge-enabled customer relationship

management : integrating customer relationship management and knowledge management Concepts[J].Journal of Knowledge Management, 2003, 7(5): 107-123.

[6] GUO Q, SHAO P, QUAN C.Analyze of customer knowledge management and action[J].Science and Technology Management, 2004(10): 52-56.

[7] ROLLINS M, HALINEN A.Customer knowledge management competence: towards a theoretical framework[A].Proceedings of the 38th Hawaii International Conference on System Sciences[C].Hawaii: 2005: 1-10.

[8] SMITH H, MCKEEN J.Developments in practice XVIII-customer knowledge management : adding value for our customers[J]. Communications of the Association for Information Systems, 2005, 16: 744-755.

[9] CHEN Y, SU C.A Kano-CKM model for customer knowledge discovery [J].Total Quality Management, 2006, 17(5): 589-608.

[10] 韦兰，科尔.走进客户的心 [M]. 贺立斯，译.北京：经济日报出版社，1998.

[11] ALAN C.Customer knowledge management[J].Pool Business and Marketing Strategy, 1998(3-4): 93-1021.

[12] GIBBERT M, LEIBOLD M, PROBST G.Five styles of customer knowledge management and how smart companies use them to create value[J].European Management Journal, 2002, 20(5): 459-469.

[13] MINNA R, AINO H.Customer knowledge management competence : towards a theoretical framework[A].Proceedings of the 38th Hawaii International Conference on System Sciences[C].Hawaii: 2005: 1-10.

[14] 王壮，郭亚军.基于客户知识管理的企业信息服务创新研究 [J]. 图书情报工作，2007，51（2）：14-17，47.

[15] MERTINS K, HEISIG P, VORBECK J. 知识管理：原理及最佳实践 [M]. 赵海涛，彭瑞梅，译.北京：清华大学出版社，2004.

[16] 史忠植.知识发现 [M]. 北京：清华大学出版社，2002.

[17] 野口吉昭.客户关系管理实施教程 [M]. 杨鸿儒，译.北京：机械工业出版社，2003.

[18] 黄亦潇.客户知识获取的理论与应用研究 [D]. 成都：电子科技大学，2006.

[19] NONAKA I.The knowledge creating company[J].Harvard Business Review, 1991, 6: 96-105.

[20] NONAKA I.The concept of "Ba" : building a foundation for knowledge creation[J]. California Management Review, 1998, 40(3): 40-45.

[21] KODAMA M. Customer value creation through community-based information

networks [J]. International Journal of Information Management，1999，19(6)：495-508.

[22] 李相平 . 隐性客户知识的获取、共享及其管理评价研究 [D]. 重庆：重庆大学，2004.

[23] COWAN R，JONARD N.Network structure and the diffusion of knowledge[J]. Journal of Economic Dynamics & Control，2004（28）：1557-1575.

[24] COWAN R，JONARD N.Knowledge dynamics in a network industry [J]. Technological Forecasting & Social Change，2004（71）：469-484.

[25] 李金华，孙东川 . 复杂网络上的知识传播模型 [J]. 华南理工大学学报（自然科学版），2006，34（6）：100-102.

[26] 王明哲 . 基于数据挖掘技术的信用卡客户的信用评价 [J]. 商场现代化，2007（8）：77-78.

[27] 周颖，吕巍，井淼 . 基于数据挖掘技术的移动通信行业客户细分 [J]. 上海交通大学学报，2007（7）：1142-1145.

[28] 蔡宏志 . 个性化信息推荐服务模式 [J]. 情报杂志，2006（9）：116-118，121.

[29] 康楠，金蓓弘，李京 . 面向 Blog 的兴趣挖掘和推荐系统 [J]. 计算机工程,2008(1)：72-74.

[30] 王冬春，汪应洛 . 基于知识创造的知识联盟动态模型研究 [J]. 科学学与科学技术管理，2007（3）：94-97.

[31] 孙悦 . 基于知识网络扩展学习的知识团队创新研究 [J]. 科学学与科学技术管理，2006（10）：130-134.

[32] NONAKA I，TOYAMA R，KONNO N.SECI，Ba and leadership：a unified model of dynamic knowledge creation[J].Long Range Planning，2000，33（1）：5-34.

[33] 野中郁次郎，胜见明 . 创新的本质：日本名企最新知识管理案例 [M]. 林忠鹏，谢群，译 . 北京：知识产权出版社，2006.

[34] CAMPBELL A.Creating customer knowledge competence：managing customer relationship management programs strategically[J]. Industrial Marketing Management，2003，32（5）：375-383.

[35] GAMBLE P，STONE M，WOODCOCK N，et al.Up Close and personal? customer relationship management @ Work[M].3rd ed.London：Kogan Page Publishers，2006.

[36] 黄文仙 . 顾客互动强度、顾客知识管理能力及顾客特性对新产品绩效影响之研究 [EB/OL].http://sbrmanagemenLorg.tw/paper7/Master/13/13.htm，2004.

[37] 段平霞 . 客户知识管理的流程设计及测评研究 [D]. 重庆：重庆大学，2004.

[38] 张婷 . 客户知识管理能力问题的研究 [D]. 安徽：合肥工业大学，2005.
[39] GOLD A，MALHOTRA A，SEGARS A.Knowledge management：an organizational capabilities perspective[J].Journal of Management Information Systems，2001，18（1）：185-214.
[40] 蒂瓦纳 . 知识管理精要：知识型客户关系管理 [M]. 北京：电子工业出版社，2002.
[41] 林东清 . 知识管理理论与实务 [M]. 北京：电子工业出版社，2005.

第 7 章
CHAPTER7

CRM 系统建设

◇ 课前导读

企业建立客户关系管理系统，应该遵循一定的方法和步骤，以确保所建立的系统符合企业发展战略，能够带来效益。阿克曼认为 CRM 系统的建立通常需要经过以下阶段：①确定 CRM 的商业目标；②获取管理层和股东的支持；③确定系统需求和解决方案：为实现客户关系管理的目标，分析所建立的 CRM 系统应具有的功能，提出相应的 CRM 业务流程，找到 CRM 的解决方案（选型）；④开发或配置其他软件：对于有特殊需求的企业，进行客户化定制或购买其他软件，配合拟购置的 CRM 系统，最终满足该企业的需求；⑤制订 CRM 系统的实施计划，包括数据移植、系统转换、用户培训以及系统测试等；⑥按计划进行系统实施，并进行系统的效益评估。[1] 此外阿克曼还专门强调了 CRM 系统实施时用户培训的重要性。本章根据上述划分，将着重讨论以下步骤的具体内容：① CRM 系统需求分析；② CRM 系统选型；③ CRM 系统实施，包括实施方案和实施过程控制；④ CRM 系统评估。本章内容组织结构如图 7-1 所示。

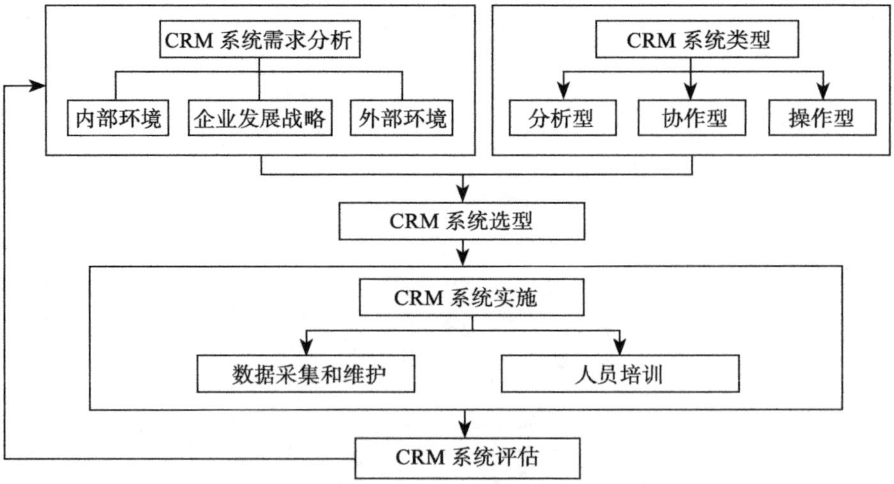

图 7-1　本章内容组织结构图

◇ 学习目标

- 掌握 CRM 系统需求分析的方法
- 了解 CRM 系统选型需要考虑的因素
- 掌握 CRM 系统实施的环节步骤
- 了解 CRM 系统评估的知识

7.1　CRM 系统需求分析

CRM 系统的目的是提高客户管理和客户服务的水平，最终帮助企业实现其愿景。由于企业情况不同，它们可能不会立即对所有 CRM 理念进行实践或采用最先进的 CRM 技术。企业需要根据自己的状况确定建立客户关系管理系统拟达到的商业目标。本节将首先介绍常用的 CRM 系统的种类和功能，然后探讨确定系统需求时应考虑的因素。

7.1.1　CRM 系统的种类和功能

企业应用 CRM 系统，通常是为了对以下几个方面进行改进。①与客户的接触：CRM 可以帮助企业对其与客户进行沟通所需要的手段（如电话、网络等）进行集成和自动化处理。②业务过程管理：CRM 可以帮助企业对其销售、营销和客户服务三部分业务实施信息化。③运营分析和决策支持：企业可以通过 CRM 系统对实施上述功能过程中所积累的信息进行加工处理和分析，及时掌握企业的运营情况，为企业决策做支持。根据上述 CRM 功能，我们可以将 CRM 系统分为三类：协作型 CRM、操作型 CRM 和分析型 CRM，如图 7-2 所示。

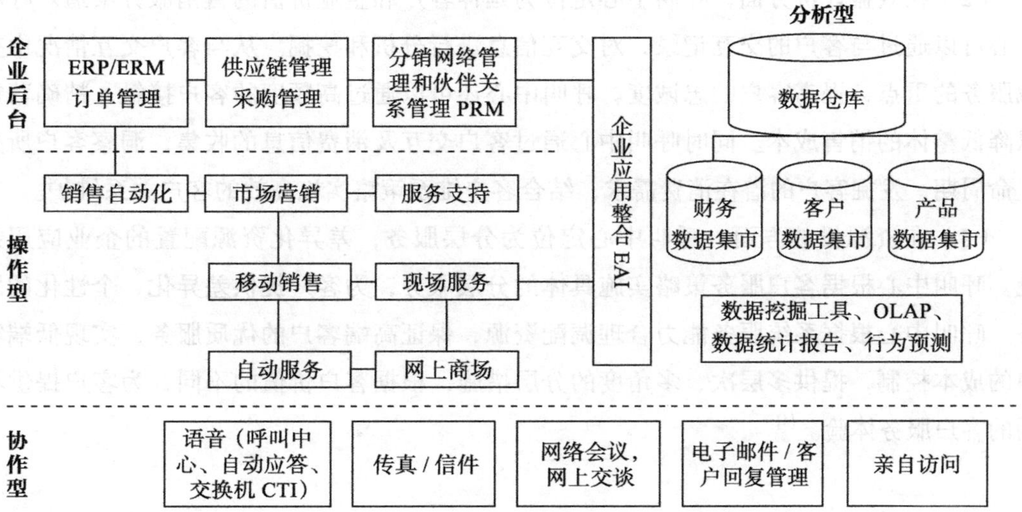

图 7-2　三类 CRM 应用功能定位 [2]

1. 协作型 CRM

协作型 CRM 是一种综合的 CRM 解决方式，它基于多媒体联系中心，将多渠道的交流方式融为一体，建立统一接入平台，为客户和企业之间的相互沟通提供了多种渠道和联系手段，提高了企业与客户的沟通能力。协作型 CRM 系统通常由呼叫中心服务、传真 / 信件服务、电子邮件服务、Web 站点服务和现场接触服务等几部分组成，实现企业与客户、客户与客户的全面交流。协作型 CRM 的典型代表是呼叫中心（Call Center）。

呼叫中心是一个基于电话、传真机、计算机等通信办公工具建立起来的综合信息服务系统，有时也被称为客户服务中心（Customer Service Center）、客户关照中心（Customer Care Center）、客户联系中心（Customer Connect Center）、客户支持中心（Customer Support Center）等。客户可以通过电话、传真、电子邮件等多种方式访问呼叫中心，从而得到各种信息服务或者完成各种交易。

目前呼叫中心还没有一个确切的定义，但抛开技术的发展、功能需求的增加等方面的因素，可以发现呼叫中心的一个本质：为了客户服务、市场营销、技术支持和其他特定的商业活动而接收和发出呼叫。由此，可以为呼叫中心做如下的定义：呼叫中心就是为了客户服务、市场营销、技术支持和其他特定的商业活动而接收和发出呼叫的实体。[3]

与 CRM 结合后，从不同的角度看，呼叫中心的定位又可以分为以下几种。

（1）在渠道体系方面，呼叫中心定位为多媒体电子化的营销服务渠道。呼叫中心通过多媒体对企业进行营销服务，解答客户的疑惑，指导客户使用，并接受、处理客户投诉、建议。

（2）在效益评价方面，呼叫中心定位为延伸客户和企业价值的营销服务渠道。呼叫中心可以通过与客户的交互记录，对交互信息进行分析和挖掘。从与客户交互情况中查找服务的重点，提高客户的忠诚度。呼叫中心还可以通过高频度的客户接触，精确营销以降低整体的销售成本。同时呼叫中心通过客户交互及消费信息的收集，洞察客户所处生命周期，发掘客户的潜在消费需求，结合客户维系策略实施高效的客户关系维护。

（3）在资源投放方面，呼叫中心定位为分层服务，差异化资源配置的企业应用系统。呼叫中心根据客户服务策略实施具体的分层服务，为客户提供差异化、个性化的服务。呼叫中心根据系统服务能力合理调配资源，保证高端客户的优质服务，实现低端客户的成本控制，提供多层次、多角度的分层措施，根据客户价值的不同，为客户提供不同的客户服务体验。[4]

案例 7-1

招商银行 95555 呼叫中心 [5]

招商银行创建于 1987 年，是我国第一家完全由企业法人持股的股份制商业银行。经过三十多年的发展，招商银行在金融电子化发展中脱颖而出，成为我国股份制商业银行中发展较好、较快的银行之一。95555 是招商银行集自动、人工于一体的全国统一客户服务号码，招商银行电话银行中心曾先后获得"全国呼叫中心服务质量管理十佳满意品牌""中国最佳客户服务中心奖"等奖项，并在 2005 ～ 2007 年间三次获评"中国最佳呼叫中心"。

1998 年 10 月，招商银行启动 95555 呼叫中心建设项目，并选择了华为公司的 INtess 呼叫中心平台作为解决方案。

（1）实现数据共享、系统扩容。针对数据分散这一问题，INtess 呼叫中心采用的电信级系统设计具有强大的处理能力，能够提供呼叫接入、业务处理、服务资源的一体化平台解决方案。组网也较为灵活，排队机可通过增加单板机框和模块进行灵活扩容，因此，呼叫中心的计算机网络部分可根据不同的系统容量进行灵活的物理设备配置，提高系统处理能力和稳定性。

（2）建立开放的呼叫中心平台。作为完全开放的系统平台，INtess 呼叫中心有效解决了招商银行业务多样化的需求。INtess 呼叫中心提供开放的 API（应用程序接口）、ActiveX 控件和业务生成环境（SCE），对所有业务进行统一设计，使系统可以轻松接入银行新业务，也可轻松分离原有业务，并且可以实现与企业内部原有系统、企业之间系统的互联。

（3）支持多种媒体接入。通过 INtess 呼叫中心的多媒体接入特性，可以灵活地使用各种接入手段提高客户满意度。INtess 呼叫中心通过增强的 Web 集成呼叫中心功能（WECC）支持 Web 方式接入，其中包括文本交谈、点击通话、护航浏览、回呼请求等多媒体通道。此外，INtess 呼叫中心还支持 E-mail/Fax⊖呼叫接入以及视频呼叫接入。

（4）实现系统功能多样化。INtess 呼叫中心的开放性使得银行能够为客户提供各类业务服务，业务范围大大拓宽。利用技能路由让最熟悉用户问题的最合适的业务代表来处理客户的呼叫；利用呼叫和客户信息数据同步技术，使业务代表立即得到之前已收集的客户信息，使客户感到服务的高效、干练等。对于信息利用效率低的问题，INtess 呼叫中心建立了强大的后台管理系统，对客户资源进行分析整理和充分利用。

⊖ Fax，传真。

（5）建立呼出管理系统。自动呼出管理系统是 INtess 呼叫中心的重要扩展功能。其灵活的业务接口、丰富的呼出方式和完备的呼出管理可以有效地帮助银行呼叫中心进行整合营销，提供增值服务，实现从成本中心向利润中心的转变。

通过引入 INtess 呼叫中心平台，招商银行 95555 呼叫中心在 1999 年 8 月试运行，2004 年 5 月建立了全国统一的电话银行中心，其基本功能已较为完备，包括以下几个方面。

（1）咨询及业务处理功能。招商银行 95555 呼叫中心集自动语音应答、人工服务于一体，为客户提供丰富的咨询服务及业务办理服务，包括个人银行业务、公司银行业务、证券业务、资产业务、外汇业务、财富账户等在内的咨询、投诉、账务查询、人工交易和理财服务等。基于多媒体接入技术和网络银行、电话银行、移动银行的整合，95555 呼叫中心可以在任何时间（Anytime）、任何地点（Anywhere），以多种方式（Anyway）为客户提供服务。客户细分、疑难申诉室、“一事通”投诉处理系统和 40088-95555 贵宾专线等服务的设置体现了招商银行个性化服务的策略。此外，双语服务、预告等待时长等也是其服务特色。

（2）管理系统功能。95555 呼叫中心的后台管理系统实现了集成的监控和警告日志、考评质检及报表功能。首先，INtess 平台提供了图形化界面的监控功能，供系统维护人员监视系统设备和资源运行状态，并自动进行警告和日志记录。其次，呼叫中心通过考评、质检功能对人工坐席的工作状况进行封闭式管理，保证客户服务水平。最后，呼叫中心可以通过报表生成工具对各种数据源进行报表定制，既可以对客户信息系统中的数据进行管理和挖掘，帮助银行更好地分析客户行为，也可以对系统处理的各种业务进行统计分析，利于系统监测和坐席考评。

（3）呼出功能。95555 呼叫中心提供通知类、营销类呼出服务。例如，通过 95555 人工外拨服务，招商银行可以主动以电话、传真、电子邮件等方式与客户联系，向客户发送有关贷款本息的追索、业务交易情况、理财申请和投诉的回复、各种重要通知、业务宣传资料等信息。此外，呼叫中心积极通过各种呼出方式向客户介绍招商银行的产品与服务，有针对性地开展交叉营销活动以获得利润。自 2006 年以来，招商银行电话银行中心已经可以通过电话金融交易业务来获得利润。

（4）虚拟呼叫中心功能。企业通过租借、托管的方式把呼叫中心系统设在远端的运营商处，便构成了虚拟呼叫中心，其在物理上是分散的，但在功能上仍是企业本身提供的整合服务。INtess 呼叫中心平台支持 100 个虚拟呼叫中心，每个虚拟呼叫中心具备独立呼叫中心的全部功能。95555 呼叫中心不仅通过此功能灵活地调整呼叫中心规模，还对各地分支银行进行独立的运行管理。

2. 操作型 CRM

操作型 CRM 也称运营型 CRM，即所谓的前端办公室应用，包括销售自动化、营销自动化、客户服务与支持等应用。其目的是提供自动化的业务流程，为各部门的业务人员的日常工作提供共享客户资源，减少信息流动滞留点。其中销售自动化包括客户注册、客户购买、商品查询、商品订购及销售佣金管理等与销售相关的管理功能；营销自动化包括营销活动管理、营销百科全书、网络营销管理、营销任务分派、线索管理和日历日程表等营销开拓领域所需的功能和服务支持；客户服务与支持包括客户服务申请管理、客户投诉管理、客户关怀、客户转账或开户等管理功能的自动化。

操作型 CRM 积累了大量的客户行为数据，只要客户与企业发生联系，企业就可以借助这个平台实现该信息的内部共享，销售、营销和客户服务部门人员可以通过登录 CRM 系统，利用这些信息有效地与客户进行沟通，展开有针对性的一对一营销和服务关怀，同时将有关客户订单的信息与企业的企业资源计划（ERP）系统、供应链管理（SCM）系统等信息系统进行连接和交流，利用后勤支持系统生产和履行客户订单。

案例 7-2

湖南建行公司类客户操作型 CRM 解决方案[6]

根据湖南建行公司类客户操作型系统的功能要求，从目前湖南建行当前最需要解决的问题入手，同时为了弥补湖南建行现行业务系统在客户关系管理、服务方面的种种不足和疏漏，湖南建行公司类客户操作型系统设计了如下七个模块：客户管理模块，服务管理模块，销售管理模块，知识库管理模块，产品管理模块，业绩考核模块和统计报表模块。其系统结构如图 7-3 所示。

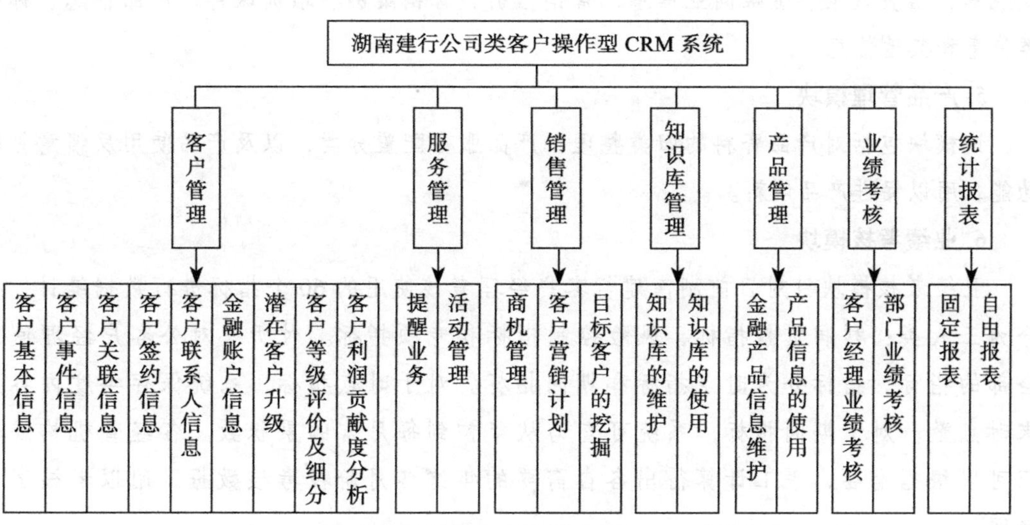

图 7-3　湖南建行公司类客户操作型 CRM 系统结构

1. 客户管理模块

客户信息管理的重点在于对客户信息的识别、收集、存储、管理、共享及应用。该系统能够实现360°的单一客户视图，并对同一客户在湖南建行不同系统中的信息进行整合，展现集团和关联关系。该系统中的客户管理模块包括客户基本信息、客户事件信息、客户关联信息、客户签约信息、潜在客户升级、客户等级评价及细分、金融账户信息、客户联系人信息以及客户利润贡献度分析等功能子模块。

2. 服务管理模块

该模块包括两类业务。一是活动管理，主要用于记录客户经理的日常活动、与客户的交互活动，以及为客户经理生成和分配活动，并且实现对客户经理的提醒功能。二是提醒业务，包括客户提醒、提醒分类、系统自动生成的提醒、纪念日提醒、贷款到期提醒、存款到期提醒等。

3. 销售管理模块

销售管理模块中的客户营销计划是一个年度或中长期营销方案，以文本文件的形式保存。客户营销计划方案制定的对象主要是与湖南建行发展有较大关系的重点客户和集团客户。

商机管理是指客户关系管理系统为客户经理提供的处理商机全过程的机制。在该模块中，可灵活地对客户信息、活动创建的模块进行调用，实现对客户信息的查询和创建并分配活动。系统通过对客户经理记录的商机信息进行汇总，实现对各机构的商机信息统计，生成商机统计报表，供管理人员对经营活动进行分析和指导。

4. 知识库管理模块

知识库是在对行内、行外信息进行全面采集、汇总、分类和归并的基础上建立的全行知识共享平台。知识库中的信息类型分为11类，即行业指引、行业分析报告、法律或规章、信贷政策、金融同业信息、营销指引、营销案例、培训课件、产品信息、标准类信息和其他信息。

5. 产品管理模块

该模块包括对产品资料的归类整理，产品服务配置分类，以及产品使用反馈意见等功能，用以促进产品创新。

6. 业绩考核模块

业绩考核模块针对目前湖南建行客户经理考核使用的60个指标进行数据统计，共分为三大类：利润贡献指标、风险控制指标和专项指标。对所有对公客户经理使用全部的指标。指标分为时点指标和期间指标。对于时点指标，系统保存年度内各月末时点数；对于期间指标，系统可查询从年初到每月末的累积数。各经营机构或部门可以根据需要，手工计算得出各自需要的年终各月阶段考核数据，用以考核客户经理。

7. 统计报表模块

统计报表模块通过报表工具实现对公业务报表统计、分析和查询功能，分为固定报表功能和自由报表功能两部分。固定报表由系统定期自动生成并保存在数据库中。客户经理、客户经理主管、各级行领导等系统用户可以根据需要随时登录系统查看。系统提供报表输出功能，各用户可根据业务需要将报表转成自己需要的类型进行保存。自由报表通过系统自带的报表工具提供更为强大的多维度、多条件组合查询功能。用户可随时登录系统自由选择查询维度和查询条件，进行相关业务数据的组合查询。选定组合条件后，报表系统自动生成用户所需要的综合数据，自由报表还提供较强的图表分析功能，根据用户选定的条件生成所需要的报表后，点击相关图表生成功能键，系统自动为用户生成所需要的分析图。

3. 分析型 CRM

分析型 CRM 以数据仓库为基础，运用 OLAP（联机分析处理）、交互查询和报表等手段，了解客户的终身价值、信用风险和购买趋向。分析型 CRM 侧重于分析客户数据，使企业更为清晰地了解自己客户的类型，准确把握不同类型客户的需求，从而最大限度地挖掘客户和更好地服务客户。

分析型 CRM 包括历史数据分析、客户行为分析、市场分析三大类别。其中，历史数据分析是基于客户数据及企业业务活动的历史记录，产生标准的查询报告；客户行为分析则可以使企业对客户的价值、客户可能带来的潜在收益、客户对企业产品与服务的忠诚度及公司营销措施的成效有一个清晰的认识；市场分析主要着眼于对产品与客户等不同群体间关系的分析。

分析型 CRM 对客户的分析通常包括：客户终生价值分析、客户背景分析、客户忠诚度分析、客户性能分析、客户流失性分析、客户信用记分等。

案例 7-3

房地产行业的分析型 CRM 解决方案[7]

房地产行业分析型 CRM 的会员客户管理系统由三个部分组成——数据支撑部分（事务数据库和数据仓库部分）、分析处理部分和会员客户管理应用子系统部分，如图 7-4 所示。

其中，会员客户管理应用子系统和事务数据库属于传统的操作型 CRM，实现企业的业务处理功能；数据仓库和分析处理部分组成了传统的分析型 CRM，是系统的商业智能部分。

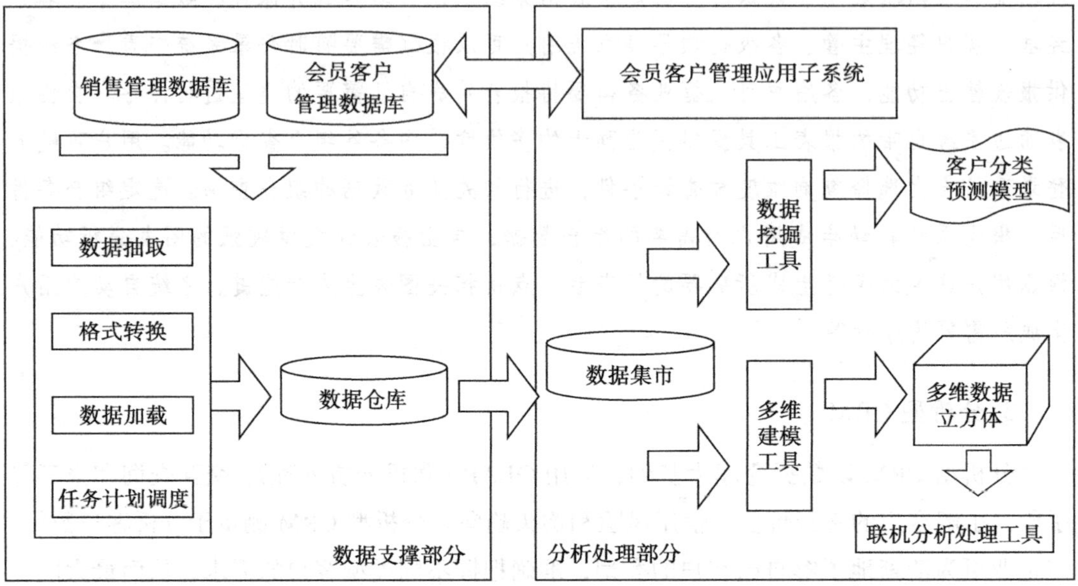

图 7-4 房地产行业分析型 CRM 系统结构图

（1）数据支撑部分。由于融合了传统的分析型 CRM 和操作型 CRM，因此事务数据库和数据仓库两部分共同构成了系统的数据支撑部分。事务数据库用于存储和管理业务系统的操作型数据。数据仓库则从事务数据库中抽取数据，把抽取出的数据进行统一的格式转换，然后将数据加载到数据仓库。数据仓库实现部分是分析型 CRM 的基础，它负责相关数据的收集、处理、存储和组织管理，为系统的分析处理部分提供数据支持。

（2）分析处理部分。分析处理部分是 CRM 系统的核心部分。它负责对数据仓库的数据进行分析处理，包括建立多维数据集（多维数据立方体），实现联机分析处理功能以辅助企业决策，建立数据挖掘模型，寻找数据中有趣的模式，实现客户分类预测。

（3）会员客户管理应用子系统分为普通会员管理、贵宾会员管理、销售决策管理三个子模块，实现对会员客户资料的统一管理，调用分析处理部分提供的功能以实现对企业决策的支持和对客户的个性化销售引导等。

4. 三种 CRM 的关系

可以用一个形象的比喻来说明以上三种 CRM 的关系：如果 CRM 应用是一个人，分析型 CRM 就是他的大脑，操作型 CRM 相当于他的手脚，而协作型 CRM 则是他的感觉器官。三种 CRM 之间的信息流如图 7-5 所示。通常 CRM 系统提供商的产品可能是上述一种或多种类型的组合，因此不能简单地把 CRM 系统提供商归结为上述某一类。

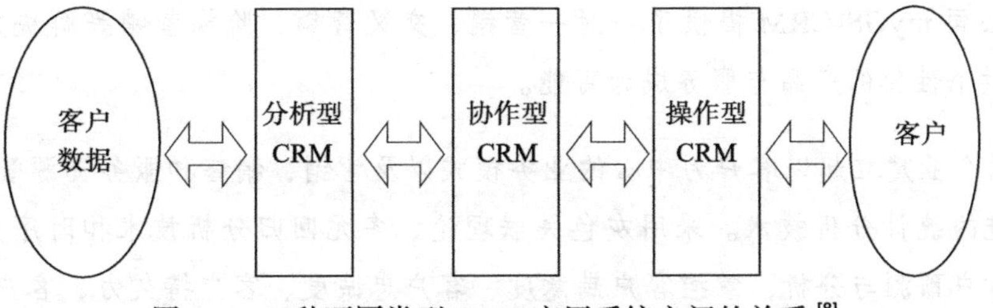

图 7-5　三种不同类型 CRM 应用系统之间的关系 [8]

案例 7-4

浪潮公司的 CRM 解决方案 [9]

浪潮公司 myGS-CRM 是一种以电子商务为基础、以客户为中心的企业组织管理模式，提供客户导向的业务流程优化方法、面向客户的绩效评价方法、客户关系评价方法和市场预测分析技术以及相关的销售 / 服务过程自动化建模技术、互动 / 协同技术等。浪潮公司 myGS-CRM 贯穿客户关系管理的各个阶段，通过运用各种方式帮助企业制订计划，创建和维护客户关系，进行市场销售、服务作业，开展客户分析，确保以客户为中心的业务运作和业务协作。浪潮公司 myGS-CRM 系统结构如图 7-6 所示。

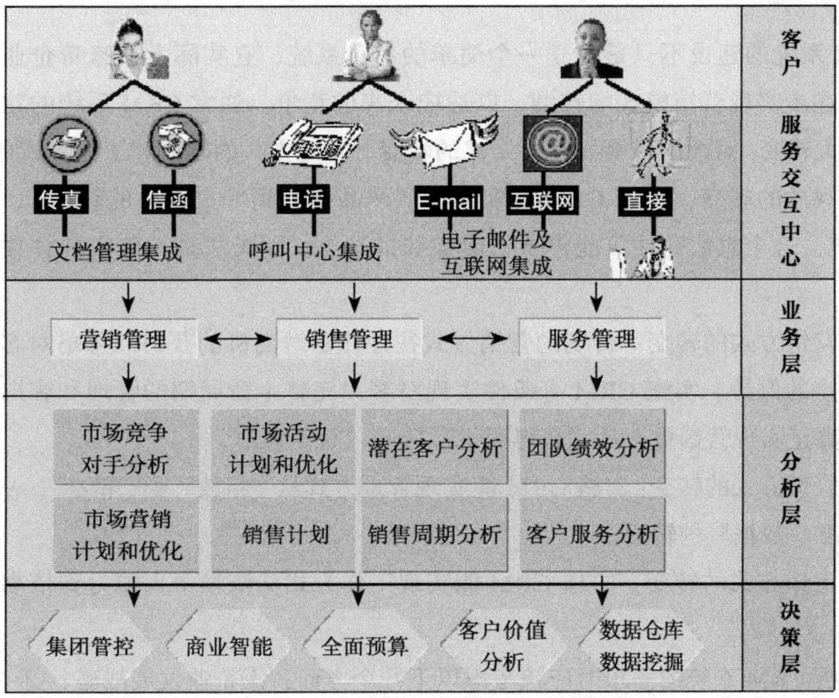

图 7-6　浪潮公司 myGS-CRM 系统

浪潮公司 myGS-CRM 提供了一对一营销、交叉营销、阶梯营销等解决方案，使得向客户提供个性化的产品与服务成为可能。

- 帮助企业建立起以客户为中心的业务模式以及营销、销售和服务资源管理平台。
- 先进的统计分析技术。采用灰色关联理论、多元回归分析技术和时序分析方法进行客户预测与分析，掌控客户满意度、客户忠诚度、客户持久力、客户资源分配、客户影响度等影响企业绩效的关键因素。
- 前台与后台的有机集成使前台的交互系统和后台的订单执行系统实现无缝实时集成，并同步处理所有渠道的客户交互活动。
- 挖掘客户的终生价值。提供实施的客户需求，为进行阶梯营销、交叉营销，进而为识别价值客户、保留价值客户、挖掘客户终生价值提供可靠的依据。
- 提供全过程价值客户管理，包括四个阶段：吸引（Engage），包括市场细分、营销管理、销售机会管理、销售活动管理等；交易（Transact），包括一对一营销和销售、订单管理、佣金管理等；交付（Fulfill），包括订单跟踪、发运配送、回款、盈利分析等；服务（Service），包括售后服务、客户反馈管理、客户关怀等。
- 集成性。全面集成产品与供应链管理、财务管理、商务智能等管理软件，为企业提供一体化解决方案。

7.1.2 CRM 系统需求分析

CRM 系统的建设不只是建立一个简单的信息系统，它实际上意味着企业要转变营销观念，逐步实现营销模式的转型，以适应未来的竞争。通常 CRM 系统的建设会给企业带来四大转变：观念的转变、营销方式的转变、管理方式的转变和工作方式的转变。[5]

（1）观念的转变：实施 CRM 能实现“从产品中心到客户中心的转变”。如果没有 CRM 系统，这个想法往往只能停留在愿望和口号上，而无法真正落实到日常经营行为之中。

（2）营销方式的转变：传统的营销方式往往注重对商机的获得而忽略对客户价值的管理和客户的保持。实施 CRM 有条件实现对客户完整生命周期的管理和客户价值的管理，从而真正实现营销重心从“获得商机”转向“获得客户”。

（3）管理方式的转变：实施 CRM 能实现管理方式从“粗放”到“精准”，从依靠“经验”到依靠“数据”的转变。

（4）工作方式的转变：实施 CRM 能实现工作方式从依赖个人能力到依靠企业资源的转变。

在分析 CRM 系统的需求时应该考虑以下几个方面：①企业发展战略；② CRM 系统建设的内部环境；③ CRM 系统建设的外部环境，如图 7-7 所示。[10]

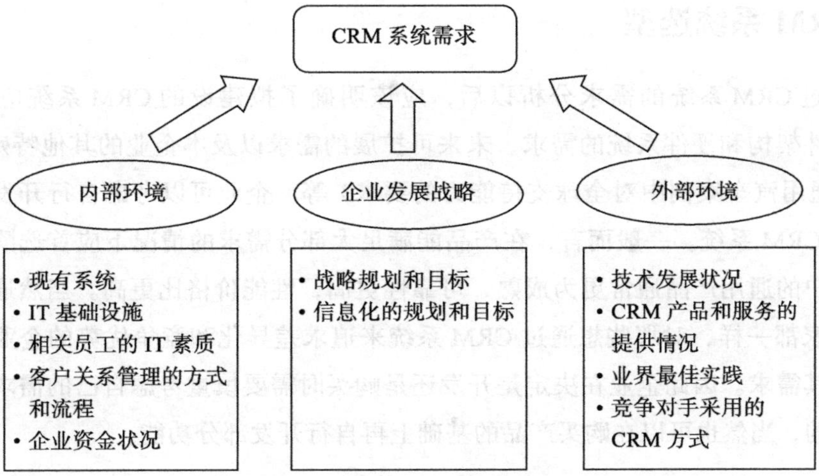

图 7-7　CRM 系统需求分析

CRM 系统所考虑的企业发展战略包括企业的战略规划和目标以及信息化的规划和目标。为保证所建 CRM 系统的使用的可持续性，一定要把 CRM 系统当作企业信息系统的一部分来考虑，它的建设应该有利于企业战略目标的实现，并且是企业信息化的重要组成部分。

CRM 系统建设要注意企业目前的内部环境，包括：①现有系统，CRM 系统应与这些现有系统有必要的信息共享，能实现必要的系统集成，同时又保证各自的安全性和独立性。② IT 基础设施，包括现有的网络、呼叫中心、基础数据等，这些是 CRM 系统能实现预期目标的基础。③相关员工的 IT 素质，相关员工的 IT 素质直接关系到 CRM 系统的功能是否能发挥出来，特别是分析型 CRM，不仅需要计算机方面的人才，还需要高层次的数据分析和系统应用专家。他们面临的问题不是事先设定的，而是需要他们根据需求提出可能的分析，自行制定分析方案，并能深入理解分析结果，基于结果对商业决策提出建议，因此员工的 IT 素质非常重要。人员素质低、信息化基础薄弱的企业应该从基础应用开始，通过一段时间的学习和吸收，逐步走向高层应用。④目前客户关系管理的方式和流程，在 CRM 系统建设的过程中，可能需要修改现行的 CRM 流程，或确认现行流程的有效性。⑤企业资金状况，企业的内部环境体现的是企业实施和应用 CRM 系统的能力，仅购买一个 CRM 系统是不够的，企业资金状况是影响该系统发挥效能的关键。

影响 CRM 系统需求的外部环境是指影响该系统需求的外界状况，包括：①相关技术的发展状况；② CRM 产品和服务的提供情况；③业界最佳实践；④竞争对手采用的 CRM 方式（它通常会影响客户对你的企业的期望）。

在综合考虑上述因素后，所规划的 CRM 系统就可以分阶段分目标地实施。

7.2 CRM 系统选型

在经过 CRM 系统的需求分析以后，应该明确了拟建设的 CRM 系统应具有的功能、对软件架构和硬件系统的需求、未来可扩展的需求以及本企业的其他特殊需求（如案例 7-5 通用汽车案例中对全球支持能力的要求）等。企业可以考虑自行开发、委托开发或购买 CRM 系统。一般而言，在产品能满足大部分需求的情况下应首选购买，因为有较多用户的通用产品通常更为成熟，可靠性更高，性能价格比更高。当然通用产品的缺点是大家都一样，对那些想通过 CRM 系统来追求差异化和竞争优势的企业来说可能不能满足其需求。因此企业在决定是开发还是购买时需要慎重考虑自己的需求是通用的还是特殊的，当然也可以在购买产品的基础上再自行开发部分功能。

7.2.1 CRM 系统供应商和产品

在决定购买 CRM 系统以后，需要对市场上的 CRM 系统进行选型。CRM 系统基本可以归为 7.1.1 节中所描述的三类 CRM 系统的一类或几类的组合。对于每个 CRM 产品，企业可以先考察供应商的一些宏观因素——经济实力、专业背景、可持续发展实力、服务和咨询能力、技术实力等，然后重点了解其 CRM 产品的特点。知名信息化专家何荣勤将 CRM 产品分成快餐型、饮茶型以及大餐型 3 种类型。[11]

1. 快餐型

此类软件主要针对 CRM 功能集合中一个或两个操作模块，有即插即用的特点。这类软件非常简单、界面友好、安装维护不复杂、系统稳定可靠、核心功能强大。其优点是简单实用，无论从费用还是从实施时间来说都很有优势。缺点则是功能比较单一，客户化能力较低，业务范围狭窄，为企业今后的业务需求变化带来整合的困难性，只能作为短期的 CRM 技术策略。目前信息化程度较低的小企业比较适合采用此类软件。

2. 饮茶型

此类软件品种丰富，基本涵盖了 CRM 各个领域的业务功能。在功能设计上采用可以叠加的模块形式，既保持了模块之间的相互独立，又提供了便利的整合界面，符合企业循序渐进的原则。其优点是阶段性实施策略降低了项目风险，可以与企业 CRM 文化的改善适当同步，以满足企业不同时期的需求变化。但是，每次模块的增加都会给企业增加不少的工作量，从软件供应商选择的角度，企业实际上是在寻找一个长期合作的伙伴，如果两者未来的合作不愉快，将面临骑虎难下的困境，提高了软件供应商选择的风险。此类软件比较适合动态积极型的企业，这种企业具有良好的改革型企业文化，员工对变化没有很强的抵抗心理。

3. 大餐型

此类软件之间内部整合较为完善，功能丰富但不很独立。这类软件的特性就是在短期内可以建立企业 CRM 的技术框架，如果分步叠加，那么由于软件价格、功能以及实施过程上没有适度细分，因此将导致费用增加。使用这种软件，企业只需要一次就可完成转型，但其一次性投入大、项目周期长、一次性风险高，很有可能导致企业日后"消化不良"，甚至"窒息而死"。此种软件更适合"独裁"型企业，具有自上而下的执行性企业文化。另外，如果企业长期亏损，已到了"病入膏肓"的程度，由于机会成本比较低，也可以考虑这种"一步到位，放手一搏"的 CRM 转型方式。

7.2.2　CRM 系统的技术评价指标

对于 CRM 系统的选型，在满足基本功能的基础上，企业还可以进行表 7-1 中所列指标的比较。

表 7-1　CRM 系统的技术评价指标 [12]

评价指标	说　明
操作系统	当前 CRM 系统运行的操作系统主要是 Windows 系列，但 UNIX 和 Linux 的运用在逐渐增加
开发语言	开发语言也是 CRM 系统评价的指标之一，就目前来讲，Java 已经成为 CRM 供应商使用较多的语言，其次是 VB、JSP 等
B/S（浏览器 / 服务器）和 C/S(客户机 / 服务器）架构的选择	两种结构各有特点。CRM 系统通常：①既与企业内部联系密切，又与外部客户联系；②要保证不同地域的用户处理的是相同的信息，即要保证数据的一致性和同步性；③所涉及的很多数据都具有保密性，安全性要求很高；④要方便易用，便于维护。基于此，不少 CRM 系统采用 C/S 与 B/S 混合的架构，如图 7-8 所示
数据库选择	CRM 供应商支持的数据库以 Oracle、Microsoft SQL Server 为主，其次是 DB2，原因是前两种数据库更有利于 CRM 系统与其他应用系统的集成
支持的语言	调查结果表明，能够支持多国语言的软件供应商主要是一些外资企业，国内供应商的市场主要在中国，因此大部分国内供应商的产品目前仅支持简体中文
技术标准化和专有化	管理软件的集成性已经成为各大软件供应商密切关注的焦点之一，采用标准化技术的优点是可以方便地与其他管理系统集成
安全性	大多数 CRM 软件供应商支持数字签名和数字证书，也有一些支持 SSL 加密，以保证数据传输的安全性。安全性主要涉及：确保数据的完整性和保密性、防止外来者入侵数据以及实现系统的授权访问
系统集成	集成问题主要表现在两个方面：一方面为内部集成水平；另一方面为外部集成能力。从内部集成水平来看，大多数软件产品的各个模块既可以独立运作，又可以实现无缝集成。从外部集成能力来看，多数软件产品可以与财务软件、ERP、SCM 等应用软件进行集成
个性化	大多数 CRM 供应商都可以提供个性化工具。作为管理软件的 CRM 系统具有两大重要特点，即集成性与定制性。CRM 系统的用户来自不同的行业和企业，他们对能够改善管理水平的 CRM 系统必然会有不同的需求，因此 CRM 厂商在保证基本功能的基础上能多大程度地实现个性化定制，是决定 CRM 系统供应商核心竞争力大小的重要因素
维护与服务	CRM 系统供应商提供的售后服务内容、反应速度、收费标准、新功能和新版本等，都是购买者应该考虑的因素，它们直接关系到 CRM 系统的运营成本

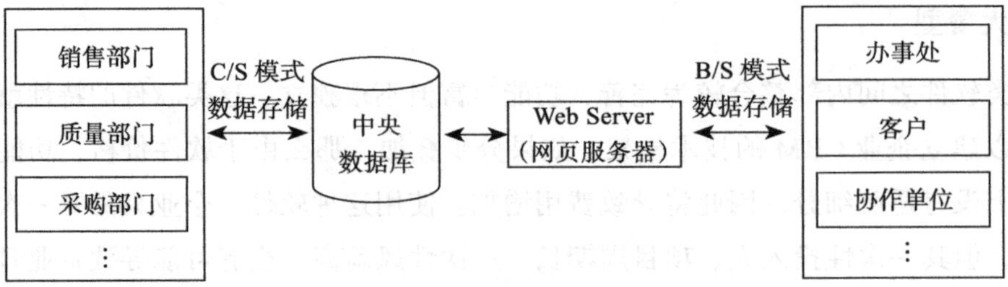

图 7-8　CRM 系统的网络模式示例 [13]

案例 7-5

上海通用汽车公司的 CRM 选型 [14]

上海通用汽车公司使用的 CRM 软件是美国 Siebel 公司的产品。Siebel 公司是目前世界上 CRM 软件市场占有率最高的企业之一，国际数据公司（IDC）的报告显示，1999 年 Siebel 的 CRM 软件占市场份额的 67%。Siebel 公司已经开发了 14 个产品，140 多个模块，覆盖 11 个行业领域。按照美国通用公司的全球 CRM 战略部署，全球所有的通用机构，无论是独资还是合资，都统一使用美国 Siebel 公司的 CRM 软件产品。

作为一个跨国公司，通用公司提出了自己对 CRM 软件产品的六个选型评估标准：①产品功能；②软件结构；③供应商自身的管理水平与维护能力；④实施能力；⑤全球化的支持能力；⑥供应商自身的生存能力以及产品的灵活性。

值得一提的是，通用公司很注重考察 CRM 软件产品供应商的管理状况以及管理水准。如果一家公司自身的管理能力没有达到一定的水准，就不会考虑其产品。通用公司认为，CRM 产品是一种管理软件解决方案，如果研发生产 CRM 产品的公司自己的管理都不规范、不科学的话，那么它所提供的管理软件的效果就要大打折扣。另外一点就是要考察 CRM 软件产品供应商的生存与发展能力，要把供应商放在一定的时间跨度里考察。如果其生存能力不强，在经济不景气时就没有对策，就有倒闭的可能性，或者被别的企业并购，或是发生产品转型。如果购买了这种公司的 CRM 软件产品，无异于让自己抱上了一颗定时炸弹，软件实施后的服务、版本的升级、模块的扩充以及进一步的客户化都将成为未知数。因此，存在这样潜在问题的 CRM 软件产品供应商也已早早被淘汰了。

7.3　CRM 系统实施

CRM 系统实施包括数据采集和维护、系统转换、用户培训以及系统的集成测试。

下面主要介绍数据采集和维护及用户培训。

7.3.1　数据采集和维护

如果企业以前有较好的客户关系管理基础，甚至以前有一个简单的 CRM 系统，那么新 CRM 系统的运营就有较好的基础，基础数据可以从旧系统中移植过来。如果需要采集新的数据，则需要制定严格的业务流程，以保证数据的准确性和完整性。

1. CRM 系统的数据类型

CRM 的核心是数据，通常根据数据的形式和来源可将客户数据分为客户描述性数据、客户交易性数据和市场促销性数据三类。

客户描述性数据：客户描述性数据即通常所说的客户数据，用于描述客户的详细信息，主要回答“客户是谁”的问题。我们通常将客户分为个人客户和团体客户两类，个人客户的描述性数据通常包括客户的基本信息（姓名、性别、出生日期、工作类型、收入水平等）、信用信息（忠诚度指数、信用卡卡号和信贷限额等）及行为信息（客户的消费习惯、对促销活动的反应等）。对于团体客户，描述性数据通常包括客户的名称，规模，主要联系人姓名、头衔、联系渠道，公司的基本状况，客户类型，信用情况，购买过程等信息。

客户交易性数据：描述企业和客户相互作用的所有数据都属于客户交易性数据。这类数据和促销活动的数据一样都会随着时间的变化而变化。客户交易性数据包括购买商品类数据（历史购买记录、购买频率和数量、购买金额、付款方式等）和商品售后类数据（售后服务内容、使用后对产品的评价、对服务的评价、对企业提出的建议和要求等）。

市场促销性数据：市场促销性数据体现对每个客户进行了哪些促销活动，主要涉及销售人员现场推销、市场营销人员的广告语、展览会的产品宣传单、报纸杂志的宣传报道、电话直销信息、服务支持人员在服务过程中所提的各种建议、分销商们对客户的宣传与承诺、用户产品使用情况调查等。这类数据反映了客户对促销活动的响应程度。

2. CRM 数据采集的特征

通过上述说明我们可以看出，客户数据具有多样性和丰富性的特点，这决定了 CRM 应用中数据采集具有多渠道和多媒体两个特征。

多渠道：在现在的商业环境下，要有效地提供服务和收集信息，仅仅依赖于单一渠道是远远不够的。客户数据的来源包括企业与客户的交易记录、现场问卷、电话或传真、网页或电子邮件、企业内部的其他应用系统以及客户和企业以外的社会大环境（如媒体对客户的报道、客户员工的亲戚朋友、客户的合作伙伴）等。在实际应用中，数据采集工作不可能没有遗漏。数据采集的目标只是通过努力，尽量使企业的重要数据不要轻易流失。因此数据采集必须是灵活的、多渠道的，要增加激励措施，使企业各部门的领导及员工都有热情去留意身边的客户数据，用心保存，为企业的决策提供依据。如果所需数据已经以数据库的形式存储在其他系统中，这时的采集通常称为数据移植。

多媒体：客户数据并不仅仅局限于文本的格式，音频、图像等超文本数据对企业来说同样重要，企业是否有能力处理多媒体格式的数据，对采集丰富的数据至关重要。

3. 客户数据的保护

企业一定要意识到客户数据是客户的隐私，虽然我国的《个人信息保护法》和《数据安全法》尚未正式出台，对企业收集数据的手段和外泄客户数据还不能方便地追究其法律责任，但保护客户数据是企业义不容辞的义务。虽然许多企业在搜集客户资料时都声称它们会对客户资料保密，也经常会发布类似的声明，但是客户个人数据泄露事件仍时有发生。2006 年美国 Forrester 研究中心进行的一项调查发现，有 67% 的网民十分担心数据的保密问题，因为没有人希望别人了解自己的一举一动。数据泄露问题已经相当严重，必须引起企业的足够重视。

那么企业应如何解决这个问题，从而尽量避免 CRM 系统给客户带来消极影响呢？在保护客户的隐私权和 CRM 系统对数据的采集这对矛盾之间，企业可以采取以下措施。

（1）创建匿名标识符。企业可以通过创建匿名标识符的方式组建数据库，通过给每个客户分配一个唯一的、经过加密的标识符，避免暴露客户最直接的信息（如姓名、身份证号等）。

（2）尽量利用对原始数据进行分析、挖掘后所产生的数据。企业应尽量利用对原始数据进行分析、挖掘后所产生的数据，将客户数据抽象为群体数据，而不是精确到个人。企业可以将这些分析数据出售给需要特定市场分析数据的企业，由于这些数据不精确到个人，因此一般不会引起客户的不满。

（3）未经客户允许，不能售卖或交换客户数据。奉行现代市场营销观念、以客户为中心的企业应该对其获取的客户数据负责，决不随意滥用。如果客户对企业的行为普遍反感，那么无疑将提高客户对提供个人信息的心理排斥门槛，进而导致合作的失败。

（4）加强技术保障，确保数据安全。企业应非常重视客户数据的安全保密工作，采用先进的技术手段，防止客户数据被黑客盗取，从而对客户产生不利的影响。同时企业应建立严格的规章制度，防止企业员工盗取客户数据以谋取个人利益。

（5）设立隐私管理者。有些国家对收集数据的大型企业要求设立首席隐私官（CPO）职位，专门负责处理与客户隐私权相关的事宜。CPO 应该充分理解法律的规定，拥有明确的权利和授权，谨慎地获取客户关注的信息。其目标是在不侵犯客户隐私权的前提下，用最佳的方式将客户数据转为有用的企业财产。不过即使不设立这个职位，也最好有专人负责客户隐私事宜。

7.3.2 用户培训

用户正确、恰当地使用CRM系统，充分发挥CRM系统的功效，是CRM系统建设成功的关键因素之一。对于企业来说，在项目实施的过程中，针对不同类型的用户和项目进行的不同阶段开展多种层次、不同目标的培训，是十分重要的，这可以帮助各部门在战略上实现统一，树立清晰的战略目标。

1. 培训类型分类 [15]

（1）CRM理念培训。CRM理念培训主要是在CRM项目正式启动前，针对企业的中高层管理人员举办的培训。中高层管理人员在CRM系统实施中的作用是十分重要的。首先，由于他们处于项目购买的决策者地位，其对CRM理念是否理解和认同直接决定了项目能否启动以及成功的概率。其次，在之后的CRM实施过程中，每一个环节的成功都需要得到中高层管理人员的大力支持。所以，中高层管理人员必须做到对CRM理念充分认识和了解，才能在CRM项目实施过程中发挥更为积极的作用。因此针对企业中高层管理人员的培训包括最先进的管理思想培训、CRM理念培训、CRM风险和机会培训，培训目的是让企业中高层管理人员形成共识，理解什么是CRM，并对CRM有一个正确的预期。

（2）CRM项目实施培训。CRM项目实施培训是在CRM项目实施过程中，对涉及的不同人员（如企业中高层管理人员、业务操作人员、计算机和网络技术人员、市场分析人员等）组织不同内容的CRM培训课程。它贯穿于CRM项目实施的全过程，包括所有相关人员参与的项目小组培训、最终用户软件操作培训、技术人员培训、新流程培训和数据分析培训等。这些培训的内容由CRM供应商根据具体的用户基础、项目特点和产品的功能模块来决定，目的是保证CRM项目实施成功。

项目小组培训包括项目管理的培训、实施方法的培训、CRM软件功能的概要性介绍等。CRM项目对企业来说是一个大型项目，成功的CRM实施离不开成功的项目管理，所以项目小组成员必须了解项目管理的一般概念和方法。

最终用户软件操作培训就是使用户知道如何使用软件，以实现对客户更高效、更贴心的管理。

技术人员培训包括系统管理员的培训、开发人员的培训等，这有益于帮助企业自己维护系统，或做一部分开发工作，从而使系统更满足用户的需求。

在CRM实施中技术虽然很重要，工作量也很大，但并不是最难的，最难的是CRM实施很可能改变管理流程，即进行销售、服务和市场营销的业务流程重组。这样，在CRM实施完成后，企业员工都面临着全新的业务流程。因此，对新流程培训的意义重大。

CRM 系统正常运行后，会保留很多有用的数据。这些数据将作为 CRM 分析的数据基础，能为企业进行科学决策提供可靠的依据。教会企业不同层次的人员正确输入数据、阅读分析结果，乃至创建自己需要的分析，是 CRM 系统充分发挥作用的重要因素。

2. 要建立严格的培训制度体系、课程体系和流程体系

CRM 用户培训是一个长期的过程。企业必须建立制度体系，明确需培训的人员、培训的目的、培训的内容和时间安排、培训的预算以及培训成果衡量等问题。通过课程体系的设计，研究培训需要什么样的课程、有多少课程需要在外部进行、有多少课程可以在内部进行。培训运作流程解决的问题是需求调研如何开展、如何有针对性地开设培训课程、如何验证课程的效能、如何对培训质量进行评估。培训的制度体系、课程体系和流程体系要随着 CRM 的实施不断更新和完善，以使 CRM 用户培训逐渐深入和发展。

培训的时候，企业应多咨询几家培训公司，尽量多给员工讲解案例。案例能够帮助员工对照自己的工作，学习经验、总结教训，从而避免 CRM 项目实施的盲目性。

7.4 CRM 系统评估

虽然 CRM 系统可以有效地提高企业以客户为中心的经营能力，但它的应用情况却并不乐观。据高德纳公司统计，CRM 项目实施的成功率低于 50%。学术界和业界对这种情况进行了大量的研究，提出了很多原因，如缺少高质量的数据信息、没有 CRM 项目的总体路线图以及 CRM 意识较低等。而在 CRM 项目实施完成后及时进行评估，有助于企业发现 CRM 系统存在的缺陷，也是提高 CRM 项目实施成功率的要素之一。不少企业对 CRM 系统建设的认识存在一个误区，认为只要 CRM 系统安装完毕就万事大吉了，不愿再花时间去系统地评估企业 CRM 项目实施的效果。这种虎头蛇尾的做法不仅影响 CRM 系统的持续改进能力和可扩展性，更可能浪费企业的投入，损害企业对 CRM 系统的积极性。

然而，对 CRM 系统的评估并非一件容易的事情，一个大型消费品企业的客户关系管理从业者曾经把 CRM 解释为“Can’t Really Measure”（不能真正评估）。建立综合评估体系应该考虑三项基本原则，即定量评估与定性评估相结合，短期目标与长期目标相结合，共性与个性相结合。[16] 如果能对一个系统进行定量的评估固然好，然而对于 CRM 这类系统而言，较高的初期投资和运营成本未必能立即转换成销售收入和利润，更可能表现为对客户的进一步了解，从而有助于以后开发新的产品或功能、保留老客户和吸引新客户、提高服务质量等。这些因素转化为经济效益需要时间，有滞后性且难以定量衡量。而对决策速度、决策质量和工作环境的改变更是无形的，只能进行定性的评估。因此对 CRM 系统的评估应该是定量与定性相结合的，在建立综合指标时再对定性指标做量化处理。同时，对 CRM 系统的评估不同于其他大部分信息系统，特别是分析型 CRM 系统，它的输出不是一开始就确定的，从需要的数据到采用的方法都可能在以后的实际操作中做调整，因此对系统的评估要有长远的视角，使短期目标与长期目标相结合，通过持续改进来实现长期目标。最后，每个企业的现状有所不同，其对于 CRM 系统的要求存在一定的差异，因此评估体系一方面应该全面，体现共性，另一方面应满足企业自己的需要，体现企业个性。如对处于抢占市场阶段的企业，经济价值是第二位的，客户的满意度最重要，CRM 系统的功能就应强调对客户数据的分析，以创造客户满意的产品和服务为主要目标；在强调利用技术创造竞争优势时，采用先进的、不是非常成熟的技术是可接受的，这时应强调 CRM 系统用户的体验，采用前沿技术，建立潜力大、性能好的系统，而且要根据企业实力确定需求，实力强的企业应该做到“人无我有，人有我强”。企业可通过对体系中的指标赋予不同权重来体现其个性。

1. CRM 系统的效益评估 [17-18]

由于角度不同，因而不同的人对 CRM 系统价值的认识也不同。对 CRM 系统价值的衡量可以从利益相关者的视角来分析，最后进行综合考虑。CRM 的利益相关者包括企业的股东和管理层（如财务经理）、CRM 系统的用户（企业内部使用该系统的人）、企业的客户（购买该企业的产品或服务的人）。

对股东和管理层来说，CRM 系统的价值体现在直接的经济效益上，可以用一系列财务指标来表示，如净现值（NPV）、投资回报率（ROI）和内部收益率（IRR）等。CRM 系统可以使成本降低，包括市场推广成本的降低、老客户保留成本的降低（可以识别最值得保留的老客户，只给他们提供优惠；可以在降低营销市场的覆盖率时，仍保持或提高回复率）、新客户吸收成本的降低以及管理成本的降低等。CRM 系统带来的有形价值是收入的增加，当然哪些收入的增加可以算到 CRM 系统头上是评估的难点。同时管理层也关心通过 CRM 分析带来的决策速度和决策质量的改进，如推出哪种新产品或新功能更可能受到市场的青睐等。

对 CRM 系统的用户而言，他们更关心的是能否及时得到准确的、相关的、有效的信息，同时能否降低工作的强度和难度。因此他们会更关心 CRM 系统能提供哪些功能以及系统的性能如何，这方面的指标有数据量和存储能力、分析能力、计算速度、稳定性、安全性、可扩展性、可维护性等。

在企业的客户方面，通过 CRM 系统的帮助，企业可以更有针对性地对不同的客户提供差异化的产品或服务，从而提高他们的满意度；可以提供更恰当的业务捆绑（如移动通信的资费套餐）；同时还可以根据客户的信息评价客户的信用等。这方面的指标有客户满意度的变化、市场占有率的变化、客户流失率的变化等。

当然，上述衡量指标都没能足够关注无形价值最终转化为有形价值的滞后性，因此在指标体系中可以再加一些对长期发展预测的指标。

2. 评估的时机

企业的信息化是一个持续改进的过程，CRM 系统作为企业信息系统的重要组成部分，应该随着竞争环境和技术的变化进行持续的改进。持续的评估和改进是保证 CRM 系统效益的手段，也是持续应用 CRM 系统的必要因素。

通常 CRM 系统的生命周期可分为三个阶段：①系统规划和设计阶段；②系统实施阶段；③系统应用阶段。[19] 然后，三个阶段循环往复。每个阶段完成后，转入下一个阶段之前都应该进行评估，确定上一个阶段的工作质量和需要改进的方面。不过每次评估的重点不同。系统规划和设计阶段与系统实施阶段之间的评估侧重于系统价值估算和能力评估，采用的指标体系如 7.3 节所述。系统实施阶段和系统应用阶段之间的评估侧重于能力和流程的评估，当企业的能力提高或企业的 CRM 流程需要改进时，就到了需要较大程度地改进 CRM 系统的时候了。每个阶段的评估都通过反馈来改进企业的能力和流程，直至继续建设下一期的 CRM 系统或者整个系统生命周期结束。

综上所述，CRM 系统建设完成后需要进行评估，评估的结果既是对前期工作的评价，也是后期工作的参考，为进一步提高客户关系管理的水平和能力提供了方向。

本章小结

本章首先介绍了 CRM 系统常见的功能和分类，以此指导用户根据企业状况分析本企业对 CRM 系统的需求，为 CRM 系统建设确立目标。明确需求后，如果特殊需求不多，应首选购买 CRM 系统产品而不是自行开发。这时 CRM 系统选型就十分重要，如果不能满足需求或需要对产品做较大改动，则很可能会导致项目延期，使投资超出预算。在实施过程中，企业还应注意对不同层次不同需求的员工进行多方面培训，使 CRM 系统真正为企业创造效益。

思考题

1. CRM 系统的建设包括哪几个阶段？简要说明各阶段的主要工作。
2. CRM 产品按照其功能一般可以划分为哪几类？
3. 选择适合企业的 CRM 系统时，需要考虑哪些方面的内容？
4. 以一家企业为例，探讨如何评价企业实施 CRM 系统的效果。

参考资料

[1] KATE D A.Deploying customer relationship management effectively : beyond

implementation[D]. Microsoft Dynamics CRM，White Paper，2008.

[2] 杨路明，巫宁，等 . 客户关系管理理论与实务 [M]. 北京：电子工业出版社，2006.

[3] 国立信息网 . 呼叫中心发展情况与趋势 [EB/OL].（2006-02-13）[2021-04-01]. http://www.95100.com.cn/bjzx_3_01.html.

[4] 姚旭 . 四川电信客户服务业务需求规范书：V1.4-0523H [S]. 香港电信盈科北京研发中心 .

[5] 孙薇，高茜 . 呼叫中心在中国银行业的应用研究 [J]. 时代金融，2008（372）：56-57.

[6] 廖立新 . 湖南建行公司客户操作型 CRM 系统设计与应用研究 [D]. 湖南：湖南大学，2007.

[7] 黄创芳 . 房地产行业分析型 CRM 的设计与实现 [D]. 广州：华南理工大学，2005.

[8] 李志刚 . 客户关系管理理论与应用 [M]. 北京：机械工业出版社，2006.

[9] 浪潮 . 浪潮 myGS-CRM 客户关系管理软件 [EB/OL].（2009-01-08）[2021-04-01]. http://www.doit.com.cn/portal/browse/r3888.html.

[10] 邱艳娟，万岩 .Strategic planning of IT applications in SMEs，international conference on distributed computing and applications for business, engineering and sciences（DCABES2007），Hangzhou，2006（October）.

[11] 何荣勤 . 企业究竟该如何选型 CRM [J].IT 时代周刊，2003，9（17）：66-67.

[12] 张学军 .CRM 实施宝典 [M]. 北京：国防工业出版社，2005.

[13] 周良，郑洪源，谢强，等 . 客户关系管理系统设计研究 [J]. 计算机应用研究，2002，19（9）：108-109，131.

[14] 田同生 .CRM 在通用 [J].IT 经理世界，2001（8）：72-79.

[15] 丁养敬 .CRM 的培训价值几何 [EB/OL] .（2008-10-09）[2020-08-01]. http://www.mie168.com/CRM/2003-11/38549.htm.

[16] 万岩，白一君 . 企业商业智能系统评估研究 [J]. 科学性与科学技术管理,2007（5）：174-177.

[17] DEGRAEVE Z，LABRO E，ROODHOOFT E.Total cost of ownership purchasing of a service：the case of airline selection at alcatel bell[J].European Journal of Operational Research，2004，156（1）：23-40.

[18] HANNULA M，PIRTTIMÄKI V.Business intelligence—empirical study on the top 50 finnish companies[J].Journal of American Academy of Business，2003，2（2）：593-599.

[19] DAVISON L.Measuring competitive intelligence effectiveness：insights from the advertising industry[J].Competitive Intelligence Review，2001，12（4）：25-38.

第 8 章
CHAPTER8

CRM 系统实施

◇ 课前导读

企业实施 CRM 系统是一项复杂的系统工程。尽管某些具有前瞻性思想的企业正在努力建立客户关系、关注客户需求，并自动控制与客户相关的活动及过程，但它们所遇到的问题是多方面的，这是因为 CRM 系统的选择和实施将涉及企业 CRM 整体战略规划、技术集成、流程管理等多方面的问题。本章将在描述 CRM 系统的行业适用型、CRM 系统的实施步骤及成功因素的基础上，阐述 CRM 系统的后评估问题，并在最后给出三个典型企业实施 CRM 系统的案例分析。本章内容组织结构如图 8-1 所示。

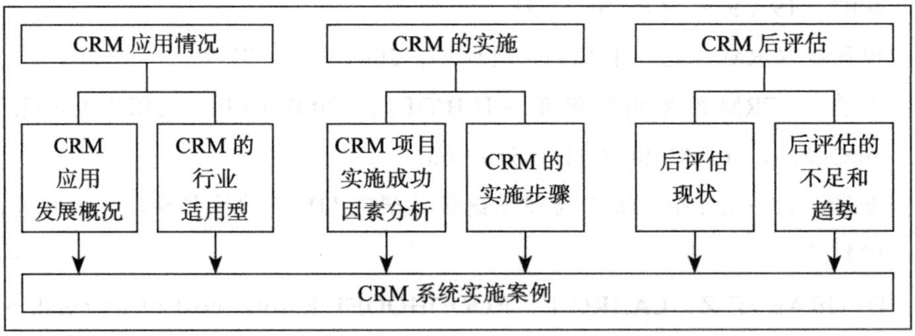

图 8-1　本章内容组织结构图

◇ 学习目标

- 了解 CRM 应用发展概况
- 能够判别不同行业的 CRM 适用特点
- 了解影响 CRM 项目实施成功的关键因素
- 掌握 CRM 项目实施的步骤
- 了解 CRM 项目实施后评估的知识

8.1 CRM 的应用情况

8.1.1 CRM 的应用发展概况

自从 1996 年高德纳公司首次提出 CRM 的概念以来，CRM 随即受到了广泛的关注，随着软件公司以及咨询公司的广泛参与和推广，它很快为企业所接受。尽管如此，CRM 在不同的行业中的普及情况却是不一样的。最早实施 CRM 的是银行业，其次是电信业、航空业、证券业和保险业，之后 CRM 逐渐应用到其他行业，图 8-2 为 CRM 应用发展图。

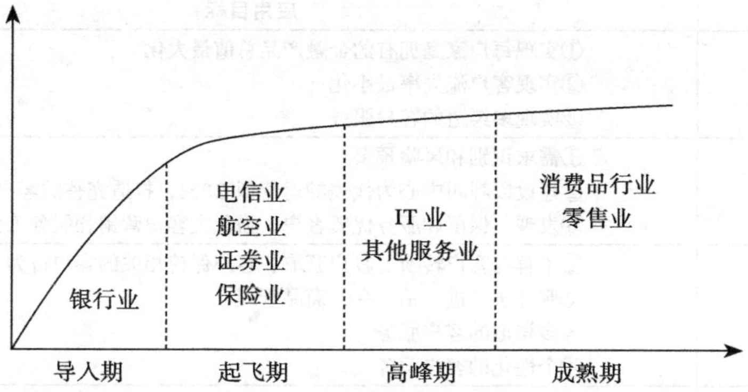

图 8-2 CRM 应用发展图

从市场需求的结构来看，银行、电信、航空、证券、保险等服务行业由于客户数量庞大，IT 基础设施比较完善，企业内部拥有大量的客户数据，客户对个性化服务的要求比较高，因而成为 CRM 应用的重点行业领域。当然，随着越来越多的行业的竞争加剧以及服务化转型，还会有更多的行业自主地选择和实施 CRM。

8.1.2 CRM 的行业适用型

1. CRM 行业应用总结

通过对 CRM 行业应用情况的总结，可以发现适于实施 CRM 的行业往往具备以下特点，如表 8-1 所示。

表 8-1 CRM 应用行业特点

特点	适用原因
客户对产品或服务的需求频次较高，并且其需求是可调节的	通过应用 CRM，企业可以实现对客户购买行为的调节，从而获得更多的利润
客户价值存在明显差别，企业能够方便地通过不同的产品或服务来满足不同客户的不同需求	正是客户需求的多样性和个性化，才能体现出 CRM 的实质就是为合适的客户在合适的时间，以方便客户的方式提供合适的产品或服务
客户价值不同，企业在不同客户身上的投入产出不同，一部分客户比另一部分客户对企业而言更为重要	只有一部分客户比另外一部分客户更为重要，企业才有优化资源配置的必要性，这恰恰体现了 CRM 中“管理”的内涵

2. CRM 的垂直应用差异

处于不同行业的企业由于其行业特点、客户特征等存在差异，故其 CRM 应用的目标往往也存在差异。以我国为例，CRM 的应用当前主要集中在金融、电信、IT 和制造等经济实力较强、信息化程度较高的行业，实际的应用实施已取得初步成果并持续向纵深发展。表 8-2 列出了 6 个 CRM 应用较为成熟的行业，以说明 CRM 在不同行业中的垂直应用差异。

表 8-2　CRM 在不同行业中的垂直应用差异

行业名称	应用目标
金融业	①实现每户家庭拥有的金融产品总值最大化 ②实现客户流失率最小化 ③实现多渠道的客户服务
通信业	①需求识别和风险预警 ②建设以呼叫中心为代表的运营型 CRM，打造完整的客户服务平台 ③发现、保留和服务优质客户，强化大客户营销和服务工作
零售业	①了解与客户转换、客户获取、客户保持相关的客户行为 ②服务于“进、销、存”商品管理 ③多渠道的客户服务 ④个性化的客户服务
酒店业	①强化客户体验 ②钱包份额最大化 ③提高客户忠诚度 ④多渠道的客户服务
旅游业	①掌握客户的偏好 ②提高服务质量和服务效率 ③提高客户忠诚度 ④发现商机
制造业	①了解供应链上的客户需求 ②零误差 ③保证企业充足的现金流 ④拉动 ERP 上的投资回报

目前，在 CRM 的应用方面，行业化的垂直应用具有很大的市场潜力，也是这一领域学术研究的重要方面之一。在具体的行业应用中，每一个行业中的标杆企业的 CRM 应用模式对该行业的其他企业具有很强的示范效应。

8.2　CRM 的实施

8.2.1　CRM 实践、项目、软件项目的关系

在介绍 CRM 的实施前，首先需要明确“CRM 实践”“CRM 项目”“CRM 软件项目”三个概念，以及它们之间的关系，加深对 CRM 实施的认识。以上三者之间的关系如

图 8-3 所示，这三者的目标和工作逐渐细化，将企业的 CRM 战略目标逐步落实到具体的实施项目中。

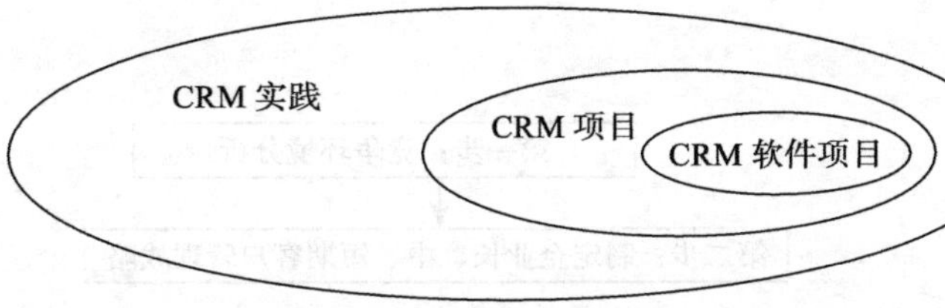

图 8-3　CRM 实践、项目、软件项目之间的关系

CRM 实践：CRM 是一个经营理念，是现代企业基本的生存发展之道，CRM 的实施不是一个阶段性任务，而是企业的一项长期战略，是需要进行长期实践的系统工程。CRM 专家何荣勤提出的 CRM 实践的三个评判标准如下。它们对实施 CRM 的企业具有参考价值。[1]

- 是否着眼于同客户长期关系的建立、维持和发展。
- 是否以提高客户关系的长期利润率为目标。
- 是否着眼于企业资源的有效分配。

如果企业正在细分自己的目标市场，区分不同的客户群，并针对不同的客户群采取不同的服务策略，将有限的资源投向高价值客户（即按照 80/20 法则划分出的 20% 的客户，这 20% 的客户为企业带来了 80% 的利润），那么说明企业已经开始 CRM 实践了。

CRM 项目：所谓项目，简单地说，就是在既定的资源和要求的约束下，为实现某种目的而相互联系的一次性工作任务。一般来说，项目具有明确的目标、资源成本的约束性、项目实施的一次性、特定的委托人、结果的不可逆转性等特征。CRM 项目就是 CRM 实践中那些以项目的形式管理的 CRM 任务，通常有特定的、明确的客户关系管理目标，在一定的时间和资金范围内，由项目团队来执行，项目执行的效果需要被评估。CRM 项目的范围比 CRM 实践要小许多，通常既包括管理层面上的 CRM 项目，也包括系统层面上的 CRM 项目，如一次客户满意度调查项目、一次客户维度上服务于营销和服务的信息资源整合项目。

CRM 软件项目：CRM 软件项目特指 CRM 项目中那些以软件开发、部署等为工作内容的 CRM 项目。

综上所述，CRM 实践是一个相对宽泛的概念，CRM 项目是一个具有特定含义的概念，而 CRM 软件项目是一个更为具体的概念。CRM 实践包含了 CRM 项目，CRM 项目又包含了 CRM 软件项目。

8.2.2　CRM 项目的实施步骤

企业实施 CRM 项目首先要找到方案的突破口，然后沿这一线索逐步展开，其实施步骤如图 8-4 所示。

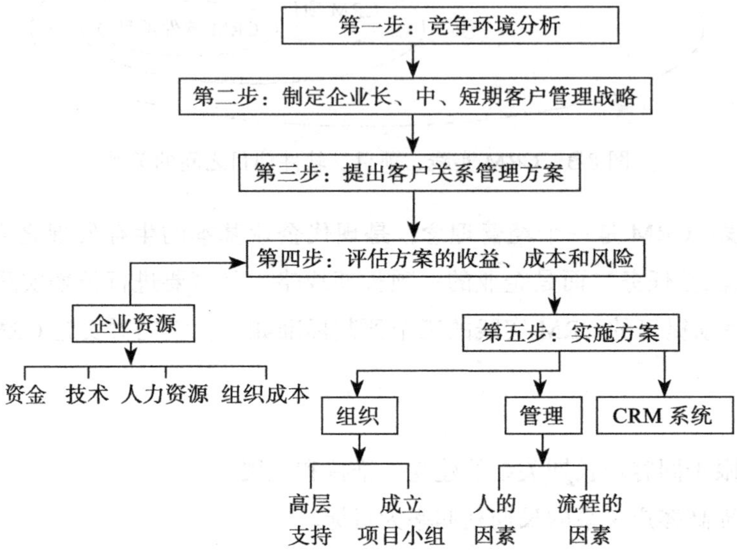

图 8-4　CRM 项目的实施步骤

第一步：竞争环境分析

竞争环境分析主要包括产业发展的国际环境分析、国家政策分析和行业竞争分析，这三种分析重点预测产业结构的变化、产业客户需求的变化、企业客户需求的变化和企业在未来发展中的地位变化。

产业结构的变化。产业结构是指产业之间、产业内部的构成及其相互之间的联系或制约关系，具体而言是指农业、工业、商业、交通运输业、邮电通信业、文教卫生、科技体育之间的联系以及各自内部之间的关系。产业结构受国际环境、社会发展、技术进步以及产业政策的影响。产业结构调整主要受技术创新水平的影响，并且有自己的发展规律。产业结构的变化影响产业客户需求的变化，产业结构的变化对一个企业的发展有很大的影响，企业必须要敏锐地跟踪产业发展的动态，调整企业战略以适应产业结构变化的客观规律。

产业客户需求的变化。产业发展具有生命周期，一般都会经历孕育期、发展期、成熟期和衰退期。在产业发展的不同阶段，客户的需求是不一样的，企业需要根据产业发展的不同阶段来捕捉和满足客户需求。在产业发展的孕育期，技术支撑产业发展，产业的产品比较单一，服务相对较少，客户数量较少，客户需求比较一致，企业只要把好产品和服务的质量关，就能够赢得客户。在产业发展的发展期，产业的产品和服务的质量已经能够得到较好的控制，市场已经启动，客户数量开始快速增长，产业内的企业数量也逐渐增多，客户对于价格开始敏感，对产品和服务的个性化需求开始显现。在产业发展的成熟期，产业内企业的数量较多且比较稳定，市场趋于饱和，客户的基本需求已经实现，如果企业只能满足日常和普遍的需求，则不会有太大的利润增长空间，企业要想赢利必须深入挖掘客户的深层次需求。在产业发展的衰退期，由于技术进步，原有的产品面临被新产品替代和淘汰的局面，企业要想挽留原有的产品的客户，就必须跟上产业技术进步的步伐，及时推出新的产品，将老客户平稳地转化为新产品的客户。

企业客户需求的变化。产业技术进步带来产业客户需求的变化，产业客户需求的变化影响到产业中企业客户需求的变化。企业仅仅关注产业客户需求的变化是不够的，还必须动态地跟踪客户需求的实时变化。"蓝色巨人"IBM在2002年10月提出了"随需而变"的概念，要求企业根据客户需求的变化及时改变自己的业务，甚至改变组织结构。

企业在未来发展中的地位变化。国际产业环境的变化会影响到国家的产业环境，国家产业环境的变化会影响到具体产业的变化，进而影响到产业内企业的生存和发展。产业结构的新旧更替带给企业的不仅仅是机遇还有威胁。在这些变革的关键时刻，决策者的决断可以让企业存活下来，也可以让企业从此销声匿迹。企业必须要对企业在未来发展中的地位有清醒的认识和判断，才不至于在关键时刻做出不合时宜、不合能力的决断。

第二步：制定企业长、中、短期客户管理战略

任何企业的发展不能没有远景规划，客户管理战略也是如此。企业客户管理的长期战略要明确企业的长期价值定位，将企业的长期价值定位显化为企业的品牌和产品的品牌，通过品牌建设来延续和实现长期的价值承诺。企业客户管理的长期战略要保持相对稳定性。

企业客户管理的中期战略要将企业对于客户的长期价值承诺落实为品牌建设、产品研发、系统支撑、流程优化和服务标准等一系列的具体战略规划。这些具体的战略规划构成一个个子系统，这些子系统互相协调配合才能产生最大的企业交付给客户的价值，从而最大程度地满足客户的需求。

企业客户管理的短期目标就是在上述子系统中寻找"短板"，找到效率最低的子系统来分析其存在的问题，提出短期的改进目标和具体的改进措施。

第三步：提出客户关系管理方案

客户关系管理虽然强调企业与客户之间的双向学习过程，但不可否认的是，这一管理理念首先应该由企业启动，并在实践中由企业不断发展，最终达到最大化企业利润的目的。企业客户关系管理的实践过程就是企业致力于客户关系产生并引导关系理性发展的过程。对于这一过程中的实施策略，可以分以下四个步骤来顺次推进。

客户细分策略：以客户价值为标准对企业的客户进行细分，识别出企业的价值客户。合理的客户细分是客户关系经济学的核心：企业维系与客户之间的长期学习型关系，要比在产品管理中付出更高的成本，如果企业对客户不加以区分，就会由于不同客户对企业价值的事实差异，造成某些客户的实际贡献还不足以弥补企业对其的投入，而对于有的客户却由于企业投入不足，影响到与其长期关系的维系。因此，合理的客户细分对客户关系管理的实施至关重要。对客户价值的评判会由于不同的产业、不同的产品有较大的差异，企业可以根据自己的产业、产品特点，制定一套客户价值的评判标准，据此对客户进行细分。一般可根据客户的长期价值贡献将客户分为四类：第一类是对企业市场战略具有重大影响，因而价值巨大的客户，这类客户可称为战略客户、灯塔客户，或弹性客户；第二类是给企业带来主要盈利的客户，这类客户是主要客户；第三类是对企业价值贡献不大的为数众多的客户，这类客户是企业的交易客户；第四类是让企业蒙受损失的客户，可以称之为企业的风险客户。

关系发展策略：在客户细分的基础上为不同的客户匹配合适的关系发展策略。对于战略客户，由于该类客户对企业的长期发展具有重大影响，宜与其建立长期、密切的客户联盟型关系；对于主要客户，由于他们是企业利润的主要来源，应与其发展长期、稳定的学习型关系；对于交易客户，由于其人数众多，价值较低，应与其维持原先的交易型关系；而风险客户的关系发展策略则比较复杂。

资源分配策略：为不同的客户关系匹配相应的企业资源。对于客户联盟型关系，企业应投入足够的资源，发展长期的密切合作，达成企业的市场战略；对于学习型关系，企业应为长期的互利发展投入较多的资源；对于交易型关系，企业不应为其投入过多的资源；对于风险客户，企业应慎重投入。

理性发展策略：客户关系的理性发展，一是要维系已建立的与价值客户（战略客户和主要客户）之间的良好的知识交换关系，二是要促进客户关系的提升和发展，使交易客户向主要客户转变，主要客户向战略客户转变，从而达到企业利润最大化的目的。

第四步：评估方案的收益、成本和风险

成本与收益是所有方案评估的主要方面。企业的客户关系管理方案意味着企业资源投入，资金、技术、人力资源、组织成本是常见的约束企业手脚的因素。客户关系管理方案的收益主要是指方案实施之后可能带来的经济及非经济收益。

资金因素。第一，客户关系管理方案中一系列策略的制定、宣传和实施需要资金支持。第二，客户关系管理方案中的一系列分析工作，如客户的盈利分析、客户忠诚度分析等都需要软件系统的支撑，无论是自己开发还是购买软件系统都需要资金支持。第三，客户的个性化服务可能会带来相关员工培训费用的增加，必须有一定的资金作为保障。第四，客户关系管理方案有可能产生一笔咨询费。第五，软件项目的运行维护和支持都会产生费用。这几项都是金额较大的支出项，特别是制订执行成本和系统的购置成本。

技术因素。除资金因素之外，企业现有的技术以及近期内可能提升的技术也是客户关系管理方案实施之前必须要考虑的。客户关系管理从本质上来说是一种管理策略，实现这种策略的过程又与技术有着非常密切的联系。可以这么说，企业的技术资源在很大程度上影响着企业客户关系管理方案的执行效率和效果。企业的技术资源可以分为：IT 基础设施和 IT 商业应用软件。IT 基础设施是指企业基本的信息共享和通信能力，在大多数情况下，这些基础设施构成了企业各种商业应用软件的基础环境（平台），是技术资源的一个重要部分。如果企业员工的基础技术应用能力还处于一个较低的水平，那么匆匆上马某种商业应用软件势必会增加这种技术优化努力的风险和成本。IT 商业应用软件是企业正在使用的各个信息软件系统，如 OA（办公自动化）、ERP、SCM、EAI（企业应用集成）、E-commerce（电子商务）等。由于这些商业应用软件都与 CRM 系统有很大的关联，所以如果企业的这些系统比较健全的话，将非常有利于 CRM 系统的数据抽取与分析，CRM 系统的分析结果也能够方便地为其他系统服务。

人力资源因素。实施客户关系管理方案之后，对客户的管理工作变得更为精细，对应的管理职能的分工也更为专业。在客户群细分阶段，通常需要财务经理来提供客户利润贡献率的分析结果，需要营销、产品、渠道经理提供客户群体社会特征、产品信息和购买渠道，需要 IT 经理提供客户的历史交易数据，分析预测客户的利润趋势，需要销售人员帮助分析客户购买行为，评价分类结果的准确性。在策略制定阶段，需要营销经理根据客户群体的特征提出相应的关系策略，需要销售经理、销售员、采购经理、后勤经理帮助分析和评价策略，需要 IT 经理从技术的角度评估策略的可行性。在策略执行阶段，需要总经理进行资源调度与协调，需要现场工作人员的纪律性和灵活性，等等。在每个阶段所需要的各种人力资源的能力要求也是不一样的。例如，营销经理要具有很强的分析与判断能力，销售员要有丰富的经验，IT 经理要有快速处理数据的能力等。

组织成本因素。客户关系管理方案有时会涉及企业组织结构的变化，组织结构的变化会带来企业的内部冲突、员工的不满、部分岗位的增加、部分岗位的消失、企业稳定性失衡，甚至会带来领导威信危机、企业形象危机。这些都可能是客户关系管理方案带来的负面影响。在执行客户关系管理方案之前，必须要对这些可能存在的风险进行慎重的权衡，以免形成不可挽回的被动局面。

收益评估。客户关系管理方案的收益主要表现在客户满意度的提高、客户忠诚度的改善、客户价值的提高、客户保持率的上升等方面，同时还表现为企业形象的改善、品牌形象的深化等。本书在前面的章节中已经详细论述了这一部分内容，这里将不再论述。

第五步：实施方案

1. 成立 CRM 项目小组和领导小组

对于客户关系管理方案的实施，首先要成立一个 CRM 项目小组来统一组织整个方案的实施过程。客户关系管理方案的实施是一种系统行为，它的每一项具体工作都不是目前企业内部的某一个人或部门能够单独完成的，需要员工之间、部门之间的充分协调与配合，没有一个强有力的组织计划、协调和监控的持续的过程，基本上是"寸步难行"的。

CRM 项目小组的最终目标就是在企业进行有效的 CRM 实践。CRM 项目小组有以下几个任务。

确定具体的客户关系管理方案的内容。根据企业的竞争环境，企业客户管理的长、中、短期战略，目前的状况，找出一个最佳切入点以突破 CRM 的"瓶颈"。

协调活动的资源分配。一旦确定了某个活动，并且小组成员达成共识，小组的任务就是要协调开展这个活动的资源，使这个活动能如期进行。

制定有效的员工激励措施以配合活动的执行。小组必须制定激励措施，对参与这个活动的员工进行必要的激励，以调动员工的积极性。

监督活动的开展。小组必须负责活动全程的监督任务，对出现的问题要及时解决或对活动进行必要的修正。

评价活动的效果。最后，小组对本次活动的效果进行评估，总结经验和教训，以提高小组下次活动实施的成功率。

通常，成功的 CRM 始创有高层决策者的拥护。谁是项目的拥护者呢？可能是销售的副总裁、总经理、营销的副总裁、总裁或合作者。他们是确保企业在日益复杂的市场中能够充分有效率地发展的个人。在一个产品或价格优势维持时间短、质量既定的商业环境中，他们就是被指派来面对企业市场、销售和服务方式转变并使企业保持竞争优势的人。这样的高层决策者可以监督项目的启动，确保项目处于规划中，并且消除成功道路上的障碍。他们有足够的权威来促使变化发生，并且清楚地知道如果继续在 21 世纪采用 20 世纪 70 年代、80 年代或 90 年代早期的销售、服务方式，他们就要在新的世纪落伍，并有可能葬送个人和企业的前程。

项目的拥护者根据作用可以分为三种，分别是设想者、激励者和投机者。

作为设想者，他们为项目设定了特定的目标：如增加 20% 的销售额、将利润提高 1 个百分点、缩短 1/3 的销售循环，使新产品的更新率翻番。

作为激励者，他们意识到目标是自上而下的，解决方案需要由下而上。他们给完成转变工作的团队以时间、财力和资源，去实施方案来达到预先设定的目标。他们紧接着进行实施合理的战略的投资。

最后，作为投机者，他们一直保证转变的成功对于企业的生存是至关重要的。当项目实施中出现问题时，他们将引导大家克服困难而不是喋喋不休地谈论困难。

在企业的转变项目中，项目支持的作用到底有多么重要呢？在一个缺少项目支持的组织里，研究可能是完备的，一些子过程可能被重新设计，并且也购买了技术，但是有意义的变化的出现概率是很低的。相较于营销、销售或服务的自动化，CRM 更注重营销、销售和服务的过程优化。由于 CRM 过程在一家企业内涉及许多功能区，因此高层的支持是必不可少的。

2. 考虑人的因素

客户关系管理不仅仅是一种技术，更是一种管理。在进行 CRM 方案的实施过程中，必须要考虑人的因素，考虑人对于新管理思想的接受过程以及对于新技术的接受过程。这里的人主要包括企业的员工和企业的客户。

争取员工对客户关系管理方案的支持。首先，要让员工了解企业为什么要推进客户关系管理方案的实施，让员工了解企业所处的竞争环境，不实施这一方案可能会给企业带来的危机，给个人带来的损失。同时请知名专家将客户关系管理的理念变迁讲授给员工，目的是要让所有员工达到认识上的统一，看到企业实施客户关系管理方案是对企业、员工和客户都有利的一种有意义的行动。其次，主抓几个客户关系管理方案实施中的典型案例，让员工实实在在地看到、感受到这一方案带来的工作效率和工作效果的改善、企业业绩的提高和客户满意度的提升，从而进一步巩固和强化对这一项目的支持。再次，对直接涉及这个项目的部门的员工进行有计划的、系统的培训，由企业领导监督、鼓励，部门经理带头参与，为项目的推进提供人力资源保障。最后，及时将项目的进度、所取得的阶段性成果和涌现的先进事迹通报给所有员工，以鼓舞员工并保持企业全体员工对于项目的关注，从而激发 CRM 项目小组成员的工作热情和战胜困难的毅力。

争取客户对客户关系管理方案的支持。客户关系管理方案的推进不可避免地会涉及企业与客户接触的方式、结算的方式、关怀的方式甚至联系的方式等。比如，以前客户服务热线都是人工接听，受员工数量的限制，大多数客户有问题却打不进电话，因此抱怨很多。现在企业为了改变这一情况，在客户关系管理方案中特别提出要建立呼叫中心，客户可以通过多种方式与客户服务人员取得联系，最常见的就有 IVR（语音应答系统）。但是这一改变又可能带来新的问题，客户以前虽然抱怨电话总是占线，但是他们已经习惯了人工应答的方式，感觉比较真实，而现在大多数的电话是机器应答，客户一开始会感觉到很不习惯，甚至抵制，造成设备的闲置率很高，人工坐席的紧张情况仍然得不到解决。类似的情况还有很多，如以前客户抱怨购买流程太烦琐，现在可以网上订购了，但是他们接受不了网上付款，感觉很不真实，没有一手交钱一手交货的踏实感；以前客户抱怨购买了产品之后受到冷落，现在售后的定期跟踪又让客户感到不自在，等等。所以，随着客户关系管理方案的逐步推进，类似的客户的种种不适应将剧增，客户抱怨在短期内不仅不会减少还会增加，这就要求客户关系管理项目组要首先给与客户直接打交道的部门打好预防针，告诉他们这是一个正常的现象，不能烦躁不安，甚至对整个项目抱怨，要耐心地向客户解释目前这种客户服务方式对客户的切身好处，同时将客户的一些合理建议记录下来提供给客户关系管理项目组，以帮助他们纠正一些不合理的措施。客户关系管理项目组要在项目还没有涉及客户的直接利益时，提前通过广告、联谊会、重要客户拜访、网站宣传等多种方式让客户了解到企业目前为了更好地服务客户正在进行的一系列的改进和调整，告知客户可能会暂时让他们感到不适，但是长期来看会给客户带来很大的好处和便利。在这些宣传中，企业要将一些程序发生变化的客户服务项目，以一种通俗易懂、简单明了、生动有趣的方式告诉客户，让客户知道其实新的服务程序一点都不难，很容易学会，很方便。客户关系管理项目组要积极与客户沟通，告知企业一些新增的服务项目，最大程度地争取客户对企业行为的理解和支持。

只有与员工充分沟通，与客户充分沟通，最大程度地争取员工的理解与支持，最大程度地争取客户的理解与支持，企业的客户关系管理方案才有顺利推进的基础。

3. 考虑流程的因素

随着卖方市场向买方市场的转变，客户越来越要求企业最快地响应其需求。企业响应客户需求的效率在很大程度上取决于企业的流程优化程度。对于一个小企业，在与客户打电话的过程中，通过销售人员的大脑来反映存货情况、客户的过往信用情况、送货方式等还是有可能的，但是对于有一定规模的企业，如果没有一个规范的管理流程，恐怕很难有人知道所有的数据，并在第一时间满足客户的需求。企业的客户关系管理方案很难不触及企业的管理流程。

客户关系管理项目组有责任审视、评估和优化企业的流程。有不少企业对自己的业务流程基本上处于无管理的状态，既没有归纳和总结，也没有记录和保存，企业基本上没有给新员工提供一个标准化的业务流程培训，导致员工工作效率低下，工作交接拖沓，责任难以落实。因此，业务流程评估和优化的第一步就是要对发生在企业的流程进行归纳、总结并以文档方式进行记录。这个过程其实就是企业“知识”的整理过程，最好的办法就是企业让流程的管理者在每个环节“实习”一段时间，仔细了解和观察流程涉及员工的“所作所为”，并加以整理和记录，通过各方调查和分析整理出一整套业务流程规范手册。

对流程进行优化要坚持一个指导思想，就是要在以客户为中心和以企业制度为中心之间取得最佳的平衡。任何流程先从客户的角度出发，把客户的期望作为第一个因素来考虑流程的合理性以及运转效率，然后根据企业的实际约束或者组织、制度的限制对其进行调整。有些环节对企业内部来说，或对某个部门经理来说是“天经地义”的，但对客户来说可能完全是一种“浪费”，这时，企业领导要下定决心根除不能带来价值的流程。

流程优化过程中最大的困扰就是部门之间的权利之争、企业内部的权利之争。流程优化是整个客户关系管理方案执行中最为困难的工作，这也是项目小组必须有高层领导者支持和带领的根本原因，也就要求项目小组成员有良好的沟通能力。

4. CRM 系统

CRM 系统在客户关系管理方案实施中非常重要。企业任何好的客户关系管理思路如果没有一套强大的 IT 系统作为支撑，那这些好的思路将很难变为企业长期的客户关系管理活动，IT 支撑下的 CRM 系统可以成为企业客户关系管理的强有力的帮手。

企业 CRM 系统的上线一般由三类因素驱动：一是被外部咨询公司或者 CRM 软件提供商鼓动；二是由于产业内其他企业上线 CRM 系统，特别是竞争对手上线 CRM 系统，企业因此了解到 CRM 系统；三是企业感觉自己确实需要 CRM 系统。前两种因素中企业比较被动，是被外界的影响和刺激唤醒的，对问题的认识在一开始比较盲目和浅显。后面一种因素，企业比较主动，在考虑了竞争形势，权衡了资金、人力资源、技术支持、组织成本、项目的收益与风险之后，对 CRM 系统有了一定的认识，达成了 CRM 系统可以帮助企业在竞争中更加主动的共识，是一个积极的姿态。

CRM 项目小组的一个非常重要的任务就是在企业决定是否上线 CRM 系统之前，对 CRM 系统的可行性问题进行充分的评估和论证。在企业自身已经厘清思路之后，寻求恰当的时机与咨询公司和软件提供商谈合作。

比较成功的 CRM 系统的建设模式应该是企业先有方案和想法，然后请咨询公司整合出完整的 CRM 系统需求，在这一过程中，CRM 项目小组要与咨询公司结成精诚合作的团队，评估、补充咨询公司的工作，吸纳、肯定咨询公司合理的建议，最终拿出一个不脱离企业现状、能够提高企业客户关系管理效率的、切实可行的，又有一定前瞻性的 CRM 系统开发需求书。在这一过程中，CRM 项目小组要以开放的态度对待外界的意见和建议，并根据自己的判断对原有的报告做出必要的修改和补充，排除片面的主观认识，借鉴有益的经验。

完成 CRM 系统开发需求书之后，CRM 项目小组要做的工作就是进行 CRM 系统开发商的招标工作。招标工作的第一步是拟定 CRM 系统招标书。招标书可以参照 CRM 系统开发需求书，按照 CRM 系统功能的分类方法格式化这个文档，让企业的特别需求向通常意义上的 CRM 软件功能靠近。拟定招标书的目的是让竞标者（CRM 软件提供商）清楚企业的真实状况和对 CRM 系统的商业需求。设定度量 CRM 实施效果的量化对比指标，不能靠主观判断来确定 CRM 系统投资回报率的高低，应进行必要的投资效益分析，包括资金利用率、投资回收期，也要充分考虑实施周期和可能出现的困难，避免造成实施时间过长，进而影响投资效益兑现。第二步是开展公开招标工作，这里面较为关键的是挑选竞标者。挑选竞标者通常要考虑如下因素：开发能力、产品功能模块数、客户化定制的灵活性、财力支持、CRM 软件占公司业务收入的比重、CRM 业务的历史、客户情况、技术特点、价格、培训能力、合作伙伴情况、服务支持能力、公司人员的行业背景、对本次竞标工作的重视程度等。第三步是确定 CRM 系统开发商，召集营销经理、IT 经理、服务支持经理、市场部主管等直接使用 CRM 系统的员工进行集体讨论，避免先入为主的成见，避免集权，充分发挥民主，让直接使用者评价性能，由公司的高层主管讨论价格，最终确定 CRM 系统开发商。第四步是在企业 CRM 项目小组中安排专门的人来负责与 CRM 系统开发商的沟通和对其的监督。

CRM 系统上线过程包括以下步骤。

建立开发和测试平台。安装软件标准模块，导入测试数据。

业务需求与软件功能匹配。仔细核对“标准软件”的功能模块细节，对照企业的 CRM 系统开发需求书，找出 CRM 系统开发商的标准产品和企业需求之间的差异，形成差异报告。请咨询公司来评估差异内容的可实现程度，撰写“差异校准”文档，最终确定客户化定制的详细计划。

客户化定制计划执行。按照经审批的定制计划，CRM 系统开发商在开发平台上进行客户化参数的设置以及客户界面、业务逻辑、流程配置和分析功能的实现。

CRM 系统与其他系统的接口设计。制定 CRM 系统与其他系统的接口数据标准，建立系统之间的数据通道。

CRM 系统测试。在 CRM 系统正式运行之前，对系统能够提供的功能、设计规格说明和客户化定制的系统编码进行最终的测试。

CRM 系统的使用手册。使用手册一般包括项目开发计划、需求规格说明书、概要设计说明书、详细设计说明书、客户操作手册、测试分析报告、开发进度月报、程序维护手册、常见问题修复说明等。

CRM 系统试运行的工作。相关工作包括对企业相关人员的培训和系统的试运行。

CRM 系统的正式部署和后期的维护工作。

8.2.3 CRM 项目实施成功因素分析

在具体实施 CRM 项目时，为保证项目的成功实施，在实施的各个环节需要把握以下关键因素，如图 8-5 所示。

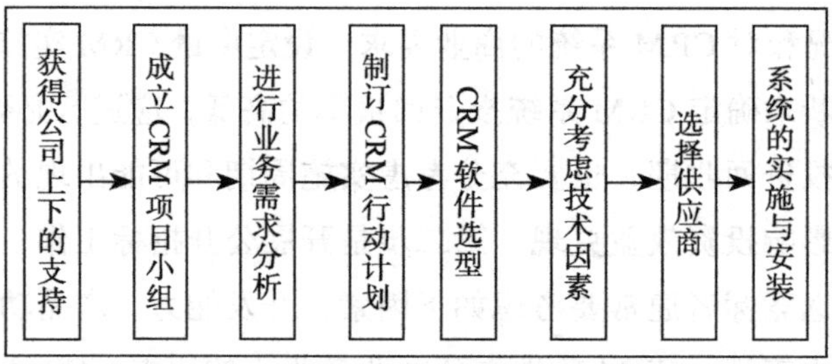

图 8-5 CRM 项目实施成功因素

第一，获得公司上下的支持

客户关系管理的导入是企业经营理念转变的策略性计划，必将给企业传统的工作方式、部门架构、人员岗位、工作流程带来一定的变革和冲击。同时，为配合客户关系管理推广的各种业务规范、业务流程，必须有好的行政和规章管理制度，以保证各项制度的顺利实施，这些都需要企业管理层的自上而下的理解和共同认可以及系统用户自下而上的支持。企业要组织一个或一批良好的团队，应从各部门、咨询公司等寻找适当的人员加入，充实力量。在此基础上，企业还应该为项目的实施提供充足的预算。

第二，成立人员构成合理的 CRM 项目小组

项目小组中不同角色的人员担任不同的职能。项目管理人员必须对 CRM 项目实施的各个环节进行跟踪，领导和激励项目小组其他人员；项目技术人员主要负责具体技术细节上的 CRM 系统的选择、定制；营销人员主要是从系统用户的角度对 CRM 系统进行评价，给出系统建设建议；财务人员主要负责提供 CRM 项目的关键分析，包括产品销量的提升、运营成本的降低、系统建设的投资回报率等。

第三，进行切合需要的业务需求分析

CRM 项目作为一个复杂的系统工程，为保证其实施的有效性，在业务需求分析阶段，销售、营销和客户服务经理就 CRM 系统的业务功能需求进行讨论，最终达成对理想中的 CRM 系统的一致看法。这样做的目的是充分地识别每个部门对 CRM 系统的期望，并把各个部门的需求和信息整合起来，形成对于理想的 CRM 系统的总的看法。通过 CRM 项目调查和业务分析，可以发现哪些领域最需要自动化，哪些领域需要业务流程的改善，在选择 CRM 解决方案时应该考虑哪些技术特点。

第四，制订可行有保障的 CRM 行动计划

在保证 CRM 项目有充分的人力资源配置的基础上，合理的 CRM 行动计划也是 CRM 项目实施成功的关键因素之一。CRM 行动计划应包括以下三个方面的内容。

（1）系统开发计划。根据企业实际情况确定 CRM 系统是定制还是独立开发。考虑到系统的易用性和有用性，通常企业的 CRM 系统都需要定制。

（2）资金投入计划。资金投入计划主要涉及四部分成本：开发成本、培训成本、咨询成本和系统集成成本（含支撑 CRM 项目实施的配套软硬件）。企业应根据实际情况对项目资金进行合理配置。

（3）时间投入计划。制定 CRM 项目实施的时间表，并设置里程碑，定期考察项目进展情况。

第五，选择成熟合适的 CRM 软件系统

CRM 软件选型的决策目标是针对企业经营管理的特点，考虑企业发展和系统集成的需要，选择性价比最高的 CRM 软件。CRM 软件选型要考虑以下三个方面的需要。

（1）满足企业经营管理现实的需要。CRM 软件必须首先满足企业经营管理的需要，使企业的管理人员和业务人员能尽快接受、适应和掌握管理信息系统。

（2）满足企业发展战略的需要。CRM 软件还应该能满足企业中长期发展战略的需要，在企业经营规模和类型改变、产品类型和品种改变时也能被很好地应用。

（3）满足系统集成的需要。CRM 软件由许多子系统组成，它们之间有非常紧密的联系，只有实现内部系统集成，才能发挥最优的效果。另外 CRM 软件不是独立运行的，它与企业的其他信息系统有很强的联系，与它们共同组成企业生产运营的功能体系，因此与这些系统的集成也是十分重要的。

在国外，通常系统易用性、功能实用性、可定制性、价格等因素依次是企业进行 CRM 软件选型时主要考虑的因素。但是在我国，通常价格和可定制性是企业实施 CRM 系统的两个最主要的要素。

第六，充分考虑技术因素

在 CRM 系统开发实现的过程中，考虑到系统的整合性及可拓展性，可能会涉及以下技术要素。

- 快捷的应用拓展工具。
- 多平台 SQL 数据库支持。
- 跨平台数据同步。
- 用户和数据的多级安全设置。
- 可升级的数据库平台。
- 与其他应用的实时整合。
- 网页技术。

第七，选择在业界有丰富的经验和强大的服务能力的供应商

在对供应商软件解决方案进行评价时，有三个重要的要素：软件功能是否齐全、技术是否先进开放、供应商是否有经验和实力。只有具备三个要素，CRM 系统才能取得成功，单个要素的优势并不能弥补其他要素的弱势。实践表明，一个优秀的 CRM 系统供应商应具备如下条件。

- 明确企业实施 CRM 系统的商业目标，并明确目标指导下的企业 CRM 系统需求。
- 优秀的培训团队。
- 专业的系统设计和开发实现能力。
- 能够协助项目实施并提供持续的技术服务。
- 具有丰富的行业垂直 CRM 应用的专业经验。

第八，规范、有计划的系统实施与安装

在这个阶段，要实现 CRM 系统的配置和客户化，满足企业相关部门的业务需求。这个阶段应该就系统对企业员工进行培训，使他们掌握尽量多的技术知识。所需的新的软硬件也要在这个阶段进行安装。工作重点包括以下几点。

- 分析和规范系统实施、安装的步骤。
- 对实施和安装过程进行计划和管理。
- 系统配置与改造。
- 原型、符合性测试和系统动工。
- 试验系统及质量保证测试。
- 最终实施与发布。
- 持续性技术支持。
- 持续性 CRM 系统管理。

8.3　CRM 后评估综述

早在 1999 年 3 月，国际数据公司（IDC）就对 300 家大型企业进行了一次调查，结果表明，65% 的企业已经认识到 CRM 策略及系统的重要性，28% 的企业已经开始规划和实施 CRM 策略和系统，12% 的企业已经进入 CRM 运作阶段。[2] 很多企业都意识到 CRM 系统的重要性，并且花费大量的人力和物力在 CRM 系统的建设上。然而，一份来自高德纳公司的调查报告显示，有 60% 的 CRM 系统遭遇失败，所以对 CRM 系统进行后评估显得尤为重要。[3]

8.3.1　CRM 系统后评估的概况

1. 后评估的概念和特性

后评估是指项目完成后，对项目目的、执行过程、执行效益效果和影响所进行的全面、系统的分析，旨在从项目中吸取经验和教训，从而科学合理地做出决策，提高管理水平和效益。后评估包括如下几个特性。[4]

合作性：涉及面很广，既有项目承办单位，又有投资主体；既有技术人员，又有经营管理人员。只有各方融洽合作，后评估才能顺利进行。

反馈性：后评估的结果需要反馈到决策部门，作为新项目立项和评估的基础以及调整管理和战略的依据。

全面性：全过程的评价，既要研究项目目的，又要分析项目的执行过程，还要评价项目的管理过程。

探索性：既要立足于企业的现状，还要着眼于项目建成后的企业经营情况以及未来的发展方向。

现实性：后评估所依据的数据资料是企业的真实数据。

2. 后评估使企业的 CRM 项目实施实现闭环式管理

当前大多数 CRM 系统建设是开环式的管理模式，如图 8-6 所示。

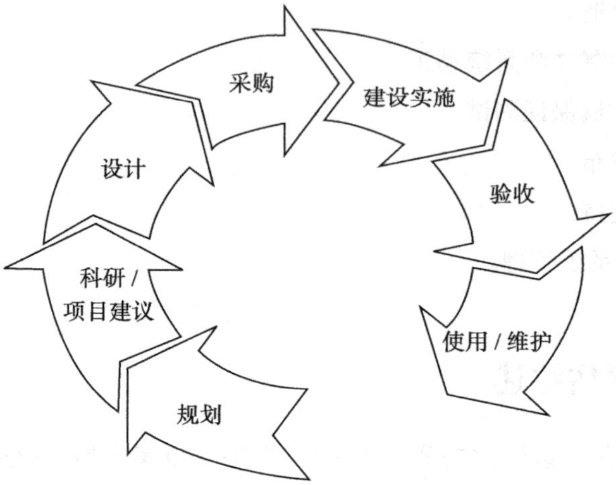

图 8-6 CRM 系统建设的开环式管理

CRM 系统建设过程对企业来说相当于一个项目建设过程，一开始企业根据自己的需要和实力做好规划，然后收集科研 / 项目建议，接着进行系统建设的设计、采购和建设实施。建设完成后，企业要经过验收，然后进入使用和维护阶段。一般情况下，企业都会在采购和建设实施阶段遇到种种问题。很多企业的 CRM 系统建设到验收和使用阶段都会和一开始的规划有出入，导致系统建设完成以后未能达到预期的效果。

为了改善这种情况，需要在开环式的管理模式中增加后评估，进而使整个系统建设更有序，如图 8-7 所示。

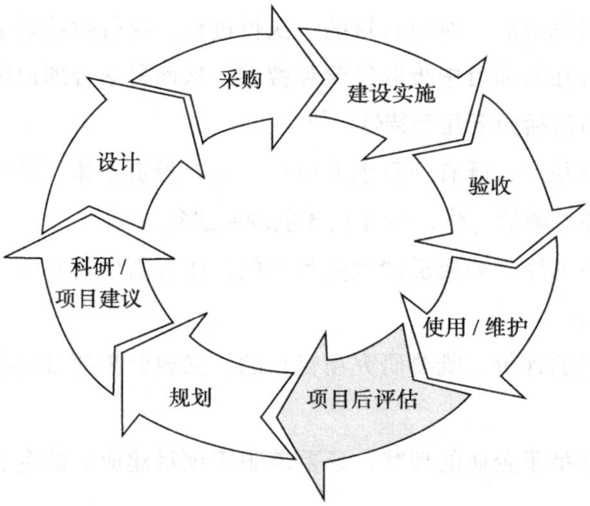

图 8-7 CRM 系统建设的闭环式管理

增加了项目后评估以后，CRM 系统建设成为闭环式管理，这样管理的好处有以下三点。

- 找出项目自身不足，分析原因，进而提出合理的改进意见。
- 及时对项目的效果进行后评估并反馈给决策部门，为今后的管理工作提供参考。
- 约束各项目需求单位的行为，增加项目前评估的准确性和可信性，使项目筛选的依据更加可靠，筛选结果更加科学。

CRM 后评估是完整的 CRM 工作的必要环节。对于一个实施完成的 CRM 系统来说，如何正确评估 CRM 系统也是企业进行 CRM 实践的重要活动之一。它不仅影响企业对 CRM 系统的认识，也关系着系统能否正常运作。

CRM 后评估是长期性的发展策略要求。对 CRM 实践活动的认真总结和评估是为了更好地设计未来。客户问题是所有企业的根本问题，客户关系管理的课题具有长期性。各种持续改进的 CRM 实践活动应该在具体的资源条件下长期地开展下去。

后评估能使 CRM 工作形成科学的闭环式管理体系。由于 CRM 系统投资回报的滞后性以及评估工作的复杂性，很多项目都没有对前期建设进行系统的总结，CRM 后评估就是在项目建成后对系统进行科学系统的总结，进而指导后续的系统建设的。

8.3.2　CRM 系统后评估的研究

1. 后评估方法

CRM 系统的后评估方法，主要是建立后评估指标体系，通过问卷设计、专家打分等方法，结合 BP、TOPSIS[⊖]等算法给指标赋予合理的权重，然后用逻辑框架法、成功度法和对比法对 CRM 系统进行全面的后评估。一般从客户角度、技术角度和财务角度设计后评估指标体系，如表 8-3 所示。

表 8-3　后评估指标体系

评估一级指标	评估二级指标	指标权重	各项指标的得分
客户角度	客户保有率		
	客户支持率		
	客户满意度		
技术角度	系统优化程度		
	客户数据库效用度		
	用户满意度		

⊖ BP（Back Propagation）算法的基本思想是，学习过程由信号的正向传播与误差的反向传播两个过程组成。TOPSIS 算法即优劣解距离法。

（续）

评估一级指标	评估二级指标	指标权重	各项指标的得分
技术角度	流程优化整合度		
财务角度	ROI（投资回报率）评估新公式		
	成本参数		
	建立多维客户价值与企业价值的双向收益考评		

- 客户保有率：新增客户量和老客户保持量。
- 客户支持率：现有的和潜在的客户所能带来的盈利的现期价值，即客户资本和客户潜量的总和。
- 客户满意度：客户消费缺憾、产品的满意度、再次购买率和推荐率。
- 系统优化程度：稳定性、灵活性、可靠性。
- 客户数据库效用度：包括客户数据的准确率、客户数据的丰富性指数、客户数据的关联度指数以及数据出现冗余的概率等。
- 用户满意度：企业员工对 CRM 系统的接受程度。
- 流程优化整合度：对客户服务、销售和营销各业务领域流程的自动化程度进行分析。
- ROI = 实施 CRM 所带来的回报 + 不实施 CRM 的机会成本 − 实施 CRM 的实际成本。
- 成本参数 = IT 成本 + 人力成本 + 流程成本。
- 建立多维客户价值与企业价值的双向收益考评：明确客户与企业之间的关系是不对等的。企业要认识到客户价值的多维性。

（1）逻辑框架法。逻辑框架法是一种综合评估的方法，是从投入、产出、直接目的、宏观目标四个层面对项目进行分析和总结的综合评估方法。逻辑框架法的指标设计如表 8-4 所示。

表 8-4 逻辑框架法的指标设计

项目描述	客观验证指标			原因分析		项目可持续能力
	原定指标	实现指标	差别或变化	内部原因	外部条件	
项目宏观目标						
项目直接目的						
产出 / 建设内容						
投入 / 活动						

通过分析实现指标与原定指标之间的差异，找出造成这种差异的原因，从而对项目的实施情况和企业的管理能力做出客观的评估。

（2）成功度法。依靠评价专家或专家组的经验，综合后评估各项指标的评估结果，对项目的成功度做出定性的结论。成功度法的评估等级说明如表 8-5 所示。

表 8-5　成功度法的评估等级

等级	标　准
完全成功	项目各项目标已经全面实现或超过指标；相对成本而言，项目取得了巨大的效益和影响
成功	项目大部分目标已经实现；相对成本而言，项目取得了预期的效益和影响
部分成功	项目实现了原定的部分目标；相对成本而言，项目只取得了一定的效益和影响
不成功	项目实现的目标非常有限；相对成本而言，项目几乎没产生什么正效益和影响
失败	项目目标是不现实的，无法实现；相对成本而言，项目不得不终止

（3）对比法。对比法分为前后对比法和有无对比法两种。前后对比法是指将 CRM 系统实施之前和实施之后的情况加以比较。有无对比法是指将实施 CRM 系统实际发生的情况与未实施 CRM 系统可能发生的情况进行对比，以度量 CRM 系统的真实效益、作用和影响。

2. 后评估流程

CRM 系统后评估流程大体分为三步，首先企业要做好后评估的计划与组织工作，接着是执行与研究，最后是给出结论，听取反馈意见，如图 8-8 所示。

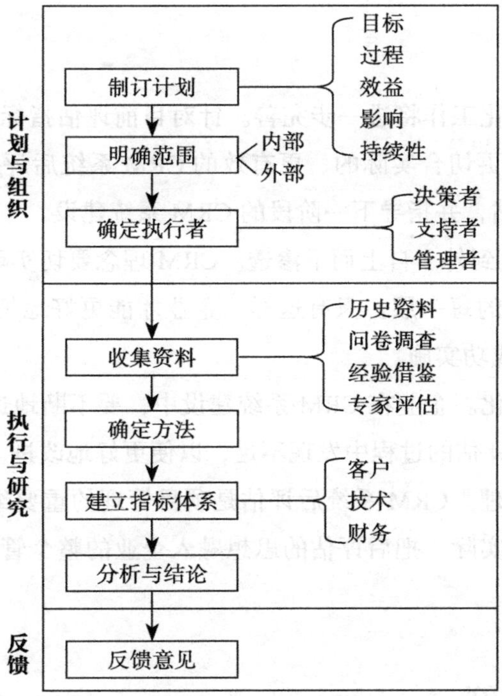

图 8-8　后评估流程图

（1）计划与组织。企业首先制订计划，然后明确评估的范围，明确系统 CRM 后评估的目标、过程、效益、影响、持续性，接下来企业需要确定后评估的执行者。后评估可以由企业自己来做，也可以外包给别的企业。

（2）执行与研究。首先企业要收集后评估需要的资料，收集资料的方法有历史资料、问卷调查、经验借鉴和专家评估。通过收集的资料，确定方法是前后对比法还是成功度法。接着建立后评估价值指标体系，从客户层面、技术层面和财务层面设计指标，并结合收集的资料做分析，得出评价结论。

（3）反馈。将后评估的结论提交给决策者、支持者和管理者，听取他们的反馈意见，并根据意见指导下一轮的 CRM 系统规划建设。

8.3.3 CRM 系统后评估的不足和趋势

1. 后评估的不足

CRM 系统后评估并不是尽善尽美的，在现实中也会遇到种种问题。一方面，企业缺乏对 CRM 系统的理解；另一方面，企业缺乏 CRM 系统相关的技能。这就造成虽然有先进的 CRM 系统，但是也会出现 CRM 系统失败的结果。

另外，就 CRM 系统后评估的方法体系而言，当前 CRM 系统后评估有两点不足：一是评估指标不是很全面，指标之间缺乏整合；二是缺乏评估时钟管理，对 CRM 系统的后评估没有定期的分析。

2. 四大趋势

（1）评估指标的细化工作将进一步完善。针对目前评估指标不健全，指标之间缺乏整合的情况，需要设计更切合实际的、更有效的 CRM 系统后评估指标体系，以更合理地对 CRM 系统进行评估，并指导下一阶段的 CRM 系统建设。

（2）CRM 理念从里到外、自上而下渗透。CRM 理念要切实融入企业的文化管理中，自上而下地渗透到企业的每一层。只有这样，企业才能更好地把 CRM 系统融入日常的管理中，使 CRM 系统成功实施。

（3）阶段管理明显化。企业在 CRM 系统建设中，要不断地进行评估，以确保 CRM 系统正常运作，也能在评估的过程中发现不足，以便更好地改进。

（4）无缝隙评估管理。CRM 系统后评估是项目管理的重要组成部分。CRM 系统后评估要结合企业的管理实际，把后评估的思想融入企业的整个管理过程中，实现无缝隙管理，形成良性闭环。

8.4 CRM 实施案例

8.4.1 电信行业 CRM 的实施——中国电信 CRM 系统设计 [5-7]

1. 中国电信的竞争环境分析

电信业已经进入一个全新的发展阶段，在产业链上，传统的电信运营商之间的企业竞争将演变成信息通信服务整体价值链的竞争，三网融合的趋势使得运营商的竞争对手逐渐从传统的其他电信运营商变为广播电视、互联网内容提供商以及 IT 服务提供商等。2008 年 5 月，中国电信业的“五合三”重组方案落地，中国移动与铁通合并，中国联通保留 G 网与中国网通合并，中国联通剥离出的 C 网由中国电信购买，重组为三家固话、移动全业务运营的电信运营商。中国电信业的重组，使得中国电信业市场出现了新的竞争局面。新形势对中国电信的服务内容、服务方式、经营管理以及服务意识等形成了严峻的挑战。

接收了中国联通剥离出的 C 网后，中国电信从固话运营商转型为固话、移动全业务运营的运营商。虽然重组使新的中国电信获得了移动客户市场，但与此同时，其传统的占优势地位的固话市场又新增加了中国移动这一强劲的竞争对手。总的来说，重组后的电信业市场新形势加剧了中国电信所面临的竞争。一方面，在移动市场上，中国电信是新进入者，短期内无法与用户已超过 5 亿人的中国移动相抗衡；另一方面，在原来占优势的固话市场，虽然中国移动是新进入者，但凭其强大的经济实力，很可能进攻固话运营商的两大重要业务领域：有线宽带和大客户业务，中国电信赖以生存的“根据地”也面临危机。

目前，中国电信的工作流程是建立在“九七工程”⊖基础之上的，各项工作都是以面向生产的方式来组织实施的，其作用在于使电信业务流程（受理、计费、故障 / 投诉处理、客户信息管理和查询等）实现计算机化。由于该系统是面向生产和企业内部的，并且该系统是在卖方市场情况下实施的，因此，在新形势下该系统已不适应以客户为中心的经营模式和新的市场竞争环境（买方市场），现有的客户信息资源得不到充分、有效的利用，部门之间的服务脱节造成资源浪费，缺乏对客户流失问题的全方位分析，各种与大客户接触方式的分离造成服务效率降低，在大客户管理、潜在客户开发、个性化服务以及客户细分等方面都存在着一些问题。

客户的中心地位在中国电信业市场上已经日益明显，作为运营商的核心竞争要素，提高客户满意度及忠诚度、提升客户价值、增加自身的收入及利润等已经成为中国电信及其他运营商越来越重视的问题。

2. 制定客户关系管理战略目标

中国电信已经在业务运营支撑方面、内部管理方面及决策支持系统（数据仓库及数据挖掘）方面进行了大量投入，建立了一系列信息系统，这些系统为 CRM 系统的实施打下了良好的基础。中国电信针对当前在客户关系管理方面存在的问题及不足，提出通过建设并完善 CRM 系统，在总体上使企业电信业务的各个外部环节充分自动化，缩短销售周期；保持企业与客户的沟通，帮助企业迅速准确地把握客户需求，达到服务与需

⊖ “九七工程”是中国电信的支撑系统，于 1997 年开始启动。

求的互动；对市场活动提供可量化的准确评估，提高企业开拓市场的能力；提高企业客户服务和支持的能力，确保对客户的保留能力，提高客户的满意度；通过全方位的数据分析和统计，为企业的决策提供依据；开拓新的渠道管理，充分利用客户信息，达到一对一个性化服务；对销售部门、市场营销部门及服务支持部门的业务流程进行数据整合，达到信息共享。

中国电信CRM系统建设的近期目标主要应是提高客户满意度和提升市场营销水平。因此，中国电信必须完成企业的中心数据仓库建设，实现客户信息的整合和集成，建立客户关系管理系统平台，从而实现客户信息的基本管理，包括客户档案管理、满意度管理、信用度管理，并初步完成现有企业与客户相关的内部信息和外部信息的综合管理。另外，在数据仓库的基础上，对客户信息进行初步分析，对企业迫切需要解决的客户经营问题进行有针对性的分析，为企业的经营决策提供依据。从长期来看，根据短期系统建设后的反馈情况，在进一步了解企业需求的情况下，继续完善客户关系管理系统平台，完成现有企业与客户相关的内部信息和外部信息的综合管理，从而实现客户综合信息管理、营销管理、销售管理以及服务管理，进而完成对客户的营销分析、服务分析、销售分析等分析功能的建设，最终实现以客户为中心的经营理念。

3. 提出CRM系统方案

为实现企业客户关系管理的战略目标，中国电信设计了CRM系统的功能，包括客户信息管理、经营信息管理与分析、营销信息管理与分析、服务信息管理与分析、销售信息管理与分析等。中国电信分析了企业高层主管、经营经理、接触中心人员、销售人员、市场人员及服务人员等相关部门人员在实施客户关系管理过程中所需要的信息。

4.CRM系统实施项目的前期评价

CRM系统的开发方式有三种：资源内包（选择组织内部的IT专业人员进行系统开发）、资源自包（知识工作者在没有IT专业人员的帮助下，对IT系统进行开发和支持）以及资源外包（将特定的工作按规定的期限、规定的成本和规定的服务水平委托给第三方完成）。考虑到目前提供CRM产品及方案的厂商都不能提供全部功能的CRM产品，而且目前中国电信已经建立起一些包括电信业务综合管理、网管计费等在内的各类系统，结合现有的IT专业人员或知识工作者的专业技术水平，在对企业的资金、技术、人力等方面进行综合的考虑后，中国电信对系统开发方案的成本、收益等进行了评估，以选择适合本企业的系统开发方式。

5. 中国电信CRM系统实施项目的执行

中国电信首先建立跨部门的CRM小组，在公司高管的大力支持下，从高层领导到员工，从业务到技术的各个层面吸收相关人员组成CRM小组来具体实施CRM系统，并保证有较强的业务流程重组能力以及对系统进行客户化和集成化的能力。然后整合技术，将过去分散的客户数据统一归并和汇总，建立客户资料数据库，形成统一的客户视图，从数据的角度全面分析了解客户对企业的贡献度、使用产品的情况、忠诚度、满意度等情况，为客户“一对一”营销提供数据基础。最后企业对组织和业务流程进行了整合，建立以主动营销为中心的组织结构，所有高层领导、市场部门相关工作人员、客户服务中心总经理和客户业务工作人员在 CRM 系统中都要有明确的角色定义，人员管理和业务处理应有效地结合起来，实现对市场和客户需求的快速响应；进行以客户为中心的流程重组，建立以客户为中心的商业处理流程，通过向企业的销售、市场和客户服务人员提供全面、个性化的客户资料，并强化跟踪服务和信息分析，建立和维护一系列与客户和合作伙伴之间卓有成效的“一对一”关系，从而提高客户满意度，吸引和保持更多的客户，最终使营业额大幅度增加。

8.4.2　电力企业 DL 公司 CRM 系统的实施 [8]

1. DL 公司的背景及竞争环境分析

DL 公司成立于 20 世纪 90 年代初，在创建初期，公司扎根中国电力行业，围绕电力测控、信息化专业，用现代电子信息技术改造传统的电力行业。随着电力行业的飞速发展，DL 公司原来的潜在竞争对手都逐渐发展壮大起来，逐渐缩小了与 DL 公司间的差距，抢夺着电力行业的市场份额。长期以来良好的经营状况使 DL 公司在高成长、高回报的模式下运营，相应的内部管理、应对竞争对手的发展策略和应对市场环境变化的措施没有配套发展起来。于是，在外部竞争日趋激烈，市场环境突变的情况下，DL 公司积累下来的客户关系管理问题不断暴露出来。

由于公司的客户遍布全国各地，因此，销售部门对销售活动无法进行详尽的管理和跟踪，客户的反馈信息也不能尽快地到达并得到及时处理，销售活动不能得到客观的评价。在市场细分上，公司只简单地按照消费额度对客户进行了分类。公司的服务系统基础较薄弱，信息的传递、沟通、反馈、共享以及协调也都较为混乱。另外，在人力资源调整和公司资源配置上也存在较多问题。总之，DL 公司现有的客户关系管理体系没有全面、准确、基于业务过程的动态记录，没有科学的信息传输系统，缺乏量化的统计分析，不能对客户（需求、购买、利润、分类、分布等）、销售过程（薄弱环节、超常规项目、销售预测等）、人员绩效（成本、计划等）进行量化分析管理，难以有效改善团队业务能力。

2. 制定客户管理战略目标

考虑到公司目前存在的问题，DL 公司提出通过建设 CRM 系统以达到如下目标：销售、营销、客户服务业务流程信息化，完善客户评价系统，规范公司销售管理，准确把握客户，建立客户战略；准确细分客户市场，整合产品线和服务；建立客户信息流，提高各部门效率，为公司调整战略战术决策提供支持；降低销售成本，强化供应链等。DL公司期望通过CRM系统的应用，在公司上下将CRM的概念和基础客户数据的采集从无到有地建立起来，并且通过CRM系统让这些宝贵的资源发挥作用，建立关于客户的全景视图，使公司真正了解客户，获得额外的市场竞争力。

3. 提出CRM系统方案

公司对内部各部门对CRM系统的需求进行了分析，确定了CRM系统建设的具体的功能目标，包括客户行为数据分析、市场分类、市场定向、市场预测。根据系统功能目标及业务需求，分别确定了主要子系统（销售管理子系统、营销管理子系统及服务管理子系统）的设计方案，并设计了CRM系统的总体流程。系统的基本功能除了客户管理、产品管理、时间管理、联系人管理、营销管理、潜在客户管理、销售管理、电话销售、电话营销和客户服务，还涉及工作流管理、呼叫中心、合作伙伴关系管理、知识管理、商业智能、电子商务等。

4. CRM系统实施项目的前期评价

DL公司分别从系统实施所需要的资金支持（如软件项目的运行维护和支持费用、相关的咨询费用、员工培训费用、宣传费用等）、技术保障（IT技术、公司现有商业应用平台基础等）、人力资源需求、组织结构的变化、项目风险及安全等几个方面对CRM系统的实施进行了评估。通过评估，CRM系统初步获得了公司内的支持。

5. DL公司CRM系统实施项目的执行

在初步获得了公司内的支持后，DL公司就从各个部门选择适当的人员组成了CRM项目小组，对CRM系统的实施做出各种决策，给出建议，并与整个公司的员工进行沟通。该项目小组包括高层领导、销售和营销部门的人员、IT部门的人员、财务人员，也包括最终用户的代表。人力资源部门也密切配合CRM系统的实施，围绕项目开展了一系列的招聘、培训、薪资调整以及奖惩等活动。另外，DL公司对公司业务进行了梳理，调整和优化了原有的工作流程，建立以客户为中心的规范科学的企业运营流程，并落实和巩固了这一新流程，为CRM系统的实施提供了保障。经过CRM软件选型、为期2个月的用户测试计划及局部的小规模试验后，领导层和项目小组对这一方案基本满意，CRM系统正式进入了实施阶段，并在不断调整完善中。

6. DL公司CRM系统实施效果评价

针对CRM系统的实施，DL公司对实施效果进行了评价。评价体系的主要指标包括客户关系管理指标、市场反应及创新指标、内部业务指标以及财务指标。公司通过专家和咨询公司对指标体系及各指标权重进行确定，采用模糊综合评价法进行了系统分析，对 CRM 系统实施效果采用 0-9 比率标度法来评判，专家依据公司所处的行业、公司规模以及公司实施 CRM 系统的投入进行评议，制作标准度量来确定实施效果指数，进行 CRM 系统实施前后的对比分析。评价结果表明 DL 公司在实施 CRM 系统后，客户关系管理指标有一定的提高，效果比较令人满意。市场反应及创新指标在企业实施 CRM 系统前后变化不大，这是由于客户数据的积累需要一定时间，相应的数据分析、处理以及客户数据挖掘工作还没有有效展开。随着客户关系管理工作的不断深入，该指标有望得到提高。内部业务指标也是受影响比较显著的指标，说明 CRM 系统的实施直接提高了企业的流程效率。作为重要指标，财务指标的变化反映出实施 CRM 系统对改善企业财务状况起到了积极的作用。

8.4.3 四方集团公司 CRM 实践[9]

1. 四方集团现状分析

四方集团的前身是合肥化肥厂，始建于 1958 年，是全国最早生产小氮肥的厂家之一。公司地处合肥市政务文化新区，占地约 1 200 亩[⊖]，拥有资产 10 亿元，化肥产量大、品种全、技术含量高。四方集团已经发展成为跨地区、跨行业，集科、工、贸、服务于一体的国有大型企业集团，是中国化工百强企业、安徽省化工化肥综合性骨干企业，是合肥市重点发展的企业集团。

四方集团在客户关系管理方面还比较薄弱，目前公司客户关系管理的各个方面都与理想的客户关系管理存在一定的差距。以客户为中心的经营理念在公司里没有真正落实，客户关系管理人员实际上只是销售人员，在现有公司结构中，没有建立客户中心，缺乏信息化客户关系管理系统，对客户的管理只停留在对客户基本信息的掌握上，没有对这些信息加以分析和利用，造成了销售机会的错失，而且很难把握开发潜在客户的最佳时机。

2. 制定客户关系管理目标

面对经营现状、客户管理现状及存在的问题，公司意识到发展的关键不在于产品，而在于管理，尤其是对客户的管理，并提出要设计一套客户关系管理系统。公司首先确定了客户关系管理的总目标是把客户作为公司最重要的资源，把客户关系管理作为公司的战略来实施，通过完善的客户服务和深入的客户价值分析来提高客户对公司的满意度，培养公司的忠诚客户；分目标是既保证实现客户的终生价值，又使公司获得最大的

⊖ 1 亩 =666.67 平方米。

利润，同时提升公司品牌价值。

3. 四方集团 CRM 的内容

四方集团结合自身的一些实际情况，提出公司 CRM 的主要内容包括：首先进行客户基本信息、背景信息及交易信息的收集，在此基础上进行客户的细分，针对不同的客户制定具体的策略；其次分析客户价值和客户生命周期，识别具有不同价值的客户及处于不同生命周期的客户，分别制定不同的客户管理策略；然后进行客户满意度及忠诚度的分析和量化计算；最后提出建立 CRM 系统。CRM 系统主要由客户服务子系统、市场跟踪子系统、销售管理子系统和服务管理子系统四部分组成，其中客户服务子系统包括呼叫中心、短信中心；市场跟踪子系统进行市场促销、市场分析及市场预测管理；销售管理子系统进行商机分析、客户信息、产品信息、报价、竞争对手及销售绩效的管理；服务管理子系统具有客户挽留能力及客户信誉档案跟踪功能。

4. 四方集团 CRM 系统的实施

为成功实施 CRM 系统，四方集团进行了统筹考虑，建立了有效的 CRM 工作和领导小组（包括高层领导、营销人员、IT 人员、财务人员、专家及客户代表等），作为 CRM 系统实施的原动力，吸收业务部门经理和一线销售人员，对 CRM 系统的设计提出各种决策建议，并与全体员工进行沟通。公司对 CRM 工作和领导小组进行了一系列的培训，重组公司的工作流程，同时相应地改变各个部门的角色和职责。考虑到国内公司实施 CRM 系统成功率低的情况，四方集团在 CRM 系统设计及软件供应商的选择上，综合考虑了软件的功能和适用范围、软件的用户化和二次开发工具、软件的性能、技术平台、售后服务和技术支持、文档齐全性以及投资效益和风险分析等，并根据公司的具体情况，选择了适当的 CRM 系统软件，逐步实施 CRM 系统并进行持续改进，促进 CRM 系统与公司其他应用系统逐渐集成。

本章小结

本章着重探讨了 CRM 系统实施的若干关键问题，包括实施流程、关键成功因素、后评估等，并在上述理论分析的基础上，从案例的角度予以说明。

思考题

对项目管理而言，有前评估和后评估之分，在本书中仅系统地介绍了 CRM 系统项目后评估的详细内容，对 CRM 系统项目的前评估只有定性的描述性说明，请参考本书内容，试着设计出 CRM 系统项目评估的指标体系。

参考资料

[1] 何荣勤.CRM 原理·设计·实践 [M]. 北京：电子工业出版社，2003.

[2] 齐佳音，万映红. 客户关系管理理论与方法 [M]. 北京：中国水利水电出版社，2007.

[3] 鲍明刚.CRM 失败的原因在哪 [J]. 企业家，2002（17）：40-41.

[4] 叶英. 加强投资项目的后评估管理 [J]. 中国投资，2008（5）：4-5.

[5] 唐君. 中国电信 ×× 市分公司客户关系管理系统（CRM）的规划研究 [D]. 成都：西南财经大学，2005.

[6] 杨一峰. 企业市场营销与客户关系管理 [D]. 北京：北京交通大学，2006.

[7] 范鹏飞. 中国电信市场细分的研究 [D]. 南京：南京邮电大学，2007.

[8] 王荣.DL 公司客户关系管理流程设计 [D]. 西安：西北大学，2006.

[9] 张驰. 四方集团公司 CRM 研究 [D]. 西安：西北大学，2006.

第 9 章
CHAPTER9

CRM 系统发展

◇ 课前导读

如同 ERP 系统一样，CRM 系统同样经历了一个发展演变的过程。随着电子商务的发展以及移动信息化的兴起，CRM 系统也在不断发展着。本章通过对近二十年来 CRM 系统的学术研究以及实践应用的跟踪，介绍 CRM 系统的发展演变趋势，并对 CRM 系统的前沿应用——uCRM（Ubiquitous CRM，泛在客户关系管理）、SCRM（Social CRM，社会化客户关系管理）和 dCRM（Digital CRM，数字化客户关系管理）做简要介绍。本章内容组织结构如图 9-1 所示。

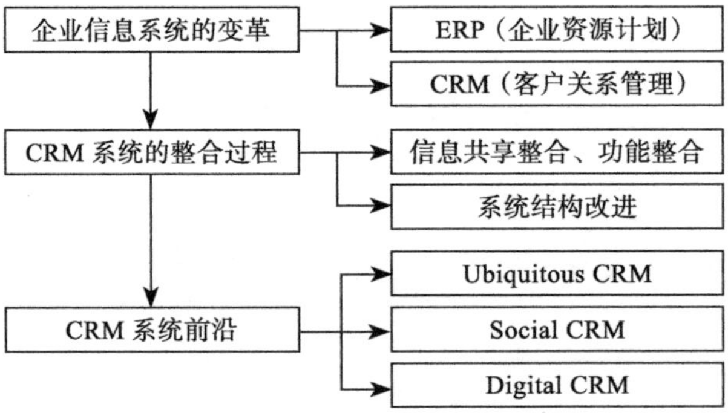

图 9-1　本章内容组织结构图

◇ 学习目标

- 了解 CRM 系统的发展过程
- 了解 eCRM（Electronic CRM）系统的基本情况
- 了解 mCRM 系统的基本情况
- 了解 uCRM 系统的基本情况
- 能判断 CRM 系统的未来趋势

9.1　企业信息系统的变革：从 ERP 到 CRM

进入 20 世纪 90 年代，由于市场全球化、技术进步、竞争加剧及客户需求不断变化，企业相继实施 ERP 系统以提高企业内部资源的计划和控制能力。[1] 然而，当多数企业完成内部流程优化后，ERP 系统的竞争优势开始减弱，逐步变为企业参与竞争的基本条件。企业从过去的关注内部管理转向更多地关注企业与客户之间的互动关系管理，竞争重心转向将 CRM 系统融合到企业原有的 ERP 系统中，以实现内部流程优化及外部客户的及时管理，动态地将销售、营销、客户服务整合到一起，实现客户价值的创造和增值。[2]

自 1998 年以来，互联网和电子商务带动了全球经济的新增长，市场竞争促使企业重新确定其商业模式，客户关系管理开始向电子化方向发展。进入 2000 年，无线通信技术和互联网技术的融合使移动商务得到蓬勃发展，由此电子化客户关系管理（eCRM）进一步转向移动化客户关系管理（mCRM）。移动化客户关系管理将移动、远程访问以及无线组件和应用添加到传统客户关系管理系统中，是一个将客户信息转化成具有积极意义的客户关系的反复循环的过程。2009 年前后，社交媒体在全球广泛应用，并很快渗透到商业领域，客户关系管理是社交媒体最早和最广泛涉入的商业领域，社会化客户关系管理（SCRM）迅速崛起，并成为客户关系管理发展中的新阶段。2015 年前后，人工智能的商业应用呈爆发式增长，之后人工智能在客户关系管理领域迅速发展。2018 年前后，随着商业数字化转型趋势的不断增强，数字化客户关系管理（dCRM）也逐渐浮出水面。

企业信息系统的演进过程如表 9-1 所示。

表 9-1　企业信息系统的演进过程

系统	环境变化	企业变化	效果	模式
ERP（20 世纪 90 年代）	市场全球化，技术进步，客户需求增加	技术角度： ERP 管理角度： 流程再造	改善业务流程质量，降低成本	企业内部整合
CRM（20 世纪 90 年代至今）	产品 / 服务定制化，竞争加剧	技术角度： 数据仓库 /OLAP、数据挖掘 管理角度： 客户关系管理	企业流程以客户为中心，使用新方式进行客户维系，增加客户价值	传统 CRM 以客户为导向，将企业内外部资源整合
	计算机网络技术的发展，网络基础设施的完善，电子商务的兴起	技术角度： CRM 与电子商务技术融合 管理角度： 管理营销理念的再认识，技术同理念的整合	及时满足客户需求，确切掌握客户动向，提高服务效率	eCRM 基于网页的 CRM 解决方案，实现以客户增值为中心的 eCRM 平台
	有线网络的局限，无线网络的发展，移动商务的崛起	技术角度： 移动终端 管理角度： 现场服务管理	随时随地实现客户关系管理	mCRM 移动信息化与客户关系管理相结合的 mCRM 解决方案

（续）

系统	环境变化	企业变化	效果	模式
CRM（20 世纪 90 年代至今）	物联网技术发展，智能终端发展，场景化商务	技术角度： 无处不在的智能终端 管理角度： 场景化客户联结	动态精准的客户关系管理	uCRM 物联网技术与客户关系管理结合的 uCRM 解决方案
	社交媒体广泛应用，社会化客户关系管理兴起	技术角度： 大数据带来海量社交媒体数据分析的可行性 管理角度： 客户关系管理进入 Web2.0 时代	平等沟通时代的客户关系管理	SCRM 社交媒体与客户关系管理结合的 SCRM 解决方案
	人工智能应用爆发	技术角度： 人工智能技术商业化应用带来 CRM 智能化的可行性 管理角度： 智能化客户关系管理有可能实现效率提升、成本下降、客户体验改善等多重目标	人机互动的客户关系管理	AI-CRM（智能化客户关系管理） 人工智能与客户关系管理结合的 AI-CRM 解决方案
	商业数字化转型	技术角度： 各类数字化技术的商业化应用带来数字化 CRM 的可行性 管理角度： 数字化客户关系管理将重构客户关系管理范式	数字孪生的客户关系管理	dCRM 前沿信息技术与客户关系管理结合的 dCRM 解决方案

在技术和需求的双重驱动下，企业信息系统完成了从后端资源整合到面向客户的前端资源管理的演进，以客户为中心的管理理念越来越受到重视。

9.1.1 企业资源计划（ERP）

ERP 是将企业管理理念、业务流程、基础数据、人力物力、计算机硬件和软件整合为一体的企业资源管理系统。

20 世纪 90 年代初，美国的高德纳公司在 MRP Ⅱ（制造资源计划 2）的基础之上提出了新概念——企业资源计划，简称 ERP，并将其定义为建立在信息技术基础上，以系统化的管理思想为企业决策层及员工提供决策及运作支持的管理信息系统平台。ERP 扩展了 MRP 的功能，其核心思想围绕着供应链管理，跳出了传统企业边界，从供应链范围优化企业的资源，是基于网络经济时代的新一代信息系统。ERP 对于改善企业业务流程、提高企业核心竞争力的作用是显而易见的。从 20 世纪 90 年代开始，以 SAP、Oracle 为代表的国际著名 ERP 产品进入中国，并迅速占领了市场。接着，国内也相继出现了一些 ERP 产品，例如开思 ERP、利玛 ERP、和佳 ERP、博科 ERP 等。

ERP 系统集信息技术与先进的管理思想于一体，成为现代企业运行不可缺少的重要基础软件系统，反映了时代对企业合理调配资源，最大化地创造社会财富的要求，是企业在信息时代生存、发展的基石。

随着几十年的发展，ERP 的思想逐渐丰富起来。它将企业内部的运营流程当作一个紧密连接的串行供应链，对供应商、制造商、分销商和客户等进行有效管理。这种信息化给企业创造了很好的经济效益。

高德纳公司提出 ERP 应具备的功能标准包括以下四个方面。

（1）超越 MRP Ⅱ 范围的集成功能，包括：质量管理、实验室管理、流程作业管理、配方管理、产品数据管理、维护管理、管制报告和仓库管理。

（2）支持混合方式的制造环境，包括：既可支持离散又可支持流程的制造环境；按照面向对象的业务模型组合业务过程的能力和国际范围内的应用。

（3）支持能动的监控能力，提高业务绩效，包括：在整个企业内采用控制和工程方法；模拟功能；决策支持和用于生产及分析的图形能力。

（4）支持开放的客户机 / 服务器计算环境，包括：客户机 / 服务器体系结构；图形用户界面；计算机辅助设计工程，面向对象技术；使用 SQL（Structured Query Language，结构化查询语言）对关系数据库查询；内部集成的工程系统、商业系统、数据采集和外部集成系统。

厂房、生产线、加工设备、检测设备、运输工具等是企业的硬件资源。人力、管理、信誉、融资能力、组织结构、员工的劳动热情等是企业的软件资源。在企业运行发展中，这些资源相互作用，形成企业进行生产活动、完成客户订单、创造社会财富、实现企业价值的基础，反映企业在竞争发展中的地位。

ERP 系统的管理对象便是上述各种资源及生产要素。通过 ERP 系统的使用，企业能及时、高质量地完成客户的订单，最大限度地发挥这些资源的作用，并根据客户订单及生产状况做出调整资源的决策。

随着 ERP 系统开始应用，以计算机为核心的企业级的管理系统更为成熟，增加了包括财务预测、生产能力管理、资源调度调整等在内的功能，配合企业实现准时生产管理、全面质量管理和生产资源调度管理及辅助决策，成为企业进行生产管理及决策的平台工具。

实践证明，ERP 系统的应用有效地促进了现有企业管理的现代化、科学化，使企业适应竞争日益激烈的市场，它的导入极大地提高了企业内部管理效率。

9.1.2　从 ERP 到 CRM

ERP 的管理理念是提高企业内部资源的计划和控制能力，追求的是在满足客户需求、及时交货的同时最大限度地降低各种成本，以此提高内部效率。

随着市场竞争的加剧和信息技术的快速发展，传统 ERP 的弊端就逐渐暴露出来。由于传统企业的销售、市场、客户服务及技术支持部门的工作都是独立的、垂直进行的，各部门之间的沟通存在障碍，以致不同的业务功能往往很难协调一致地集成到客户维度上。

20 世纪 90 年代中后期，企业关注的焦点逐渐由改进内部运作转移到更多地关注外部客户上来。客户开始要求得到更多的关注和更及时的服务，许多企业都开始调整自己的商业模式，并将更多的注意力投向外部。由于需要将更多的注意力集中到客户身上，所以许多企业都开始寻求技术帮助，即求助于客户关系管理软件。和 ERP 一样，CRM 解决方案着力于提高企业运作的自动化水平和改进业务处理流程。企业建立客户关系管理系统的目的是提高与客户交流的能力，即从潜在客户识别、确认有需求的客户，到销售完成、发货，再到不断进行服务和支持，提供全过程的自动化处理和更完善的协调与合作，以提高客户满意度和客户忠诚度，增加市场机会和销售利润。[3]

CRM 是企业的前台信息系统，ERP 则是企业的后台信息系统，二者的功能有重叠的部分，各自在发展中也都不约而同地相互渗透和补充，ERP 为 CRM 中的数据仓库提供丰富的数据，CRM 的分析结果和对市场发展的预测为 ERP 提供了决策数据。总之，CRM 立足于改善客户关系，而 ERP 立足于优化企业流程，它们共同提高企业的竞争力和利润。[4]

CRM 系统的出现建立了一种新型管理机制，旨在改善企业与客户之间的关系。它被应用于企业市场营销、销售、服务与技术支持等领域。CRM 的目标是一方面通过提供快速和周到的优质服务，吸引和保持更多的客户；另一方面通过对业务流程的全面管理降低企业的成本。

9.1.3　CRM 系统的优势

对于已经实施 ERP 系统的企业，如果能够成功地实施 CRM 系统，其收益是显而易见的。

（1）客户可以通过常规渠道以外的其他渠道，如电话、传真、网络等访问企业，与企业进行业务往来。

（2）任何可能与客户直接接触的员工将能够：

- 全面了解客户关系；
- 根据客户需求进行交易；
- 了解如何对客户进行升级销售及交叉销售；
- 记录通过市场、销售等活动获取的客户信息。

（3）能够对各种市场活动进行规划和效果评估，全面透视整个活动的运作过程。

（4）能够对各种销售活动进行跟踪。

（5）与客户的交互销售能够不受地域限制，企业的业务处理系统及客户信息可以随时访问。

（6）集成对市场、销售活动的分析能力。

（7）能够从不同角度（尤其是客户角度）提供有关成本、利润、生产率、风险率等各种信息，并从多维角度分析客户、产品、职能部门、地理区域在整个企业业务中所起的作用。

通过 CRM 系统所得到的上述收益，可以最大程度地驱动企业发展，帮助企业实现以下目标（见表 9-2）。

表 9-2　CRM 系统帮助企业实现的目标

目标	做　法
拓展市场	通过新的业务模式（电话、网络）扩大企业经营活动的范围，及时把握新的市场机会，获得更多的市场份额
提高效率	充分采用新的技术手段，提供自动化的业务处理流程，共享企业范围的信息，大大提高了企业员工的工作能力，并有效减少了培训需求，使企业能够更高效地运转
保留客户	客户可以选择自己喜欢的方式与企业进行交流，方便地获取信息和更好的服务。这必然会提高客户满意度，帮助企业保留更多的老客户，并更好地吸引新客户

企业在获得更多的市场份额、更高的运作效率和更多的客户时，市场竞争的优势将更为突出，最终获得更多的利润，促进自身的发展。

9.2　CRM 系统的整合过程

自 20 世纪 90 年代中期至今，CRM 系统经历了一系列的技术整合、功能整合，完成了由最初的简单信息记录到综合信息资源管理的提升，并将新技术应用于系统的改进，实现了互联网及移动环境下的系统应用，整合过程如图 9-2 所示。[5]

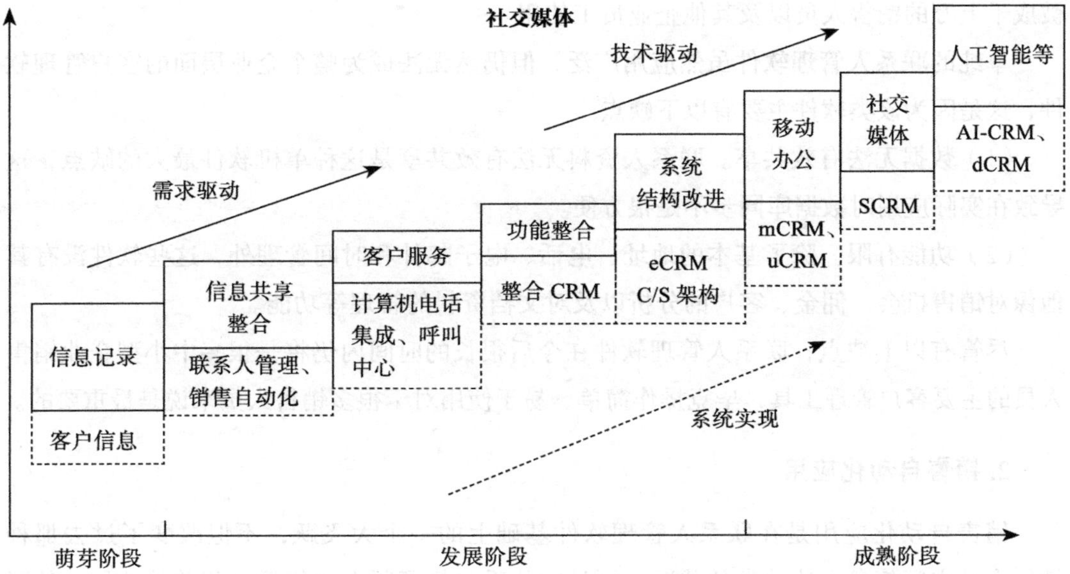

图 9-2　CRM 系统整合过程

9.2.1 信息记录

CRM 系统的出现源于大型企业对海量客户信息进行电子化记录的需求。CRM 系统的雏形是客户信息系统（Customer Information Systems，CIS），有点类似于一种企业内部使用的管理信息系统（Management Information Systems，MIS），一般由企业自行开发。设计 CIS 的企业一般是大型企业，如银行、大型零售企业等，目的是将客户的信息比较完整地记录下来，并进行一定的分析，类似于电子档案。

由于技术条件有限以及计算机普及程度低等因素，此类系统主要由企业部分人员使用，而且设计的目的也各不相同，因此应用比较有限。不过，由于很早就认识到要对客户信息进行计算机化管理，所以我们可以把这一阶段称为 CRM 萌芽阶段。

9.2.2 信息共享整合

随着市场的发展和计算机技术的进一步普及，企业对于客户信息内部共享和整合的需求愈加明确，市场上开始出现由第三方开发的在销售和服务领域应用的各种软件，主要分为联系人管理软件、销售自动化应用这两种典型应用。

1. 联系人管理软件

最典型的例子是市场上普遍使用的 ACT 软件。可以说，ACT 软件是第一次真正为广大销售人员设计的工具软件。随着个人计算机的普及以及互联网的产生，出现了像微软的 Outlook 以及 Lotus Notes 的群件，除了电子邮件管理这个主要功能以外，其客户端应用还集成了联系人管理和时间管理的功能，这些基于个人的联系人管理软件目前仍然被成千上万的销售人员以及其他企业员工使用。

单纯的联系人管理软件虽然应用广泛，但仍然无法成为整个企业层面的客户管理软件，这是因为该类软件主要有以下缺点。

（1）数据无法有效共享。联系人资料无法有效共享是这种单机软件最大的缺点，这导致在实际应用时数据库同步不是很方便。

（2）功能有限。除了基本的地址、电话、电子邮件和时间管理外，这些软件没有其他像对销售机会、佣金、客户的分析以及对文档资料的管理等功能。

尽管有以上缺点，联系人管理软件在今后很长的时间内仍将是很多中小型企业销售人员的主要客户管理工具，毕竟操作简单、易于使用对于很多销售人员来说是最重要的。

2. 销售自动化应用

销售自动化应用是在联系人管理软件基础上的一个大飞跃，不但改变了过去那种销售人员之间信息无法共享的状况，而且它几乎包括了所有销售活动相关的功能。从联系人管理到销售机会管理、订单管理、竞争管理、销售定额管理、活动管理、报价管理等，应有尽有。由于采用了中心客户数据库，使客户信息首次从销售人员手中集中到企业来统一管理，成为企业最重要的资产。销售经理从此可以真正地管理他的队伍，并通过对数据库的分析掌握最新的销售情况。

当然，单纯的销售自动化应用仍然是一个销售部门的应用，属于“点”式解决方案。没有营销、服务等其他流程的紧密集成，它所利用的客户数据是不完整的。

9.2.3 客户服务

随着竞争的日益加剧，企业战略也开始由“以产品为中心”转向“以客户为中心”，客户满意度成为企业关注的焦点之一。其中，客户服务是影响客户满意度的重要因素之一。为了向客户提供更加周到及时的服务，企业需要将其传统客户服务模式更多地与新兴技术相结合。

自从计算机电话集成（Computer Telephony Integration，CTI）技术开发以来，呼叫中心的应用迅速得到企业的青睐，成为标准化客户服务与支持的联系渠道。其中电话转接、请求队列、任务分派等功能使企业大幅度提高了服务效率，减少了各种开支，结合交互式话音应答（Interactive Voice Response，IVR）技术、电话脚本集成、谈话记录与存储等功能，使企业首次可以获得大量有关客户的各种数据，为了解客户对企业的满意度等各种指数提供了一个基本的前提条件。

虽然很多企业都有不同功能的呼叫中心，但大多数只是作为客户统一呼叫的入口，提供通话记录、坐席代表工作分配等管理功能，本身是一个相对独立的应用，因此也是一个典型的“点”式解决方案。虽然能获得很多有用的客户数据，但没有销售、营销和服务应用的配套，使得这些数据的价值无法被充分利用。

9.2.4 功能整合

经过十几年的发展应用，越来越多的企业开始应用客户关系管理相关系统和软件，客户关系管理这个名词逐步得到业界的普遍认同，虽然对它的定义有无数个版本，但至少 CRM 本身已经作为一个名词，被大家像接受 ERP、SCM 等名词一样地接受了。虽然大家对它的前景还无法完全预测，但至少开始了一个新的起点。企业开始寻求将自身客户管理功能相关模块进行整合的解决途径——整合 CRM。

在这一时期，有一种趋势是：凡是目前 ERP 系统没有涉及的，只要同客户有某种直接的关系，就被包揽在 CRM 系统的范围之内。同时，众多的提供商，无论是早期的联系人管理软件提供商还是呼叫中心提供商，都冠以 CRM 系统提供商的头衔，加上 ERP

提供商也不甘落后，于是就呈现出 CRM 系统火热的现象。虽然最终的整合效果差异较大，但功能整合需求的提出还是极大地推动了 CRM 系统走向成熟。

9.2.5 系统结构改进

在 CRM 软件的设计上由于各开发商起点不同，所采取的技术、架构都不同，它们在 CRM 前面不断添加各种时髦的前缀，形成了以下几种类型的设计结构。

客户机 / 服务器（Client/Server，C/S）架构。这是 CRM 软件最早的设计结构，其使用对象主要是企业内部销售、服务以及营销部门的员工，客户端主要以胖客户机[⊖]为主。

随着互联网的发展和普及，客户行为电子化促使企业在设计其 CRM 系统架构时开始注意两种设计构思。一种是在客户机 / 服务器的基础上，提供一种 HTML（超文本标记语言）的客户应用，在设计上以传统的基于 Visual Basic 脚本语言或 Java 脚本语言的 ASP（Active Server Pages，动态服务器页面）、JSP（Java Server Pages，java 服务器页面）为主；另一种是整个 CRM 系统完全采用基于网页的多层架构设计。虽然这种都冠以“e”的前缀，但设计思路以及设计体系有很大的不同。后者基本上不考虑非浏览器应用，全部开发力量都集中在浏览器的“瘦”应用上，集中精力解决性能问题，应该说这是一个主要的发展趋势。

9.2.6 移动办公

信息技术改变生活。现代通信的发展使得人们在移动状态下仍可以正常实现沟通。但通信技术、无线工具与企业业务系统的结合在许多企业的管理中还无法实现。在移动商务初现端倪时，企业对“随时、随地、随心意”的客户交互能力的追求正逐渐清晰和明朗起来。

移动化客户关系管理（mCRM）即 CRM 技术和当前同样火热的无线通信技术相结合，利用各种无线设备将客户各种信息向各种移动用户，如现场销售人员、服务人员传递，为移动用户群体提供了移动办公的基本前提。各种无线设备层出不穷，在操作系统上以 Palm OS 和微软的 Windows CE 为主。自从 mCRM 出现后，各个硬件提供商、软件提供商就在“移动”领域拉开了竞争的序幕。

近几年，在互联网技术、无线技术的驱动下，uCRM、SCRM、AI-CRM 和 dCRM 在新的市场环境下越来越受到重视，成为客户关系管理系统发展的前沿。

⊖ 胖客户机就是应用软件都安装在客户机上，服务器只是把原始的数据传送过来，一切都由客户机上的应用软件完成。

9.3 CRM 系统前沿

9.3.1 uCRM 简介

无处不在（普适）商务（U-commerce）是一种基于内容感知的服务，它更多地关注如何通过客户所处时间、地点等信息，识别客户在不同环境下的角色，提供更具针对性的商务服务。在 U-commerce 环境下，我们可以通过分析客户的情景信息，如时间、身份、位置等，实时做出决策。内容感知技术可以通过对客户情景和偏好的分析对客户进行个性化推荐。主动服务和高度定制化可以为当前的 CRM 发展带来很大的革新。U-commerce 环境下的 uCRM 应运而生。

普适性（Ubiquitous）是指通过任何网络和设备达到无处不在的状态。若要实现普适性，服务应该是移动化的，用户可以通过移动终端接入无线网络来接受服务。除此以外，服务系统应该是嵌入客户端的，这样客户端之间就可以进行交流和协调。普适计算技术应用到 uCRM 中的主要有内容感知计算技术和穿戴计算技术。当前的移动计算或普适计算服务仍然主要是基于信息的服务，如位置服务等。

图 9-3 显示了泛在网络环境下 uCRM 数据的流向和处理过程。

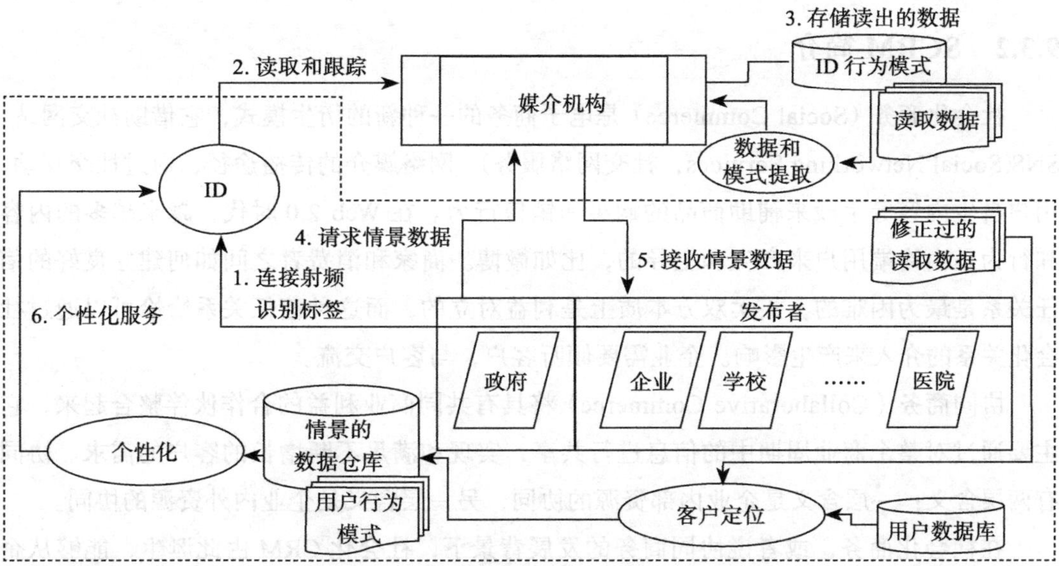

图 9-3　泛在网络环境下 uCRM 的视图

1. 相关名词介绍

发布者（The Publisher）是信息需求的发起者和最终的利用者，如政府、企业、学校、医院等。发布者拥有 RFID（无线射频识别）标签的 ID（识别资料）、智慧对象信息和客户信息。

媒介机构（Intermediary）是一个拥有泛在网络基础结构（如传感器、无线局域网、移动网等）的组织，也就是说，政府、移动通信公司、学校、便利店、医院等都可以是媒介机构。媒介机构可以存储感知信息（Sensing Information），包括时间、地点、实体等。此类机构没有智慧对象信息和客户信息，只有 RFID 标签的 ID 和 ID 的内容数据。

智慧对象（Smart Object）是附有 RFID 标签的产品。

2. 基本过程介绍

首先，发布者将无线射频识别标签编号嵌入信用卡、工业品、农产品、水产品等产品中，以这种方式将 RFID 标签和客户关联在一起。

当客户和智慧对象一起移动时，媒介机构将持续捕捉和跟踪 RFID 标签。

发布者实时或定期向媒介机构发出数据需求，媒介机构抽取所需 ID 的感知数据并进行修正后，将包含所需 ID 情景数据的修正后的信息提供给发布者。

发布者将修正后的感知数据中的 ID 与客户数据库中的客户信息进行映射后，将客户的情景数据存储在内容数据仓库中。

通过对数据的挖掘分析，发布者可以了解到客户的行为方式，并以此为基础将高度个性化的服务实时或定期地提供给客户。

9.3.2 SCRM 简介

社会化商务（Social Commerce）是电子商务的一种新的衍生模式，它借助社交网站、SNS(Social Networking Services，社交网络服务)、网络媒介的传播途径，通过社交互动、用户自生内容等手段来辅助商品的购买和销售行为。在 Web 2.0 时代，越来越多的内容和行为是由终端用户来产生和主导的，比如微博。商家和消费者之间如何建立良好的信任关系是最为困难的，买卖双方本质上是利益对立的，而这种信任关系恰恰可以通过社会化关系的介入来产生影响。企业需要倾听客户，与客户交流。

协同商务（Collaborative Commerce）将具有共同商业利益的合作伙伴整合起来，它主要通过对整个商业周期中的信息进行共享，实现和满足不断增长的客户的需求。协同有两层含义：一层含义是企业内部资源的协同，另一层含义是企业内外资源的协同。

在社会化商务，或者说协同商务的发展背景下，社会化 CRM 由此诞生，能够从企业的内部和外部双向进行作用。随着社会化的发展，客户之间、客户与企业之间都需要实现社会化，以实现多渠道的无缝协作。

社会化 CRM 是一种基于客户的参与和互动的经营战略。在社会化客户关系管理中，销售只是其中的一部分，最重要的是让客户参与进来。社会化 CRM 包含了传统 CRM 的所有内容，即社会化 CRM 同样需要一个用户反馈和沟通的机制，以及一套高效、专业的流程管理系统，帮助企业更好地管理客户关系和处理客户数据。在社会化 CRM 系统中，客户是最为关键的因素，它决定了企业该如何运营社会化 CRM。区别于传统的单向沟通模式，社会化 CRM 使品牌必须与客户平等交流，进行相互沟通与合作。社会化 CRM 并不是完全替代传统 CRM，只是一种由传统 CRM 演化而成的新型 CRM。图 9-4 是 SCRM 的框架图。

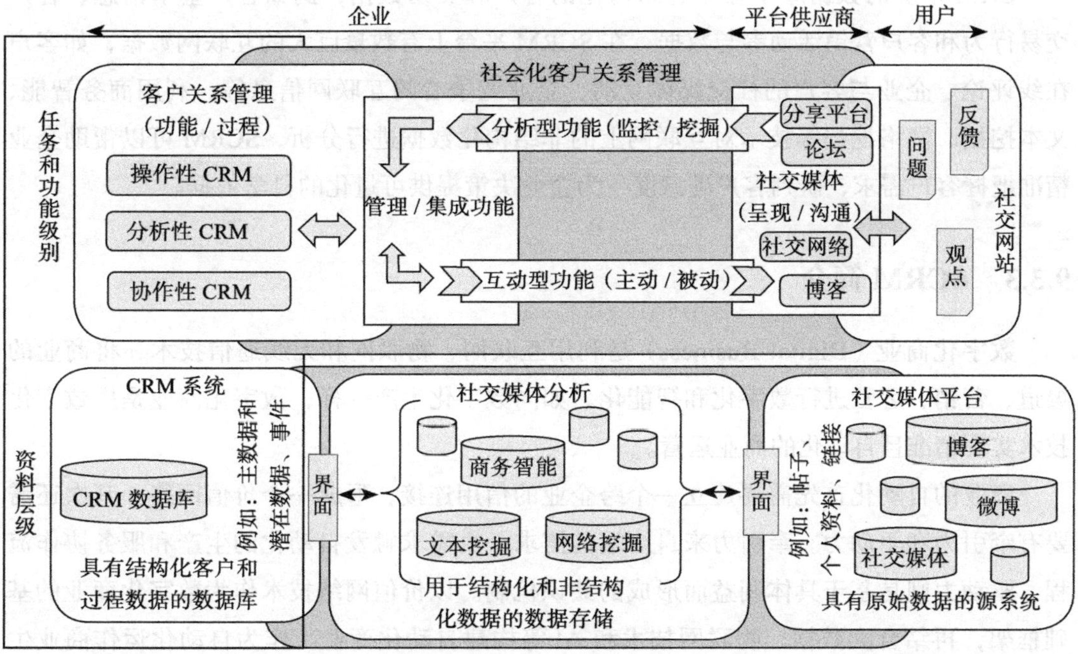

图 9-4　SCRM 的框架图

1. 相关名词介绍

商务智能（Business Intelligence）是指用现代数据仓库技术、线上分析处理技术、数据挖掘和数据展现技术进行数据分析以实现商业价值。商务智能技术提供使企业迅速分析数据的技术和方法，包括收集、管理和分析数据，将这些数据转化为有用的信息，然后分发到企业各处。

文本挖掘（Text Mining）是指从文本数据中抽取有价值的信息和知识的计算机处理技术。

网络挖掘（Web Mining）。在 CRM 中，网络挖掘是对传统数据挖掘方法论和技术收集的信息，通过万维网进行整合的过程。网络挖掘用于了解客户行为，评估特定网站的有效性并帮助企业量化市场活动的成功次数。

2. 基本过程介绍

通过平台供应商提供的社交媒体平台，企业利用 SCRM 的互动性功能主动发布内容，用户在社交网站上发布关于企业、产品的问题、观点和反馈，企业也可有针对性地做出回应和处理。

社交媒体中客户的声音无处不在，各不相同。企业需要利用SCRM的分析型功能，从海量的客户声音中找到客户的需求、意见等，并对它们进行监控和分析。通过信息挖掘，寻找客户关心的话题，发掘客户对产品的兴趣，并及时发现市场机会。

CRM系统的数据库中存储有结构化的客户和交易数据，例如客户基本信息、客户交易行为和客户营销活动参与数据。在SCRM平台上有数量巨大的互联网数据，如客户在线评论、企业与客户的社交媒体互动、企业竞争者的互联网信息等。利用商务智能、文本挖掘、网络挖掘等技术对互联网上的非结构化数据进行分析，SCRM可以帮助企业精准把握客户需求，研判客户满意度，为企业决策提供可量化的科学依据。

9.3.3 dCRM简介

数字化商业（Digital Business）是利用互联网、物联网和无线通信技术，将商业的渠道、营销、运营进行数字化和智能化。如同数字化生产一样，数字化商业是用数字化技术实现精准且自动化的商业运营。

商业的自动化首先需要建立一个跨企业的信用连接，形成一个价值网络。其次还需要有牵引力和驱动力。牵引力来自终端的需求，由需求触发自动化的生产和服务协作流程。驱动力则是基于具体利益而形成的共识机制。以价值网络技术作为数字化商业的基础框架，再结合大数据、物联网技术和AI等构建自动化商业。作为自动化运作商业生态，应该具有自我迭代功能，以满足不断变化的需求。商业自动化的目的就是要形成自动化的商业生态，这个生态有助于人的创新能力的释放，使创意快速形成创意产品。

在数字化商业形成的自动化的商业生态下，数字化客户关系管理（Digital Customer Relationship Management，dCRM）应运而生。数字化客户关系管理平台是以客户中台、资产中台、数据中台为基石，构建以客户全生命周期管理为持续商业线的产品应用体系，帮助品牌沉淀价值用户，促进老客户复购，提升品牌忠诚度。企业基于dCRM中的用户数据，结合数字化营销技术，将用户沉淀在企业可触达的官方渠道，并构建一套自己的客户体系，打造线上销售、线下体验、社群互动的营销场景，让销售在线化、费用实时化、促销动作精准化，实现全覆盖且有重点的数字化产品布局。[11] 图9-5为dCRM框架。

1. 相关名词介绍

数据中台。数据中台最早是阿里巴巴于2016年的研究报告中提出的，建立数据中台的目的是帮助实现全局数据规范，用技术平台开发的功能充分反哺前端应用。[7] 阿里巴巴数据中台的出现则是由于其内部众多业务部门千变万化的数据需求和对时效性的要求，既要满足多个业务前台的数据需求，同时还要应对大规模数据的线性可扩展问题以及复杂活动场景业务系统的解耦问题等。[8] 数据中台从业务角度出发，通过集合整个企业的数据能力、产品技术能力并进行沉淀、复用，对各前台业务进行强有力的支撑，使前台的一线业务变得更敏捷，也让全域数据实时在线，提高信息传递效率，是一套 IT 治理机制。

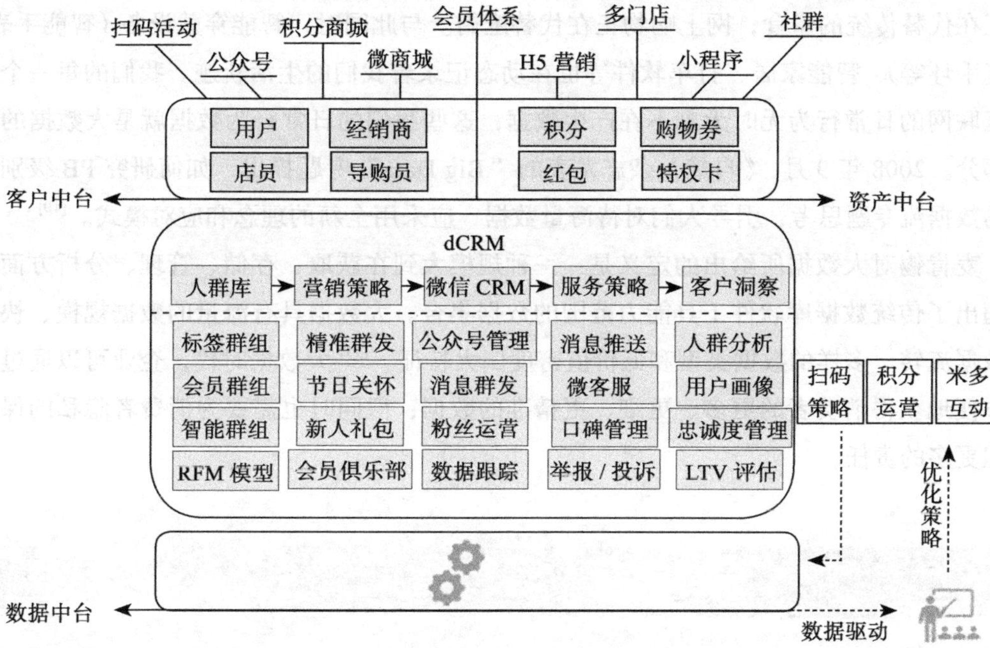

图 9-5　dCRM 框架 [9]

2. 基本过程介绍

首先，构建三端账户体系，针对品牌的零售终端、导购员、消费者分别建立一套账户体系，获得相应信息，将其应用到社交电商和社群营销中，为驱动人找货，引客上门，促进零售终端销售做准备。

其次，在多场景下针对消费者、导购员和门店店主收集详细的平台使用数据。基于收集的用户数据，结合营销数字化战术，帮助品牌实现商品的精准化投放，避免费用的浪费并进行有效的客群维护。

然后将收集到的数据沉淀下来，品牌商在大数据后台可随时查看具体用户数据、全国各地的销售数据、用户画像等，与终端用户实现无障碍沟通，同时销售数据和用户数据的数字化呈现便于决策层及时调整市场战略。

最后进行深度用户经营，实现拉新、促活、留存、转化一体化。品牌商根据获得的用户标签，实现精准群发、差异化营销。另外，品牌商还能围绕社交媒体（如公众号、朋友圈等）形式的内容运营，结合不同营销工具，实现更好的用户互动并促进老客户拉新。最后以积分商城作为积分消耗的载体，让用户有积分当钱用的感觉，刺激用户的复购欲望，以此形成用户经营的一体化闭环。

9.4 大数据环境下消费者隐私保护的挑战

过去的十年间，伴随着信息科技的日新月异，人们的日常生活发生了翻天覆地的变化，相当大一部分的线下活动转移到了线上，比如电子书正在代替实体书，手机 App 订餐正在代替传统的堂食，网上购物正在代替逛街。与此同时，智能穿戴设备（智能手表、智能手环等）、智能家居、打车软件等也在动态记录着我们的生活轨迹。我们的每一个基于互联网的日常行为无时无刻不在产生数据，这些我们的日常行为数据就是大数据的组成部分。2008 年 9 月，《自然》杂志发表的“Big Data”专题提出，如何研究 PB 级别容量的数据流专题思考，引导人们对待海量数据，应采用全新的理念和应对模式。[10]

麦肯锡对大数据所给出的定义是：一种规模大到在获取、存储、管理、分析方面大大超出了传统数据库软件工具能力范围的数据集合。大数据具有海量的数据规模、快速的数据流转、多样的数据类型和低价值密度四大特征。[11] 大数据时代，企业可以通过技术方便地获得消费者的更多、更细、更精准的数据，但同时也需要为消费者隐私的保护承担更多的责任。

案例

陈女士“维权”事件

2019 年 10 月 23 日，NS 市场调研公司的某高端金融项目开启了潜在受访者的招募工作。作为被招募对象之一的陈女士在签署了必要的参与项目保密协议和知情同意书之后，将自己在某金融 App 上购买某基金的流水，通过手机截图的方式，提交给了 NS 公司，作为其符合招募条件的证明材料之一。手机截图除显示了基金购买流水之外，也有陈女士的姓名信息。随后 NS 公司进行了初步验证，证明陈女士提交的图片无修图痕迹，认为可信。接着，NS 公司在 10 月 29 日通知陈女士符合项目招募条件，与陈女士约定 11 月 11 日进行正式访问，并承诺完成正式访问后，提供一定的礼金给陈女士。

2019 年 11 月 4 日，陈女士参加了 NS 公司的另一个某超市调研项目访问，完成了耗时十分钟的问卷。问卷结束时，超市调研项目组成员向陈女士书面说明，为了 NS 公司必要的质量检查，需要对陈女士的手机号码留档，陈女士做了书面签署确认。整个访问过程同时存有录音作为佐证。项目结束后，根据 NS 公司的质检流程，超市调研项目的所有数据，包括受访者的手机号码，交由 NS 公司的质量控制部门进行数据质量检查，包括向受访者致电进行抽查回访。抽查回访未抽到陈女士完成的访问样本。

2019 年 11 月 5 日，NS 公司某高端金融项目组成员致电陈女士，再次向陈女士重申并核对项目条件，其中一个甄别问题是："请问在过去的一个月中，您是否参与过其他市场调研访问？"陈女士的回答是没有。项目组成员再次向陈女士确认了正式访问的时间和地点。

2019年11月6日，NS公司的质量控制部门使用陈女士提供的手机号码为高端金融项目进行过库查重时，发现陈女士在2019年11月4日刚刚参加并完成了超市调研项目访问。这样的话，陈女士就不符合高端金融项目的招募条件了。于是，高端金融项目组成员致电陈女士，告知其因为已经参加了超市调研项目访问，属于"过去的一个月中参与过其他市场调研访问"的情况，不符合高端金融项目的招募条件，并向陈女士致歉。

陈女士勃然大怒，认为NS公司的超市调研项目组成员泄露了其个人隐私给高端金融项目组成员，因此向NS公司提出赔偿要求。NS公司的质量控制部门邀请法务部门向陈女士致电，解释了NS公司的质量检查流程，向陈女士出示了其参与超市调研项目签署的授权书，并向陈女士重申和保证了NS公司非常重视保护受访者的隐私，绝不会将陈女士的个人信息泄露给任何第三方。陈女士表示对NS公司的质量控制部门和法务部门的解释说明完全不认可。接着陈女士采取了一系列的行动，包括分别致电NS公司的客户——某著名金融企业和某大型超市，投诉NS公司在消费者信息保护中存在过错，要求两家企业制裁NS公司。NS公司的质量控制部门和法务部门不得不向两个关键客户进行解释并致歉，并向陈女士反复解释说明，筋疲力尽。不巧的是，两个客户正处于上市前的关键时期，对任何负面评价或负面新闻的潜在风险都非常敏感。这就造成了虽然在此次陈女士"维权"事件中NS公司并无法律上的过错，但是仍因此给客户造成了不必要的麻烦和困扰，使得NS公司和客户的持续合作增加了负面的不确定因素。

通过上述案例，我们可以得到如下启示。

1. 消费者隐私保护意识逐渐觉醒

越来越多的消费者数据隐私泄露事件，让消费者对数据隐私的保护意识与日俱增。如今各国政府也立法要求，当企业或组织收集消费者个人信息时，应明示消费者，因此消费者会发现，在各种消费场景下，自己会看到一个名为"同意收集和使用数据"的协议。选择"同意"就意味着消费者作为用户已经知情同意。但消费者敏感地意识到，当选择了"同意"之后，自己的设备、位置、电子邮件、应用和浏览情况的信息就可能会被用于帮助企业如何盈利、营销。一方面，大数据时代需要打通各个平台的数据壁垒，用于更有效的营销，也用于给客户提供更加定制化的服务；另一方面，随着消费者对个人数据隐私保护意识的逐渐觉醒，一些数据隐私泄露个案使得消费者对于个人信息授权没有安全感，对涉及个人信息授权的关键词非常敏感，甚至抗拒和排斥。

2. 忽视消费者隐私保护会引发违法风险

忽视消费者隐私保护的商业行为会给企业和组织带来相应的违法风险，也可能带来消费者的赔偿金经济诉求。在更深远的层次上，那些行业巨头、百年品牌、明星企业等，在品牌价值上的损失更加是不可估量的。对消费者隐私权的忽视所引发的违法事件必然会造成对消费者的伤害，最终也会对企业和组织造成经济上的巨大损失。

3. 市场调查大数据业务仍处于摸索阶段

虽然无论是商家自己，还是像NS公司这样的专业数据采集机构，在大数据业务上已经开始了持续长远的投入和实践，但是也不得不承认，市场调研大数据业务仍处于摸索阶段，包括技术和工具上的摸索、政府政策和企业流程上的摸索、整个社会文化和认识上的摸索、消费者习惯和教育上的摸索等。摸索的过程也是企业和行业持续改进和持续完善的过程。在这个过程中会遇到任何挫折，包括法律上的风险和经济上的损失，作为企业，尤其是行业标杆企业，要能够预见和包容这些短期的、一时的挫折。大数据业务和消费者隐私安全并不是不可调和的矛盾体，在社会科技和经济发展如此迅猛的今天，大数据业务一定会逐渐稳定成熟。

4. 消费者对隐私信息的侵权和授权认识不足

以陈女士“维权”事件为例，消费者对隐私信息的侵权和授权认识严重不足，像陈女士这样的消费者虽然是少数，但其所代表的一定是一个相当庞大的群体。像NS公司这样的市场调研企业和大数据商家，虽然制定了一套相对来说比较完善的、切实可行的隐私安全策略，但仍不能避免个别消费者的不理解和盲目的“维权”行为。对消费者在隐私安全上的教育和正确引导，将是一个循序渐进的、持续的、任重而道远的投入过程。

5. 建立隐私数据的安全使用策略非常必要

大数据环境所引发的生产力和生产关系大变革，是企业利用这个重新洗牌的机会，在战略布局和实践中发展大数据业务的契机。消费者隐私保护安全策略成为一切业务开展的稳定基石。消费者隐私保护安全策略可以使消费者获得前所未有的安全感，充分理解大数据环境下的个人信息采集行为，对相关授权能够知情并同意。同时，商家和市场调研企业能够很好地遵循行业通用的消费者隐私保护安全规则，在明确的授权协议之下，有效触达目标消费者，挖掘消费者的潜在需求，并满足消费者的需求。

本章小结

以客户为中心的管理理念带来了企业信息系统的变革，企业信息系统关注的焦点逐渐由改进内部运作的ERP系统延伸到面向客户关系的CRM系统。在需求和技术的双重驱动下，CRM 系统也在不断地进行着改进和整合。随着 CRM 理念的进一步完善、客户关系管理手段的变革和信息通信技术的飞速发展，CRM 系统也将不断实现技术和应用的最新结合，发展为企业重要的前端业务支撑系统。

当前，SCRM 是客户关系管理的主流形态，dCRM 是正在发展中的客户关系管理形态，本书后续将重点介绍 SCRM。

思考题

1. CRM 系统的演进给客户数据的管理带来什么样的挑战？如何应对？
2. CRM 系统的演进给企业内部管理带来什么样的挑战？如何应对？

参考资料

[1] CHALMETA R，CAMPOS C，GRANGEL R. References architectures for enterprise integration[J]. The Journal of Systems and Software，2001（57）：175-191.

[2] RICARDO C，REYES G. Performance measurement systems for virtual enterprise integration[J]. International Journal of Computer Integrated Manufacturing，2005，18（1）：73-84.

[3] 叶开 . 中国 CRM 最佳实务 [M]. 北京：电子工业出版社，2005.

[4] 朱云龙，南琳，王扶东 . CRM 理念、方法与整体解决方案 [M]. 北京：清华大学出版社，2003.

[5] 何荣勤 . CRM 原理设计实践 [M]. 2 版 . 北京：电子工业出版社，2005.

[6] 大数据引擎 . 酒品牌营销数字化解决方案 [EB/OL].（2020-05-02）. https://www.sohu.com/a/392563638_454305.

[7] 阿里研究院 . 未来平台化组织研究报告——平台化组织：组织变革前沿的“前言”[R]. 2016.

[8] 谭虎，陈晓勇 . 详解阿里云数据中台，一篇文章全面了解大数据“网红”[N/OL]. 阿里数据 .（2019-09-23）[2020-07-14]. https://dp.alibaba.com/exchange/article?spm=a215hz.13439232.0.0.b2f54aa0InEHIF&articleId=28.

[9] 企业数字化营销的“底盘”：营销中台和数据管理平台，http://www.woshipm.com/marketing/3857526.html.

[10] Big Data：Science in the Petabyte Era[J]. Nature，2008（455）：1-136.

[11] McKinsey Global Institute. Big data：the next frontier for innovation，competition，and productivity [R]. 2011-5-1.

第 10 章
CHAPTER10

社会化客户关系管理

◇ 课前导读

2009 年以后，客户关系管理进入社会化客户关系管理（Social Customer Relationship Management，SCRM）的时代。到现在为止，SCRM 已经经历了十余年的发展，成为企业客户关系管理的主流应用。根据易观分析发布的《2019 年中国 SaaS CRM 市场实力矩阵分析报告》，纷享销客、销售易、六度人和、红圈营销等已经成为我国 SCRM 行业的领头羊。国际方面，则有 Salesforce、Adobe、Oracle、SAP、Microsoft 等 SCRM 领域的领导者。到目前为止，SCRM 已经形成了稳定的功能和市场应用。本章内容组织结构如图 10-1 所示。

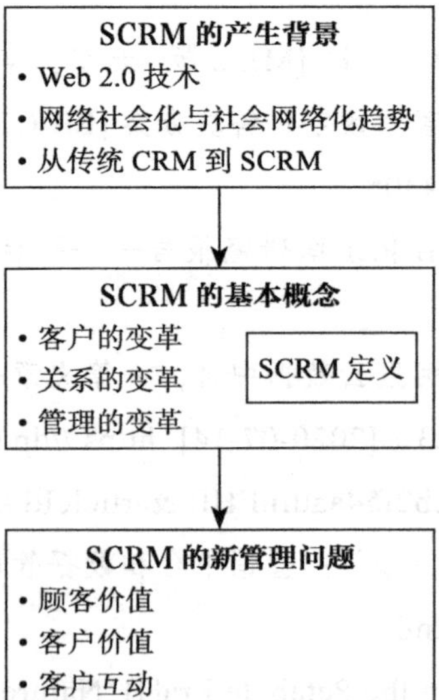

图 10-1　本章内容组织结构图

◇ **学习目标**

- 了解 SCRM 的产生过程
- 了解 SCRM 相对于传统 CRM 的区别
- 掌握 SCRM 的基本概念和知识点
- 理解 SRCM 的四个突出的管理问题

10.1　社会化客户关系管理的产生

10.1.1　Web 2.0 技术

1. 从 Web 1.0 到 Web 2.0

Web 2.0 是 Web 1.0 的集成与发展，是一系列新思维在网络中的应用，形成了新的服务理念与模式。从 Web 1.0 过渡到 Web 2.0 主要源于以下几点。

（1）互联网发展从量变到质变。从 Web1.0 到 Web 2.0 是互联网的一次理念和思想体系的升级换代，从原来的自上而下的由少数资源控制者集中控制主导的互联网体系转变为自下而上的由广大用户集体智慧和力量主导的互联网体系。

（2）互联网用户的个性化和社会化需求日益强烈。互联网用户的需求和行为一直牵动着互联网产业的发展。个性化和社会化是互联网用户日益深化的需求，两者并不矛盾，个性化是社会化的前提。Web 2.0 寻求的是创造个性化与社会化的正向循环，其本质是社会化的互联网。

（3）一系列互联网技术的升级换代为 Web 2.0 提供了技术支撑。博客（Blog）、播客（Podcast）、可扩展标记语言（Extensible Markup Language，XML）、大众标签（Tag）、简易信息聚合（Really Simple Syndication，RSS）、TrackBack（一个点对点通信和网站间互相通告的框架）等技术更及时、更多样地实现了信息的交流与传播；Ajax（Asynchronous Javascript and XML，异步传输）使多种技术整合，使数据处理速度加快；SNS（Social Network Services，社交网络服务）、P2P（Peer to Peer，对等网络）传输技术加强人们的直接沟通，消除中间环节；开放式 API（Application Programming Interface，应用程序接口）和 RIA（Rich Interface Application，富界面应用）融合更多的桌面软件应用和服务；微格式（Microformat）与微内容（Microcontent）等 Web 内容协同格式扩展了 Web 2.0 网站的交互功能。这一系列技术的出现与应用代表着互联网正在从静态网页集合向提供软件服务的载体演进，为 Web 2.0 的发展奠定基础。

（4）互联网需要创新模式。互联网的升级换代更多的是互联网社会体制与模式的创新，Web 2.0 作为新一代互联网应用和一种以人为本的新兴网络，不仅推动互联网从核心内容到外部应用的革命，更重要的是形成了崭新的互联网应用模式。

2. Web 2.0 的定义

互联网实验室（1999 年 8 月由方兴东、王俊秀创立）的观点：Web 2.0 不单纯是技术或者解决方案，而是一套可执行的理念体系，实践着网络社会化和个性化的理想，使个人成为真正意义的主体，实现互联网生产方式的变革，进而解放生产力。这个理念体系在不断发展完善中，并且会越来越清晰。

总体来说，我们很难给出一个严格的 Web 2.0 的定义，但是可以说 Web 2.0 时代的各类社会化媒体，如微博（新浪微博、Twitter 等）、博客（Blog）、社交应用（微信等）、社会化标注系统（Delicious、Flickr 等）、社会化新闻网站（Digg、Reddit 等）、社会化问答网站（知乎、Yahoo 知道等）、百科（互动百科、Wiki 等）给予了大众发布信息的可能性，成为社会公众表达诉求的重要平台。这种重大的变化直接影响了社会生活的方方面面。这是 Web 2.0 时代的重要特征。用户创作内容（User Generated Content，UGC）是 Web 2.0 区别于 Web 1.0 的重要标志。

3. UGC 的概念界定

关于 UGC 的定义存在很多种表达方式，不过大多数研究者并未对不同的表达方式做区分，他们认为这些术语之间并无明显差异。关于 UGC 中“内容”的含义，学者们的定义基本上是一致的，即 UGC 中的内容是指发布在互联网上的文字、视频、图片 / 图像、音乐 / 音频等一切可以被创作的客体。但是对于 UGC 其他方面的理解，则存在以下几个方面的分歧。

其一，关于内容创作者身份：马比洛（Mabillot，2007）指出 UGC 的创作者可以是任何一个单独的个人、两个人或者一个团队。[1] 赵（Zhao，2009）等指出 UGC 是由普通用户创作的，而不是专业制作人员。[2] 经济合作与发展组织（OECD）认为 UGC 的创作者应该是非专业人员或权威人士。

其二，关于用户创作意图：多尔蒂（Daugherty，2008）等指出 UGC 不是由商业利益驱使的。[3] 欧盟委员会的报告认为 UGC 可以分为经济利益驱动的 UGC 和无经济利益驱动的 UGC。

其三，关于用户创作行为：西姆（Shim，2008）等认为 UGC 包括由用户原创的或者从其他用户创作的内容复制而来的内容。[4] 而赵（Zhao，2009）等认为 UGC 必须具有用户赋予的“创新”特质，而非简单的复制。[2] 詹宇昆（2010）也认为创造的内容要能体现一定量的智力创造性成果，所以仅仅把别人已有的东西不加任何创造性努力地加工就通过互联网平台发布出去不能算是 UGC。[5]

其四，关于内容公开范围：奥乔亚和杜瓦尔（Ochoa 和 Duval，2008）为 UGC 设定了一个边界，即只有互联网上的内容才可以被称为 UGC。[6] 詹森（Jensen，2007）等认为电话谈话、给编辑的信、通知板、分类广告、电子邮件等都是用户创作内容。[7] 贝萨·耶茨（Baeza-Yates，2009）认为 UGC 必须是在线公开的，或有可能被他人获取的信息而不是私人信息。[8]

综合上述界定，本书做出如下界定：用户创作内容是指由非专业人员创作的、在互联网上公开发布的内容，包括原创、修改、复制和整合的内容。在本书中，限定 UGC 的创作者是以普通互联网用户身份创作内容的任何个人；UGC 的创作意图可以是无利益驱动的，也可以是受利益驱动的；UGC 的创作行为既可以是完全创新的，也可以包括加工或转发他人的 UGC；关于内容公开范围，这里指在互联网上公开可见的 UGC，不包含电子邮件等极其有限公开的内容。

4. Web 2.0 的理论基础

（1）长尾理论。长尾理论是 Web 2.0 服务寻找商业模式的一个良好的理论支点。长尾这一概念是由《连线》杂志主编克里斯·安德森（Chris Anderson）在 2004 年提出的。长尾实际上是统计学中幂律（Power Laws）和帕累托分布（Pareto Distributions）特征的一个口语化表达。所谓长尾理论是指，只要产品的存储和流通的渠道足够广，需求不旺或销量不佳的产品所共同占据的市场份额可以和那些少数热销产品所占据的市场份额相匹敌，甚至更大，即众多小市场汇聚后可产生与主流相匹敌的市场能量。互联网为所有的产品提供了永远在线的展示可能，让小众的产品也有可能产生比畅销品更好的累积销量。

（2）社会性软件及社会网络。社会性软件是 Web 2.0 的核心，关注社会资本，寻求双向整合，一方面将互联网整合到我们的日常生活中，另一方面将日常生活整合到互联网中。社会性软件构建的是社会网络，这个社会网络包括弱连接和强连接，是个人性和社会性的统一，最好地展示社会性软件力量的就是六度分隔理论。

（3）六度分隔（Six Degrees of Separation）。六度分隔现象是 1967 年由哈佛大学的心理学教授斯坦利·米尔格拉姆（Stanley Milgram）发现的。六度分隔简单地说就是，你和任何一个陌生人之间所间隔的人不会超过 6 个，也就是说，最多通过 6 个人你就能认识任何一个陌生人。这说明了社会中普遍存在的弱连接，通过弱连接，人与人之间的距离变得非常近。

5. Web 1.0 与 Web 2.0 对比

Web 2.0 是 Web 1.0 的集成与发展，是一系列新思维在网络中的应用，形成了新的服务理念与模式。

（1）Web 1.0 解决了读的问题，信息是单向的，只是把信息挂在服务器上面，用户可以把信息抓下来，以个人网站和门户网站为主，引发投资热潮，引导人们进入互联网，其特点是“展现”。

（2）Web 2.0 解决了写的问题，信息是双向的，可读可写可以互动，包括博客、播客、麦客，以交友网、搜索引擎为主，其特点是“展现、共享”。

10.1.2 网络的社会化与社会的网络化

信息技术，特别是日新月异的互联网技术，催生出层出不穷的互联网应用。这些新型互联网应用正极大地改变着人类社会的方方面面。

网络的社会化趋势。从 Web 1.0 到 Web 5.0，用于支持面向用户的互联网操作技术不仅使人类实现了信息共享（Web 1.0）、信息共建（Web 2.0）、知识传承（Web 3.0）和知识分配（Web 4.0），而且能在数字空间里建立“虚拟社会”来仿真人类社会（Web 5.0），使得互联网日益呈现出复杂的社会化特性和趋势。更为重要的是，“网络的社会化不会朝生暮死，也不会昙花一现。网络的社会化将逐渐影响到每个人、每家公司，深入到世界的每个角落”。[9] 网络社会化就是网络形成一个真正的社会，而不仅仅是一种新媒体、新商务和新的交流方式。其最大的特征就是社会成员（包括个人和社会群体）成为互联网的主体。具体而言，未来每一个社会成员除了现实社会中的自己外，在网络上也有一个“替身”，它能够在网络上展现社会成员的个性、思想、各种信息，同时也可以随时与别人的“替身”沟通交流。每一个社会成员都是互联网的一个节点。因此，网络社会化的核心就是社会成员的完全网络化。

社会的网络化趋势。近几年，社交网络、博客、微博客、播客、论坛、内容社区等的用户数量大幅增长，影响深入到用户、企业甚至国家管理的各个层面。这种能互动并赋予用户极大参与空间的新型在线媒体被称为社会化媒体。[10] 社会化媒体依托互联网上的虚拟社区，使得信息的使用和传播过程与信息的产生和共享过程融为一体，并使社会中的人群基于虚拟网络形成去中心的、基于个人兴趣或政治、商业应用的各种网络关系。参与、开放、对话、社区、连通成为社会化媒体的五大主要特征。社会化媒体，特别是通过手机参与的社会化媒体，给予每一个人“及时遍在说话”的可能性。[11] 在社会化媒体的助力下，社会网络化成为与网络社会化同等重要的另外一种社会发展趋势。

社会网络化以及网络社会化相互交叠所释放的巨大社会影响正在迫使现实中的社会系统发生重构。从社会的商业系统上看，社会化媒体的出现使得企业的客户关系管理面临前所未有的机遇与挑战。[12]

10.1.3 新型网络社会环境给企业客户关系管理带来的冲击

虽然在网络社会化与社会网络化趋势中网络及社会所呈现的形态以及互联网中的人群社团化对现实社会系统重构的影响等诸多议题上，国内外学者还存在较多争论，但是在新型网络社会环境对客户关系管理的冲击这一问题上，大多数学者均认为既有挑战又存在机遇。

从挑战来看，大多数研究指出，在新的网络环境下，客户的主导地位正在其与企业的关系角力中逐步形成，这种趋势正在逐步动摇和瓦解传统的企业对客户关系的主导权。主要体现在：

（1）客户以网络为载体实现“聚团”。在新型网络环境下，客户之间的互动与分享增强，客户网络内部呈现一定形式的自组织和自管理，部分网络角色特殊的客户对整个客户网络的影响力日益凸显，客户网络中因各客户网络角色不同，呈现出明显的复杂社会网络特性。[13]

（2）客户网络所聚集的情绪能量正在“剥夺”传统的企业对客户关系的话语主导权。社会化的关系网络正在日益成为话语权的重要筹码。[14]

（3）客户网络所汇聚的信息能量使得传统的企业与客户之间的信息不对称现象发生反转。客户拥有的知识是企业进行客户关系管理所赖以分析的数据基础之一，[15] 也是企业最难收集和管理的客户知识类型。在新兴的网络环境下，客户借助社会化媒体为载体形成了复杂的社会化的客户网络，发表消费评论、共享消费体验、浏览社区信息、转发购物心得，使得客户拥有的知识激增，而企业一旦被排除在客户网络之外，就更难以获得客户拥有的知识，从而在与客户的关系中显得更加被动。

新型网络社会环境对客户关系管理的影响主要体现在以下几个方面。

- 影响客户的购买决策过程（决定采用某个产品以及新产品的扩散过程）。
- 影响客户心理（客户满意度、品牌忠诚度等）和客户行为（社会学方面的内容）。
- 影响客户价值驱动（购买的整个过程）。
- 影响企业营销人员行为方式及培养具有价值客户的方式。
- 影响客户间差异：消除客户间的地域和文化差异。
- 影响信息的质量和数量（包括潜在客户接收到的信息）。
- 影响企业产品的扩散过程（口碑、评论、交流）。
- 影响客户之间建立关系的途径：可通过邮件、社交网络、兴趣小组等途径建立关系。
- 影响客户对企业活动的参与程度。参与程度越高，客户期望越高，也越容易失望，从而给企业带来负面的评价。

尽管如此，也有不少学者注意到新型网络环境正在为企业的客户关系管理带来新的机遇。

（1）新型网络环境为企业的客户关系管理提供了更加廉价、便捷的社会化管理技术工具，从而有可能以最小的代价赢取最大的商业回报。在新型网络环境下，巧妙运用社会网络分析技术，采用社会化媒体营销就有可能起到“四两拨千斤”的效果。

（2）借助新型网络环境中复杂、连通的社会化客户网络，企业有可能在最短时间内，最大程度地延伸客户的市场空间。一个著名的例子是中粮集团与开心网的合作。中粮集团是中国最大的粮油食品进出口公司，开心网是中国最大的、最受欢迎的社交网。

2008 年中粮集团推出悦活果汁，但果汁市场竞争激烈，单凭概念很难打响知名度。2009 年 6 月 16 日，中粮集团选择与开心网合作，推出“线上种植，虚拟榨果汁”活动，仅半个月就成功吸引 40 万人参与了活动，一个月内销售量增加了 30%，该活动同时扩大了中粮集团与开心网的客户市场空间。[16]

（3）借由新型社会化网络中沟通去中心的特性，企业有可能建立、维护和巩固更加亲密的客户关系。传统的企业与客户之间的沟通多为企业主导，具有中心化的特点。沟通过程中，企业始终牢牢掌握着沟通的主动权，分散的、无序的和孤立的客户被动地处在传播过程的终端。因此，企业很难建立与客户之间的亲密关系。社会化网络使得沟通模式从高度集中化向分布式转变，很难有绝对的超级节点可以管控网络中的信息流动，网络中任意一个节点的观点和意见都有可能引起广泛的关注和讨论，并使一些得到更多网络赞成投票的节点得到更多的赞成，得到最高网络支持率的节点将拥有最大数量的超级粉丝。

新型网络环境下，企业大量的既有客户以及潜在客户越来越多地卷入社会化网络中，在涉及企业方方面面的话题中参与、互动、交流、分享，更多的消费者不再是通过企业广告，而是更愿意从“与自己同类型的人”那里获得企业信息，这推动传统的客户关系管理向社会化客户关系管理发展。正是由于 Web 2.0 的这些特点，客户关系管理模式将实现以下突破。

（1）交易费用大为降低。在传统经济中，生产者和消费者处于信息不对称地位，商品要经过多次流通，借助于各种中介才能完成交易，交易双方通常要付出较高的交易费用。

（2）市场时空无限延伸。在经济活动中，由于时空间隔所造成的成本大幅降低，7 × 24 小时销售成为现实。

（3）客户管理活动无边界运行。社会化客户关系管理不再受时间、空间的限制，客户与企业的互动实现了“无论何时何地，客户关系管理一刻不能松懈”。

（4）客户地位和品牌效应更为突出。虽然保持客户忠诚变难，但是只要拥有客户就意味着拥有成功的机会。与此同时，有吸引力的品牌会在网络平台上获得更大的收益。

10.1.4 从传统客户关系管理到社会化客户关系管理

SCRM 这个概念较早见于 2004 年，但直到 2009 年才真正引起业界的注意，到 2010 年已然成为一个热门词汇。同 CRM 一样，SCRM 也被定义为一种企业哲学和商业策略，并通过技术平台和业务流程管理来实现。不同之处在于，SCRM 中的技术平台、业务流程都将与动态的客户社会化网络协同联动，从而实现企业与客户之间可信、透明、对等的沟通，并为双方提供互惠互利的价值。SCRM 是企业对客户拥有话语权做出的响应。[17]

虽然 SCRM 正在受到热捧，但是 SCRM 只有与传统 CRM 相整合才是未来客户关系管理的发展趋势。不过，与传统 CRM 的“客户”相比，SCRM 的“客户”已经发生了很大的变化。传统 CRM 所言的客户是孤立的个体（也被称为 Customer 1.0），这些客户之间关系松散，企业与单个客户发生联系，因而采用企业主导的、单线的销售、营销与服务模式。SCRM 所言的客户是一种存在于社会化网络之中的“社会化客户”（Social Customer，也被称为 Customer 2.0），这些客户因为与其他客户形成了有影响力的社团，从而拥有超越企业的话语主导权。企业也正是利用这种客户之间的社会化网络，来实现社会化销售、社会化营销与社会化服务。

10.2　社会化客户关系管理

10.2.1　客户的变革

Web 1.0 时代，主要是各大门户网站、企业网站以及个人网站通过单向发布的方式传递信息，互联网用户只是通过搜索引擎、分类黄页等寻找自己需要的信息和资源。在这种模式下，用户参与企业交互活动的程度极低。Web 1.0 只满足了人对信息搜索、聚合的需求，没有解决人与人之间的沟通、互动的需求。

Web 2.0 的出现是为了弥补 Web 1.0 的缺陷，它增强了用户的参与程度。用户既是网站内容的浏览者，也是网站内容的创造者。在模式上由单纯的“读”向“写”以及“共同建设”发展，由被动的接收互联网信息向主动创造互联网信息发展。Web 2.0 在本质上是互动的，它让用户更多地参与信息产品的创造、传播和分享。

Web 2.0 网络中的客户声音认可程度更高，更易引起其他客户的共鸣，有回复快、点击浏览率高、浏览量增长稳定、很容易产生“共鸣效果”和“累积效果”的特点，从而易形成“网络口碑效应”。网络口碑相较于传统的客户口碑，其表现内容更加多样化、个性化，其表现形式更加多元化，包含信息量更大，传播范围更广，传播速度更快，传播成本更低，传播效果更明显，因而影响力更大。由于网络口碑的巨大影响力，相较于 Web 1.0 时代，Web 2.0 时代的客户的地位与作用已经今非昔比，特别是客户领袖的声音已经成为赢得客户认可和客户信任的重要来源。

借助 Web 2.0 的社会化特性，社会化客户已经成为新型网络环境下企业客户的典型类型。

10.2.2　社会化客户界定

关于社会化客户的解读主要从两个角度展开：一是从客户与社会化媒体之间的关系

入手，通过强调客户对社会化媒体的使用来直接界定社会化客户的内涵；二是从企业与社会化媒体之间的关系入手，通过描述企业对社会化媒体的运用来间接阐释社会化客户的内涵。

从客户与社会化媒体之间的关系入手，直接界定社会化客户。此角度的界定在强调客户使用新型社会化媒体后有别于传统客户的基础上，直接界定社会化客户，而且往往结合社会化媒体的特征展开，如强调客户信息真实性、以关系为核心、传播内容碎片化、使用目的理性且针对性强等。有代表性的定义有：社会化客户是指利用社交技术，通过社交网络进行交流，相信意见领袖以及同行意见，并能通过直接或间接的方式影响到企业的一类客户，这类客户非常注重企业信息的真实性和透明性。[17]

在针对客户部落（Customer Tribes）的营销中，社会化影响因素是影响个体以及群体消费决策最重要的要素。由于社会化客户中存在影响者、倡导者甚至恶意批评者，因此，企业需要密切跟踪并及时了解他们，这是企业制定决策的有利依据及必要措施。而社会化客户的这种强大影响力有多种表现形式，比如成为意见领袖、倡导者或发起者、名人等。

通过描述企业与社会化媒体之间的关系来间接阐述社会化客户的研究相对较少，这类研究认为社会化客户实际上是由于企业利用新型媒介（比如社会化媒体）来管理和维护其既有客户而产生的新型客户。企业客户的社会化特性一直都存在，但由于社会化技术改变了在极短时间内信息能够触及的人数，使得客户观点的传播范围及反馈速度呈现指数级增长，给企业客户管理带来明显冲击。

在由企业、客户和社会化媒体共同组成的营销环境中，企业通过与传统不同的方式识别和获取客户，利用社会化媒体促成客户购买决策，通过基于社交网络的方式对客户进行直接营销，以及利用新媒体给客户带来新体验等。

总之，从企业与社会化媒体之间的关系入手，社会化客户即企业可以通过社会化媒体挖掘、接触和获取的客户。凭借社会化媒体，企业在满足社会化客户需求的同时也为自己找到了一种高效的营销工具。企业与社会化客户存在合作创新、互动交流、扩大品牌影响的关系，它们相互间有一定的期望（包括信息透明，具有责任感等）。

从以上对社会化客户的界定和解释中可以看出，社会化客户必须使用社会化网络工具，具有网络互动行为（浏览、发布及反馈信息等），与其他客户形成复杂的社会网络关系；企业需要快速响应社会化客户的意见，及时关注社会化客户的想法变动，鼓励社会化客户参与企业活动等。基于此，可以认为社会化客户是一种运用社会化网络工具并通过互动行为形成复杂的客户网络关系，并对企业的客户关系管理具有显性或隐性影响的一种新型客户。社会化客户可以是企业的既有客户，也可以是企业的潜在客户，可以是个人客户，也可以是组织客户。

与传统客户相比，社会化客户表现出如下显著差异。

社会化客户身份具有虚拟性和多态性。传统客户的交易身份相对唯一。社会化客户不仅具有现实交易中的交易身份，而且具有在不同社会化网络中的各种虚拟身份。

社会化客户情感表达具有碎片化、快速交互性特点，并且意图更易隐蔽。传统客户对企业的情感表达通常是通过企业主导的沟通渠道，内容表达比较完整，客户之间互动较少，沟通意图明确。社会化客户对企业的情感表达主要通过社会化客户网络实现，内容的碎片化、客户之间的强交互特征明显。同时，由于社会化客户具有多重虚拟身份，隐藏在客户情感表达后面的动机通常也比较多元。

社会化客户具有显著的收益倍增效应。传统客户对企业的收益贡献主要体现在直接的经济收益贡献上。社会化客户之间的强交互特点，使得客户网络对客户收益产生了可观的倍增效应。

社会化客户沟通具有明显的去中心化特性。在传统的企业客户管理中，企业是绝对的沟通中心，主导沟通过程。而在企业社会化客户的管理中，由于社会化媒体本身的特性，社会化客户网络中的沟通具有显著的去中心化特点，尽管也有意见领袖，但是意见领袖是根据社会化客户的倾向投票产生的，并且是动态变化的。社会化客户的画像如图 10-2 所示。

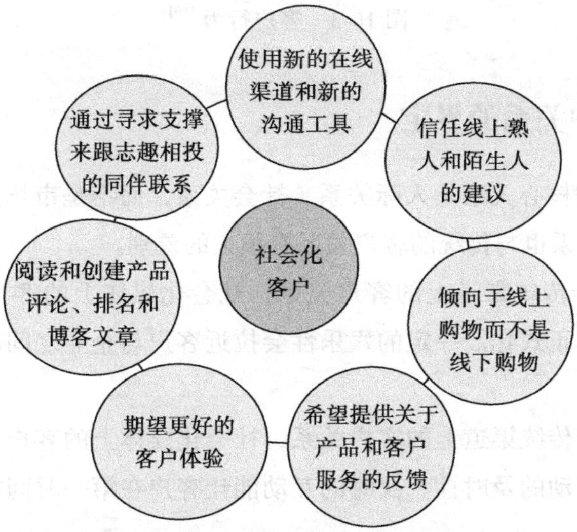

图 10-2　社会化客户的画像

10.2.3　社会化客户行为

社会化客户行为主要包括四个部分：建立需求（消费需求与影响需求）、进行决策（搜索引擎、分类选择、做出决策）、客户体验（购买行为、产品支付、获得产品、使用产品）与分享体会（对比产品、分享体会）。具体内容如图 10-3 所示。

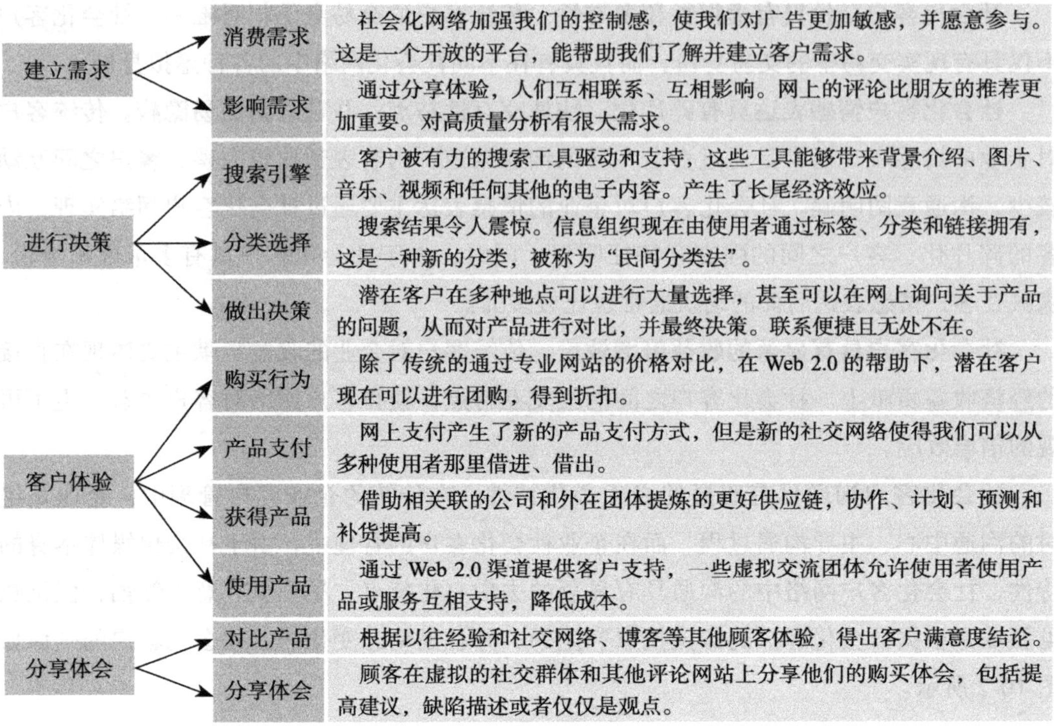

图 10-3　客户行为 [18]

10.2.4　SCRM 中关系的界定

社会化媒体中的核心关系是人际关系、社会关系，而不是市场关系。因此，在社交媒体上经营的客户关系也与传统的客户关系有很大的差别。

娱乐性。相对于传统渠道上的客户关系，社会化媒体上的客户与企业之间的关系比较松散，也更加非正式化。一定的娱乐性会拉近客户与企业之间的联系，让沟通更加轻松。

互动性。相对于传统渠道上的客户关系，社会化媒体上的客户与企业之间的关系强调互动性，特别是互动的及时性。及时的互动能让客户在第一时间得到答复，从而提高客户满意度。

可信任。相对于传统渠道上的客户关系，社会化媒体上的客户与企业之间的互动受到大量的围观，企业互动中的可信度和诚意会在众目睽睽之下接受检验，因此企业在互动中展示出来的可信度显得格外重要。

沟通力。相对于传统渠道上的客户关系，社会化媒体上的客户与企业之间的互动要实现沟通的目的，企业需要认真聆听客户的声音，围绕客户需求，采取恰当的方式做好沟通，增进客户与企业之间的联系。

平等性。由于 Web 2.0 网络环境本身的特点，在社会化媒体上的沟通是一种更为平等的沟通，企业与客户之间的沟通也具有平等的特点，这就要求企业采取更加拟人化的、个性化的、多样的沟通方式。

弱关系。社会化媒体中的关系多为弱关系。马克 · 格兰诺维特（Mark Granovetter）提出了弱关系的概念。强关系连接是一种稳定深厚的社会关系。弱关系连接则是一种灵活广泛的社会关系。强关系连接的通常是目前和你工作在同一家企业或者同一个部门的同事、互动较多的朋友、合作频繁的客户、交往密切的亲戚等。弱关系连接是指沟通和互动较少的个体之间的社交关系，各自的生活、工作圈不同，信息呈现多元化特点，彼此了解到的事物也是不同的。弱关系的广泛存在是社会化客户关系管理的典型特点。弱关系对于信息传播的重要作用使得社会化客户对企业的价值以及风险都呈现倍增效应。

10.2.5　管理的界定

管理对象：相对于传统客户关系管理，社会化客户关系管理包含更多的内容。其一，价值管理。客户价值包括单个客户价值、群体客户价值以及客户网络价值。顾客价值主要在于通过互联网的海量评论来洞察客户的需求，并迅速调整企业的价值提供策略。另外，还包括企业与客户的共创价值管理，客户通过参与价值活动，实现价值共创。其二，风险管理。风险主要是指客户网络舆情产生的企业舆情风险。其三，关系管理。关系管理主要是指企业借助社交媒体来支持更加具有亲和力的关系建设。其四，内容管理。企业要精心策划其通过社交媒体塑造新型客户关系的沟通内容和能够打动人心的沟通内容，促使客户卷入互动，形成与企业共鸣的情感纽带。

管理目标：相对于传统客户关系管理，社会化客户关系管理着眼于建立互联网上的企业社会资本，并将其转化为市场价值。

10.2.6　社会化客户关系管理

1. 定义

马丁 · 沃尔什（Martin Walsh，2010）：SCRM 是一个将内容转换为对话并将这个对话延伸至合作经历，然后将这种经历转换为有意义的关系的过程。[19]

CRM 业界的意见领袖保罗 · 格林伯格（Paul Greenberg，2009）：SCRM 是一种被技术平台、业务规则、工作流和社交特性所支撑的商业哲学和策略，其目的在于通过互动和对话来更紧密地联系客户，从而在透明和互相信任的商业环境中为企业和客户提供互惠价值。SCRM 实质上是企业对于客户掌握话语主动权的一种策略反应。[20]

维客 2.0：SCRM 是一种哲学和业务策略，由技术平台、业务规则、流程和社会特征支持，旨在通过会话与客户接洽，从而在可信和透明的环境中提供互惠互利的价值。

2. 目标

第一阶段：共鸣。社区、社群、个体对企业品牌产生认同和共鸣，开始沟通或者互动。

第二阶段：共享。基于共鸣，个体对企业建立初步的信任，可以开始共享知识、信息、目的、兴趣、意向等，或已经有初步的交易和商业关系。

第三阶段：共创。在忠诚度越来越高、交互越来越深入的时候，多方协作、共同创造，甚至客户自己创造内容，形成一个融合互动的环境。

第四阶段：共生。SCRM体系的未来境界是能够共同生活、互助自助、共同社会化，形成一个真实的关系网络化的和谐社会体系。

强有力的新型社会组织和知识交流形式正在出现。客户正在变得更明智、更有学识和更有组织。加入网络化的市场，将从根本上改变人们的思想和行为。网络化市场中的人们已经领会到他们相互交流所得的信息与支持远好于供应商提供的信息与支持。企业关于商品化产品增值的花言巧语就到此为止了。

3. 功能

社会化销售、社会化营销以及社会化服务是SCRM的三大主要功能。

社会化销售就是要将企业的静态客户数据与社会化网络中的动态客户数据相互整合，在此基础上提高交易的成功率。

社会化营销就是要充分调动客户网络中的客户情绪与行为，从而为营销创造环境和机会。

社会化服务就是借由社会化的网络，以友好、亲密的方式，主动、个性化地为客户提供服务。

4. 社会化客户关系管理与客户关系管理的对比及总结

SCRM与CRM之间的对比如表10-1所示。

表10-1 SCRM与CRM的对比[22]

	CRM	SCRM
定义	CRM是一种哲学和业务策略，由系统和技术支持，旨在改善业务环境中的人员交互	SCRM是一种哲学和业务策略，由系统和技术支持，旨在通过协作交互与客户接洽，从而在可信和透明的业务环境中提供互惠互利的价值
客户策略的性质	战术性和运营性：客户策略是企业战略的一部分	战略性：客户策略就是企业战略
企业和客户的关系	企业和客户之间的关系为企业管理客户，在很大程度上类似于父母管理子女	企业和客户之间的关系被视为一种协作
聚焦点	聚焦于企业和客户之间的关系	聚焦于各种关系（企业、业务合作伙伴、客户之间的所有关系），特别是聚焦于识别、吸引和支持“有影响”的节点

（续）

	CRM	SCRM
客户地位	企业试图引导和塑造客户对产品、服务以及企业与客户的关系的看法	在开发和改进产品、服务以及企业与客户的关系中，从一开始客户就被视为合作伙伴
业务中心	业务以满足客户需求的产品和服务为中心	业务以客户接洽环境和体验为中心
客户面对的对象	客户面对的是功能——销售、营销和支持	客户面对的既有功能，又有负责开发和提供这些功能的人
市场营销的中心	市场营销以向客户发送经改进的、有针对性的、非常具体的企业消息的过程为中心	市场营销以建立与客户的关系，使客户参与活动和讨论，观察并引导客户之间的对话和活动为中心
知识产权	知识产权受所有适用法律的保护	知识产权是客户、合作伙伴、供应商和问题解决者共同创造并拥有的
企业洞察力	能通过跨所有渠道的单一客户视图（数据）以最适宜的方式获得洞察力和效果	洞察力是比较动态的
系统归属	归属于以客户为中心的业务生态系统	归属于客户生态系统
技术	技术主要针对销售、营销和支持等运营方面	技术同时聚焦交互的运营性和社会性两个方面
工具	工具与自动化功能相关	将社会媒体工具集成到应用／服务中
系统设计	注重实用性、功能性、运营性	风格和设计同样重要
企业与客户的沟通方式	大都是单向的	始终是双向的

5. 社会化客户关系管理优势

（1）销售团队现在可以通过在线沟通和数据分析相结合的方式，用更多客户的信息武装自己，以达到销售目的。

（2）市场营销团队现在可以迎合需求点的期望，通过交易过程中的在线沟通即时地听取意见和进行监控，更早地与客户联系。市场营销人员也可以更好地洞察客户的行为、心情以及他们的市场营销和沟通努力的效果，并以此来定义或重新定义他们的创意、信息和渠道。

（3）产品研发团队相比于原先简单的设计、形成产品并测试产品，可以在研发中加入客户想法甚至直接与客户合作，这样可以取得更显著的客户信任和积极的口碑效益。比如戴尔（Dell）公司就鼓励客户有自己的想法，它征集客户对新产品的想法并要求客户来评估这些想法。杜卡迪（Ducati）公司也通过论坛、社区、测试和投票等与客户合作来设计和研发自己的摩托车新产品。

（4）客服团队现在可以借助前瞻性的客户问答来提供有记忆性的客户服务，使得企业能够有更加整体的与客户的交互、约定和沟通历史记录。

（5）在线社区和社会媒体团队通过更低成本的资源和更丰富的方式来发展企业的粉丝群体。

10.3 社会化客户关系管理中出现的新管理问题

10.3.1 顾客价值管理：如何通过海量互联网用户评论来洞悉客户需求

顾客价值管理的起点是了解客户需求。面向客户需求的产品研发成了企业制胜的关键，企业必须快速收集用户需求、快速迭代，不断进行产品改进和研发。小米手机利用粉丝经济进行迭代研发，然后将手机生产外包给代工企业，并不断在社区中收集发烧友的需求，既保证了产品拥有早期的客户，又可以不断完善产品，增加客户黏性。

传统的客户需求分析基本上都依靠调查问卷来获得数据。随着电商和社区的发展，消费者乐于在网上分享自己生活的方方面面，购物、升学、工作等无所不包。这些在线分享内容透露了消费者对于产品和服务的购买记录、使用体验、个人偏好等，为企业捕捉客户行为，挖掘客户需求提供了便利。这些在线分享内容描述了消费者购买和使用产品后的真实体验，是消费者主动发布的，真实且容易获取。然而在线分享内容数量巨大，且都是不规范的文本表达形式，因此企业在挖掘客户需求时面临严峻挑战。

如何通过大数据分析的方法，利用海量的消费者在线分享内容，更加快速、更加客观、更加低成本、智能化地获得客户需求，是社会化客户关系管理时代企业迫切需要解决的问题，也是社会化客户关系管理中的顾客价值的新分析途径。

因此，为了有效利用互联网数据，就必须要解决大数据驱动下的客户需求识别问题。

10.3.2 客户价值管理：如何在考虑客户价值网络倍增性下评估客户价值

对于传统客户而言，客户网络比较有限，忠诚客户与一般客户的客户价值相差较小，对客户价值的估算通常以计算客户终生价值（CLV）为主，即主要计算客户直接的经济价值，并依据不同客户的 CLV 来为客户管理配置合适的企业资源。

社会化客户则正好相反，忠诚的社会化客户或是发表正面消费评论的社会化客户往往具有显著的客户网络价值（Customer Network Value，CNV），但其 CLV 却不一定很大。已有研究证明，贡献 CLV 的客户群和贡献 CNV 的客户群是不相互重叠的两个客户群，并且往往是 CLV 较小的客户群贡献较大的 CNV。因此，对于社会化客户而言，最重要的不是计算其 CLV，而是计算其 CNV。但是到目前为止，如何对 CNV 进行测度并实施管理还是一个有待解决的难题。

社会化客户的网络价值收益贡献大大超过其直接价值收益，测度客户网络价值成为企业进行营销决策的关键因素之一。为此，有必要解决社会化客户网络价值产生机制探析及量化测度模型构建的问题。

10.3.3　客户互动管理：如何在去中心化特性下实现社会化客户的沟通管理

在传统的企业与客户沟通模式中，沟通主要基于问题而发起，企业通过实体店、呼叫中心、邮件、传统网站等客户接触点与客户进行沟通。企业在沟通中往往占据中心主导地位，客户处于相对被动的状态。虽然沟通的互动性、实时性以及双方之间的亲密感较差，成本较高，但是沟通过程的可控性较强。

在新型的企业与社会化客户沟通模式中，企业除了要通过传统的客户接触点与客户进行沟通之外，更需要借助社会化网络媒体，以“社交性”对话方式与客户进行对等而透明的沟通。这种新型的成本低廉的沟通方式，能够拉近企业与社会化客户之间的距离，有助于社会化客户形成对于企业的认同感，但是企业无法像对待传统客户那样主导和控制沟通过程。因此，如何整合客户接触点以及如何适度地运用社会化媒体沟通渠道，成为当今企业社会化客户互动管理的一个困惑。

社会化客户网络汇聚的信息能量挑战传统的企业对客户沟通的控制力，社会化客户网络的对等、开放、对话等去中心化特性，动摇了传统的企业对客户沟通的主导力，如何把握和适应社会化客户的沟通偏好，成为企业与客户成功沟通的关键所在。为此，必须解决社会化客户沟通渠道的动态整合与流程优化问题。

10.3.4　客户风险管理：如何有效管控社交媒体上的客户关系风险

客户满意度和客户忠诚度是客户情感表达的两个重要方面。同传统客户相比，社会化客户的情感管理更为重要，但是也更为困难。

其一表现在社会化客户情感表达真伪难辨。在 SCRM 中，社会化媒体的开放性，加上社会化客户身份的虚拟性及其动机的多样性，容易导致各类与企业相关的信息和评论泥沙俱下、真伪难辨。某些蓄意发表的负面言论可能使企业的声誉一落千丈，严重恶化企业的整体客户关系乃至危及企业的生存。有些网络言论虽然不属于蓄意的商业破坏，但出于种种原因，其内容也可能缺少客观性，企业如果不加甄别便当作决策的依据，也可能会产生重大决策失误。

其二表现在社会化客户情感表达快捷，传播扩散呈指数级特征，大大增加了企业引导和干预客户情感的难度。传统客户满意或不满意的信息传播是一种有时延的有限次传播，企业可以根据传播的时延，有针对性地切入信息传播过程并实现干预。在 SCRM 中，满意的客户会通过社会化的客户网络，将其满意的消费经历分享给网络中的所有人，该网络中的部分信息受众又有可能在其他社会化网络中转载和传播该客户的满意评论，如此反复，并可使该消费评论长期驻留在网络上。很显然，社会化客户满意与否的信息传播，几乎是一种无时延、无限量的传播，企业很难有效地介入和干预客户的满意度管理。

总之，在SCRM中，社会化客户的情感信息不仅真伪难辨，而且可在瞬间呈指数级、无限量地传播，加大了传播的管控难度。企业只有在及时、科学地获取和甄别社会化客户情感信息的基础上，才有可能有效干预情绪扩散趋势并科学地展开客户满意度管理和客户忠诚度管理。为此，必须解决社会化客户情感动态感知及交互、传播规律揭示问题。

本章小结

本章对社会化客户关系管理的产生、基本概念界定、社会化客户关系管理中的新管理问题进行阐述。社会化客户关系管理新出现的四个主要的管理问题，仍在被学者们广泛研究。因此，我们将这四个问题作为本章开放式的结尾，希望感兴趣的同学能够通过进一步的文献阅读来了解最新的进展。

思考题

请针对章末提出的四个社会化客户关系管理中的新问题，分别进行学术文献综述，分析该领域的进展，并表述个人的观点。

参考资料

[1] MABILLOT D.User generated content：web 2.0 taking the video sector by storm[J]. Communications & Strategies，2007（1）：39-49.

[2] ZHAO Z Z，LAGA N，CRESPI N.A survey of user generated service[C]. in Proc. IC-NIDC，Beijing，2009：241-246，China.

[3] DAUGHERTY T，EASTIN M and BRIGHT L. Exploring consumer motivations for creating user-generated content [J]. Journal of Interactive Advertising，2008，8（2）：1-24.

[4] SHIM Y H，CHO J Y，KIM K Y and Lee B G. Influencing factors on the evolution of user created content based on meta-analysis [C]. in Proc. International Conference on Advanced Language Processing and Web Information Technology（ALPIT），Washington DC，2008，USA：IEEE Computer Society：pp. 251-256.

[5] 詹宇昆.论用户创造内容（UGC）侵权 [D]. 硕士学位论文：北京邮电大学，2010.

[6] OCHOA X，DUVAL E. Quantitative analysis of user-generated content on the web [C]，in Proc. of Webevolve2008：Web science Workshop at WWW'2008，Beijing，China，2008，pp. 1-8.

[7] JENSEN C S，VICENTE C R，WIND R. User-generated content：the case for

mobile services [J], Computer, vol. 41, no. 12, pp. 116-118, 2007.

[8] Baeza-Yates R. User generated content : how good is it? [C] in Proc. WICOW'09, Madrid, Spain, 2009, pp. 1-2.

[9] MAYFIELD A. (2010) . " Me and My Web Shadow : How to Manage Your Reputation Online." PA: A & C Black Publishers.

[10] MAYFIELD A. (2007) . Decrypting the code of ethics : the relationship between an attorney's ethical duties and network security. Oklahoma Law Review, 60 (3), 547-604.

[11] 胡百精 . 新媒体、公关"元话语"与道德遗产 [J]. 国际新闻界, 2010, 32 (8): 15-20.

[12] Haataja Markus (2010) . "Social Media Applications In Marketing Communications of The Marketing Oriented Companies. " Aalto University School of Economics. Marketing Master's thesis.

[13] Owyang J. (2010) . " A Collection of Social Network Stats for 2010." http://www.web-strategist.com/blog/2010/01/19/a-collectionof-social-network-stats-for-2010.

[14] White D W. (2010) . " The Impact of Marketing Strategy Creation Style on the Formation of a Climate of Trust in a Retail Franchise Setting." European Journal of Marketing 44 (1/2): 162-179.

[15] 齐佳音, 万岩, 尹涛 . 客户关系管理 [M]. 北京: 北京邮电大学出版社, 2009.

[16] http://blog.ce.cn/html/80/331680-303755.html.

[17] Greenberg P. (2009) . "Social CRM Comes Of Age." 2009 White Paper.

[18] Cipriani F. (2008) . "Social CRM—Concept, Benefits and Approach to adopt" .

[19] https://www.ibm.com/partnerworld/resources/market/market-and-competitive-intelligence.

[20] http://www.crmsearch.com/paul-greenberg.php.

[21] https://wiki.mbalib.com/wiki/ 社会化客户关系管理 .

第 11 章
CHAPTER11

智能化客户关系管理

◇ 课前导读

将 CRM 与人工智能（Artificial Intelligence，AI）相结合的需求源自何处？集成 AI 的 CRM 将会为企业的客户关系管理带来怎样的改变？在全球关注人工智能的时代，企业在营销方面需要适应新时代的发展，转变思想，加入智能化营销的行列。随着人工智能技术的成熟，智能化客户关系管理开始得到企业的关注与重视。本章对智能化 CRM 的发展进行了简要阐述，探讨了 CRM 中使用的人工智能技术，以及人工智能技术给 CRM 带来的改变，并对智能化 CRM 的标志性应用软件——Salesforce、Zoho CRM、励销 CRM 做了简要介绍。本章内容组织结构如图 11-1 所示。

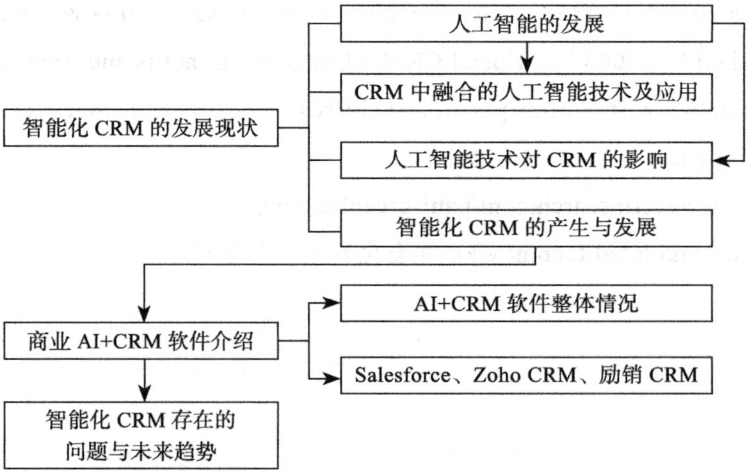

图 11-1　本章内容组织结构图

◇ 学习目标

- 了解 CRM 软件中应用的人工智能技术

- 了解人工智能技术对客户关系管理的影响
- 了解智能化 CRM 的产生与发展
- 了解智能化客户关系管理应用软件

11.1　智能化 CRM 的发展现状

继 SCRM 之后，以机器学习、大数据分析、全网扫描用户痕迹为代表的人工智能技术逐渐渗入 CRM 领域，为企业进行智能决策和精准营销提供了新的可能。CRM+AI 支持的精确营销，开启了智能化客户关系管理时代。

如何从技术概念跨越到产品服务，成为软件公司集中精力突破的方向。在企业中，市场人员和销售人员与业务直接相关，他们的工作效率和模式也会直接反映到业绩中。CRM 是企业中的市场人员和销售人员管理客户关系的非常重要的管理工具，因此将 AI 引入 CRM 中具有重大意义。AI+SaaS 可以帮助企业发现潜在商机，改善业务流程，提高销售效率与业绩。[1]

近年来，人工智能技术无疑将成为推动 CRM 系统不断发展改变的重要因素之一。无论目前平台如何，AI 将是 CRM 系统的标配，AI 驱动 CRM 吸引客户，并为需要快速搜索的问题提供解决方案。[2] 这也是企业与客户进行互动方面的一个重大变化。

11.1.1　人工智能的发展

人工智能已经渗入人们日常生活的方方面面，比如说智能聊天机器人 Siri，它可以打电话，发信息，找应用，添加日历安排，翻译，搜索新闻网络信息，查找地图路线，发电子邮件，询问天气等；Meta 聊天应用中的聊天机器人，可以向用户提供订餐、推荐菜单、结账、订桌等功能。

此外，人工智能可以对视频对话进行实时翻译（如即时通信软件 Skype 已经提供这项功能），帮助人们避免交通冲突（如电动汽车公司特斯拉的特斯拉防撞系统），实现自动驾驶（如百度公司的自动驾驶技术），等等。

什么是人工智能？简单来说，人工智能是让机器或程序可以像人一样思考和行动。[3] 关于 AI 的例子，比如 AlphaGo 击败人类职业围棋选手、自动驾驶汽车，都依赖于深度学习和自然语言处理。借助这些技术，计算机可以通过处理大量数据和识别数据模式来训练完成特定任务。

“人工智能”一词最初是在 1956 年达特茅斯学会上提出的。人工智能的发展过程可以划分为以下六个阶段。[4]

一是起步发展期：1956 年～ 20 世纪 60 年代初。人工智能概念提出后，相继取得了一批令人瞩目的研究成果，如机器定理证明、跳棋程序等，掀起人工智能发展的第一个高潮。

二是反思发展期：20 世纪 60 年代～ 70 年代初。人工智能发展初期的突破性进展大大提升了人们对人工智能的期望，人们开始尝试更具挑战性的任务，并提出了一些不切实际的研发目标，使人工智能的发展走入低谷。

三是应用发展期：20 世纪 70 年代初～ 80 年代中期。20 世纪 70 年代出现的专家系统模拟人类专家的知识和经验解决特定领域的问题，实现了人工智能从理论研究走向实际应用、从一般推理策略探讨转向运用专门知识的重大突破。专家系统在医疗、化学、地质等领域取得成功，推动人工智能迎来应用发展的新高潮。

四是低迷发展期：20 世纪 80 年代～ 90 年代中期。随着人工智能的应用规模不断扩大，专家系统存在的应用领域狭窄、缺乏常识性知识、知识获取困难、推理方法单一、缺乏分布式功能、难以与现有数据库兼容等问题逐渐暴露出来。

五是稳步发展期：20 世纪 90 年代～ 2010 年。网络技术特别是互联网技术的发展，加速了人工智能的创新研究，促使人工智能技术进一步走向实用化。1997 年 IBM 公司的深蓝超级计算机战胜了国际象棋世界冠军卡斯帕罗夫，2008 年 IBM 提出“智慧地球”的概念，都是这一时期的标志性事件。

六是蓬勃发展期：2011 年至今。随着大数据、云计算、互联网、物联网等信息技术的发展，泛在感知数据和图形处理器等计算平台推动以深度神经网络为代表的人工智能技术飞速发展，大幅跨越了科学与应用之间的“技术鸿沟”。

11.1.2 CRM 中融合的人工智能技术及应用

1. 人工智能的三个要素

人工智能有三个要素：数据、算法和算力。[5]

（1）**数据**（Data）：包括数据集、数据获取（数据爬虫、数据区块链等）、数据存储、数据集群等。数据从来源上可以分为三种：

1）来自政府、大公司（互联网平台公司等）自上而下的公共数据集，如 MNIST、ImageNet、Kaggle 等。

2）来自企业的非公开数据，属于数据孤岛。

3）使用区块链技术的自下而上的数据，如个人病例数据、个人基因数据、小企业数据，如果这方面技术成熟，数据区块链（Data Block Chain，DataBC）将是未来发展的方向。

（2）**算法**（Algorithm）：包括深度学习方法（DNN、CNN、RNN、LSTM、GAN 等）、工具（TensorFlow、Theano、Keras、Caffe、Touch 等）、模型（VGG、RestNet 等）。

（3）**算力**（Computing Power）：包括基础设施（GPU、FPGA）、容器技术（Dockker、

Kubernetes)、Openstack 等。

2. 智能化 CRM 形成的人工智能技术基础

不断发展的人工智能技术是智能化 CRM 得以形成的基础，具体如下。

机器学习：是一门多领域交叉学科，涉及概率论、统计学、逼近论、凸分析、算法复杂度理论等多门学科。机器学习专门研究计算机怎样模拟或实现人类的学习行为，以获取新的知识或技能，重新组织已有的知识结构使之不断改善自身的性能。它是人工智能的核心，是使计算机具有智能的根本途径。其应用遍及人工智能的各个领域，主要使用归纳、综合而不是演绎。

深度学习：是机器学习研究中的一个新的领域，其动机在于建立、模拟人脑进行分析学习的神经网络，它模仿人脑的机制来解释数据，例如图像、声音和文本。

自然语言处理：是计算机科学领域与人工智能领域的一个重要方向。它研究能实现人与计算机之间用自然语言进行有效通信的理论和方法。自然语言处理是一门融语言学、计算机科学、数学于一体的科学。因此，这一领域的研究将涉及自然语言，即人们日常使用的语言，所以它与语言学的研究有着密切的联系，但又有重要的区别。自然语言处理并不是一般地研究自然语言，而在于研制能有效地实现自然语言通信的计算机系统，特别是软件系统，因而它是计算机科学的一部分。

大数据：是人工智能的基础，大量的结构化和非结构化的数据为人工智能算法提供数据输入以实现学习和预测。

物联网：物品与物品之间进行信息交换和通信，也就是物物相息。物联网通过智能感知、智能识别与普适计算等通信感知技术，广泛应用于网络融合中。

预测分析：是高级分析的一个分支，基于历史数据和行为模式来预测未知的未来事件。

3. 人工智能技术在实际场景中的应用示例

电子商务：聊天机器人利用自然语言处理与人类进行交流。聊天机器人处理买家的请求，并利用机器学习来确定最佳产品或选项，以根据购买趋势为用户提供服务。

服务机器人：实时聊天，服务机器人为网站访问者提供了最短的途径来获得他们寻求的答案。驻守在企业网站上的支持 AI 的机器人可以按需回答访问者的问题，例如：产品的价格是多少？公司的电话是多少？线下商店在哪里？访问者可以直接得到答复，而不必通过单击网站导航来找到该信息。

11.1.3　人工智能技术对 CRM 的影响

随着人工智能技术的快速发展，从娱乐行业到技术行业，每一步都迈向了更加自动化的未来，也让我们的生活方式发生了改变。同时，人工智能技术提供了更快、更有效的解决方案，并基本上消除了用户通常认为不可原谅的“人为错误”的因素。

如今，人工智能已经开始很好地融入商业市场中，向客户关系管理领域蔓延。而CRM的一大重点就是客户互动，人工智能技术有望在使这些互动变得更加智能方面发挥关键作用。

人工智能可以为企业员工提供更高效的个人助理服务，为客户提供更智能、更个性化的客户体验。IDC白皮书预测，在CRM系统中使用AI会使全球业务收入增加1.1万亿美元。目前，CRM系统供应商已经开始将AI融入CRM系统的解决方案中。这些供应商认为，在未来，企业将能够在销售、服务、市场营销、商业等领域提供更具预见性和个性化的客户体验。而人工智能相关技术可以很好地结合互联网，对客户习惯进行深度分析，更全面地收集、分析客户信息，帮助使用者更快地做出最优决策。[6]

人工智能技术将给CRM系统带来哪些改变呢？

1. 更好地了解和服务客户

由于各行业市场竞争日益激烈，所以客户关怀、忠诚度和满意度已成为公司发展的重中之重。公司的CRM系统拥有大量客户的信息，而人工智能整合CRM解决方案将提供更好、更有效的方式来处理大量的客户信息，帮助提供有关客户消费习惯的细节。AI具有使每一项业务都变得更加智能的潜力，能让CRM系统的功能更加强大，通过数据学习，帮助公司找到问题的答案，以及预测哪些客户线索最有可能产生积极成果等。

另外，通过综合分析客户与公司的互动和购买历史，将提供有关客户在售前、售中和售后的行为的洞察力，为新产品找到完美候选买家，并发送促销信息，从而更好地提高客户满意度。这些都将帮助企业更好地了解客户和改善客户体验。

2. 节省时间

人们在长时间工作后可能会疲惫不堪，从而可能错失有价值的销售渠道线索。人工智能具有很强的学习能力，总能帮助人们寻找相关信息，并以可操作的建议的形式推送给用户，而无须进行耗时的人工分析。此外，人工智能具有更快的思考和数据处理模式，能自动将最相关的客户信息提供给销售代表，从而减少了不断执行手动更新或CRM检查的需要。

3. 预测市场

CRM系统本身的多样性和开放性将带来更多的数据来源，而AI利用CRM数据整合了看似不同的数据源，包括经济趋势、市场数据、社交媒体模式、销售历史记录以及关闭时间。人工智能提供了可操作的洞察力，而不是基于销售预测，这些洞察力可供团队用来预测、规划和利用即将到来的机会。

4. 使业务流程更智能化

虽然 CRM 系统可自动化并简化业务流程，实现销售流程标准化，但它并不智能化，而人工智能可以通过分析最佳结果并使销售部门更快速地整合更多数据源，从而大大改善 CRM 系统工作流程。

人工智能现在将使企业通过以下不同类型的步骤来提高它们的生产力和管理效率。

虚拟助理。将人工智能集成到 CRM 软件中，使它们能够作为代理的虚拟助理来填补空缺，帮助企业处理客户数据，例如 Web 人口统计数据、行为数据等。通过编入高级知识，虚拟助理可以学习并指导交易讨论。

由人工智能驱动的 CRM 将成为一位无价的销售助手，提供洞察力，以更快地完成销售，让团队可以将更少的时间花在可预测的重复性工作上，并有更多时间与潜在客户建立关系。同时，它可以处理这些单调的任务，让销售团队成员专注于鼓励创造力和创收的基本职责。

自动化数据获取。CRM 工具目前正从社交媒体等互联网应用中收集客户信息，并在最少或没有人工干预的情况下分析这些数据。通过这种方式，企业可以大幅减少物理性的枯燥的数据输入工作，从而节省了时间。销售经理可以利用时间和数据分析发现的机会与客户联系，创造更多的收入。

通过预测客户的行为，企业可以利用定制化的活动来保持与突发性宣传的战略距离，并为每个潜在客户提供真正符合其需求的信息。因此，人工智能可以强化客户对企业形象的积极看法，并增加销售线索的成交率。更重要的是，人工智能同样可以用来调查客户的感受，从而建立能够扩大客户参与维度的技术。

优化销售线索决策。机器智能算法会通过购买力、性别、网络行为、位置和其他特质来锁定部分受众。集成了人工智能的 CRM 可以在必要的数据（特别是学习和行动决策数据）中提取信息，用以限定销售线索。通过利用收集的数据结果，CRM 软件将可能创建定制的消息、时间和渠道，给客户传递优化后的信息。

产品使用反馈。客户乐于主动分享的信息才是有价值的信息。随着自动化的发展成熟，这类信息（比如使用习惯、采购行为等）得以在不影响客户生活的情况下，持续地进入 CRM 软件中。通过抓取客户主动发布的信息，企业可以进行有效的收集。

客户服务及售后。人工智能与专业的专家联系起来，可以帮助企业从大量活动中收集数据。有了客户数据给出的分析，可以提高销售团队的效率，这将确保更高的客户忠诚度和更持久的客户关系。

数据分析。人工智能将利用信息来预测令人信服的结果，并计算好客户参与过程，让组织更智能化。如果 CRM 软件中手机的数据没有得到有效的利用，那么它就没有任何意义。然而，这是使用 CRM 的企业最容易陷入困境的地方之一。通常，时间和资产的缺乏意味着客户信息的“金矿”未被利用，所以企业必须对信息进行清洗、整理和调查，以增强企业对客户的了解。

11.1.4 智能化 CRM 的产生与发展

一般而言，销售团队 30% 的工作时间都花在了手工的、管理性的事务上，增加了许多不必要的时间成本，工作效率很低。正确使用销售自动化工具则可以避免这些问题。通过人工智能驱动的工具来推动销售人员进行客户深挖和交叉销售，有利于提升销售业绩，使企业营收“最大化”。

由于传统的 CRM 的成本高，消耗的时间长，效率较低，因此在一定程度上阻碍了企业的发展。传统的 CRM 也不能处理庞大、复杂的数据，在这些信息的获取、存储、管理以及分析上都存在不少问题。[7] 而 AI 技术涌入 CRM 领域，为数据分析与精准决策提供了可能。2015 年，基于 SaaS 模式的 CRM 系统呈井喷式爆发状态，并不断向移动化、社交化演进。近几年快速迭代发展的人工智能技术，又催生了“ CRM+AI”的新型商业模式。

CRM 经历过三次变革，第一次是 21 世纪初，基于 SaaS 模式的 CRM 出现，逐渐代替本地化部署的 CRM；第二次是 2010 年兴起的移动 SCRM，对基于 SaaS 模式的 CRM 的普及起到重要的推动作用；第三次是 2016 年的智能 CRM 变革，在头部企业的热炒下形成风潮。

传统 CRM 更像一个记录工具，记录客户资料，记录销售跟进，记录各个渠道的客户资料收集，以及记录客服的服务详情。发展到今天，记录型的 CRM 已经不能满足企业用户的需要。用户更希望自己的 CRM 除了记录之外，还具备对数据进行观察和分析的能力，并且基于隐藏在数据背后的洞察力主动提供协助。举例来说，邮件是业务往来重要的方式，销售人员与客户的联络通常基于邮件，内容涉及公司介绍、产品功能介绍、递交服务规则和合同敲定等。对于销售人员来说，每天不仅需要应对大量重复工作，还容易忘记跟踪进度，从而错失商机。

如今智能化 CRM 产品兴起，其重要功能之一就是提醒销售人员在客户最方便阅读邮件或接听电话的时候去联络他。它们可以通过数据挖掘和机器学习处理企业内外部数据，提供趋势分析、异常检测、宏与工作流建议等传统 CRM 不具备的服务。对于发送邮件等重复性工作，AI 同样可以代劳，这就需要用到 AI 中“机器学习”的能力。对于销售人员长期重复固定的联络流程和标准操作，Zoho CRM 可以帮助销售人员建立一个自动化的操作流程，比如针对不同客户，设置相应的邮件内容模板（自动建议宏）一键式发送，这种功能尤其适合销售人员处理“一对多”的重复性工作，例如成立于 2010 年的企业会话式 AI 领导者——Conversica 的智能销售助理应用。

如何获取潜在客户，如何留存客户并使其最终转化为付费客户，几乎是所有企业面临的难题。当前主流 CRM 只能提供客户的相关数据，或者对数据做简单的初步处理，无法有针对性地进行数据筛选核查。集成 AI 技术后，CRM 可以通过精确分析来自社交网络、各类数据库、搜索引擎的大量数据，分析客户行为习惯、相关购买历史，进而精准预测其下一步的需求。此外，集成 AI 技术的 CRM 还可以帮助企业分析、了解高价值的客户，以便企业及时改进营销策略，维护并开发客户群体。“减少越来越复杂的流程”和“减轻越来越重复的劳作”是智能化 CRM 的两大功能趋势。

11.2　商业 AI+CRM 软件介绍

11.2.1　AI+CRM 软件整体情况

在客户关系管理领域，Salesforce 等国外 CRM 巨头很早就开展了人工智能布局。Salesforce 收购了大量人工智能公司：2014 年，以 3.9 亿美元并购了预测分析软件公司 RelateIQ；2015 年收购 MinHash 和 TempoAI，将人工智能整合进其服务中；2016 年 2 月，以 4 160 万美元收购 PredictionIQ 及德国企业 YOURSL，这两家公司都与人工智能相关；2016 年 4 月，再度以 3 280 万美元收购 MetaMind。2017 年 3 月，CRM 领导企业、全球领先的云计算服务商百会（Zoho）发布其第四代 CRM 产品，融合数据挖掘和机器学习技术，能够实现智能识别重要客户、寻找附近客户、推荐工作流配置、建议联系潜在客户最佳时间等功能。2017 年 4 月，硅谷人工智能专家加盟 CRM 先锋销售易。

在国内，阿里巴巴在其大数据、云计算技术基础上推出了钉钉、VR 智能办公；百度、小米等互联网企业都在积极开展人工智能布局。CRM 系统经过十多年的发展，在企业信息化过程中发挥的价值越发显著。

表 11-1 截取了影响力排名前几位的 CRM 系统，这些软件虽然功能强大，但由于成本高等因素更加适用于大型集团公司。虽然各 CRM 系统的专注点不尽相同，但融合 AI 已成为 CRM 领域的趋势。

表 11-1　2019 年国内外 CRM 系统最有影响力品牌

序号	CRM 系统	备　注
1	Salesforce	全球云 CRM 创始人，是按需 CRM 解决方案的全球领导者
2	SAP CRM	作为 SAP ERP 的补充模块，质量好，但价格昂贵，实施期长
3	Oracle CRM	全球领先的信息管理软件开发商，全球最大的数据库公司和企业软件公司之一
4	Dynamics CRM	面向销售人员高度可定制的客户关系管理系统，具有完整的业务流程，并与 Microsoft Office 完全集成
5	纷享销客 CRM	注重销售行为管理，价格较低，受小企业青睐，但发展重点在办公自动化方面，产品迭代和专业度略逊色

成立于 2015 年的对话营销平台 Drift 在 2019 年 7 月推出了三款电子邮件机器人：潜在客户报价机器人（Lead Offer Bot）、潜在客户跟进机器人（Lead Follow-up Bot）和

潜在客户再参与机器人（Lead Re-Engage Bot）。它们都是虚拟助手，是 Siftrock 产品的一部分，可与 Drift 的营销自动化平台配合使用，以提供令人惊喜的购买体验。Pipedrive 是云驱动型全球 CRM 平台。Pipedrive 的智能销售助理可以通过个性化提示来提高销售人员的绩效，即时在聊天内容中找到有价值的关系以促成交易，还可以为销售经理提供个性化的邮件模板。

下面对三款融入人工智能技术的 CRM 系统做简单介绍。

11.2.2 Salesforce

1. 公司介绍 [8]

Salesforce 是一家客户关系管理软件服务提供商，创建于 1999 年 3 月，总部设于美国旧金山，并于 2004 年 6 月上市，是按需 CRM 解决方案的领导者。高德纳公司的数据显示，Salesforce 在全球 CRM 领域的市场份额连续几年保持第一，2018 年全球市值达 1 000 亿美元。

2. 产品介绍

Salesforce 是一款可以将公司和客户联系在一起的客户关系管理解决方案。Salesforce 是一个集成 CRM 平台，可以为公司的所有部门（包括营销部门、销售部门、商务部门和服务部门）提供所有客户的单一共享视图。

Salesforce.com 提供按需定制的软件，用户每个月需要支付类似租金的费用来使用网站上的各种服务，涉及客户关系管理的各个方面，例如联系人管理、产品目录到订单管理、机会管理、销售管理等。Salesforce 提供了一个平台，使用户无须自己编写软件，也无须花费大量资金和人力用于记录的维护、存储和管理。所有的记录和数据都储存在 Salesforce.com 上，且用户可以随时根据需要去增加新的功能或者去除一些不必要的功能。该平台可以通过互联网访问，无须购买、设置或管理任何基础架构，只需登录即可开展销售、营销、客户服务等工作。

3. 软件的主要特点

利用全球首个采用 Einstein AI 的 CRM 解决方案，深化销售经理与客户之间的关系；Einstein AI 能够使企业的数据处理变得更智能，从而提升业务效率和客户满意度。企业基于云平台开展工作，无须安装软件，也无须升级硬件，且不受速度限制。

4. 软件的主要功能

Salesforce 的主要功能如表 11-2 所示。

表 11-2　Salesforce 的主要功能

服务类型	主要功能	具体说明
销售	销售云（Sales Cloud）	借助一系列基于云平台的销售工具，提高工作效率；为销售漏斗填充可靠的销售线索，提高销售成功率
服务	服务云（Service Cloud）	基于云计算的云服务，可以更快、更直观、更灵活地预测客户需求，改善客户服务
市场营销	数字营销平台（Marketing Cloud）	通过云平台获取客户数据，凭借电子邮件、移动、社交、广告、网络等不同营销平台，打造一对一的客户体验
企业社区	社区云（Community Cloud）	充分利用社交和移动的力量，借助云端写作平台，打造内容丰富、参与性强的在线社区，建立更深层的客户关系，同时社区可以提升员工工作效率和促进创新，让经销商、合作伙伴和分销商更快地完成交易
	云端社区交流工具（Chatter）	协同办公工具，将员工与其所需的文件、数据和专业知识关联起来
分析	爱因斯坦分析（Einstein Analytics）	将多个来源的数据集统一到单个视图中，更快地研究数据和寻找新机会
应用程序	企业云平台（Salesforce Platform）	用于构建、运行、管理和优化应用程序，同时利用平台上的技术和专业知识助推企业的成功
物联网	Salesforce IoT	通过云平台将物联网与最重要的客户数据连接，从而将大数据转换为实际行动
商务	Commerce Cloud Digital	借助云平台整合所有商务渠道（包括 Web、社交、手机、商店等）的客户体验，在所有数字渠道从事营销、销售、促销、订单履行等活动，与购物者进行交互
行业产品	金融服务云（Financial Services Cloud）	针对金融服务进行重新设计的 CRM 解决方案，应对金融行业的特定挑战，促进公司收入快速增长，进一步提高顾问工作效率
工作效率	生产力工具（Quip）	利用合适的云端技术和工具，帮助企业在任何地点都能更智能、更快速地完成工作，还可以在单一界面中创建、编辑和讨论文档

Salesforce 的客户关系管理软件可即时简化企业的业务流程并实现自动化，优化工作流程，降低人员成本。CRM 系统通过创建“基础架构即服务”，让企业的销售、市场营销和支持团队能够协同工作，并查看更宽泛的重要销售数据和客户数据，从而将他们从繁重的数据任务中解放出来，集中精力赢得新客户，更好地服务现有客户，提高业务的成功率。

5. 引入 AI

Salesforce 引入 AI 的进程如表 11-3 所示。

表 11-3　Salesforce 引入 AI 的进程

时间	标志性事件
2018 年 7 月	Salesforce 收购以色列 AI 营销平台 Datorama
2019 年 3 月	Salesforce 在新加坡设立首个 AI 实验室，主要研究方向为机器学习和自然语言处理
2019 年 5 月	Salesforce 收购会话式人工智能公司 Bonobo，着重分析客户互动（电话、短信和聊天消息等），帮助销售团队发现趋势并改善对话

（续）

时间	标志性事件
2019 年 6 月	Salesforce 收购数据分析公司 Tableau
2019 年 7 月	Salesforce 宣布与阿里巴巴达成战略合作，其核心服务（包括销售云、服务云、商业云和 Salesforce 平台）将全面集成阿里云

6. 涉及 AI 的相关功能

Salesforce 中涉及 AI 的相关功能如表 11-4 所示。

表 11-4 Salesforce 中涉及 AI 的相关功能

功能 / 内容	AI 技术
Einstein Bots	NLP（自然语言处理）
Einstein Voice Assistant	NLP（自然语言处理）
Einstein Prediction Builder	Machine Learning（机器学习）
Einstein Next Best Action	Machine Learning（机器学习）
Einstein Discovery	Machine Learning（机器学习）
Einstein Visionand Language	Deep Learning（深度学习）

表 11-4 中列出的是 Salesforce 中融合了 AI 的功能，以下为详细介绍。

Einstein Bots：通过回答常见问题或收集正确的信息为客户提供即时帮助，从而将对话无缝移交给正确的业务代表以解决更复杂的问题或个案。通过 Einstein Bots，企业可以在“客户”喜欢的频道（例如聊天、消息传递或语音）中构建智能助手。

Einstein Voice Assistant：通过它，客户可以用自己的声音实时创建、使用仪表板进行导航，并提取记录。另外，企业可以让客户借助这样一个能与之交谈的智能助手，用自己的声音与企业（品牌）进行互动。在客户提出问题后，语音机器人（Einstein Voice Bots）将搜索 Salesforce，并将答案告知客户。通过 Einstein Voice Assistant，客户可以更轻松地获得所需的响应，而企业的服务代理人能够更快地解决个案，从而集中精力处理更复杂的个案。

Einstein Prediction Builder：提供客户是否会减少的百分比可能性，以及围绕这一预测的最重要的正面和负面特征。

Einstein Next Best Action：允许企业使用基于规则的预测模型来向业务中的任何人提供智能的情境推荐和要约。在产生最大影响时采取行动，直接在 Salesforce 中提供见解。

Einstein Discovery：让企业在无须拥有数据分析师的情况下预测结果。

Einstein Visionand Language：供 Salesforce 开发人员使用的一组 API 和服务，可用于向任何应用程序添加深度学习功能，最终允许终端用户对图像进行分类，以及从文本中提取含义。

11.2.3 Zoho CRM

1. 公司介绍[9]

1996 年，Zoho 的前身 AdventNetInc. 成立，最初的业务是网络管理。2005 年，首款云应用 ZohoWriter 诞生，Zoho 正式进军云计算领域。2006 年，Zoho CRM 发布。随后几年，几大管理应用和工具相继发布。Zoho 旗下拥有 WebNMS- 网管开发平台、ManageEngine-IT 管理解决方案和 Zoho- 云服务三大产品线。

Zoho 是全球三大 CRM 品牌之一，是能够满足企业运行和管理的一站式云平台，已陆续推出 40 多款在线 SaaS 软件产品，包括 CRM、在线 Office、邮箱、项目管理、团队协作、人事管理、财务管理、BI 商业智能、应用开发平台等。

2. 产品介绍

Zoho 的主要产品如表 11-5 所示。

表 11-5 Zoho 的主要产品

主要产品	
Zoho CRM（客户关系管理）	Zoho Mail（企业邮箱）
Zoho Docs（企业文档管理系统）	Zoho Projects（项目管理工具）
Zoho Desk（客服管理软件）	Zoho Creator（应用开发工具）

3. 软件的特点

Zoho CRM 可以帮助各种规模、各行业的企业，在合适的时机接触潜在客户，并在各个渠道吸引他们，以更智能的方式完成更多交易。

Zoho CRM 荣获 2020 年 1 月 Gartner Peer Insights 线索管理类别“客户之选”荣誉称号。

4. 软件的功能

Zoho CRM 系统的核心功能有以下几个。

销售自动化：销售、营销和服务支持工作自动化；创建工作流，减少手动数据输入、化繁为简并加速整体业务流程。该功能包括线索管理、商机管理、联系人管理和工作流自动化。

销售流程管理：借助 Zoho CRM 蓝图功能，销售团队可以知道在销售漏斗的每个阶段该做什么，随时了解下一步行动。根据实际业务，通过销售流程构建器来灵活定义整个团队要遵循的销售流程，设置流程规则，比如分配销售线索、验证数据有效性等。

全渠道沟通：当客户与企业通过多种渠道发生互动时，比如浏览了公司网站、在社交媒体上提及了品牌，企业都会收到通知提醒。在 Zoho CRM 中即可收发邮件，查看与客户的所有往来邮件，并跟踪邮件是否被阅读。Zoho CRM 可以为客户提供自助服务门户，还可以供客户浏览和购买产品。

销售活动管理：让销售活动更加高效。在进销存管理中快速创建报价单、订单、合同等。客户、供应商和合作伙伴通过 CRM 门户查看、添加或编辑信息，节省团队的时间和精力。把所有日历汇总到 Zoho CRM 中，可以更轻松、直观地安排日程和活动。

绩效管理：通过准确预测潜在营收来调整销售团队的销售活动；根据客户特性或市场特点划分区域，并分配指定的销售代表；利用差异化竞争来激励销售人员超额完成销售目标；帮助企业对客户进行快速分类，识别高质量的商机，跟踪网站访客以转化更多潜在客户。

个性化定制：可以为不同的流程创建不同的页面布局，控制传入 CRM 的数据，在更短的时间内达成更多销售；按照需要，使用自定义模块、字段和按钮，自定义视图和高级过滤器。

营销自动化：让企业的市场和销售团队保持同步；开发新线索，执行邮件营销活动，衡量市场活动投资回报率。

BI 数据分析：利用 Zoho CRM 的报表、分析和预测功能，智能分析客户、市场、销售等数据。

5. 引入 AI

2017 年 4 月，Zoho 宣布推出首款智能 CRM 产品，将 AI 和销售人员的每日工作紧密相连。Zoho CRM 可以“为人所不为”，即机器在深度学习后，可以按照企业过往的销售历史行为数据，规划通过邮件或电话联系客户的时间。Zoho CRM 还可以“知人所不知”，即针对企业报表上线了“趋势异常提醒”，对业绩浮动提供监测预警功能。

6. 涉及 AI 的相关功能

Zia 是 Zoho CRM 中的 AI 人工智能助理，可帮助企业管理 CRM 数据，获取企业需要的信息、记录备注、发现异常情况、自动执行任务等。Zoho CRM 中涉及 AI 的相关功能如表 11-6 所示。

表 11-6 Zoho CRM 中涉及 AI 的相关功能

功能 / 内容	AI 技术
Zia Voice	自然语言处理
Meet Zia	机器学习
趋势分析	机器学习
异常检测	机器学习
工作自动化提醒	机器学习

表 11-6 中列出的是 Zoho CRM 中融合了 AI 的功能，具体如下。

Zia Voice：询问 Zoho CRM 的对话式 AI 助理 Zia，与 Zia 对话非常简单，只需从屏幕底部将她唤醒，或者从移动应用中呼叫她。

Meet Zia：对话式 AI 销售助理，优化 CRM 的使用。Zia 可以分析每个销售代表输入的数据以及他们每天完成的任务，用以预测销售活动的结果，还可以提供解决方案，以更智能、更快地完成这些活动。用户可以通过致电 Zia 或与 Zia 聊天来询问 Zia 从企业的 CRM 数据库中获取的任何信息，更好地掌握企业的各项活动。

趋势分析：通过直观的报表和统计图表，深入分析促成交易完成的各项数据，并推测出一条预期销售增长线。可将业务预期增长和实际增长做对比，深入了解销售活动对销售结果的影响。

异常检测：Zia 在学习了企业的销售流程后，可对业务异常状态（例如业绩的大幅波动等异常状态）进行检测，还会提醒相关的销售人员，以帮助企业及时发现问题，保证企业效益。

工作自动化提醒：如果销售人员在某些工作上多次重复（比如，在 10 天内多次给不同客户发送同样的欢迎邮件），Zia 会建议使用宏命令功能，将重复率较高的任务由系统自动执行（比如，只要有新客户记录到 CRM 系统中，系统就自动向客户发送欢迎邮件）。这些因人而异的自动化建议可以让销售人员每天的常规任务变得更容易完成。

11.2.4　励销 CRM

1. 公司介绍 [10]

励销云成立于 2014 年 9 月，是国内领先的 B2B 数字化智能销售系统服务商。励销云为中小企业提供覆盖“获客—筛客—管客—数字化仓储—客服运营”的一体化 SaaS 类服务。

融合大数据、人工智能、机器学习等第一代先进技术，励销云针对企业面临的各类销售问题，给出了一系列贯穿售前、售中、售后的场景化解决方案。

2. 产品介绍

励销云的主要产品包括励销 CRM、励销搜客宝、励销进销存、励销电话机器人。

3. 软件的特点

励销 CRM 是主动式获客智能销售系统。

4. 软件的功能

励销 CRM 的主要功能如表 11-7 所示。

表 11-7　励销 CRM 的主要功能

功能	内容与效果
自定义业务标签	按标签整理业务对象，达到精准化营销与个性化推送
销售漏斗	综合分析历史数据，评估商机赢率，预测销售业绩

（续）

功能	内容与效果
外勤打卡	客户拜访轨迹动态化展现，提高销售外勤效率
多业务模板	根据行业特性组合不同功能模块
客户公海	及时跟进每一条客户信息
行业模板	提供现成且有深度的解决方案，优化和规范业务流程
灵活配置	实现交易过程闭环管理
数据安全	银行级数据安全保障，数据加密传输（HTTPS）

表 11-7 列出了励销 CRM 的主要功能和效果，也是目前 CRM 软件普遍配置的功能。

5. 引入 AI

2018 年 2 月，结合人工智能与大数据的客户搜索引擎搜客宝上线；2018 年 4 月，微信时代 AI 人脉拓展引擎系统（爱励推）上线。

6. 涉及 AI 的相关功能

励销语音机器人：融合智能语音识别技术、神经网络等算法，结合 CRM 系统、励销搜客宝平台，全面打造电销机器人系统；模拟真人语音群呼，能更好地销售体验；具有自动外呼、情绪饱满、省时省力的特点。

利用人工智能语音技术提升电销拓客效能。基于海量企业大数据，利用人工智能语音技术外呼企业客户，对目标客户画像，筛选出高意向商机，输送给核心销售进行转化，提升销售业绩。深度学习精英销售业务逻辑，有多场景话术可以选择，可以自定义意向标签规则，降低话术配置难度。语义理解和声纹识别模拟真人通话，适应各类场景的通话交流，全流程记录通话录音并转化文字，自定义智能分类筛选，自动识别客户意向，快速锁定意向客户，最快地帮助销售促成交易。

励销搜客宝：全面提升 B2B 企业营销获客效能。通过人工智能、大数据技术，进行全网数据采集存储、清洗加工、分析挖掘，构建企业知识图谱；通过用户搜索行为数据构建预测模型，智能推荐精准目标客户，提升获客效能。

11.3 智能化 CRM 存在的问题与未来趋势

人类与人工智能协作时，能产生更好的效果，企业产生的效益最高。当企业引入 AI+CRM 时，高管需要承担起帮助员工理解“为什么要引进人工智能技术”的职责，并教会他们如何有效利用模型来完成任务。员工理解很重要，他们必须理解如何与人工智能一起工作，并且有权质疑系统的有效性，必要时上报遇到的问题。用于机器学习的训练数据也十分重要，例如一个对客户问题提供解答的推荐系统，其训练数据充斥着各种专业术语，而普通客户在描述问题时多使用日常用语，算法模型在实际应用时便无法理解。

人工智能的核心价值一定要有应用场景和商业模式，针对真实业务场景的解决方案才是关键。就像智能家居现在遇到了瓶颈，一方面是因为没有解决真实用户的痛点，另一方面是因为没有达到符合用户预期的效果，解决方案不完整。在有限的人工智能能力下，找到可行、可用、有价值的解决方案是 CRM 厂商现在最需要考虑的。

在营销场景下需要做什么？这个问题的答案不会偏离 CRM 本身的作用和其进一步的扩展。AI + CRM 仍然旨在以信息技术为手段，有效提高企业收益、客户满意度和雇员生产力。拥有强大且快速的数据处理能力和机器学习算法的人工智能结合真实营销场景后，或许可以发挥以下三种渐进能力：替代人干体力活，机器代替之前有明确规则、大量需要人做的重复工作并逐渐自我优化；通过智能洞察和风险提醒来辅助人决策；发现新大陆，如新线索、新信息甚至新知识。

未来，搭载人工智能的 CRM 将把移动、社交、大数据结合起来，针对不同用户提供较以往更完善的服务解决方案。例如，比萨店在客户要求购买海鲜比萨时，可以根据客户体检记录、借阅过的书籍、家庭情况等基础信息，向其建议选择更符合需求的蔬菜比萨。又如，Google 利用 AI 自动搜索查询，可在无须人工干预的情况下准确预测网民期望搜索的内容；亚马逊则可以通过机器学习算法为消费者提供个性化的产品推荐。

此外，CRM 未来的设计重点将更注重人性化，让系统以“人类的方式”处理信息。随着人工智能和认知解决方案的多样化，利用机器学习从本质上理解人的思维模式，确定客户的真正意图，由此制定并给出个性化答案，可以为企业提供更有效的帮助。实现大数据的互联互通也将是 CRM 未来发展的一个方向。在高度信息化的时代，如果各企业间的数据能实现行业共享，打破数据孤岛，那么借助统一的数据共享平台，智能 CRM 或许可以为更多的企业解决经营和业务问题。[4]

CRM 收集和存储的客户数据通常都是企业经营活动的命脉，因此数据安全至关重要。Infoblox 安全产品副总监克雷格·桑德森认为：“AI 和机器学习将被广泛运用在安全运营流程的自动化上来检测新威胁，以及确定威胁的范围、严重性，随着安全运营成为一个大数据问题，它需要大数据解决方案。”[11]

随着人工智能技术的发展，数据的安全性、可靠性会更高，数据处理模式会更加优化，分析也会更精准，使企业的客户关系管理更加简便高效，更利于企业平台资源整合。[4]

从商业模式的角度出发，AI+CRM 在未来一定会更“定制化”，针对不同行业给出不同算法，从而为客户创造最大化价值。未来，由 CRM 厂商提供工具以及解决问题的方法论，而客户提供优质的数据和宝贵的应用场景，厂商与客户联手开发，可能是行之有效的。

案例

某小型创新企业的智能销售助理产品始末

2019年4月，编者到某小型创新企业A进行调研。该企业利用声纹采集技术，自动采集销售人员与客户访谈过程中的对话语音，并利用语音识别技术，对语音进行分析，为销售经理提供定制化的信息服务。

该创新企业A经过市场调研，发现在一个公司中的销售人员平均每天有1/3的时间在公司的要求下往系统里填报信息。这种“被要求”而不得不做的工作，难以得到销售人员真心实意的信息。因此，在填报中往往出现信息不完整、信息不真实、信息不及时等问题。不仅如此，这还极大增加了销售人员的工作时间，导致他们不满。为此，创新企业A和某手机终端硬件商C合作，推出了一款定制化的手机，并在该手机上安装了创新企业A自主开发的智能销售管理App。假设B公司是创新企业A的客户。B公司首先需要采购A的智能终端。然后，B公司让其销售经理在开展商务活动时带上该终端，并要打开该终端上的App。这样销售经理和B公司客户的所有商务沟通对话都可以被实时地采集下来，进入A的云平台进行数据分析，并按照B公司的需求提供信息服务。在A的设计中，这是一款将销售人员从信息录入中解脱出来，将主要精力用于商务活动开发，并提供智慧服务给销售人员的创新性产品，应该有很好的市场应用前景，能较快地获得经济回报。

编者在2019年4月访问了A以及A的三个客户B1、B2和B3公司，并和这三个公司的高层管理者以及数位销售经理进行了一对一的访谈。我们在访谈中发现一个非常有趣的产品定位错位：A将该产品定位为销售经理的智能助手；B1、B2、B3公司的高层管理者无一例外均将该智能产品定位为销售管理工具——监控销售经理工作是否卖力的有力工具，因而均表示十分喜欢该产品；该智能产品的实际使用者——销售经理——表示他们十分讨厌该产品，不愿意使用该产品，该产品并未给他们提供有实效的帮助，但是却让他们始终在监控之中！

2019年6月，编者继续跟踪研究了该智能产品的市场拓展情况。A的CEO称，该款产品的用户活跃度越来越低，被售出的终端只有100多个，但每天能够被使用的终端比例还不到20个。到目前为止，该产品已经基本上处于停止商业运营状态。

AI不仅仅是技术，更关乎人的价值与尊严。智能化CRM由于广泛应用了AI技术，也不可避免地涉及很多需要社会尽快健全起来的规制体系。

本章小结

人工智能、云计算以及大数据的快速发展，让客户的信息数据收集变得更加容易，可是依靠人工来处理海量的数据是复杂而低效的，AI 与 CRM 结合可以让企业不再纠结于纷繁复杂的数据分析，也可以代替人工做具有特定规则的重复工作，从而促使企业把更多精力放在关注客户上。智能化 CRM 的核心价值需要真正应用到商业场景中，通过人工智能的协助切实提高企业的效率和生产力，从而提升客户满意度。智能化 CRM 作为当前众多企业客户关系管理的一种方式，将给企业创造更多的价值。随着 AI 技术的日渐精进成熟，AI 可能会成为 CRM 的基本配置，并为企业的客户关系管理、业务模式带来更大的改变和影响。与此同时，AI 应用带来的法律规制问题也日益紧迫和重要，这也影响到 AI+CRM 的持续应用。

思考题

1. 请思考企业在使用智能化 CRM 时可能走入的误区及其后果，并举例。
2. 请思考智能化 CRM 怎样能更好地贴合企业的实际需求，并举例。

参考资料

[1] 许丽萍. 当 CRM 遇上 AI：撞出精准营销新火花 [J]. 上海信息化，2018（2）：27-30.
[2] 张慧. 大数据时代 CRM 向信息化、智能化的转型发展研究 [J]. 信息通信，2020（3）：264-266.
[3] RUSSELL S J，Norvig P. 人工智能：一种现代的方法 [M]. 殷建平，祝恩，刘越，等译. 北京：清华大学出版社，2013.
[4] 谭铁牛. 人工智能的历史、现状和未来 [J]. 智慧中国，2019（Z1）：87-91.
[5] https://blog.csdn.net/intv010/java/article/details/80501163.
[6] https://zhuanlan.zhihu.com/p/56074637.
[7] 田硕. 大数据时代 CRM 向信息化、智能化的转型发展研究 [J]. 中国商论，2018（26）：12-13.
[8] Salesforce 官网，https://www.salesforce.com/cn/products/.
[9] Zoho CRM 官网，https://www.zoho.com/crm/.
[10] 励销 CRM 官网，https://www.lixiaoyun.com.
[11] "预见 2020！人工智能安全九大趋势解读"，AI 中国网.

第 12 章
CHAPTER12

数字化客户关系管理

◇ 课前导读

随着客户关系管理愈发智能化，数据驱动在企业管理中发挥着越来越重要的作用，数字化客户关系管理（Digital Customer Relationship Management）应运而生。本章对数字化进行了简要阐述，通过对企业数字化转型的深入研究，发掘数字化客户关系管理的应用前景，并对数字化 CRM 的前沿应用软件——销售易 CRM、悟空 CRM、易赚 SCRM、虎赞 SCRM 做简要介绍。本章内容组织结构如图 12-1 所示。

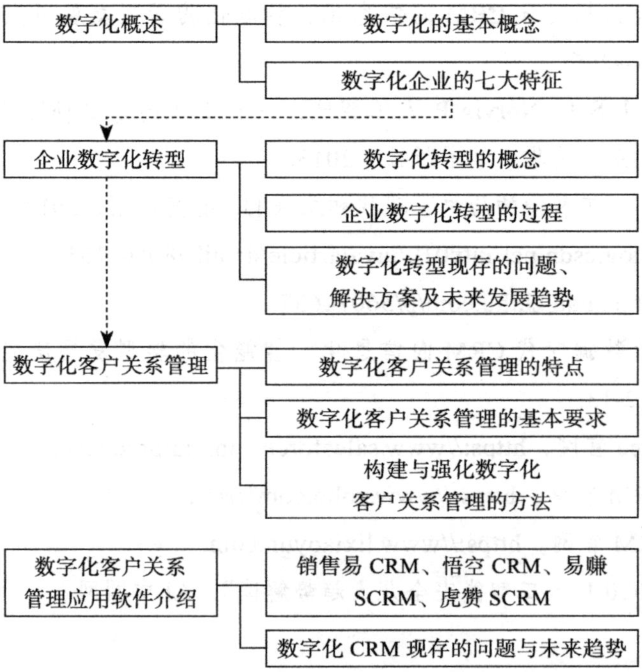

图 12-1　本章内容组织结构图

◇ 学习目标

- 了解数字化的内涵
- 了解企业数字化转型的过程
- 了解数字化客户关系管理的概念
- 了解数字化客户关系管理应用软件

12.1　数字化概述

今天，我们生活在一个“数字无所不在”的时代。数字化技术的迅猛发展，使得新的商业模式越来越多地基于数字网络。中国信息通信研究院发布的《中国数字经济发展与就业白皮书（2019 年）》显示，2018 年我国数字经济规模超过 31 万亿元，占国内生产总值的比重超过 1/3。[1] 目前我国在电商平台、云服务、共享经济等领域的商业实践，都走在了世界前列，同时国内庞大的市场规模和数据量，也为在我国开展数字化环境下的商务管理研究提供了优渥的土壤。

12.1.1　数字化的基本概念

从理论上看，“数字化”对应两个英文单词“Digitization”和“Digitalization”。[2]

Digitization 反映的是“信息的数字化”，指的是将许多复杂多变的信息转变为可以度量的数字、数据，再基于这些数字、数据建立起适当的数字化模型，把它们转变为一系列二进制代码，引入计算机内部，进行统一处理，这就是数字化的基本过程。例如，从模拟电视到数字电视、从胶卷相机到数字相机、从物理打字机到 word 软件，其变革的本质都是将信息以“0-1”的二进制数字化形式进行读写、存储和传递。从信息技术的角度看，数字化是一个“古老的”话题。例如，信息与通信技术的使用和传播开始于 40 多年前。数字化的方法和应用自 20 世纪 60 年代以来一直在发展。相应地，公司的许多领域早已达到了数字化的最高程度，如高精度的生产机器或在开发中使用仿真模型。

Digitalization 强调的是“流程的数字化”，其定义为运用数字技术改造商业模式、产生新的收益和价值创造机会，例如企业资源计划（ERP）系统、客户关系管理（CRM）系统、供应链管理（SCM）系统等都是将工作流程进行了数字化，从而使工作协同效率、资源利用效率倍增，为企业创造了信息化价值。

12.1.2　数字化企业的七大特征

与传统企业相比，数字化企业在业务、组织、IT 等方面展现出七点不同，如表 12-1 所示，其核心是构建“以客户为中心”的组织能力体系。[3]

1. 以客户为中心的组织能力体系

以客户为中心是企业数字化转型的目标，其含义是打造多层次体系的以客户为中心的组织能力，包括围绕客户设计组织结构、培养基于客户场景的创新能力、设计满足客户体验的互动方式，并在数据、IT架构以及考核机制等各方面体现“以客户为中心”的理念。

表 12-1　数字化企业与传统企业的主要不同特征

传统企业特征	数字化企业特征
以产品为中心	以客户为中心
单域管理能力	多元化能力
线性分析	智慧大脑
瀑布流开发	敏捷能力
非智能型企业	AI 加持
受限于地理区域	云 +5G 延伸运营空间
支撑型 IT 组织	驱动型 IT 组织

组织结构：从以产品为中心向以客户为中心转变。传统模式下，企业以“我”为中心，不同产品的营销服务通常自成体系。数字经济下，企业以客户为中心，对同一目标客户群体采用同样的渠道触点，通过统一平台进行数据分析并推荐最优产品，采用统一的服务体系。基于这样的理念设计的组织结构（见图 12-2），有利于客户数据打通和洞察，统一客户体验，提高企业资源利用效率。如果企业顾虑组织结构调整牵涉的利益相关者较多，可以先通过关键流程控制点以及数据的打通实现以客户为中心的能力建设，等时机成熟再做组织调整。

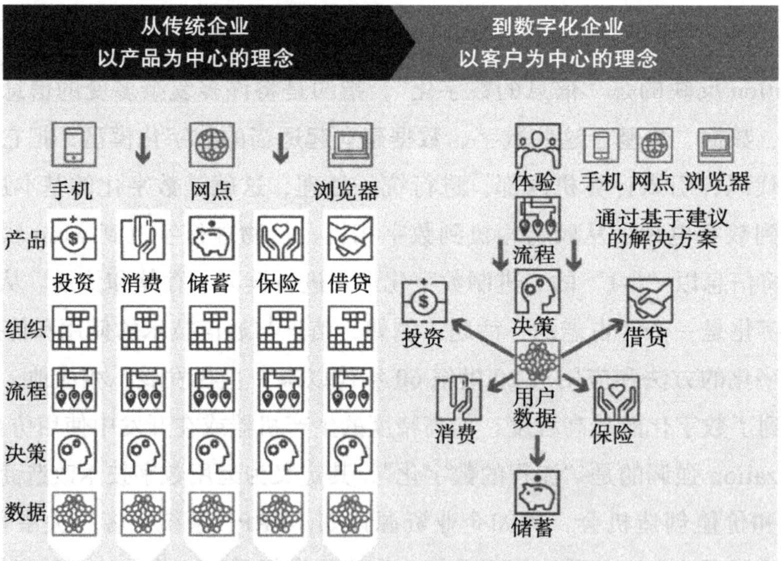

图 12-2　从以产品为中心向以客户为中心的转变[3]

业务创新：从流程驱动向场景驱动转变。从客户在特定场景下的需求出发，挖掘客户需求，设计整体解决方案，带给客户完整的感受。这个方法解决了传统企业业务战略和业务流程之间缺少衔接、注重单个流程的效率而忽略了客户整体需求的弊端，围绕客户需求，通过多流程、多功能配合实现创新。

客户互动：从注重功能到注重体验。客户体验主要指沿着客户全互动旅程带给客户的便利性和感受的舒适度，包括线上线下。线上通过 UI/UX 设计，线下通过特定场景或店面的全流程互动设计，打造无缝、综合的客户体验。实践中，要注重从整合、客户洞察视角打造优质客户体验，避免聚焦于单点的客户体验设计。

2. 多元化能力

面对内外部日益复杂多变的运营管理环境，企业需要具备四种能力：敏捷、精益、智慧、柔性。支撑这四种能力的是先进的 IT 架构以及相应的组织能力体系。每个域的能力特点如下。

客户互动：以客户为中心，全渠道、全价值链，强调敏捷、用户体验。

资源管理：以流程为中心，围绕传统 ERP 系统，强调稳定、精益、高效。

智慧洞察：以数据为中心，全域、全形式，强调智慧洞察力。

智能生产：以机器为中心，围绕 IoT 和企业生产制造系统，强调成本、效率、质量、柔性。

3. 智慧大脑

智慧大脑以数据价值为基础，人工智能分析为引领，搭建企业全局数据平台和智能分析系统，为企业运营管理的所有环节提供分析洞察，并从分析运营结果向预测未来发展转化（见图 12-3）。妨碍企业整合数据分析平台建设的因素包括技术和部门墙带来的数据隔离，后者是目前主要的障碍。智慧大脑在数据来源、数据分析能力、数据服务企业的方式等方面都与传统方式有明显差异。

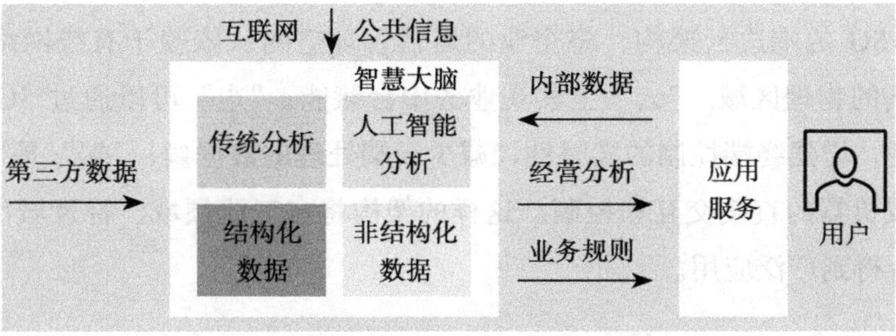

图 12-3　“智慧大脑”的概念架构示意图 [3]

4. 敏捷能力

在数字化时代，企业需要具备敏捷的反应能力，对外应把握客户和市场的迅速变化，对内应满足企业管理要求。敏捷能力的建设需要业务模式、IT 架构、产品开发方式同时实现敏捷。业务模式上采用“一线尖兵 + 后方资源平台”的方式，产品开发上采用设计思维和敏捷迭代方式（见图 12-4）。

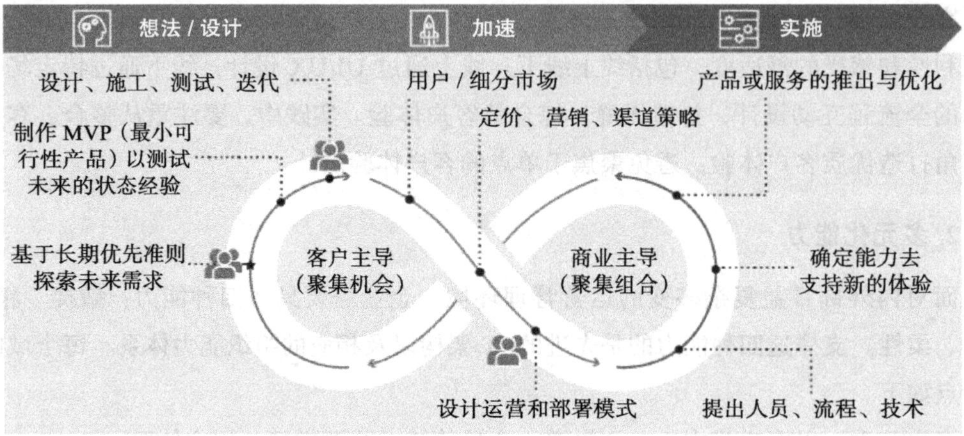

图 12-4　敏捷迭代法[3]

传统方式下，用户产品需求需要系统化分析论证、形成产品定义后再上线部署。设计思维和敏捷迭代方式下，通过用户角色模拟、聚焦小组分析、最小可行性产品设计，可在最短时间内上线产品，迭代优化。

5. AI 加持

企业应用 AI 分为两个阶段：应用场景较少时，AI 应用作为一个工具嵌入某个信息系统，常见的是互动型 AI，比如语音识别、机器人客服；企业的 AI 应用场景很多时，与 AI 的开发环境、常用 AI 数据模型以及数据库整合在一起，形成企业 AI 中台，将各种 AI 能力汇聚在一起，对不同业务提供 AI 能力，并形成具备 AI 服务能力的中台。

6. 云 +5G 延伸运营空间

基于云 +5G 的端边云架构，将企业的运营管理空间从依赖于有线网络环境的空间延伸到更广阔的物理区域。“云”上实现业务中台赋能；“边”可以通过 5G 网络的边缘计算功能实现，增强终端控制的实时性，减少云端处理的数据量；“端”是 5G 终端实现与物理环境或机器的直接交互和控制。这样的架构将在工业领域、智慧城市、医疗、金融、快消行业得到广泛应用。

7. IT 组织能力从支撑型向驱动型转化

传统的 IT 部门以项目交付为主，数字化 IT 组织作为企业数字化转型的主要推动者之一，在交付模式、人员技能、IT 治理以及成本核算等七个方面都有较大变化（见表 12-2）。

表 12-2　IT 组织能力和运营模式的变化

能力和运营模式	支撑视角	数字化视角
交付模式	项目制	基于产品和服务
人员技能	传统技能	新技能、AI、云、IoT

（续）

能力和运营模式	支撑视角	数字化视角
IT 治理	围绕项目管理的职能分配	围绕业务服务的职能分配
架构	垂直系统，依赖于供应商产品	开放、易于扩展、互联互通
信息利用	制作报告	分析和洞察
应用	基于产品套件的功能延展	商业适配、复用或互联
成本核算	自拥有，资本性支出高	基于使用量、云化

大型集团企业 IT 力量分布在各层级单位，开展数字化转型还需要重点考虑如何整合 IT 资源，共同服务于企业数字化转型，并为对外服务打下基础。

12.2　企业数字化转型

12.2.1　数字化转型的概念

数字化转型（Digital Transformation）是指开发数字化技术及支持能力以新建一个富有活力的数字化商业模式。因此，如图 12-5 所示，数字化转型完全超越了信息的数字化或工作流程的数字化，着力于实现“业务的数字化”，使企业在一个新型的数字化商业环境中发展出新的业务（商业模式）和新的核心竞争力。[2]

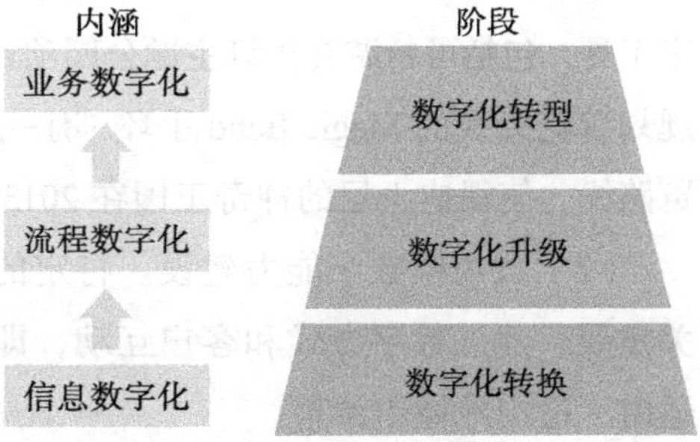

图 12-5　三个不同阶段的数字化内涵

数字化转型是企业的一种战略选择，意味着调整组织的战略和结构，以捕捉由数字技术带来的机会。这不是什么新挑战，计算机和软件已经存在了几十年，它们给产品和服务以及我们制造和交付它们的方式带来了变化。但对于一家公司来说，将数字化转型计划转化为行动已经变得越来越困难。如今的计算机可以装进你的口袋里或戴在你的手腕上，运行在计算机上的软件应用程序越来越多地实现了有针对性的产品和服务定制。此外，这些应用程序可以接触到任何地方的人，即嵌入设备和界面中的传感器允许实时提供数据，允许更明智的决策和机器驱动的推荐。简而言之，数字技术不再是 IT 的禁区，它正被应用于公司价值链的几乎每一个部分。

12.2.2　企业数字化转型的过程

向数字化转型已经成了企业和组织特别重视的一项变革行动。数字技术使得市场竞争更加激烈，它在颠覆众多行业的同时，也带来了许多机会。对于传统企业而言，数字技术意味着其所面临的风险在不断加剧。1965 年到 2012 年间，公司丧失领先地位的速度（即“倒塌率”）增加了近 40%。毫无疑问，数字技术加剧了竞争，颠覆了众多行业，使得各大企业不得不纷纷采取应对措施——明确自身战略、培养新型能力、转变传统文化。与此同时，数字技术带来的机遇也不言而喻。麦肯锡的研究表明，各大企业纷纷摩拳擦掌、满怀雄心壮志，希望在未来 3 ～ 5 年内通过数字举措实现 5% ～ 10%，甚至更高的年增长率和成本效率。

为了更准确地了解当今企业面临的数字挑战，麦肯锡对全球 150 家企业进行了深入诊断调查。通过评估 18 种实践做法（皆与数字战略、数字能力和数字文化有关），唐古伊・卡特林和保罗・威尔莫特为企业在数字化上的成熟度制定了一个简单的指标，暂且将其称为数商或 DQ（Digital Quotient）。[4]

传统企业实现数字化转型成功的要素有以下四点：

（1）制定正确的战略。企业进行数字化转型时必须仔细考虑可供它们选择的战略，成功的第一步就是制定一个明确而连贯的数字化战略，并将其完全整合到整体的企业战略中。

例如，为了更好地服务迪士尼度假村和主题公园的游客，迪士尼公司开发了一系列数字工具，包括可帮游客预订主题公园项目的 Fast Pass+ 服务，或者方便游客在园区内预订和规划游览路线的 Magic Band 手环（有一半迪士尼游客都选择佩戴这种手环）。更高效的游览路线，使得迪士尼的神奇王国在 2013 ～ 2014 年的假期高峰每天可多接待 3 000 名游客。

（2）大规模数字能力建设。特定的能力，尤其是夯实关键流程和工作内容的能力至关重要，建立数字方式和客户互动，即便消费者的消费心理和行为不断变化，公司也能适时、适当地做出调整。

例如，2012 年，感冒流感药剂制造商 Reckitt Benckiser 基于大数据进行决策，利用医疗网站 WebMD 的搜索数据（当时该网站每月有近 3 200 万访客），追踪美国的感冒流感症状，并预测可能暴发病情的地区。之后，该公司在这些地区组织了针对地域和症状的广告与促销活动（包括免费送货上门）。在感冒和流感多发的季节，这项计划使 Reckitt Benckiser 的咳嗽感冒药品一个月内在全美的销量同比增加了 22%。

（3）快速、敏捷的企业文化。大数据分析、数字内容管理和搜索引擎优化等技术能力固然重要，但如果不能做到尽善尽美，公司也可以将传统文化与速度、灵活性、开放度和学习能力相结合，弥补其技能的缺失。

不断学习、不断追踪、边测试边学习的策略有助于企业快速决定是完善还是放弃新举措。例如，著名美国高档百货商店 Nordstrom 创建的创新实验室就面向顾客，推出了一系列周期为一周的试点活动。为了开发太阳镜购买的 App，公司创新团队在西雅图的零售旗舰店设立临时工作点，搭建各种样板场景，模拟现实的线上购物情境，让购物者进行点击和选择。顾客可以指出他们认为最有用的功能或样板中存在的问题。利用这些信息，编程人员实时调整，当下发布新版 App 供顾客现场操作。

（4）组织与人才建设。公司需要调整其组织结构、人才发展、融资机制和关键绩效指标（KPI），让这些内容与自身的数字战略保持一致。

例如，在人才培训和发展方面，几年前宝洁与谷歌开展了员工互换项目，一方面旨在加强宝洁的搜索引擎优化技能，另一方面也让谷歌这家互联网巨头学习到更多的营销知识。又如，在关键绩效指标改进方面，当星巴克推出一套新的 POS 系统时，经理会对交易过程录像并询问员工意见，根据他们的反馈，再调整结账流程，最后成功将手机或银行卡交易缩短了 10 秒钟左右。这样一来，员工能更快地完成销售，每年为顾客节省 90 万小时的宝贵时间。

总体而言，数字化转型不仅仅意味着企业发展方向的选择，其数字化转型举措也深刻影响着企业发展的速度和规模。上述四点建议为传统企业在数字化时代跟上转型潮流提供了良好的管理思维和方式，帮助企业有效地引导组织全面迈向数字化。

12.2.3　数字化转型现存的问题及解决方案

从 2007 年的仅有 40% 的企业的首席信息官参与战略规划，到如今首席信息官被认为是最高管理层中最不可或缺的成员，越来越多的企业和高管认识到数字战略对商业目标的重大影响，也在逐渐接受数字化转型。尽管如此，数字化转型的发展仍然面临如下两方面的问题。

1. 企业信息化水平相对滞后

尽管人们对数字化的重要性有了更深入的认识，但新兴技术的平均投资占总技术支出的百分比在 2007 ～ 2017 年间仅增长了 1 个百分点，由此显示出企业信息化整体发展水平滞后。[5] 数字化技术水平发展缓慢相应地带来一系列技术问题：①网络安全问题。企业数字化转型进程不可避免地涉及客户的数据隐私安全问题，技术的局限性可能导致数据非法访问的风险加剧。[6] ②数据流量处理困难。随着企业存储的数据越来越多，面对庞大的数据量，如果数据的存储、维护和处理等方式得不到有效解决，则客户的数字化体验效果较差，将加剧客户流失的风险。③数据无法实现共享。开发时间与部门的差异导致多个软硬件平台的信息系统同时运行，但这些系统数据相互独立，无法进行数据整合处理，导致信息无法共享。

企业信息化水平相对滞后，主要有两方面的原因：一方面，企业自身技术团队的自主开发能力相对较弱，数字化通常是外包或者与外部机构共同开发；另一方面，虽然政策上已经指明了数字化转型的方向和重点任务，但在实际落地的过程中，依然有大量企业的信息化停留在初级阶段，推进数字化转型仍需时日。

2. 缺乏数字化转型所需人才

数字化技术水平相似的企业之间，生产率水平和利润空间也具有较大的差异，而

“数字化人才”是导致巨大差异的重要原因。[7]“数字化人才”包括推动企业数字化转型所需的数字领导者和使用数字工具的数字员工。现阶段，一方面市场对高技能的数字化人才的需求越来越多，另一方面企业无法通过招聘来满足对高技能员工的需求，由此造成了大多数企业的科技岗位都存在大量的空缺，技术还没有渗透到人们的日常生活中，这意味着大多数企业正在错失提高效率和改善客户体验的机会。

至2020年，企业数字化转型已经进入一个新的阶段，一方面，企业面临的整体宏观环境和企业多年发展积累的运营模式与管理能力没有大的变化，因此企业在数字化转型过程中面临的各种由于技能不足和机制不足而形成的固有难点仍然存在。另一方面，受到疫情、5G部署、人工智能加快应用以及中美技术合作不确定性增强这四个变化因素的影响，企业数字化转型或主动或被动地加速，这要求企业能深入理解未来数字化企业的关键特征，充分利用2020年变化带来的契机，系统性解决推进数字化转型中面临的固有难点。[3]

常见的困难包括五种：对数字化转型的概念理解不一；难以制定数字化转型的目标和评估数字化带来的实际业务价值；可选项过多，每个业务和职能部门都有很多想法，但缺乏清晰的路径；缺乏数字化人才；传统企业的工作机制不适合推动数字化这种跨部门、求创新的变革。

企业可统一思想、统筹规划，并建立与企业数字化成熟度相匹配的推进机制，以解决上述难点。

统一思想：企业数字化转型是指企业综合利用各种数字技术，与业务模式转型相结合，为企业解决问题、创造价值、提升业绩的持续性过程。在这个定义中，数字化包括信息化，也包含业务模式转型。

企业可以对数字化转型有不同的定义，重要的是了解数字化、信息化、业务模式转型三者间的关系。不论怎么定义，底层的业务逻辑、系统架构、业务与系统间的衔接，该怎么做还是怎么做。

设定目标：科学+艺术的方式，是企业制定数字化蓝图的手段。由懂数字技术能力的专家和懂企业业务痛点的专业人员一起，以设计思维（Design Thinking）的分析方式快速勾勒出企业应用数字化的主要场景以及可能实现的状态，即数字化蓝图，然后沿着蓝图逐步深入（见图12-6）。

选择路径：建议企业采纳自上而下的顶层规划和自下而上的局部尝试并行。不同的局部尝试发生冲突时，遵循与直接客户相关的解决方案优先、客户体验优先，以及IT架构前瞻性优先原则。在切入点的考虑上，优先考虑推进企业业务和管理的线上化，以充分利用疫情期间培养的习惯。

建立推进机制：依据企业对数字化转型的不同应用程度，数字化推进方式可采用“探索式”“协调式”“集中式”“嵌入式”四种方式。关键在于是否需要一个中心化的数字化管控组织。数字化转型初期，企业尚未确立整体推进方案，但局部试点的条件还是具备的，这时采取探索式，鼓励各业务单元局部尝试；之后，随着企业对数字化的应用加深，跨部门的协调需求加剧，向着协调式、集中式过渡；最终实现的是嵌入式管理，全企业在顶层规划下的数字化转型。

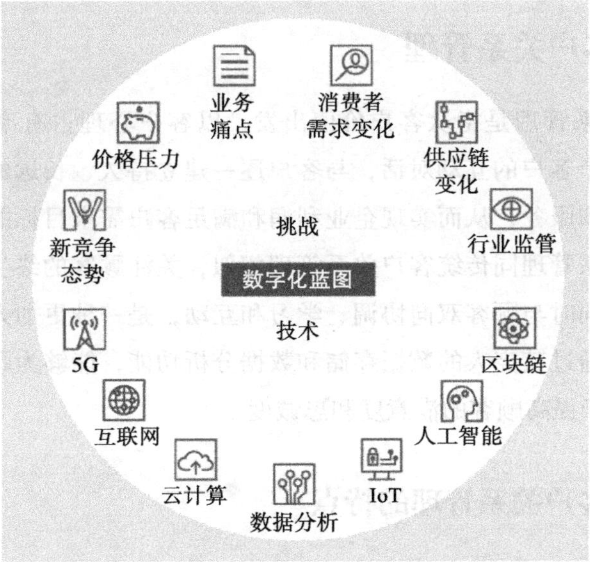

图 12-6　“科学 + 艺术”勾勒数字化蓝图 [3]

IT 能力建设：资源层面通过内外 IT 力量的整合或借用。运作方式上，从项目制向产品制转移；人员上，初期重点强化 IT 团队中的产品经理、数据分析、业务架构类的队伍建设。不同类型企业在转型过程中面临的难点是不一样的。对于规模较大、业务复杂的企业，在转型初期，建立适合的转型推进机制，是比解决技术上的难点更重要的事情。

综上所述，新形势下企业推进数字化转型时，要充分利用数字经济发展带来的契机，系统性地解决企业在转型过程中面临的认识不统一、机制不健全、能力不具备等困难，以企业所处的转型阶段为出发点，参照数字化企业的特征，制订符合企业自身需求的转型方案，稳步有序地实现以客户为中心、以智慧分析为大脑的领先数字化。

12.2.4　数字化转型的发展趋势

企业数字化转型的发展将随着数字技术的扩大应用而保持稳定增长。在高德纳公司 2018 年的一项调查中，超过 66% 的首席执行官表示，他们希望自己的公司在未来 3 年内改变商业模式，62% 的人表示，他们正在实施管理措施或转型计划，以使他们的业务更加数字化。[8]

从数字化应用领域来看，阿里云研究中心发布的《2019数字化趋势报告》指出，当前数字化的应用领域正从互联网行业向政府、金融、零售、农业、工业、交通、物流、医疗健康等行业深入。其中，政府、零售业等将成为受云计算、人工智能、IoT等新技术影响最深的行业领域，在未来3～5年内，数字化程度有望达到70%～80%。

12.3 数字化客户关系管理

数字化客户关系管理是指从客户价值出发，以客户心理占有率为中心，运用现代信息技术通过与每个客户的互动对话，与客户逐一建立持久、长远的双赢关系，为客户提供定制化的产品和服务，从而实现企业利润和满足客户需求目标的一系列营销活动过程。数字化客户关系管理同传统客户关系管理相似，关注顾客的终生价值并与顾客建立长期的沟通渠道，同时与顾客双向协调、学习和互动，是一种更加人性化的沟通，而数字化客户关系管理通过其庞大的数据存储和数据分析功能，能够为顾客提供更加立体化的消费体验，有助于提高顾客的满意度和忠诚度。

12.3.1 数字化客户关系管理的特点

过去，客户关系管理对于很多企业来说仅仅是消费者数据留存与管理的后台工具，随着数字化趋势的深入发展，客户关系管理已成为很多领先企业市场份额迅速提升的关键引擎。2020年年初，受新冠肺炎疫情的影响，全球经济遭受重创，越来越多的企业意识到数字化转型的重要性，与此同时，CRM作为专业的客户关系管理软件，其重要性也因为企业的数字化尝试而大大提升。

数字化客户关系管理软件的广泛应用离不开以下五个方面：

（1）有效进行客户数据管理。客户关系管理可以详细记录客户的基本信息以及购买记录、需求、个性化偏好等，还有销售经理与客户之间跟进详细记录、各类市场活动的投资回报率等都会永久留存在系统上，企业可以从客户来源、特征、贡献值等方面进行分析，找出企业的“黄金”客户群，为客户提供有针对性的产品和服务，由此快速掌握新型运营模式。

（2）实现“以客户为中心”的模式转变。根据客户需求，运用智能化的生产方式，实现“以客户为中心”的数字化生产营销模式。无论是提供实物产品的企业，还是提供服务方案的企业，都需要进行这种“客户需求驱动生产”的新型转变，以减少企业承担的风险。

（3）实现智能销售。通过对每个销售人员在客户的跟进周期、跟进方式以及其销售业绩等方面进行比较分析，获得团队中销售最优的销售模式，进而可得以复制，并推广到内部销售团队，提高每一个销售经理的销售业绩，最终提升整体的销售水平。

（4）统一销售管理系统。客户关系管理可以帮助企业消除营销、销售和服务部门之间的业务应用流程壁垒，打通企业各部门之间的内部数据，完美地消除了信息孤岛，实现了各部门间的信息共享、高效协同。

（5）规范化管理业务。客户关系管理可以显示出业务流程的各环节完成程度和及时程度，通过对业务流程的不断完善优化，形成规范化的业务流程，减少企业内部不必要的消耗。

12.3.2　数字化客户关系管理的基本要求

数字化客户关系管理着重于如何利用互联网来建立客户关系：从过去强调不计代价全力争取新顾客的传统目标转变为留住顾客的心，从过去抢占市场占有率转变为争取顾客心甘情愿地付钱，从过去发展短线的交易买卖转变为发展顾客的终身价值。数字化客户关系管理的目的在于将公司与顾客关系的价值发挥到极致，以达成顾客与公司双赢的局面。其基本要求可以概括为：客户价值最大化、营销技术数字化、客户关系互动化、产品服务定制化和沟通响应适时化。

1. 客户价值最大化

数字化客户关系管理要求企业的每次接触与沟通在客户眼中都具有正面价值。企业通过持续占领市场并保持竞争力的价值创新给消费者或顾客带来“价值最大化”，以及由此实现企业的“利润最大化”，将企业的创新能力与消费者所重视的价值联系起来，通过为消费者提供价值创新使其获得最大程度的满足。当消费者能稳定地得到这种“价值最大化”的满足之后，将不可避免地成为该企业的终生顾客，从而使企业与消费者之间产生共鸣，有助于将企业与客户之间的关系变得更加紧密。

2. 营销技术数字化

随着信息技术尤其是数字技术的发展，企业可将商品交易通过数字来体现。通过对数字的选择，顾客可获得所需的个性化产品或服务。早在 1994 年，法国的一位工程师就成功开发了一种“电脑试鞋机”，顾客坐在椅子上，将脚放在机器的一个支撑上，此时有 4 台摄像机开始从不同角度对脚的外形进行扫描，并以数字形式输入电脑，将获得的数字进行处理并同数据库中的尺码进行对比，很快就能得到最佳组合尺码。当显示屏上出现“请试鞋”的字样时，顾客根据需要，通过输入数据表达自己喜欢的款式、颜色等要求，屏幕上即出现顾客的脚已“穿”上新鞋的图像。由于技术上的原因，数字处理速度还有待提高，这种设备未能普及。1997 年，美国芝加哥市出现了一家“定做鞋业公司”，标志着由顾客参与的“双向策划”已成为革新传统经营的新的商业模式，并成为获取市场竞争优势的一种有效手段。

“接近客户”是企业一直在尝试的一种策略，但只有在信息技术的支持下，才能为企业降低应用成本，进而提高销售和盈利。在传统销售方式下，企业要记录个别客户的所有交易详情，需要耗费很多人力和物力资源。但对于今天的销售人员来说，在很短的时间内就可跟进和追溯数百万客户个别的交易记录。无论是数据库技术还是通信技术，在当今时代均已达到能够以低成本广泛使用的程度。

3. 客户关系互动化

企业为维护与客户之间的良好关系，需要用发展的眼光看待顾客关系，与客户进行持续的交流，及时察觉顾客的偏好改变，从而能够预测顾客的下一步购买活动。互联网与通信等技术的迅速发展使得信息互动更加方便，但数字化客户关系管理要求企业事先与客户建立点对点的互动关系，经顾客允许后，再进一步与其交流和沟通，从而发掘顾客的潜在需求。这种客户战略的重点是关心“客户体验”，体现了“以客户为本”的精髓，因此企业应设计并模拟客户的体验，在产品营销、销售和售后服务的整个过程中考虑如何为客户提供个性化的产品或服务。同时企业的管理系统要能够帮助企业实现电子商务的需求，实现业务基本流程的自动化。

企业要具备在市场中与客户互动的前端以及后端分析的完整能力：在前端，配备统一联络中心，结合网络社交媒体（如微信公众号、微博、抖音等）与客户进行互动，并提供满足顾客个性化需求的功能；在后端，提供客户消费行为追踪以及专用于客户服务及营销资料分析的功能，挖掘客户的消费习惯，发掘客户的消费潜力。

4. 产品服务定制化

在当今互联网传播迅速的时代，人们对规模经济已经习以为常，更多开始追求个性化。数字化客户关系管理的真正意义在于以不同的方式对待不同的顾客，为顾客的个性化需求赋予独特的意义。企业可以从产品的个性化包装设计、功能属性、售后保障服务等方面为客户提供个性化因素。

5. 沟通响应适时化

数字化客户关系管理鼓励企业与每个客户进行对话，并让这种对话促成一种“学习关系”，企业学习客户的消费偏好，而客户学习企业的个性化配置，以便获得最理想的个性化产品或服务。在企业与客户的沟通交流中，客户为获得满意的个性化产品会提供意见，经过多次交流与反复修改后，客户也悄然被企业教育，最终能够获得满意的购物体验。此外，个性化程度越深入，客户对企业的个性化配置越了解，重新学习其他企业的产品内容会越吃力，导致客户的转移成本相当高，企业也因此获得较高的客户忠诚度。

企业应从培养客户的忠诚度出发，全面了解客户所需，包括客户需要什么、何时需要、如何获得，从而提供合适的、个性化的、即时的、具备竞争力的促销活动来回应客户的要求。同时，企业应有效地利用与客户往来的数据实现客户关系的数字化管理，从而为企业扩大销售提供有力的支持。

12.3.3　构建与强化数字化客户关系管理的方法

客户关系管理软件的优势是能够高效地帮助企业进行客户关系管理，但企业在构建和强化客户关系管理时仍然会遇到一些挑战，如在建立客户关系管理体系时，是否需要整合外力以及如何整合外力等。同时，数字化时代的客户关系管理也有适用于不同相关行业的制胜之道，那么，企业应该如何构建和强化客户关系管理，从而将客户关系管理体系打造成超越竞争对手的利器呢？本节给出以下几点建议。

1. 建立端到端完整链路的客户关系管理业务思维与模式

在传统业务模式下，客户关系管理被当作老客经营和客情维护的业务支持工具。然而，随着数字化技术的不断发展，品牌与消费者之间直接沟通的渠道越来越多元化，“以消费者为中心”已经从单纯的品牌服务理念转变为开展业务的重要方式。相比过去聚焦于老客经营和管理的模式，客户关系管理的覆盖面大幅度向前和向后延伸，向前延伸覆盖了潜在客户的获取，向后延伸则覆盖了口碑经营，即企业通过老客户的口碑宣传，从而获取新客户，不论是向前延伸还是向后延伸，都大大加强并优化了企业新客户获取的运营方式。

从消费者全生命周期的角度来看，完整的客户关系管理业务链路闭环应包括潜在客户培育、新客户获取、购买转化、长线经营和口碑管理。高效的客户关系管理应能够从潜在客户发掘入手，力求每个消费者都能向兴趣客户、购买客户、价值客户、口碑客户过渡，每个环节经营的目的不同，运营的着力点也不同。这一完整的客户关系管理业务链路依赖于企业在战略层面、系统层面、保障层面的配合，企业整体只有以链路思维和模式才能让企业最大化客户关系管理的价值，从而实现数字化时代的精细化运营。

2. 借力数字化和外部资源，构建客户关系管理全渠道体系

“让消费者选择喜欢的购物方式”——在零售模式日益多元、快速更迭的“新零售”背景下，消费者更加享受方便快捷、追求品质生活与个性化定制的购物及服务体验。在这一趋势下，品牌方不应单单局限于自身当前的优势渠道，在客户关系管理或会员管理上应建立全渠道体系，借助数字化技术及平台设施，充分借力外部资源，逐渐打破渠道、供应链、平台、地域的边界，全渠道捕捉潜在客户、经营老客户。

12.4 数字化客户关系管理应用软件介绍

12.4.1 销售易 CRM

1. 公司介绍 [9]

销售易是融合新型互联网技术的企业级 CRM 开创者，隶属于北京仁科互动网络技术有限公司。该公司于 2011 年 7 月份成立，是用移动互联网技术和体验来“变革”企业级销售管理服务的创新型高科技公司，致力于成为专业、创新的销售管理服务商。销售易助力所有企业同客户互动的全过程数字化和智能化，从而帮助企业提升客户满意度，实现可持续业绩增长。

2. 产品介绍

销售易 CRM 提供营销、销售、服务、平台四大类型产品，具体如表 12-3 所示。

表 12-3 销售易 CRM 的产品

流程	产品	说明	功能
营销	营销云	基于大数据驱动的 AI 营销平台，为企业搭建从营销到销售的端到端营销漏斗，扩大获客漏斗宽度，提升高质量线索密度，加快商机转化速率，实现“+ 效率”“+ROI”，助力“营和销”的双赢	• 扩大宽度：拓宽流量及获客开口 • 增加密度：提升高品质线索比例 • 提高速度：加快线索到商机的转化 + 效率：提升市场活动和营销效率 +ROI：端到端 ROI 统计，提升营销产出
销售	销售云	从线索到回款的销售流程中，针对每一条线索、每一个商机、每一张订单、每一位销售人员的跟踪、支持、管理平台，助力运营效率全方位提升	• 销售自动化：全面推动业绩增长 • 移动为先：有效提升运营效率 • 大数据、人工智能助力：决策更明智 • 灵活精细的闭环管理：从订单到回款，让现金不断流向智能管理区域
	伙伴云	连接企业的销售团队与合作伙伴，优化渠道管理流程，实现合作共赢	• 一站式渠道管理平台，高效连接合作伙伴，为渠道伙伴赋能，助其提升销售业绩 • 自定义门户网站，更好地契合业务需求无缝整合销售云，快速高效地整合内外部销售团队
服务	客服服务云	在一个统一的平台上处理来自不同渠道的客户请求，为客户提供及时、个性化、一致的服务，满足他们日益提高的期望	• 全渠道统一接入，为客户提供专属服务的智能化服务平台，提高生产力和运营效率 • 全面闭环的工单管理，提升问题解决效率 • 360° 透视客服工作质量，深入洞察客户潜在需求
	现场服务云	连接现场和后台服务团队，为现场工程师配备需要的所有信息和工具，提高售后服务的一次成功率，驱动客户体验的提升	• 多种分配方式自由选择，实现服务资源的优化配置 • 实时掌握仓储流向，降低企业仓储成本 • 标准化、精细化管理现场服务，提高服务一次成功率，便于企业对售后资产的管理，为客户提供个性化服务
	IoT 云	帮助企业智慧连接设备、客户和合作伙伴，深挖客户价值，主动提供以客户为中心的智能服务，赋能由销售、营销、服务等构成的企业需求链，帮助企业提供差异化服务，提升企业客户满意度，增加再次销售机会，有效提升 IoT 的投入产出比	• 与设备连接，让数据说话：全面设备监测，获取实时数据 • 业务规则配置灵活，为企业服务增值：①提供主动式服务；②及时销售，提升效率；③精准推送营销内容 • 与客户无缝沟通，数据一手掌握，小程序实时查询，及时获取服务内容

（续）

流程	产品	说明	功能
平台	智能分析云	帮助企业快速解析大数据，做出及时、科学的决策，主动应对市场变化，赢得商业先机；将报表、看板轻松嵌入 CRM 业务模块中，让客户可以随时随地洞察自己的业务内容，方便客户立即采取行动	• 敏捷自助，任何人都可以灵活定制 • 可视化报告原生一体化，满足任何业务的需求 • 移动为先，在任何地方都可以查看数据报表，及时决策 • 数据实时更新，在任何时候都可以掌握最新数据，立即行动 • 精准预测未来，主动应对市场变化，占领商业先机
	PaaS 平台	销售易 PaaS 平台是基于全新一代移动互联网技术，通过平台化和组件化的方式，帮助企业快速、低成本地进行数字化业务定制，轻松支持企业级业务流程的标准化管理和应用灵活扩展	• 一站式应用构建平台，有效缩短从研发到生产所需时间 • 自定义流程引擎，无须编码，轻松自定义业务流程国际水准的系统扩展，无缝与第三方系统集成一站式 UI 定制工具，轻松设计网页及移动应用界面，通过国际安全认证，全面保障客户的数据安全

销售易 CRM 支持企业从营销、销售、服务到平台的全流程自动化业务场景。除内部业务流程自动化外，销售易 CRM 创新性地利用社交、移动、AI 和物联网技术支持企业连接外部的经销商、服务商、产品以及最终客户，赋能企业真正转型为以客户为中心的数字化运营组织，实现产业互联时代下的业绩规模化增长。

不同行业企业和客户互动的业务流程差异巨大，销售易的 PaaS + SaaS 云端一体化解决方案除高效支撑企业的标准业务场景外，还为客户提供了灵活的个性化配置和开发能力，支撑更多行业客户在较少的投入下，快速完成企业前端围绕客户的数字化进程。

3. 软件的特点

销售易利用先进的移动互联、社交网络以及云计算技术彻底重构了 CRM。

销售易 CRM 客户页面记录完整客户信息、所有沟通细节，同步云端，恒久保留。线索池、公海池精细化跟进，反复高效利用客户资源，挖掘其终生价值。新人可通过 360° 分析洞察，对客户以往的信息了如指掌，快速上手。销售易 CRM 能够帮助销售人员管理从潜在客户到销售项目跟进再到业务分析的全流程，同时帮助销售管理者随时掌握团队项目进展以及团队业绩等。

销售易 CRM 一改传统 CRM 流程和表单的设计与体验，首次以“人”(销售人员）为中心，完美融销售流程、销售知识库、团队协作以及日常办公等核心功能于一体，通过便捷易用的移动端，让 CRM 系统真正成为销售人员的移动办公和打单利器，而非效率的枷锁，从而全面提升销售团队效率和业绩。

销售易连续三年（2017 ～ 2019 年）入选高德纳全球魔力象限，并成为唯一入选的中国 CRM 企业。

4. 软件的主要功能

销售易 CRM 提供的客户关系管理服务帮助企业管理从公海到成单的所有客户，帮助企业合理分配客户资源，更好地为客户服务，整体提升销售团队工作效率。

客户联系人管理：借用销售易 CRM 武装销售部门以掌握所有客户信息，销售人员拜访客户后快速更新客户跟进情况，实时自动推送信息，轻松实现各部门间的资源共享。

名片扫描：销售易 CRM 移动端具备名片扫描功能，让销售人员摆脱枯燥的信息录入工作，且信息准确度和完整度大幅提升，并可通过手机同步到公司 CRM 系统中。

公海客户管理：销售易 CRM 的公海客户管理功能针对用户痛点提供全面支撑，通过自动化公海客户领取和回收的全流程，实现客户资源分配最优化，有效缩短销售周期，提升客户资源利用率。

多公海池分配客户资源：销售人员能够同时跟进的客户数量有限，过多分配客户会导致客户资源不能被有效利用。销售易 CRM 可根据不同情况创建不同公海，“扔”进公海的潜在客户可以让有权限的销售人员来“抢”，而“抢”新客户的前提是必须释放手头自己不愿再跟进的客户。这种全新的分配机制确保了销售线索的公平分配，也能督促销售人员不断评估自己的客户资源。

系统自动“回收”客户：“抢”到的潜在客户，如果不能在规定时间出单，或有跟进行为，则系统自动回收该客户，并“扔”回公海由其他销售人员跟进。这种机制让销售人员时刻保持压力，不断推进项目并签单，在盘活客户资产利用率的情况下缩短销售周期。

5. 销售易 CRM 数字化进程

2012 年，销售易 1.0 版本成功上线，为企业搭建智能化的协同办公和销售管理平台。

2013 年，销售易正式推出移动端 App，作为融合了社交、移动技术的云端 CRM 产品，它融合了移动、社交、云，彻底重构了传统 CRM，解决了其大而全、复杂难用、价格昂贵的弊病。

2015 年，销售易 3.0 版本发布，专业性与易用性相结合，一改企业级软件的复杂烦琐，提供顺畅的使用体验，采用大家熟悉的“微信式”交互设计，功能清晰，智能易用。

2016 年，销售易发布移动智能 CRM。同年 7 月，销售易发布智能 CRM 及移动 PaaS 平台，开启 CRM 智能时代。

2018 年 10 月，销售易发布了助力企业智能制造与服务转型，加速 IoT 数据价值变现的 IoT 云。

2019 年，销售易与腾讯企点联合发布了连接各行业企业及其客户的产品——客户运营云平台，并联合腾讯推出了赋能企业连接客户的“客户数字化平台”。

12.4.2 悟空 CRM

1. 公司介绍 [10]

悟空 CRM 是由郑州卡卡罗特软件科技有限公司开发的一款开源的 CRM 管理系统，支持 SaaS 云平台服务，可为企业提供多种行业的 CRM 解决方案。该公司长期为企业提供企业管理软件（CRM、HRM、OA、ERP 等）的集研发、实施、营销、咨询、培训、服务于一体的信息化服务。其主打品牌——悟空 CRM 在中国的开源管理软件行业有较高的知名度。目前悟空 CRM 的用户量已达到千万级，开源系统下载量达到 200 多万次，已覆盖制造业、服务业、金融业等 10 多个行业。

2. 产品介绍

悟空 CRM 系统首次发布于 2012 年 2 月 1 日，采用先进的 LAMP 构架，具有良好的开放性、可扩展性、安全性和透明性。悟空 CRM 主要提供四大类产品（见表 12-4）。

表 12-4 悟空 CRM 的产品

产品	特点
SaaS 云平台版	无须投入开发运维成本，按月计费
悟空 CRM 开源版	永久开源，采用先进的技术架构
悟空 CRM 专业版	提供完善的服务，满足个性化需求
量身定制版	您可以随时联系悟空

3. 软件的特点

悟空 CRM 是一个获取、保持、增加可获利客户的方法和过程，具有以下三大特点。

规范管理业务员：CRM 系统全面记录每个销售、服务环节，详细记录着业务员如何向客户销售产品，可以监督和规范业务员的行为。

帮助挖掘优质客户：CRM 系统记录每一次客户的问题咨询及历史购买记录。在销售人员与客户接触过程中，可以根据系统中记录的数据信息挖掘到客户的喜好与需求，结合客户购买产品的种类、价格以及购买频率，分析得出客户的消费情况，确定客户的价值。CRM 系统给客户贴上不同的标签，将客户分为高价值客户、低价值客户、中间客户。在有新品上架或者企业推出促销活动时，CRM 系统根据客户购买的产品与新产品的相关性来判断是否推送新品介绍。

提高业务员工作效率：CRM 通过大数据对客户、产品、服务满意度进行理性的 360° 全方位评估。不管客户什么时候询问，业务员都可以通过访问 CRM 系统无间隙、无时差地告知客户他们所需要了解的信息，而且系统能够及时地发现业务员的工作情况，督促一部分效率低下的员工，或者将其淘汰，以实现工作效能的提高，从而发挥企业的竞争优势，提升企业的竞争能力。

4. 软件的主要功能

悟空 CRM 主要有三大功能，包括办公管理、客户管理和 BI 商业智能，这里主要介绍客户管理。悟空 CRM 客户管理功能主要包括客户管理、线索管理、公海客户、商机管理、合同管理、回款管理、自定义字段管理。

客户管理：帮助销售人员管理好手上的客户资源，通过客户信息、跟进过程、关联商机、合同等的管理，与客户建立紧密的联系，赢得强有力的竞争优势。悟空 CRM 客户管理主要提供全景客户画像、现有系统的客户一键转移至悟空 CRM、一键呼叫客户、可多平台使用、强大的数据报表、安全的客户数据维护。

线索管理：从线索的获取、筛选到转换为潜在客户，取决于有效的沟通与客户服务。悟空 CRM 线索管理会协助确保企业正确进行决策，将销售流程推向下一阶段。

公海客户：公海是在一定时间内将未跟进的客户放入公共区域，进行自由分配或者由有能力的人抢单，在提高工作能力的同时激发销售人员的积极性。

商机管理：高效的销售管理可以对商机按照不同的阶段进行分类、跟进、推进。悟空 CRM 商机管理可以提供商机工具，帮助企业多维度、跨销售机构高效管理商机。

合同管理：随时跟踪订单完成情况，控制订单实际执行，及时反馈订单异常情况，做到随时随地记录、跟踪和控制订单执行过程。

回款管理：设置合同回款计划，有序记录每一笔回款金额。

自定义字段管理：悟空 CRM 系统自定义功能强大，通过自定义某个模块可以把不需要的字段隐藏掉，也可以增加自己需要的字段。

12.4.3 易赚 SCRM

1. 公司介绍[11]

易赚科技成立于 2017 年，团队深耕微信生态，专注于社交场景：2017 年开始开发群控系统；2018 年开发“邻家”项目，试水社区电商项目，积累过百万私域流量；2019 年群控系统完成商业化，成为首家支持企业微信的 SCRM。

2. 产品介绍

易赚 SCRM 是一站式私域流量运营平台。其产品包括技术赋能、运营赋能、模式赋能三大类。

技术赋能：易赚 SCRM 是首家支持企业微信的 SCRM，保证安全不封号，支持单个企业添加 100w+ 好友，让企业能大规模管理客户、精细化运营客户。

运营赋能：企微聚合工作台，聚合管理、聚合营销；销售线索，随时锁定客户成交；智能话术，智能回复，提高服务满意度；素材聚合，优质素材助力全渠道高效裂变。

模式赋能：私域思维，模式改革先锋，所有行业都值得用私域思维再做一次；数字化管理、精细化运营、快速触达用户、获客成本极低，粉丝沉淀构建帝国。

3. 软件的特点

易赚 SCRM 可以提供强大的软实力支持：有现成的成交话术，客户来了不会担心冷场，销售新人也可以很快上手；支持素材库功能，尤其支持小程序素材，运营人员可以保存和管理常用素材，提高工作效率；具有销售线索功能，可以从不同维度筛选客户，了解客户动态，及时跟进客户需求。

4. 软件的主要功能

易赚 SCRM 通过企业私域、聚合工作台、智能话术、销售线索四大核心功能，打造有价值的私域流量。

企业私域：可容纳百万好友，实现安全、稳定、规模运营。

聚合工作台：可合规拓客自动群发，智能回复定时发送。

智能话术：提供了海量话术，并设置话术智能推荐。

销售线索：可从自媒体、小程序、海报、软文中掌握销售线索。

5. 易赚 SCRM 数字化进程

2017 年 11 月，完成了群控系统 1.0 版本开发。

2019 年 8 月，群控系统正式命名为“易赚 SCRM”，其 1.0 版本上线。

2019 年 9 月，易赚 SCRM 2.0 版上线，打通企业微信。

12.4.4　虎赞 SCRM

1. 公司介绍 [12]

上海虎赞信息科技有限公司成立于 2017 年，依托强大的技术实力，先后研发推出了虎赞社交零售等 SaaS 平台，现已为众多线上线下的用户提供一站式的系统服务，帮助用户完成传统业务的信息化建设，降低运营成本，提升运营效率，从而实现综合业绩的持续增长。

2. 产品介绍

虎赞 SCRM 是基于企业微信开发的一款客户管理系统软件，所有功能都是依据企业微信提供的 API 接口开发的，需要在企业微信上使用，能够在企业微信管理微信客户的能力基础上，帮助商家实现快速引流、精细化运营客户、高效与客户互动等。

3. 软件的特点

虎赞科技核心团队具备多年“互联网 + 零售”等领域的丰富经验，核心成员主要来自阿里巴巴、微软、1 号店、一嗨租车等知名企业。虎赞 CRM 依托互联网技术和大型综合平台的成功运营经验优势，专注于SaaS领域的研发和创新，助力传统中、小、微企业在新消费时代实现综合业务的信息化升级。

虎赞CRM致力于帮助商家重回商业本质，更加专注于产品和服务，可实现无忧加粉、快捷引流、智能接待、精准营销、风控管理、智能新零售等。

4. 软件的主要功能

虎赞SCRM基于企业微信接口开发，是功能强大、安全合规、高效智能的微信客户营销与管理解决方案。其功能主要包括活码加粉、快捷回复、客户管理、小红包、店铺管理。

活码加粉：客户扫码添加好友时随机分配员工，还可记录客户来源渠道。利用活码二维码进行推广，同一个二维码可添加多个企业微信员工，客户扫码时随机分配，可设置无须通过验证，实现快速加粉，减少员工接待压力；同时记录客户来源渠道，生成图表统计数据，帮助企业制定正确的加粉及推广策略。

快捷回复：常用话术分组管理，一键发送，在素材库就地取材。将常用话术添加至企业微信聊天侧边栏，点击即可发送给客户。话术支持分组管理，有序查找、便于管理，同时支持多样化素材直接推送，有效提升员工接待效率。

客户管理：多维度客户画像，精准化推送活动信息。有超过10个维度的客户属性、5个维度的客户统计数据可供筛选，支持批量打标以及个性化标签，基于标签人群筛选，帮助企业筛选精准客户进行群发推送，实现精准人群推送。

小红包：利用企业微信给微信外部联系人发送红包。虎赞自研特色功能，一键发送小红包给外部联系人，安全方便，支持红包数量及额度限制，可生成红包对账单，借助小红包功能轻松实现粉丝福利的发放，创造更多互动关怀场景。

店铺管理：打通多平台店铺，线上线下统一管理，支持订单绑定客户。打通多个线上电商平台及线下门店，绑定客户信息后，可在与客户聊天过程中查看客户的历史购买记录，实现聊天有据可依，同时侧边栏支持商品直接推送功能，可以一键发送商品详情页面给客户，从而大大提升接待客户的质量和效率。

5. 虎赞SCRM数字化进程

2017年12月，虎赞SCRM系统V1.0版本正式上线。

2018年8月，虎赞SCRM全面升级为社交零售系统。

12.5 数字化CRM现存的问题与未来趋势

很多企业选择客户关系管理系统的目标是通过CRM系统提供的快速优质服务吸引新客户并留住老客户，提升企业核心竞争力。数字化技术的应用为CRM系统注入了持续发展的动力，如云时代SaaS模式的CEM应用与执行使得CRM具备了更加科学与完善的基础，但是在CRM系统后期使用过程中也会有很多问题，具体有以下几个。

（1）信息技术不成熟。数字化CRM的运行离不开信息技术的支撑，为保证数字化CRM系统能够达到预期使用效果，企业应根据所处的数字化阶段，在有限的资源环境下引进数字化CRM设备，并培训员工熟练使用。

（2）数字化CRM未能融入企业文化。在实施数字化CRM的过程中容易产生与企业文化相矛盾的理念，如何将数字化CRM系统与企业商业模式紧密结合，从而发挥其提高效率的优势成为企业不得不考虑的问题。

（3）缺乏全面的业务规划。引进数字化客户关系管理应该是一种战略性的、有组织、有创新、有预谋、有计划的管理，但不少企业却将CRM系统当作应急策略，或仅注重CRM战略的某一方面，没有做到全面分析部署企业需求。

未来，基于云的CRM服务将是主要发展方向。随着业务发展需求的扩大以及网络社交的信息多元化，CRM系统对重要信息的收集开始由原先的公司内部收集转向公司外部收集，而云计算的应用能够有效收集信息，并能够将它们转化为有用的情报。基于云的软件具有随时获取相关情报的优势，因此，继续向本地基础设施投资将逐渐淡出人们的视野。

CRM将成为汇聚信息的地方。微信、微博等社交工具的增多和移动化趋势的发展，使得CRM系统将在构建坚实合作关系方面发挥更大的作用。能够有效使用CRM的公司将从中获得优势，因为它们能够将原本松散的环节汇聚在一起，并与每位客户建立起紧密的合作关系。此外，数字化技术的应用也为CRM增添持续发展的动力，通过将客户数据集中化，公司还能够为客户提供更好的服务和更具有针对性的解决方案。

案例

数字化转型背景下S企业零散客户管理

近年来，受中美贸易摩擦、市场萎靡、消费增速放缓等下行因素叠加影响，我国面临较大的经济下行压力，GDP同比增速自2015年“破七”以来持续下降。席卷全球的新冠肺炎疫情，也使得全球经济增长面临高度的不确定性。各国政府积极寻求变革刺激经济复苏，中国提出的加快5G网络、数据中心等“新基建”项目毋庸置疑将加速数字化发展，其中涉及相关软硬件融合、系统集成以及数据分析、智能化控制等多个环节。尤其在推动企业数字化进程中，从外部的边界拓展到内部的整合融合，从落地到具体应用场景，再到行业及渠道模式的创新和管理，都离不开数字化平台的助力，也需要产业链上下游企业共同推进。

S企业是能源管理和工业自动化领域全球领先企业，依托于工业物联网积极推进产品应用的数字化转型的平台，搭建合作伙伴体系助力传统企业成长为数字化合作伙伴，并为重点客户提供全面的产品和服务。此外，在数字化转型背景下，十万余家国内中小企业客户同样是经济增长的重要推动力量，有着重要的战略地位，促就业、保民生，推动经济和社会的发展，都离不开中小企业客户的贡献。但由于行业内大批客户规模较小，区域经济发展不均衡，在信息不畅、采购渠道层层叠加，资金、成本、物流等方面都面临严峻的考验和压力。随着市场经济的增长，零散客户的重要地位与缺少品牌服务的矛盾日益突出。在电气业务拓展中，如何抓住零散客户群，已经成为电气企业在市场经济中的首要问题之一。新技术的应用和服务标准化、产品化的推进，服务提供方式的多样性，使企业在零散客户市场上的利润空间开始增大，电气公司的投入也越来越多。未来几年将是零散客户服务需求快速增长的时期，电气公司对零散客户的争夺将会迅速成为市场竞争的焦点。但快速发展往往伴随着问题与考验，服务模式、服务选项、服务定价、服务流程乃至服务效果等各方面的明确化、规范化成为在零散客户市场取得胜利的关键因素。S企业在数字化转型中，同样需要重视对零散客户的管理，应当将零散客户作为企业战略部署中的重要部分，满足零散客户的需求，从而为S企业创造更大价值和效益。

零散客户是相对于大客户而言的，根据帕累托的二八法则，企业80%的利润来自20%的大客户，那么除了这20%之外的客户便可以认为其属于零散客户。零散客户在消费行为上具有购买数量少、购买频率高、消费金额小、议价能力弱、市场影响力小、行业辐射窄等特点，对企业的利润贡献率小。但是零散客户整体数量庞大，对于企业形象维护以及口碑营销有着更大的价值，可以为企业带来更大的潜在效益。另外，很多零散客户在未来也可能发展成为企业大客户，所以，企业在做好大客户管理的同时，也需要重视对于零散客户的管理，要能够确保各项策略以及规划的制定和实施均可以覆盖到零散客户，这样才可以更好地保障企业长期、可持续发展，才能够确保企业未来的效益持续增长。

随着科学技术不断发展，目前越来越多的企业开始进行数字化转型，而在这一过程中，数字化技术的应用同样影响着企业客户关系管理。信息技术是企业零散客户管理的关键因素，利用信息技术能够根据不同零散客户的需求和偏好提供不同服务，从而降低零散客户管理的成本，提高零散客户价值。抓住企业数字化转型的机遇，S企业实现了零散客户细分，分别从零散客户精准识别、零散客户差异化营销、零散客户互动和关怀、零散客户个性化服务等方面构建了数字化技术赋能下的零散客户管理策略，以期更好地抓住零散客户，确保S企业零散客户渠道数字化转型顺利进行，同时也为S企业带来更大的价值和效益。

本章小结

智能化设备的应用以及数字信息技术的快速发展，使得企业能够从现有的数据反馈中迅速找到客户管理系统中的弱项，同时与企业内外部环境保持有效沟通，为预测客户偏好的变化奠定了基础。数字化客户关系管理作为企业未来客户关系管理的一种形态，将成为企业与客户之间建立紧密联系的一种有效管理方式，未来还有很大的发展空间。

思考题

1. 请针对不同行业的数字化应用案例，结合数字化转型过程中遇到的问题，阐述数字化客户关系管理的必要性和重要性。

2. 请搜集文献并结合案例调研，分析数字化客户关系管理在落地应用中的主要促进因素和阻碍因素。

参考资料

[1] 陈剑，黄朔，刘运辉．从赋能到使能：数字化环境下的企业运营管理 [J]. 管理世界，2020，36（2）：117-128.

[2] 陈劲，杨文池，于飞．数字化转型中的生态协同创新战略：基于华为企业业务集团（EBG）中国区的战略研讨 [J]. 清华管理评论，2019（6）：22-26.

[3] 普华永道．企业进行数字化转型的思路 [EB/OL]. [2020-06-16].https://www.sohu.com/a/402970381_727564.

[4] 卡特林，威尔莫特．数字化转型四步法 [J]. 哈佛商业评论，2019（9）：124-133.

[5] GOLDMAN J. Nearly half of companies say they don't have the digital skills they need[J]. Harvard Business Review Digital Articles. July 2017：1-4.

[6] TAPSCOTT D. After 20 years，it's harder to ignore the digital economy's dark side[J]. Harvard Business Review Digital Articles. March 2016：2-6.

[7] GANDHI P，KHANNA S，RAMASWAMY S. Which industries are the most digital（and why）[J]. Harvard Business Review Digital Articles. April 2016：2-6.

[8] GARTNER. Every organizational function needs to work on digital transformation[J]. Harvard Business Review Digital Articles. November 2018：6-9.

[9] 销售易 CRM，https://www.xiaoshouyi.com/.

[10] 悟空 CRM，https://gitee.com/wukongcrm.

[11] 易赚 SCRM，http://www.gowule.cn/pc/index.html.

[12] 虎赞 SCRM，https://ihuzan.com/spread.htm.

推荐阅读

书名	书号	作者	定价
品牌管理：塑造、提升与维护	978-7-111-69321-5	主 编 黄永春 李光明	55
消费者行为学 第2版	978-1-111-69066-5	主编 周欣悦 副主编 王丽丽	55
市场学：市场经营战略与策略	978-1-111-68389-6	苏朝晖 编著	50
品牌管理（第2版）	978-1-111-68336-0	苏勇 史健勇 何智美 编著	49
客户关系管理：理念、技术与策略 第4版	978-1-111-67827-4	苏朝晖 编著	49
营销策划：方法、技巧与文案 第4版	978-1-111-67266-1	孟韬、毕克贵 编著	55
市场营销管理：需求的创造与传递（第5版）	978-1-111-67018-6	钱旭潮 王龙 编著	49
营销功夫：一心九式	978-1-111-66985-2	周文辉 著	59
零售学	978-1-111-66441-3	白玉苓 陆亚新 编著	49
服务营销学（第3版）	978-1-111-65885-6	主编 李克芳 聂元昆	49
国际市场营销学（第4版）	978-1-111-65639-5	李威 王大超 主编	49
人人学点营销学	978-7-111-65038-6	杜鹏 樊帅 著	69
品牌管理	978-1-111-64653-2	王新刚 编著	49
市场营销：网络时代的超越竞争（第3版）	978-1-111-63363-1	杨洪涛 等编著	55
服务营销管理：聚焦服务价值	978-1-111-61959-8	李巍 编著	55
消费者行为学 第4版	978-1-111-60721-2	王 曼 白玉苓 编著	49
广告策划：实务与案例（第3版）	978-1-111-58622-7	吴柏林 编著	45
新媒体营销：网络营销新视角	978-1-111-58304-2	戴鑫 编著	55

推荐阅读

书名	书号	作者	定价
战略品牌管理（全球版·原书第4版）	978-7-111-68576-0	[美]凯文·莱恩·凯勒（Kevin Lane Keller）[中]王海忠（Haizhong Wang）[中]陈增祥（Zengxiang Chen） 著	89
旅游与服务业市场营销（原书第7版）	978-7-111-67725-3	[美]菲利普·科特勒（Philip Kotler）约翰·T.鲍文（John T. Bowen）等著	129
市场营销原理（亚洲版·英文版·原书第4版）	978-7-111-67126-8	[美]菲利普·科特勒（Philip Kotler）[美]加里·阿姆斯特朗（Gary Armstrong）[新]洪瑞云（Swee Hoon Ang）等著	99
市场营销原理（亚洲版·原书第4版）	978-7-111-66760-5	[美]菲利普·科特勒（Philip Kotler）[美]加里·阿姆斯特朗（Gary Armstrong）[新]洪瑞云（Swee Hoon Ang）等著	89
社交媒体营销：一种战略方法（原书第2版）	978-7-111-64087-5	[美] 梅利莎·S.巴克（Melissa S.Barker）唐纳德·I.巴克（Donald I.Barker） 等著	69
社会化媒体营销（原书第3版）	978-7-111-63510-9	[美]特蕾西 L. 塔腾（Tracy L. Tuten）等著	79
市场营销学（原书第13版）	978-7-111-62427-1	加里·阿姆斯特朗(Gary Armstrong)，菲利普·科特勒(Philip Kotler) 著	89
国际市场营销学（原书第7版）	978-7-111-62021-1	[丹]斯文德·霍伦森（Svend Hollensen）著	119
服务营销（英文版·原书第7版）	978-7-111-61428-9	[美]瓦拉瑞尔 A.泽丝曼尔（Valarie A. Zeithaml）等著	119
服务营销（原书第7版）	978-7-111-61187-5	[美]瓦拉瑞尔 A.泽丝曼尔（Valarie A. Zeithaml）等著	99
消费者行为学(原书第13版)	978-7-111-59444-4	[美]戴维 L.马瑟斯博（David L. Mothersbaugh） 德尔 I.霍金斯（Del I. Hawkins） 著	109
零售管理（原书第9版）	978-7-111-58584-8	[美]迈克尔·利维（Michael Levy） 巴顿 A.韦茨（Barton A.Weitz）等著	109
当代市场调研（原书第10版）	978-7-111-58518-3	[美]小卡尔·麦克丹尼尔（Carl McDaniel，Jr.）得克萨斯大学阿灵顿分校 等著	99
国际市场营销学（原书第17版）	978-7-111-57406-4	[美]菲利普 R.凯特奥拉（Philip R.Cateora） 等著	99
市场调研实务（原书第4版）	978-7-111-57326-5	[英]伊冯娜·麦吉温(Yvonne McGivern)著	79
消费者行为学 第4版	978-1-111-60721-2	王曼 白玉苓 编著	49
广告策划：实务与案例（第3版）	978-1-111-58622-7	吴柏林 编著	45
新媒体营销：网络营销新视角	978-1-111-58304-2	戴鑫 编著	55